本书为国家社科基金一般项目"日俄领土问题历史渊源研究"
（14BSS033）的最终成果。

日俄领土问题历史渊源研究

李凡 著

Research on the Historical Origin of Territorial Issues between Japan and Russia

江苏人民出版社

图书在版编目(CIP)数据

日俄领土问题历史渊源研究 / 李凡著. -- 南京：江苏人民出版社, 2022.10
ISBN 978-7-214-27119-8

Ⅰ.①日… Ⅱ.①李… Ⅲ.①领土问题－研究－日本、俄罗斯 Ⅳ.①D993.1

中国版本图书馆CIP数据核字(2022)第047545号

书　　　名	日俄领土问题历史渊源研究
著　　　者	李　凡
责 任 编 辑	康海源
装 帧 设 计	刘　俊
责 任 监 制	王　娟
出 版 发 行	江苏人民出版社
地　　　址	南京市湖南路1号A楼,邮编:210009
照　　　排	江苏凤凰制版有限公司
印　　　刷	江苏凤凰扬州鑫华印刷有限公司
开　　　本	652毫米×960毫米　1/16
印　　　张	24.5　插页1
字　　　数	328千字
版　　　次	2022年10月第1版　2022年10月第1次印刷
标 准 书 号	ISBN 978-7-214-27119-8
定　　　价	98.00元

(江苏人民出版社图书凡印装错误可向承印厂调换)

目　录

绪　论　*1*

第一章　俄罗斯东扩与寻求对日通商　*13*
　　一、俄罗斯势力向东扩展　*13*
　　二、千岛群岛、库页岛地理概况　*32*
　　三、俄罗斯寻找日本航线　*36*
　　四、亚当·拉克斯曼访日(1792—1793)　*46*
　　五、列扎诺夫访日(1803—1805)　*58*

第二章　日本抵御俄罗斯势力与向北方扩展　*71*
　　一、早期日本北方地区状况　*71*
　　二、日本对俄罗斯人南下的反应　*83*
　　三、日俄早期冲突事件　*95*

第三章　日俄两国缔结《日俄友好条约》(1855 年)　*108*
　　一、普提雅廷前往日本　*108*
　　二、日俄双方长崎谈判　*116*
　　三、日俄双方下田谈判　*120*

第四章 日俄两国缔结《库页岛千岛群岛交换条约》(1875 年) 130

一、俄国加强对库页岛争夺 130

二、日本加强对库页岛的争夺 142

三、日俄两国谈判及缔结《库页岛千岛群岛交换条约》 151

第五章 日俄两国缔结《朴次茅斯条约》(1905 年) 168

一、中日甲午战争与日俄关系 168

二、日俄战争 177

三、日俄两国缔结《朴次茅斯条约》 186

第六章 日苏缔结《日苏基本条约》(1925 年) 203

一、日本出兵苏俄远东和西伯利亚 203

二、日本与远东共和国 211

三、日苏两国缔结《日苏基本条约》 219

四、北库页岛利权问题 225

五、日苏渔业问题 230

第七章 第二次世界大战与日苏领土问题 241

一、日本侵华与边界冲突事件 241

二、缔结《日苏中立条约》 249

三、日本在苏有关利权终结 259

四、《雅尔塔协定》与苏联出兵占据领土 267

第八章 美国主导对日媾和与日苏领土问题 277

一、战后美国否认对苏联领土要求的承诺 277

二、《旧金山对日媾和条约》与日苏领土问题 288

三、日本政府对应政策 302

第九章 日苏复交谈判与两国领土问题 318

一、伦敦大使级谈判 318

二、莫斯科部长级谈判 339

三、莫斯科首脑谈判及《日苏联合宣言》　351

结语　371
　　一、日俄关系始终缠绕领土纠纷　371
　　二、双方领土问题是相互争夺的结果　373
　　三、双方领土问题导致民族相互仇视　376
　　四、历史因素是两国领土问题形成要因　378

参考书目　381

后记　387

绪　论

我们论述"日俄领土问题历史渊源"问题,首先应该解释何为"日俄领土问题"？依笔者理解,所谓"日俄领土问题",是日俄两国有关领土的归属问题,即日本人所谓"北方领土"、俄国人所谓"南千岛"的归属问题。

"日俄领土问题"形成的标志,笔者认为,应该是1955—1956年间日苏两国有关恢复邦交正常化的谈判。在这次谈判过程中,双方把各自主张都亮到桌面上,时至今天,两国有关领土问题的争议,基本还是围绕这次谈判争论框架而转,新的东西不多。日本方面所谓"北方领土"问题,实际为:1955年8月30日,日苏两国伦敦第十三轮大使级正式谈判上,日方代表松本俊一提出的有关"北方领土"问题的修正方案。其主要内容为:"(一)苏联利用武力占领的日本领土:(1)国后岛、择捉岛、色丹岛及齿舞群岛,在条约生效时完全恢复日本的主权。(2)北纬50度以南的库页岛及千岛群岛,尽快举行包括苏联在内的有关国家与日本的交涉,讨论上述领土决定归属。(二)上述领土内苏联驻军在条约生效后90天内,必须无条件撤出。"①所以不要误解,日方提出的"北方领土"问题不仅

---

① 松本俊一:《モスクワにかける虹——日ソ国交回復秘録》,東京:朝日新聞社,1966年10月15日第1刷發行,第50頁。

是归还北方四岛，而且还包括南库页岛及千岛群岛中部、北部领土如何处理的问题。因为日本提出的第一步——"国后岛、择捉岛、色丹岛及齿舞群岛，在条约生效时完全恢复日本的主权"——还没有解决，所以第二步——"北纬50度以南的库页岛及千岛群岛，尽快举行包括苏联在内的有关国家与日本的交涉，讨论上述领土决定归属"——还没有解决机会。第一步没有解决，第二步就没有机会，但是日本方面从来没有宣布放弃第二步对策，时常还提及该内容告诫俄方。笔者认为，日方实际上要求俄方先无条件返还北方四岛，剩下库页岛南部及千岛群岛中部、北部归属问题，继续举行包括日本、俄国等有关国家的谈判决定归属。日方提及库页岛南部与千岛群岛中部、北部归属，是为与俄国讨价还价增加筹码。只不过第一步还没有解决，所以余下部分只好暂时不提。

日俄两国领土纠纷问题几十年争持不见解决苗头，现在日俄双方在共同开发"北方领土"上基本达成妥协，可是涉及该地区主权时又遇难了。俄国主张在本国拥有主权的前提下，展开与日本的经济合作开发；日本则主张在承认日本拥有主权或潜在主权的条件下，与俄国展开经济合作。这样争论的结果，基本又回到双方争论的老套路了。日本希望通过经济合作换取俄国对日政策转变，最终收回"北方领土"主权，而俄国希望与日本经济合作带动东部领土经济崛起，改变战后以来两国关系不顺畅的历史。

我们论述"日俄领土问题历史渊源"问题，就是要梳理日俄之间领土问题的历史脉络，从历史发展角度观察日俄领土问题的形成及发展。

关于"日俄领土问题历史渊源"研究，在国内外学界尚未发现已发表的学术专著。我国学者对早期日俄关系史的研究属于薄弱环节，而早期日俄领土问题研究就更加薄弱。我国学者们围绕战后日俄领土问题出版了数部专著及大量论文，但是尚无从历史渊源角度深入研究的成果。国外学界对该课题研究相关内容发表著作相对比较多，主要体现在日俄两国学者们发表的著作，日俄两国学者都利用手中资料论证本国先于对方开发有关争议地区，驳斥对方主张。

"日俄领土问题历史渊源"研究具有如下意义：

（1）本课题研究对于进一步推动我国学界对周边国家关系史的全面研究具有重大价值。我国学界以往多注意研究欧美等大国之间的国际关系史以及我国与大国之间的关系史，缺少对我国与周边小国，以及周边国家之间关系史的研究。当然如今这样的局面正在转变，国内许多高校及科研机构都新设置周边国家外交研究机构。希望本课题研究，可以推动这种研究状态平衡发展，推动我国对现代国际关系史的全面研究。

（2）本课题研究对于深入研究日俄关系史具有重大价值。我国学界有关早期日俄关系史的研究属于薄弱环节，特别是对日本向北部"虾夷地"扩展的历史研究就更少了。媒体曾经报道，俄国青年人在莫斯科日本驻俄大使馆前抗议示威，提出"北海道是俄罗斯领土"的口号。俄国青年人为什么这样呼吁？日本是如何控制及开发北海道的？俄罗斯东扩与日本关系如何？众所周知，领土纠纷问题是日俄两国关系发展中的最大障碍，而国内学术界一般多注重日俄领土问题本身，却忽略历史上的日俄两国领土纠纷问题，实际上两国领土纠纷问题一直伴随着双方关系发展的历史，这也是我们深刻认识该问题的关键点。

今天日俄两国领土问题的形成，是两国长期领土纠纷发展演变的结果。如今日本在国际社会上，将自身装扮成俄国霸权主义欺压的受害者，利用各种场合宣扬自己"固有"领土被俄国"武力"占据了。实际上，从历史渊源上看，日本绝非无辜受害者，历史上双方相互争夺领土，是今天双方领土纠纷的渊源。我们分析双方领土纠纷问题，可以真正了解日俄两国为什么没有"密切"或"友好"关系的历史过程。

（3）本课题研究对于我国现实政治稳定、经济发展具有重大价值。稳定的周边国际环境是我国各项发展的基础，我国陆地最大邻国俄国和海上最大邻国日本，是对我国"稳定"局势影响极大的国家。我们不仅要关注这两个国家的对华政策，而且也要关注这两个国家之间关系的发展变化，其同样对我国"稳定"局势具有直接影响！

常言道："以史为鉴"、"居安思危"。周边的国际环境对我国直接产生影响是客观事实,历史上就存在日俄在牺牲中国利益的条件下寻求自身利益的先例。如今美国战略重点转移到亚太地区,日本借此加紧争夺我国领土钓鱼岛,我国再次面临来自海上的安全威胁。最大邻国俄国采取何种对策,值得我们关注!我们应该从历史经验教训中认识俄国,应该从日俄关系发展变化中,制定出有效的对外政策。这就是本课题研究的现实价值。

本书论述的主要内容如下:

第一章主要论述俄罗斯国家形成发展及向东方扩展,寻找日本航路并通商的历史进程。俄罗斯民族先祖为东斯拉夫人的一支,862年建立了俄罗斯历史上第一个封建性质国家——留里克王朝(862—1598),10世纪初建立了以基辅为中心的国家,即基辅罗斯。988年基辅罗斯颁布诏令,强迫人民接受基督教会教士施行洗礼。11世纪中期,基辅罗斯因国内争权夺势而逐渐走向衰败,基辅罗斯大公的政权已经名存实亡。1240年,基辅罗斯的都城基辅被蒙古大军攻陷,蒙古人建立了金帐汗国并且统治俄罗斯人240年。在反抗蒙古人统治的过程中,以莫斯科公国为核心的强大力量逐渐兴起,最终在伊凡三世率领下彻底打败蒙古军队。伊凡三世被称为"伊凡大帝",他推动了俄罗斯中央集权国家基本形成,规定双头鹰标志为国徽。伊凡四世为俄国历史上第一位沙皇,建立了沙皇专制政体。但是,伊凡四世后继无人,国内争权夺势的混乱局面使波兰军队乘机入侵。1613年,俄国打退了波兰军队后,建立了俄国历史上第二个王朝——罗曼诺夫王朝(1613—1917)。自15世纪末新航路开辟后,俄国政府与商人紧密合作,不仅巩固了它在西伯利亚的势力,而且不断向东扩展,17世纪中叶俄国人征服了西伯利亚地区,并来到太平洋西北岸。

俄国东扩过程中遭遇的急迫性问题,就是后勤供给问题。中俄雅克萨之战后,俄罗斯人南下脚步被堵,只有寻求与日本通商提供后勤补给。1735年,什潘别尔格(Мартын Петрович Шпанберг)受命负责探寻日本航线,1739年探险队找到日本航线。为了实现与日本通商,俄方不请自来,先后派遣以亚当·拉克斯曼(Адам Эрикович Лаксман)为首的访日代表团(1792—1793)和以列扎诺夫(Николай Петрович Резанов)为首的访日代表团(1803—1805)赴日,结果"锁国"的日本予以拒绝。

第二章主要论述日本国家发展简史和北部发展状况,以及在俄人南下背景中,德川幕府开始加强对北部的控制。日本人约1万年前至公元前2500年,进入绳文文化时代①,即以石器为主的原始氏族部落状态。公元前3世纪至公元3世纪,日本人进入弥生时代②,金石并用,中国水稻种植技术传入及外来移民,导致原始社会逐步解体。九州地区出现的"邪马台国",不仅标志日本已进入阶级社会,而且初步具备国家功能。公元2世纪后半期本州岛内争夺战频发,"大和国"逐渐强大,其首领称天皇,史称古坟时代(300—600年)③。6世纪中叶佛教传入,之后日本进入飞鸟时代④,645年孝德天皇推行大化革新。奈良时代(710—794),日本受中国唐朝文化的影响,文化全面昌盛。镰仓时代(1192—1333)伊始,镰仓幕府初代将军源赖朝,建立以镰仓为全国政治中心的武家政权,此后日本历经室町时代、德川时代,至1867年幕府还政天皇。

所谓"虾夷人"是蔑视称呼,应称阿伊努人,阿伊努人的历史至今仍为迷。虾夷人居住地被称为虾夷地,即今北海道。据文字记录,最早有大和族人移居该地是在镰仓幕府时期。江户幕府时期,虾夷地归属松前藩,实际上主要由各承包商人经营,商人开设贸易场所,将从阿伊努人那里收集的商品,与本州等地商人带来的商品进行交换,松前藩府仅收取赋税,其余则完全不管。1759年松前藩获知俄罗斯人南下,但是并未报告幕府。1771年荷兰商馆传出俄罗斯人南下消息,震惊了日本朝野,在社会舆论呼吁下,幕府开始加强对北方地区的控制。日俄双方出现了早期冲突,1806—1807年间,俄罗斯人赫沃斯托夫(Николай Александрович

---

① 绳文文化因绳纹陶器而得名。
② 弥生时代因发现弥生式陶器的东京都文京区弥生町而得名。
③ 古坟时代因当时统治者大量营建"古坟"而得名。
④ 飞鸟时代因奈良县的飞鸟地方而得名。

Хвостов)和达维多夫（Гавриил Иванович Давыдов）对日方施暴；1811—1812年间，俄方海军少校戈洛夫宁（Василий Михайлович Головнин）登择捉岛获取淡水时被日方扣留。

第三章主要论述日俄两国缔结1855年《日俄友好条约》。俄国对日软硬兼施企图实现双方通商，遭到日方拒绝时，东北亚形势出现了变化。美国政府也是在几次向日方提出通商建议遭拒后，决定采取武力恫吓行动的。1852年11月，美国舰队在佩里率领下，强行登陆日本江户湾，递交信函要求缔约实现通商贸易。趁火打劫应是最好的比喻，俄国效仿美国行动，1853年8月，俄国舰队在普提雅廷（Евфимий Васильевич Путятин）率领下，赶到日本大阪城要求实现通商贸易。俄国确信日本将在美国强权下被迫让步，于是向日方提出：日本以后与其他国家缔约及给其他国家权益时，必须给俄国同样权益。结果日本轻易答应俄方要求并签署协议。1854年3月，日本在美国强压下缔结《日美友好条约》，10月，日本在英国强压下缔结《日英约定》，日本向美英两国开港，给予最惠国待遇等权益。依据前约定，俄方普提雅廷率领舰队再次赴日，1855年2月7日，双方缔结《日俄友好条约》。俄方采取和平手段实现了长久夙愿，两国建交、通商，更重要的是俄方轻易享受了与美英两国同样的不平等权益。该条约首次将日俄两国在千岛群岛的边界线予以确认，将库页岛边界线搁置，这也是日俄领土问题的源头标志。

第四章主要论述日俄两国缔结1875年《库页岛千岛群岛交换条约》。库页岛原为中国领土，17世纪上半叶，日俄两国"发现"了库页岛，宣称自己为库页岛主人，但是日俄双方资料中都记载得十分清晰，双方所谓"探险"人员在实地考察库页岛时，都遇到中国清朝政府地方官员在库页岛执行管理工作。这难道就符合国际法上"发现"无人之地而先占为主的原则吗？1855年日俄条约规定，双方共同拥有库页岛，搁置划分国境线问题，为相互争夺埋下伏笔，双方移民、增兵，导致纠纷不断出现，甚至出现强势的俄国企图占据对马岛的事件。双方多轮次谈判，各自观点一目了然。双方均认为共同拥有库页岛不合适，因此希望划分统治范围。日方先提出以北纬 50 度划分,后提出以北纬 48 度划分;俄方不接受这样的划分,主张在宗谷海峡划界,这意味着库页岛将属于俄国。日方又主张出资购买俄国在库页岛的权益,俄方则反驳库页岛是俄国不可缺少的流放人员居住地。

1860 年俄国迫使中国缔结《中俄北京条约》,中国割让包括库页岛在内的大片领土后,俄国加大在库页岛上驱赶日本人的力度,明治政府也开始针锋相对地实行大力移民及增兵对抗政策。日俄两国此时的实力不相等,日本敢于对抗俄国,实际是背后英美法等列强支持的结果,但是英美法又担心日俄真的爆发战争。英美法三国劝说日本,如日俄两国因争夺库页岛而引发战争,日本肯定失败,不仅库页岛没有争得,而且俄国还会乘势进攻并占领北海道。此时日本国内出现"征朝"论主张,即侵略朝鲜半岛,希望俄国不要干涉日本行动。在此情况下,1875 年日俄签署《库页岛千岛群岛交换条约》,日方放弃库页岛权益,换取俄方在千岛群岛的权益。最终形成了日本控制整个千岛群岛、俄国控制整个库页岛的局面。

第五章主要论述日俄战争与《朴次茅斯条约》。俄国在东北亚地区扩张初期,对于日本基本采取平等、亲善姿态,不同于其他西方列强,原因为俄国希望与日本建立通商关系。明治维新后日本在对外扩张中,特别是向朝鲜半岛及中国大陆侵略时,总是遇到俄国势力阻拦,加之以前日俄交涉中,日本认为对俄关系始终处于被动局面,积怨导致仇恨。1894 年 2 月,朝鲜国内爆发农民起义,朝鲜政府请求宗主国中国出兵协助镇压,结果为日本侵略朝鲜提供了机会,朝鲜国内矛盾演变为国际事件以至战争的导火索。1894—1895 年甲午战争,中国清军遭到惨败,战胜国日本在华肆无忌惮的贪欲,引起俄国不满。俄国勾结法国、德国,上演"三国干涉还辽"剧目,迫使日本退还辽东半岛。一时得意的俄国借出兵镇压中国义和团运动之机,重兵占据中国东北,激起老对手英国不满,英国遂于 1902 年缔结《日英同盟条约》,利用日本阻击俄国势力扩展。"三国干涉还辽"后,日本认识到对外扩张道路上最大障碍是俄国,便下决心不惜与俄国一战。俄国占领中国东北不走,引起日本朝野担心危及朝鲜半岛,日本视朝鲜半岛如同生命线,国内一时喧嚣日俄发生冲突不可避免论。新仇加旧恨,日本在英美支持下,终于1904年2月发动对俄战争。日俄战争使腐败的俄国"外强中干"的特征完全暴露出来,最后不得不接受停战媾和。在朴次茅斯谈判中,俄方坚决拒绝赔款,不得不在接受割让库页岛一半领土的条件下,签署《朴次茅斯条约》。日本第一次以武力改变两国已划定国境线,获得库页岛南部。

第六章主要论述日本出兵干涉苏俄十月革命与1925年双方缔结《日苏基本条约》。1917年苏俄爆发十月社会主义革命后,日本等西方列强出兵干涉。日本出兵苏俄,一方面企图镇压社会主义革命,避免革命影响东北亚日本势力范围;另一方面企图侵占苏俄远东及西伯利亚领土,实现所谓"北进"夙愿。然而1918年巴黎和会缔结《凡尔赛和约》后,其他国撤军,日本军队却赖着不走,导致日俄之间发生了"庙街事件",日方被烧死384人。日本借口报复,出兵占领俄库页岛北部,实现了占据整个库页岛的美梦。苏俄政府无力与日本军队作战,为了迫使日军撤出,设置了资本主义体制的远东共和国为缓冲国。远东共和国一方面以优惠条件吸引日本谈判、撤军;另一方面利用日美矛盾,使美国向日本施加压力。另外,日本出兵造成国内财政压力增大,不得不与远东共和国举行谈判。随着日本在苏俄战线收缩,日军退出大陆,仅保留在库页岛北部的兵力,苏俄随即取消远东共和国,正式以苏联政府与日本谈判。双方谈判焦点为,日本坚持要求苏联为"庙街事件"支付赔偿款,而苏联则解释该事件与己无关。为了使日本早日撤军,苏联同意承认《朴次茅斯条约》继续有效,承认日本占据库页岛南部,日本人拥有库页岛北部利权,即开采石油、煤炭等权利,日本有在苏联领海捕鱼权等,日本同意从库页岛北部撤军。1925年,双方缔结《日苏基本条约》。不久双方又签署有关日本在苏利权协定,日本人在库页岛北部有石油、煤炭、森林开采权,在苏领海近海拥有与俄国同样的渔业捕捞权,这些无疑导致俄国人对日本人仇恨。双方的民族相互仇恨感,是在长期历史发展中形成的;

民族相互仇恨感,也是双方领土问题形成的主要因素。

第七章主要论述第二次世界大战与苏军占领"北方四岛"。第二次世界大战爆发前夕,日本在中苏、中蒙边界线附近,先后挑起了张鼓峰事件、诺门坎事件。日本挑起两国军事冲突的真实目的为"以攻为守",迫使苏联继续实施对日本侵华"不干涉"政策,结果弄巧成拙,遭到可耻失败。日军对苏军挑衅失败,导致其二战期间对苏军不敢轻举妄动。第二次世界大战爆发后,双方于1941年4月缔结《日苏中立条约》。对于日苏两国来说,该条约的签署都是为了避免两线作战而相互妥协的结果。随着战场局势变化,日苏关系也不断出现转化,苏方希望利用日方"北守南进"战略,收回日本在苏利权;日方则借用战场有利局面,确保利权稳固。最终在日方战败已成定局时,日本放弃了在苏联境内拥有的各项利权。二战结束前夕,苏军为报日俄战争之仇,出兵占据了包括"北方四岛"在内的整个千岛群岛及库页岛,再次改变了国境线。

第八章主要论述《旧金山对日媾和条约》与日俄领土问题。战争期间,美国为动员苏联对日作战,许诺将"北方领土"归还苏联并缔结《雅尔塔协定》。苏联参战并获胜后,美国则否认《雅尔塔协定》的法律性质。《雅尔塔协定》是苏联获得"北方领土"最直接、有效的法律依据。1947年,美国远东战略重点转变为扶植日本后,开始抓紧推动对日媾和工作。美国在起草对日媾和条约草案过程中,除了坚持否认《雅尔塔协定》的法律地位外,主要就是针对《雅尔塔协定》中规定向苏联让渡的"千岛群岛"范围是"四岛",还是"三岛"或"两岛"出现争论,实际考虑的是如何利用该问题服务于美国远东战略。1950年5月杜勒斯负责处理对日媾和问题,美国对日媾和问题从"严格对日媾和"转变为"宽松对日媾和"。杜勒斯提出,既要求日本宣布放弃上述领土一切主权,又不要规定上述领土归属任何国家。他希望保持日苏两国之间政治上的对立状况,但又要控制其不至于引发美苏两国之间的武力冲突。杜勒斯不明确设置千岛群岛及库页岛南部的最终归属,既保留了日本方面收回"北方领土"的一丝希望,又必须避免为日本提供明确的法律依据,以此控制日苏两国之间领土纠纷的激化。《旧金山对日媾和条约》就如美国人设计的那样生效，苏联坚决要求修改美国草案，遭到拒绝后放弃签字。美国主导下的旧金山对日媾和，完全出于冷战思维，既规定日本放弃北方领土又不决定该地区的归属，造成苏联缺少占据合理性，日本留有主张领土余地。

第九章论述日苏复交谈判与两国领土问题。1955—1956 年日苏两国在复交谈判过程中，就如何看待过去的历史问题，或者说如何对待两国以往缔结的条约，出现激烈争持，互不相让。双方各自引证有利于本国的旧条约条款，企图说服对方，成为谈判中的焦点、难点。日本谈判代表在最大限度领土要求受挫后，暗示苏方返还两岛为最低妥协条件。但是，当苏方正式表示同意返还两岛并准备达成妥协时，日本政府又改变对策，以四岛返还为妥协条件，使双方谈判陷入僵局。此后日本虽然不断变换手段，企图让苏联接受四岛返还条件，可是苏方不肯再做出任何让步。最后，日本政府不得不决定暂时搁置领土问题，以缔结和平条约后返还两岛、另外两岛保留继续交涉可能性为条件，与苏联恢复邦交正常化。

领土问题成为两国关系正常化后的遗留问题。双方在有关领土问题的谈判中，都摆出了各自的主要观点及依据。日苏复交有关领土问题的约定，成为此后双方长期争论，甚至至今争论的基本框架。

本书基本观点为：（1）日俄领土问题的形成是两国历史上长期争夺带来的后果，绝非偶然出现的问题。近代以来，日俄两国政府都走上对外扩张道路，相互争夺演变成了战后两国领土问题。（2）日俄两国历史上相互争夺领土问题，都采取武力手段，是战争结果导致出现领土纠纷问题。（3）日俄两国历史上都与周边国家存在领土问题，反映出两国政府所持的对外扩张政策。（4）日俄领土问题形成、发展，造成今日难解困局，重要因素在于相互仇恨的民族心理。相互伤害对方，武力屈从，加上各自国内民族主义煽动活动，造成了越来越僵硬的相互关系。

本书研究思路是：（1）抓住重点，即抓住各不同时期涉及两国领土的条约，例如 1855 年《日俄友好条约》、1875 年《库页岛千岛群岛交换条约》、1905 年《朴次茅斯条约》、1925 年《日苏基本条约》、1941 年《日苏中立条约》、1951 年《旧金山对日媾和条约》、1956 年《日苏联合宣言》等,探讨缔结原因及后果。(2)将各条约串联,研究相互影响,研究发展轨迹,最终总结出规律性特征。

本书研究方法如下:

(1)以马克思主义理论为指导,以服务我国改革开放为目的,本着实事求是的精神,在掌握大量原始资料及已有研究成果的基础上进行研究。力求做到宏观把握、微观分析,以材料和事实论证自己的观点,最后得出符合客观实际的结论。

(2)以历史学的研究方法为基础,吸收国际关系学、国际政治学、国际战略学、经济学、社会心理学等学科领域与本课题研究相关的基本理论,尽量使理论分析贯穿于整个研究,力求做到史论结合、论从史出。

(3)注意国内外该研究领域的最新研究动态,及时地掌握最新资料与吸收他人的研究成果,使本书能够走在该研究领域的前沿。

(5)以"整体"角度来观察日俄领土纠纷与国际关系的发展变化。领土问题不是孤立问题,与国际关系发展变化有十分紧密的联系,要把领土纠纷与国际关系发展变化有机结合起来。

(6)从"发展"角度来观察日俄领土纠纷与国际关系发展变化。领土问题的形成具有历史原因和现实原因,当然现实原因包括政治、经济、军事等方面。领土纠纷的发展同样包含着各种利益因素及民族心理。上述这些不同原因,伴随着国际形势的发展变化将不断产生各种变化,这是客观历史事实,所以我们要从"发展"角度观察日俄两国不同时期推出的不同对策。

本书创新之处在于:(1)力图突破学术界长期以来以争论为特征的领土纠纷问题研究局面。真正站在客观、公正立场,以理性态度撰写出属于中国学者的研究成果。改变学术界有关领土纠纷争论的局面,为和谐社会做出贡献,为探索国际关系中最艰难的问题之一寻找出一定发展方向。

（2）如何认识维护国家利益问题。领土作为主权国家核心利益，如何最大限度地维护，值得深入思考。认清当前什么是最大的国家利益，就会在最大限度维护国家利益问题上做出正确的抉择。一味强硬对待领土纠纷问题是否能够真正维护国家利益，是否应该在相互妥协中探寻互惠互利来解决领土纠纷问题，值得我们探讨。

（3）如何认识领土纠纷与战争手段关系问题。我们知道，领土纠纷往往与战争结果有关，同样，领土纠纷发展到顶端就是采用战争手段。我们要从客观历史事实与理论上探寻，战争手段是否能够真正解决领土纠纷，抑或是新的领土纠纷的起点。

（4）如何认识领土纠纷与历史问题。我们知道领土纠纷往往都与历史有一定联系，是历史遗留问题带来的后果。维护领土是维护国家权益，同样促进国家发展也是维护国家权益，促进国家发展要向前看，不要向后看，不要纠缠在历史旧账上，这样只会使国家发展受到一定限制。这不符合现实国际社会发展要求，同样也不符合和谐社会共谋发展的客观发展规律。

第一章 俄罗斯东扩与寻求对日通商

一、俄罗斯势力向东扩展

俄罗斯民族先祖为东斯拉夫人的一支,东斯拉夫人是欧洲最古老、最庞大的部族集团斯拉夫人的一个支系。俄国学者认为,斯拉夫人起源于欧洲南部的多瑙河流域,约公元前一千年,斯拉夫人的各部落氏族已经散居欧洲中部、东部平原地区。6世纪起,斯拉夫部落集团已经开始分化,在拜占庭的历史著作中,出现了所谓西斯拉夫人、南斯拉夫人、东斯拉夫人。东斯拉夫人居住在德涅斯特河和第聂伯河两河的下游之间,直至黑海沿岸以及更东的地区,主要从事农业、畜牧业和渔猎。东斯拉夫人社会制度,大体处于由原始的氏族公社制向奴隶社会过渡时期。8世纪,东斯拉夫人的社会经济生活取得比较迅速的发展,促进了氏族公社制度瓦解,9世纪中叶,东斯拉夫人结束原始公社社会的历程,进入阶级社会。

早期俄罗斯民族和国家的发展与"瓦希商路"有着密切的关系。[①]

[①] 张建华:《俄国史》,人民出版社,2014年,第5页。

"瓦希商路"的全称是"从瓦良格人到希腊人商路",起始于北欧的斯堪的纳维亚半岛,经水路、陆路,最终抵达东罗马帝国——拜占庭首都君士坦丁堡。当"瓦希商路"兴起后,居住于斯堪的纳维亚半岛上的罗斯人(瓦良格人)酋长留里克(Рюрик Великий князь,862—879年在位),组建武装队伍,保障各国商队的货物和生命安全,有时也侵扰沿途各国商人,掠夺他们的财物,甚至强迫他们交纳贡赋和女人。860年左右,留里克的武装队伍已经靠近东斯拉夫人的重要经济和商业中心城市——诺夫哥罗德城,并且在相距200俄里处设置营地。862年,诺夫哥罗德城内东斯拉夫人两派势力争夺城市控制权,其中一派出资邀请留里克助战。结果留里克入城后,对两派势力均采取屠杀手段,然后宣布自己为诺夫哥罗德的王公(князь Новгородский),即城市最高统治者。俄罗斯历史上第一个封建性质国家——留里克王朝(862—1598)诞生了。

879年,留里克王朝开创者留里克去世,他的亲属奥列格(Вещий Олег)继位,率部南下继续征战,并且占领南部重要中心城市——基辅,其后将都城建在此城。到10世纪初,奥列格大公建立了以基辅为中心的幅员广阔的国家,史称基辅罗斯。基辅罗斯在基辅大公弗拉基米尔一世斯维亚托斯拉维奇(Владимир Святославович)统治时期,于988年颁布诏令,强迫人民接受希腊正教,强迫人民到第聂伯河畔,由基督教会教士施行洗礼。当时基辅罗斯是欧洲的贫穷落后地区,而拜占庭的悠久历史和灿烂文化令基辅罗斯的历任大公倾慕。早期东斯拉夫人信仰的是多神教,在他们思维中万物皆神、万物有灵。随着东斯拉夫人各部落逐渐实现统一,基辅罗斯国家版图的不断扩大,尤其是东斯拉夫人社会的封建生产关系和生产方式的迅速发展,原始的多神教不利于国家的统一和稳定,更不利于基辅罗斯统治者的统治。基辅罗斯的大公、权贵及平民皈依基督教,是东斯拉夫人社会发展和进步的一个重要标志。

自11世纪中期开始,基辅罗斯因国内争权夺势而逐渐走向衰败。12世纪时,基辅罗斯大公的政权已经名存实亡,国家已经分裂成许多独立的公国,外来势力乘机侵犯。1240年,基辅罗斯的都城基辅被蒙古大军攻陷,蒙古人在基辅罗斯领土上建立了金帐汗国(又称钦察汗国),开始了蒙古人统治俄罗斯人240年的历史。

基辅罗斯人自14世纪末开始展开反抗蒙古统治的斗争,在这一过程中逐渐形成了以莫斯科公国为中心的民族统一体。在蒙古人金帐汗统治下,莫斯科公国最初在东北罗斯各公国中并不是最强盛的国家,但它是重要交通枢纽,加上金帐汗国的扶植,短期内迅速发展起来。莫斯科公国为东北罗斯以及东欧最大的商品集散地之一,关税收入为其主要财政来源。莫斯科公国地处中心位置,不容易受到金帐汗国和其他游牧民族的侵扰,因此吸引了大量逃亡的罗斯人,所以人口剧增。1332年,在伊凡一世(Иван I Данилович Калита,又称"钱袋"伊凡一世)极力努力下,基辅罗斯希腊正教大主教彼得将大主教公署由基辅迁移至莫斯科,莫斯科公国成为罗斯人的信仰和精神中心。1327年,莫斯科公国的邻国——特维尔公国发生反抗蒙古人统治的起义,伊凡一世主动请缨帮助蒙古人剿灭。此举不仅消除莫斯科公国的竞争对手,而且还获得金帐汗国极大奖赏。1328年,金帐汗册封伊凡一世为"弗拉基米尔大公",授权他代理金帐汗国征收全罗斯的贡赋,莫斯科公国地位和实力大大地增加。随着蒙古大帝国统治逐渐出现危机,1371年以后,莫斯科公国拒绝向蒙古人缴纳贡赋。1378年,蒙古人组织大军前来讨伐,莫斯科公国也组织15万大军迎敌,并且打败蒙古讨伐军,摆脱了蒙古人统治,获得独立。蒙古大军并未放弃征讨莫斯科公国,在伊凡三世(1462—1505)统治时期,莫斯科公国大军最终在1480年11月彻底打败蒙古军队,蒙古人统治240年的历史结束了。

伊凡三世(Иван III Васильевич)被称为"伊凡大帝",他在统治期间,不仅打败蒙古人获得自由独立,而且推动了俄罗斯中央集权国家基本形成,双头鹰国徽也被规定为罗斯国徽。伊凡四世(Иван IV Васильевич,1533—1584)被称为"伊凡雷帝"(Иван Грозный),在17岁正式加冕为沙皇,他是俄罗斯历史上第一位沙皇,沙皇统治时期俄罗斯被称为俄国。伊凡四世在俄罗斯国内建立了沙皇专制政体,统一了俄罗斯,巩固了中央集权,与此同时,不断推行对外扩张政策,在对外扩张中发展壮大俄罗斯国家实力。但是,伊凡四世后继无人,他去世后,国内出现了争权夺势的混乱局面,与此同时,波兰军队也乘机插手。

1613年,俄国打退了波兰军队。当年2月21日,俄国的缙绅会议选举米哈伊尔·费奥多罗维奇·罗曼诺夫(Михаил Фёдорович Романов)作为新的沙皇,俄国历史上第二个王朝——罗曼诺夫王朝(1613—1917)诞生了。历史上的俄罗斯民族曾经作为受欺凌、被压迫的弱势群体而存在了数百年。莫斯科公国的崛起、"神选民族"的定性把往日的屈辱扫地俱尽。角色的急速转变使长时间受奴役、压迫的民族自尊心强力反弹,发展成为侵略意识和民族自负感。所谓物极必反,"俄罗斯主义""泛斯拉夫主义""弥赛亚主义"等学说不断推陈出新,将俄罗斯民族的高傲姿态展露无遗。随着国力的日渐强盛、疆域面积的不断拓展,"神选民族"的优越感日渐加深,傲慢的处事态度深入了民族骨髓,逐渐使俄罗斯民族性格由"自尊"转向"自负"。

自15世纪末新航路开辟后,俄国上至王公贵族、巨商显贾,下至平民百姓、无业游民,都纷纷奔向海外,寻找发财的机会。与此同时,国家政权与大商人紧密合作经营,不仅巩固了它在西伯利亚的势力,而且支持了不断向东寻求皮货的探险。在两个世纪的时间里,哥萨克的铁骑迅速征服了整个西伯利亚地区,并于17世纪中期来到太平洋西北岸。

西伯利亚是指现俄罗斯联邦境内北亚地区的一片广阔地带,西起乌拉尔山脉,东迄太平洋,北临北冰洋,西南抵哈萨克斯坦中北部山地,南与中国、蒙古和朝鲜等国为邻,是一个荒凉寒冷、人烟稀少、自然资源十分丰富的地区。面积1276万平方千米,除西南端外,全在俄罗斯境内。有关西伯利亚一词的来源,学术学界存在许多不同解释。如有人认为,"西伯利亚"这个名称可能来自古突厥语,意思就是"宁静的土地";也有人说是"鲜卑利亚",源自鲜卑民族;在中国古地图上,西伯利亚被称为"罗荒野";亦有人认为,"西伯利亚"一词来自蒙古语"西波尔",意为"泥土、泥泞的地方",古时,西伯利亚就是一片泥泞的地方,住在这里的蒙古先民以地形为这个地方取了名字,当俄罗斯人来时,将此音译为"西伯利亚"。实际上,西伯利亚这一地理概念是在逐渐扩大的,16世纪前,一般指额尔齐斯河中下游和鄂毕河一带,后来逐渐扩大为今天人们普遍认可的范围。

俄国为什么要向东方扩张?(1)地缘因素。自15世纪末新航路开辟后,欧洲殖民主义者掀起了海外扩张的历史。对于俄国来说,国家发家史就是一部不断对外扩张、蚕食土地的历史,原蜗居于东欧平原的俄国,一跃成为雄踞亚欧大陆中央的一流世界级大国。西班牙、葡萄牙、荷兰、英国、法国、德国等国,都是以殖民的方式扩张,成为殖民地的宗主国,而俄国却选择了鲸吞的扩张方式。俄国以东欧平原为基点向东扩张,原因首先是,俄国与北亚地区有紧密的地缘关系,山水相连,人际交往不断;其次,东欧地区各个方面开发较晚,加之气候较恶劣,俄国实力不及西欧列强,又远离大西洋,不能像西欧列强那样依托大西洋的海路对外扩张。俄国向东扩张,逐步吞食北亚地区,与北亚地区山水相连,可以有效地将其控制在自己手里。随着俄国势力不断延伸,北亚和中亚逐渐与东欧形成了一个国家。

(2)边界安全。我们从统一国家过程看,俄罗斯完全是在连绵不断的战争中孕育形成的,从基辅罗斯到莫斯科公国的数百年间,罗斯几乎始终处于战火之中。这也铸造了俄罗斯人勇武好斗的性格,如同登上飞驰疾驶的战车,不到筋疲力尽,难于停止下来。我们从对外关系历史看,俄罗斯对相邻国家都采取侵略、控制政策,没有一个邻国能躲过俄罗斯的侵略魔爪,这就是俄罗斯历届政府处理与邻国关系时最基本的特征。与此同时,这也造成俄罗斯与周围邻国都存在程度不同的领土纠纷问题。俄罗斯奉行侵略邻国政策的原因,最主要就在于自身安全理念,或者民族心理因素。我国学者杜正艾著《俄罗斯外交传统研究》一书分析指出:长期以来,俄罗斯人一直被安全问题所困扰,认为一望无际的俄罗斯平原无险可据,使俄罗斯随时处在邻国的威胁之中,俄罗斯只有不断地向外扩展,扩大防御纵深或者找到自己满意的天然防线,才会有安全感。而一望无际的平原又为俄罗斯的对外扩张提供了便利。①

（3）攫取利益。俄罗斯人对领土扩张具有如此不可遏制的无限贪欲，根本原因是其生产方式的落后性。当时欧洲许多国家正在由封建主义向资本主义过渡，采取更先进的生产方式，生产力不断迅速提高，俄国却正在形成、巩固比封建主义还落后的、严重束缚生产力发展的农奴制。正是俄国生产力大大落后于欧洲先进国家，使之无法满足统治阶层穷奢极欲的腐朽生活需求与对财富的贪欲，促使它通过不断扩张领土、掠夺财富实现满足。例如毛皮贸易问题，人类社会利用毛皮的历史由来已久，珍贵的毛皮不仅价格昂贵，而且是身份和地位的象征。由于海狸毛离水即干的特征，海狸毛皮压制的毡帽不仅不易变形，而且防水好。16世纪后期海狸毛皮制作的帽子，成为欧洲上层社会追逐的时髦特征。西方人从土著人手里以微薄的成本交换毛皮，运到欧洲加工后，一张海狸皮增值10倍，甚至200倍以上。1741年白令率领北美探险队第二次探险中，在荒无人烟小岛发现成群海獭，在以此为食及取暖渡过数月后，将海獭皮出售给中国商人大赚一笔。海獭皮能够获得丰厚利润，成为此后俄罗斯人不断向美洲海岸探险的一个重要动因。在仅半个世纪里，俄罗斯人基本控制了太平洋西北海岸的毛皮贸易大权。

（4）探寻通往新大陆之路。自1492年哥伦布发现新大陆后，欧洲殖民主义者争先恐后向大西洋沿岸的美洲北部推进，而太平洋沿岸的北美洲却长期无人问津。1530年前后，西方人有关美洲的信息在俄国引起强烈反响，许多西方人提议通过北冰洋打开一条通往美洲并且达到中国和印度的航线。为此沙皇伊凡四世曾经许诺不惜重金悬赏发现新航路、打开前往中国与印度水上通道者。17世纪的西方及俄国都流传说，渡过鄂毕河口后，海洋是温暖的，而渡过这个温暖海洋，便可到达热带国家。历代俄罗斯人不断探索通往新大陆的道路，成为此后不断向东方探险的一个重要动因。

---

① 杜正艾：《俄罗斯外交传统研究》，上海人民出版社，2007年8月，第189页。

在俄罗斯侵入西伯利亚之前，西伯利亚居住着大约几十个民族，他们中除了少数已进入奴隶制社会或封建社会外，大部分处于氏族社会阶段，有些民族甚至处于母系社会向父系社会的转变过程中。实际上在俄罗斯入侵西伯利亚前，俄罗斯人已经与居住于乌拉尔以东的西伯利亚汗国（失必儿汗国）存有往来关系。西伯利亚汗国以牧业及农业为主，经济尚未发达，但拥有黑貂、水獭、旱獭、狐狸、灰鼠等珍贵毛皮，享誉海外市场，还蕴藏丰富的银矿、铁矿等资源。另外，从地理条件看，俄罗斯与西伯利亚汗国仅一山之隔，乌拉尔山脉在两地相交处的山势并不高，平均海拔只有600米，最低处350米，相互穿越较为容易。

16世纪中叶，虽然俄罗斯人日益垂涎西伯利亚汗国，但是此刻争夺波罗的海出海口的战争，已经造成国内兵源奇缺、国库财政空虚，所以沙皇考虑借助领地与西伯利亚汗国毗邻，又对之垂涎三尺的大贵族斯特罗甘诺夫家族。1574年5月，伊凡四世在亚历山大皇村召见了斯特罗甘诺夫家族代表并且颁布诏书，将托博尔河流域全部土地赐予斯特罗甘诺夫家族，同时指派他们征讨西伯利亚汗国。1581年俄国第一支"远征队"跨越乌拉尔山脉，拉开了向东方扩张的序幕。

俄国所谓"远征队"，最初并非由军队组成，而是由斯特罗甘诺夫家族收买叶尔马克匪帮来组建的。叶尔马克原本是流落于伏尔加河流域一个哥萨克①强盗集团首领，在因抢劫而遭到政府追剿走投无路下，投奔斯特罗甘诺夫家族门下。在斯特罗甘诺夫家族指使下，1581年9月，叶尔马克率领队伍越过乌拉尔山后，进攻第一个目标——西伯利亚汗国。1584年8月，叶尔马克匪帮遭到西伯利亚武装队伍袭击，他本人在惊慌失措的逃亡中死亡。1585年后，俄国不断向西伯利亚汗国派遣远征军，并且吸取教训，改变方针，俄军所到之处，不再是强征赋税或公开掠夺后走人，而是改变为设立据点或兴建城堡，稳步向东方推进。最终俄军经

---

① 哥萨克：俄罗斯人的一部分，是因逃避封建压迫而从俄国中部流亡到边疆的部分农奴和城市贫民，自称"哥萨克"，其在突厥语中意为"自由的人"、"冒险者"等，多被利用来当兵，在沙皇俄国对外扩张中充当了先锋作用。

过17年努力,于1598年征服西伯利亚汗国。俄国吞并西伯利亚汗国,意味着鄂毕河中游落入其手,它又很快以此为据点吞并了整个鄂毕河流域。俄军在入侵鄂毕河流域过程中,构筑了别列佐夫、鄂毕多尔斯克、曼加西亚、纳雷姆、托木斯克等城堡。

17世纪初,俄军继续向东,采取南北两路推进战略,开始向叶尼塞河流域扩张。北路从鄂毕河口经海湾上溯塔兹河,然后转入叶尼塞河支流图鲁汉河,从图鲁汉河顺流而下进入叶尼塞河下游,占领两岸地区。南路由克特河进入叶尼塞河,向叶尼塞河中、上游两岸扩展。经过20余年,俄国吞并了叶尼塞河流域。俄军在入侵叶尼塞河流域过程中,构筑了图鲁汉斯克、叶尼塞斯克、库兹涅茨克等城堡。

17世纪20年代起,俄军继续向东,往勒拿河流域扩张,同样采取了南北两路推进战略。北路从图鲁汉斯克沿叶尼塞河支流下通古斯河上溯进入勒拿河支流地区。南路从叶尼塞斯克经库塔河进入勒拿河流域。1632年,俄国殖民者在勒拿河中游构筑雅库茨克城堡,沙皇政府在此设置督军府,直接隶属莫斯科。俄国在17世纪30年代末,基本占领了勒拿河流域地区。俄国进一步向东推进,从勒拿河上游进入贝加尔湖,并在此构筑伊尔库茨克、下乌丁斯克、上乌丁斯克(今乌兰乌德城)等城堡,17世纪70年代占领了整个贝加尔湖地区。俄国殖民者在向东扩张中,主要靠战争和商业并进的政策,使用的方法是水陆联运,步步为营,充分利用西伯利亚广泛的水利网,沿河东进。其占领土地的方式,则是占一地修一个堡寨,派军驻守,作为军事根据地,然后派人垦田,耕种土地,以保证粮食供应。[①] 哥萨克们及探险者在东扩过程中,所到之处烧杀掠夺,绑架人质,勒索毛皮,引起西伯利亚各族人民强烈的反抗。关于俄军向东扩张过程,黄定天教授所著《东北亚国际关系史》描述说:俄国在向东扩张的过程中,每次都利用哥萨克打前锋,一支又一支彪悍野蛮的哥萨克军以俄国政府为政治和军事靠山,以俄国大地主和大商人为经济后

---

① 张维华、孙西:《清前期中俄关系》,山东教育出版社,1997年6月,第25页。

盾，凭借精良的武器装备和充足的薪饷，为俄国抢占大片土地。俄军每次侵略扩张行动中，均有一些商人参与，有的是先期打探提供情报，有的则随军行动。他们既向军队提供薪饷，又在征战中获取利益，形成军人与商人相结合模式，甚至俄国科学家也参与侵略扩张行动，为其提供技术支持。①

俄国势力，大致在17世纪40年代伸向了东方古老文明大国中国境内。俄国军队在黑龙江流域肆意骚扰，强征实物税，绑架人质，无恶不作，引发了中国军民抵抗俄国侵略势力的斗争。

关于历史上我国东北边疆传统的领土范围问题，我国学者刘远图著《早期中俄东段边界研究》一书指出，历史上我国东北边疆传统的领土范围，在外兴安岭（今俄罗斯斯达诺夫山脉）及其以北以东地区，东至大海。由于东濒大海，北无强邻，生活在该地区的居民又多为渔猎、游牧民族，生产和生活的流动性极大，所以该地区多数情况下，都只有大致的管辖范围，而无明确的边界划定，这种情况在中外古代历史上也并非特例。另外，这些地区历史上随着民族兴衰和王朝更迭，领属关系时有变化，管理方式与管理的完善程度亦不尽相同，但是归属中央政权或者地方政权管辖的关系没有变化，绝非俄罗斯方面所谓"无主之地"之说。②

1632年，俄国扩张至西伯利亚东部的勒拿河流域后，建立雅库茨克城，并设置雅库茨克地方权力机关，成为向西伯利亚进一步扩张的基地。此后，俄方不断地派遣武装人员入侵中国黑龙江流域，引发了中俄关系史上有名的雅克萨战役。1649年雅库茨克城总督派遣叶洛费伊·哈巴罗夫（Ерофей Павлович Хабаров）率兵从雅库茨克城出发侵入黑龙江，强占我国达斡尔人驻地雅克萨城寨（今黑龙江左岸阿尔巴金诺），遭到当地人民的抵抗。1650年夏，哈巴罗夫率军再次侵入并强占雅克萨城。从1652年起，清政府不断派遣军队围剿俄军，俄军则不断侵扰，造成了我进

---

① 黄定天：《东北亚国际关系史》，黑龙江教育出版社，1999年，第9页。
② 刘远图：《早期中俄东段边界研究》，中国社会科学出版社，1993年1月，第2页。

彼退，我退彼进，用兵不已、边民不安的局面。对此，康熙帝发兵扼其来往之路，屯兵永戍黑龙江，建立城寨，与之对垒，进而取其田禾，使之自困。1683年，清政府勒令盘踞在雅克萨等地的俄军撤离清领土，俄军不予理睬并窜至瑷珲劫掠，结果被清军击败，雅克萨成为孤城。1685年2月，为了彻底消除沙俄军队的侵扰活动，康熙帝下令都统彭春率领大军赴瑷珲，负责收复雅克萨城。1685年6月清军抵达雅克萨城下，分水陆两路列营攻击，俄军乞降撤离雅克萨。1685年秋天，获知清军撤走后，俄军再次窜到雅克萨城。俄军这种背信弃义的行为引起清政府的极大愤慨，1686年，清军再次进抵雅克萨城下并勒令俄军投降。俄军死守雅克萨，被围困近半年，在危在旦夕的情况下，不得不向清政府请求撤围，遣使议定边界。清政府准许俄军残部撤往尼布楚。

1689年9月7日，中俄双方在尼布楚城正式缔结了《中俄尼布楚条约》。该条约主要内容如下：

第一条 以流入黑龙江的淖尔纳河，即鞑靼语所称乌伦穆河附近的格尔必齐河为两国界限。格尔必齐河发源处为大兴安岭，此岭直达于海，也为两国界限；凡岭南一带土地及流入黑龙江大小诸川，应归中国管辖；其岭北一带土地及川流，应归俄国管辖。惟界于兴安岭与乌第河之间诸川流及土地应如何划分，今尚未决定，此事须待两国使臣各归本国，详细查明之后，或遣专使，或用文牍，始能定之。又流入黑龙江的额尔古纳河也为两国界限：河以南诸地，尽属中国；河以北诸地，尽属俄国。凡在额尔古纳河南岸的墨里勒克河口诸房舍，应悉迁移于北岸。

第二条 俄国人在雅克萨所建城碑，应即尽行除毁。俄国人居住此地者，应悉带其物用，尽数迁入俄境。

两国猎户人等，不论因何事故，不得擅自越已定边界。若有一、二下贱之人，或因捕猎，或因盗窃，擅自越界者，立刻械系，遣送各该国境内官吏，审知案情，当即依法处罚。若十数人越境相聚，或持械捕猎,或杀人劫掠,并须报闻两国皇帝,依罪处以死刑。既不以少数人犯禁而备战,更不以是而至流血。

第三条 此约订立以前所有事情,永作罢论。自两国永好已定之日起,嗣后有逃亡者,各不收纳,并应械系遣还。

第四条 现在俄国人在中国,或中国人在俄国,悉听如旧。

第五条 自和约已定之日起,凡两国持有护照者,俱得过界来往,并许其贸易互市。

第六条 和好已定,两国永敦睦谊,自来边境一切纠纷执永予废除,尚各严守约章,纠纷无自而起。①

该条约在两国关系史上占有重要地位,开创了两国以和平谈判方式解决领土纠纷问题、平等划分边界和建立正常国家关系的先河,为处理双边关系树立了正确典范。但是,我们应该清楚地认识到,在对待中俄领土划界问题上,古老文明的中国政府秉承和谐共处原则,采取息事宁人对策,即我方做出最大让步及牺牲,对方获得满足,边界纠纷化解。《中俄尼布楚条约》就是在我国清朝军队获得雅克萨战役胜利,而且清朝政府在国界划分上做出巨大让步及牺牲的情况下签署的。清朝政府将原属于中国的贝加尔湖至格尔必齐河、额尔古纳河大片领土割让俄国,并将原属于中国的乌第河南北两侧外兴安岭之间的更大地域留作未定界地区。中国方面以巨大代价换取的结果是,自 1689 年 9 月 7 日《中俄尼布楚条约》签署后,中俄两国东段国界稳定了 170 余年。

17 世纪 80 年代,中俄雅克萨之战及《中俄尼布楚条约》签署,实际上阻止了俄罗斯人进一步南下侵略中国领土的脚步,俄罗斯被迫转向继续东扩,进入北太平洋沿岸地区。所谓北太平洋沿岸是就亚洲北部而言,指的是三面为北冰洋、白令海和鄂霍次克海包围的楚科奇半岛和堪察加半岛等陆地。

---

① 王绳祖主编:《国际关系史资料选编》上册第一分册,武汉大学出版社,1983 年,第 103—104 页。

1639年,以伊万·莫斯科维京(Иван Юрьевич Москвитин)为首的俄罗斯远征队第一次到达鄂霍次克海岸边,他们在沿岸进行调查工作,并于1649年构筑鄂霍次克城堡,标志俄国势力已经到达太平洋沿岸。1643年6月,以瓦西里·波雅尔科夫(Василий Данилович Поярков)为首的130人远征队,从雅克斯库出发,沿着西伯利亚河流前行,来到黑龙江河口。1645年,该远征队队员分乘数艘船只,顶着暴风和浓雾驶往鄂霍次克海。波雅尔科夫远征队向雅库茨克当局汇报有关黑龙江、鄂霍次克海航行及库页岛的重要情报。俄国殖民者在扩张中,遭遇楚科奇人的顽强抵抗,历经百余年,直到18世纪下半叶才吞并楚科奇半岛。18世纪30年代,俄国人占领堪察加半岛,由此向外扩张,1743年占领了科曼多尔群岛,1761年进入北美阿拉斯加,将此百余万平方公里土地据为己有。

俄国的西伯利亚管理机构随着向东方不断扩张领土而产生,并且因扩张兼并的日益加剧而日臻加强和完善。16世纪80年代,俄国吞并了西伯利亚汗国,1599年,喀山事务府设置专门分机构——西伯利亚事务局。1637年3月,沙皇米哈伊尔三世诏令,正式设立直属沙皇的中央机关——西伯利亚衙门,"全权"管理、决定西伯利亚的行政、司法、军事、财政、税收、贸易、驿站以及同毗邻国家和民族的外交、外贸等所有事务。1763年12月,沙皇叶卡捷琳娜二世继位后,诏令撤销西伯利亚衙门。俄国在西伯利亚地方上,设置县与辖区,县下设置乡或村,形成从中央到地方基层的管理系统。从1676年起,俄国政府将流放犯罪者陆续送往西伯利亚地区,成为强制移民,从黑龙江上游至塞纳河出现许多居民点。

1675年2月25日,俄罗斯政府派遣尼古拉·加夫里洛维奇·斯帕法里(Николай Гаврилович Спафарий)赴中国北京,在给他的指令中,要求他收集有关东西伯利亚、黑龙江流域、中国的情报。1678年1月5日,斯帕法里回国,向外交部递交旅行日志和有关中国、黑龙江、鞑靼海峡沿岸及库页岛的两份情况报告书。第二份报告书题目为"光荣伟大的日本岛及该岛能获得的东西",报告中讲:"据中国地志学者及地图所载,光荣之大日本岛乃自阿穆尔河口之前伸展至遥远之中国面前,故自中国可以两昼到达日本。据在阿穆尔河口过冬的哥萨克人观察,自河口附近之各山头,可以看到别国的各小岛。由于在阿穆尔河口能够建造大型船只,故亦可开辟由此通往中国及日本之航路。"①这里所说的"阿穆尔河"就是我们中国人所说的黑龙江。该报告对日本地理方位记述基本准确,特别是有关黑龙江口可以建造大型船只驶向中国及日本的建议,对后来俄国在远东地区进行扩张活动具有重要价值。

按照彼得一世的命令,西伯利亚政府和东西伯利亚当局颁布告示,俄罗斯人开发新的殖民地,并且绘制该地方的地图,将获得奖励。1699年9月18日,绘图师谢苗·列梅佐夫(Семён Ульянович Ремезов)向西伯利亚政府提交新的《全西伯利亚城市、河川、土地图》,这是俄罗斯方面地图上初次记载关于黑龙江河口对面"日本岛"的情况。②

1697年初,哥萨克人、阿纳得尔斯克堡的总管弗拉基米尔·阿特拉索夫(Владимир Васильевич Атласов)率领由120人组建的远征队向堪察加半岛进发,开始了俄罗斯人征服堪察加半岛的历程,③前后30余年才最终稳定统治局面。可以说,俄罗斯人征服堪察加半岛具有重大意义,此后堪察加半岛成为俄罗斯人向北太平洋及北美洲殖民扩张的大本营和跳板。

1697年,阿特拉索夫率领的远征队在堪察加半岛南部行进途中,偶然发现了日本漂流民传兵卫。有关传兵卫,仅见俄罗斯方面近代书籍的零散记载,而日本方面近代书籍并没有记载。传兵卫是日本关西地区大阪的商人,1695年率领船员15人,装载米、酒、器具,与其他船只结伙组团,离开大阪驶向关东地区的江户。但是,他们的船队遇到风暴,船只被吹散了,传兵卫乘坐的船帆杆被吹毁,只能在海上向东方漂流。这艘小

---

① 平川新監修,寺山恭輔、畠山禎、小野寺歌子編:《ロシア史料にみる18—19世紀の日露関係》第3集,東北アジア研究センター叢書第31号,2008年,第32頁。
② Файнберг Э. Я. 《Русско-японские отношения в 1697—1875 годы》,Москва,"Издательство Восточной Литературы" 1960 г.,Стр. 19.
③ 中村新太郎:《日本人とロシア人——物語 日露人物往来史》,東京:大月書店,1978年,第20—21頁。

船在海上漂流半年后,在堪察加半岛南岸遇难了,传兵卫是唯一获救的幸存者。①

1699年,阿特拉索夫将传兵卫带到雅库茨克。西伯利亚地方政府获知此事后,于1701年11月1日向雅库茨克当局发出指令,命令数名军人"携带官方经费,陪同一位外国人迅速前往莫斯科,途中要做到万无一失,决不能让同行的外国人感觉衣食方面不自由"。②

1701年12月末,传兵卫被护送到莫斯科。1702年1月初,西伯利亚地方政府根据传兵卫的谈话,并由传兵卫亲自签名,整理出《口述书》。该书记述了有关日本的地势、金银矿山、统治制度、城市、军备、宗教、居住、居民生产和其他方面情况。③ 该《口述书》,对于俄罗斯人最初了解日本情况具有重大价值。

此前,即1697—1698年间,彼得一世隐藏身份前往荷兰船厂工作时,也从荷兰人那里了解到许多有关日本的情况。1702年1月8日,彼得一世接见传兵卫,两人进行了长时间交谈,彼得一世获知了更多有关日本的情况。这次会见后,彼得一世给西伯利亚地方政府发出敕令,提供公费培养这位外国人,不强制他信奉东正教,教授他学习俄语,同时也让他教授3—4名俄罗斯年轻人学习日语。1705年10月,彼得一世下命在彼得堡的航海数学学校内设置俄罗斯第一个日语班级,并且任命传兵卫担任"俄罗斯日语研究教师",聘请传兵卫教授俄国人日语,待遇为每日5个戈比。④ 据说,传兵卫能接受该项工作,是因为俄方许诺交换条件为允许他返回日本。但是,这个承诺最终没有实现,相反俄方却命令传兵卫接受洗礼,改信基督教,在异国他乡度过余生。最初日语学校的学

---

① 平川新監修,寺山恭輔、畠山禎、小野寺歌子編:《ロシア史料にみる18—19世紀の日露関係》第3集,第24頁。
② Файнберг Э. Я.《Русско-японские отношения в 1697—1875 годы》,Москва,"Издательство Восточной Литературы" 1960 г.,Стр. 20.
③ 平川新監修,寺山恭輔、畠山禎、小野寺歌子編:《ロシア史料にみる18—19世紀の日露関係》第3集,第26—28頁。
④ 中村新太郎:《日本人とロシア人——物語 日露人物往来史》,第24頁。

生,选自俄国下层军人子弟,有3—4人。因担心传兵卫出现意外而导致学校无法继续教学,俄国中央政府向雅库茨克地方政府下令,尽快送来新的日本漂流民。1711年,一位日本漂流民被从堪察加半岛送到雅库茨克,再转送到圣彼得堡,俄方记载该人名为"撒尼玛"(音译),日方学者根据音译判断此人应叫"三右卫门"。撒尼玛是1710年俄国探险队在堪察加半岛征讨过程中遇到的日本漂流者,俄方将撒尼玛护送到圣彼得堡,作为传兵卫的助手,与传兵卫共同教授俄国人日语。①

1702年,西伯利亚地方政府根据沙皇彼得一世的要求,向雅库茨克当局发出指令,命令其派遣100人进驻堪察加半岛要塞,主要任务是将当地土著人纳入俄罗斯国籍,并要求他们向雅库茨克当局缴纳直接税(主要是高额的毛皮税),另外调查通往日本的航路、日本军备情况、日本人的商品种类、日本人对于俄罗斯商品的需求等。

俄罗斯人调查通往日本的航路,当时的思路为沿着千岛群岛南下寻找。

实际上,早在1701年2月,阿特拉索夫率领堪察加半岛远征队完成任务后,向西伯利亚当局递交的第二份报告书中,就提到1697年率领远征队考察到"千岛群岛第一河(哥尔伊吉纳河)口时,看到了海上岛屿的影子"。② 这实际就是千岛群岛中的阿赖度岛。

1706年,在堪察加半岛征收贡税的米哈伊尔·纳色托基向上级报告说,他到达堪察加半岛海角(罗巴托卡海角),在那里眺望"海峡",发现对面海上的陆地,"附近没有树木,甚至连能够抛锚的地方也没有,无论海船还是小船都无法靠停,没有办法访问这些地方"。③ 实际上,他所说的"陆地",就是千岛群岛中的占守岛。

---

① 落合忠士:《北方領土問題——その歷史的事実·法理·政治的背景》,東京:文化書房博文社,1992年,第12頁。
② 中村新太郎:《日本人とロシア人——物語 日露人物往来史》,第20頁。
③ Файнберг Э. Я. 《Русско‑японские отношения в 1697—1875 годы》, Москва, "Издательство Восточной Литературы" 1960 г., Стр. 22.

1710年9月9日,雅库茨克总督多罗费伊·特拉乌尔尼赫特(Дорофей Афанасьевич Траурнихт)向"被派遣到堪察加半岛执行任务的雅库茨克哥萨克10人队长瓦西里·萨沃斯季扬诺夫(Василий Савостьянов)发出指令",命令根据彼得一世敕令,设法"访问日本国并且与该国建立通商关系"。①

　　俄国控制下的堪察加半岛,不仅原住民不断出现反抗活动,而且探险队内也不断出现凶杀事件。出于对俄罗斯长官的不满,哥萨克人将其残忍杀害,导致俄罗斯探险队一时群龙无首。这种情况下,哥萨克队长兼僧侣伊万·考兹列夫斯基(Иван Петрович Козыревский)、达尼亚·安基费洛夫(Данила Яковлевич Анцыфоров, Анцыферов 或 Анциферов)率领50名哥萨克队员,在日本漂流民向导下,于1711年8月1日从博利舍列茨克要塞出发,前往千岛群岛探险。他们首先对第一岛屿占守岛、第二岛屿幌筵岛进行了勘察。9月18日,他们返回到博利舍列茨克要塞,提交了有关占守岛和幌筵岛的地图。②

　　1712年,考兹列夫斯基接受指示建造船只。1713年4月,他受命组建包括55名军人和11名当地人的队伍,再次对千岛群岛进行考察。1713年,考兹列夫斯基调查了千岛群岛北部三个岛屿(占守岛、幌筵岛、温祢古丹岛),从土著民那里收集到日本制的绢、刀剑,返回后记录了千岛群岛的地势、自然、居民,递交探险日志和千岛群岛15个岛屿最初的地图。③

　　1719年1月2日,彼得一世发布敕令,要求测绘学家费奥多·鲁任(Фёдор Фёдорович Лужин)、伊万·叶弗列诺夫(Иван Михайлович Евреинов)两人前往东方,绘制出堪察加半岛周边地区地图,并确认东北亚和美洲是否相互连接。两位测绘学家接到密令,寻找通往日本的航

---

① Файнберг Э. Я. 《Русско-японские отношения в 1697—1875 годы》, Москва, "Издательство Восточной Литературы" 1960 г., Стр. 22.
② 中村新太郎:《日本人とロシア人——物語 日露人物往来史》,第28页。
③ 中村新太郎:《日本人とロシア人——物語 日露人物往来史》,第28页。

路,调查千岛群岛,并确信其中一个岛屿上蕴藏贵金属。① 1721 年 5 月 22 日,费奥多·鲁任、伊万·叶弗列诺夫率领队伍开始调查千岛群岛北部的 6 个岛屿,要求土著民加入俄罗斯国籍,确认千岛群岛北部并入俄罗斯版图。他们乘坐的船在千岛群岛中的春牟古丹岛停泊时,遇到强烈台风,船帆和锚绳被打断。在台风作用下,他们先被往南吹至国后岛,接着北上至幌筵岛,最终在千岛群岛土著人的帮助下,于 1721 年 6 月末回到了博利舍列茨克要塞。

1722 年 5 月,他们向彼得一世递交报告书,彼得一世对考察结果表示满意。叶弗列诺夫和鲁任两位测绘学家,在地理学方面做出了巨大贡献。他们非常准确地测量到东西伯利亚、堪察加半岛、千岛群岛等多处坐标,绘制出地图。俄罗斯人不断地探索有关千岛群岛的地理知识,为以后寻找前往日本的航路打下了基础。

俄罗斯势力扩张在中国边界地区受阻后,转而继续往东向北美洲大陆探索。17 世纪末俄罗斯势力扩张到堪察加半岛后,从楚科奇人口中获知美洲大陆情况。为此,1725 年 1 月 6 日,沙皇彼得一世(Пётр I)去世前三周时,他亲自执笔并且颁布敕令,令维托斯·白令(Витус Ионассен Беринг)探寻美洲大陆。彼得一世敕令要求:(1)在堪察加或其他适宜之地,制造两艘船只。(2)驾驶建造的两艘船只沿海岸线向北航行,海岸线终点尚不清楚,但是肯定应该是美洲的一部分。(3)在那里探寻其土地是否同美洲毗连并可到达一些欧洲人的领地或城郭,如遇到欧洲国家船只,要了解当地的名称并且记录,要亲自登岸并且绘制地图,再返回原地。②

维托斯·白令系丹麦人,早年从事航海,具有丰富的航海经验和高超的造船技术,1703 年应聘来到俄罗斯,先后在波罗的海和亚速海服役,主要负责建造船只和购船的工作。1725 年,白令受命后,离开圣彼得堡。

---

① Файнберг Э. Я. 《Русско‐японские отношения в 1697—1875 годы》, Москва, "Издательство Восточной Литературы" 1960 г., Стр. 24—25.
② 平岡雅英:《日露交涉史話》,筑摩原書房,昭和 19 年 1 月 20 日,第 22 頁。

白令探险队由75人组成,其主要助手为奇利科夫、什潘别尔格、恰普林等人。1728年7月4日,白令等人驾驶新制造的"圣加百列"号船只起航,船沿着堪察加半岛东岸北上,在北纬64度30分处进入海湾。当年8月11日发现了圣拉夫林基岛后,因缺乏燃料及气候多变,担心继续向北航行遇到危险,航行到北纬67度18分、西经167度处决定返航。白令探险队在返航途中又发现了基奥米德岛和圣法杰伊峡,当年9月2日回到了堪察加。实际上,白令探险队船只在航行途中已经穿越了亚洲大陆与美洲大陆之间海峡,只不过船队没有察觉到而已。白令探险队在堪察加度过严寒冬季后,次年(1729年)6月,再次从堪察加河口向东航行,但是航行三天后,因大风和浓雾不得不放弃航行返回了。

1730年3月1日,白令回到圣彼得堡后,向俄国海军委员会递交了此次探险活动的收获,其中包括他与恰普林编制的航海图、恰普林撰写的探险活动记录。俄国政府对于此次白令率领探险队进行的北美沿海探险活动一直保持沉默,直至白令返回圣彼得堡后,俄国媒体才对外报道。白令的第一次探险活动,经过实地勘察编制了楚科奇半岛沿海各地的图册,确定了亚洲东北端的经纬度,编制的航海资料在地理学上起到一定作用。但是,白令此次探险活动并没有达到目的,没有找到通往美洲大陆的航线,所以俄国军方及政府对此都表示不满,于是决定再次筹划探险活动。

1730年4月,维托斯·白令向海军部递交《意见书》,提议为了建立与日本通商关系,对从鄂霍次克或堪察加到黑龙江及日本列岛的海陆进行调查,"如果事情允许的话,与日本人进行贸易,今后至少可以为俄罗斯帝国获得利益"。① 白令再次请求沙皇安娜·伊凡诺芙娜(Анна Иоановна)批准他前往美洲大规模探险,以完成彼得大帝的遗愿。1732年5月2日,俄罗斯元老院会议批准该提议,同意第二次组建"大北方探

---

① Файнберг Э. Я. 《Русско-японские отношения в 1697—1875 годы》, Москва, "Издательство Восточной Литературы" 1960 г., Стр. 26.

险队"。该探险队不仅规模大,而且行动范围广,在世界探险史上也是少有的。不仅考察亚洲、美洲的接触点,还组建多支队伍,测量堪察加、鄂霍次克海方向,测量广阔的欧亚大陆(包括亚洲和欧洲的大陆)的北冰洋沿岸(从白海至东西伯利亚海)。①

1732年12月,俄罗斯元老院正式任命白令为探险队总队长并且兼任美洲探险队队长,任命阿列克谢·奇里科夫(Алексей Ильич Чириков)为第一助手,马尔忒恩·什潘别尔格(Мартын Петрович Шпанберг)为第二助手,总队下辖8个分队,定员977人。1732年12月28日,沙皇安娜·伊凡诺芙娜批准了"关于白令大校在东方大洋航海及各种规定"文件。该文件进一步规定,在海上或俄罗斯沿岸遇到日本人落难时给予救助并且帮助归国。"指示要给邻国居民留下友好印象。……在岸边发现漂流的日本人,或在航行途中发现海上遇难的日本船只时,给予友好援助,救助人或携带该船只,如果可以的话,与他们同行护送到日本的沿岸,如可能让日本人登岸,表示友好姿态,努力克服他们顽固的反感俄罗斯人态度。"如在日本水域内,为了避免日本人的袭击,应该谨慎处置,不抓捕日本船只,不要侮辱日本沿岸居民。如果可以地话,"海上没有机会和条件不成熟时,陆地上表示友好。必要时通过翻译会见,记录所接触内容"。翻译可以选择与探险队同行的堪察加半岛人,或千岛群岛土著人,以及来到俄罗斯的日本人。② 可以明显看出,俄罗斯政府为了与日本建立友好通商关系,确定采取和平友好手段,这与欧洲其他列强政策不同,比较具有独特性。

1740年6月,新建造的"圣彼得"号、"圣保罗"号,终于完工了。1741年6月4日,白令率领的第二次北美沿海探险队正式起航,船队由新建造的"圣彼得"号、"圣保罗"号组成,白令指挥"圣彼得"号,船员77人,奇利科夫指挥"圣保罗"号,船员69人。两船同时出发,向东南方向航行,6

---

① 中村新太郎:《日本人とロシア人——物語 日露人物往来史》,第32页。
② Файнберг Э. Я. 《Русско‐японские отношения в 1697—1875 годы》, Москва, "Издательство Восточной Литературы" 1960 г., Стр. 26.

月 20 日海上出现大雾,导致船只相互失去联系,只好各自单独航行,一直未能够相遇。因为是第二次探险活动,相对第一次探险活动,已经具备一定航行经验了。奇利科夫率领的"圣保罗"号,1741 年 7 月 15 日,航行到北纬 55 度 36 分的美洲海岸,并且沿着海岸线继续北上至北纬 58 度 21 分,7 月 26 日返航,10 月 8 日回到堪察加,生存者仅 24 人。白令率领的"圣彼得"号,1741 年 7 月 16 日,航行达到美洲,比奇利科夫晚了 35.5 小时。白令等人在此发现并且命名了圣伊莱亚斯山,抵达了圣伊莱亚斯岛(今卡雅克岛)。白令自 1728 年夏季首次出海探险,此刻成功登上美洲大陆,历时 13 年,已近六旬老人了。8 月 29 日,"圣彼得"号抵达阿留申群岛,12 月 8 日,白令在返航途中因病去世。"圣彼得"号船员在返航途中荒岛度过严冬后,1742 年 8 月 26 日,回到了堪察加半岛的彼得罗巴甫洛夫斯克港,比"圣保罗"号返回堪察加半岛晚了十个月时间。白令探险队先后两次探险活动,开辟了一条横渡太平洋前往北美洲大陆的航线,并且"发现"了北纬 55 度 31 分至 60 度之间的北美洲海岸,"发现"了阿留申群岛及其他岛屿,详细勘测了鄂霍次克海岸,这些对人类地理学做出了巨大贡献。对于俄国政府来说,白令探险活动首次发现了北美的阿拉斯加等地,为俄罗斯在日后占据北太平洋地区打下了基础。

二、千岛群岛、库页岛地理概况

为了更好地探讨"日俄领土纠纷问题历史渊源",我们在这里有必要先简略介绍两国领土纠纷问题涉及的库页岛和千岛群岛的概况。

"库页岛"原本为中国领土,名字来源于中国的满语。17 世纪上半叶,沙皇俄国向东方扩张过程中"发现"库页岛,并将其称为"萨哈林岛"。同样,日本向北扩张中"发现"库页岛,并将其称为"桦太岛"。

库页岛位于黑龙江(俄方称为"阿穆尔河")出海口的东部,东面与北面临鄂霍次克海,西南隔鞑靼海峡及涅韦尔斯科伊海峡与俄罗斯哈巴罗夫斯克边疆区相望,南隔宗谷海峡(俄方称为拉彼鲁兹海峡)与日本北海道宗谷岬相望。南北长达 984 公里,东西宽为 6—160 公里,总面积 7.64 万平方公里。北部地势低平,沿岸多泻湖,中南部主要是山地,西有西库页岛山脉,东有东库页岛山脉,主峰洛帕京山海拔 1609 米,为全岛最高点。库页岛由于处于环太平洋地震带,因此地震频繁。

库页岛属于大陆性气候,气候寒冷,夏季短暂,冬季长达六个月,冬天的平均气温都在 -19℃ 至 -24℃ 之间,北方地区气温最低可到 -40℃。若干港口长期冰封,北部封冻达八个月之久。库页岛上有超过 6000 条河流及 1600 个湖泊,较大的内河有波罗奈河(350 公里)、特米河(330 公里)、维阿赫图河和柳托加河(各为 130 公里)。岛上有俄罗斯联邦境内最大的瀑布伊里亚-穆罗梅茨瀑布,瀑高 141 米。此外,岛上拥有众多的沼泽地,拥有丰富的森林资源,如库页岛冷杉、鱼鳞松、阔叶藤本松,高山上有石桦灌木丛和偃松。岛上还有石油、天然气、煤等资源。渔业资源发达,主要为蟹、鲱鱼、鳕鱼和鲑鱼等。

有关库页岛最早的文献记载,是中国西汉初期的《山海经》,其记载的玄股、毛民、劳民,就是指黑龙江下游地区包括库页岛在内的各民族。这说明早在公元前 2 世纪中国人就已经知道了有关库页岛的情况,而日本人与俄国人到公元 17 世纪上半叶才"发现"库页岛的存在。公元 618 年,唐朝建立统一的中央集权制国家后,居住在中国东北地区的靺鞨族以及其他各族纷纷归附中央政府。从 725 年(开元十三年)起,唐朝政府就在黑水靺鞨地区建立了一整套地方行政机构,并由中央政府派官吏监督。所有中外历史文献资料都可以证明,7—8 世纪库页岛就已经成为中国领土的一个组成部分。辽代,库页岛归属五国节度使管辖。元朝时期,居住在库页岛南部的骨嵬人不时作乱,故元世祖从 1264 年(至元元年)起下令征讨,直至 1308 年(至大元年)将其彻底降服。库页岛全境重新置于元朝政府管辖之下,由辽阳中书省水达达路在岛上设置万户府管理。明朝时期,中央政府在东北边疆地区实行卫所制度,在库页岛上设置囊哈尔卫和波罗河卫。明太监亦失哈多次奉命到黑龙江下游一带视察,曾亲自登上库页岛。库页岛上的少数民族首领也曾到北京朝见。明

33

朝称库页岛人为苦夷，把该岛称为苦夷岛，后来逐渐音变为库页岛。清朝统一中央政权建立之前，清太祖努尔哈赤在1616年（天命元年）建立后金，随即派兵到黑龙江下游，据文献记载，1617年库页岛便隶属于后金的版图。清朝中央政府建立后，库页岛先后划归宁古塔章京、宁古塔副都统和三姓副都统管辖。康熙皇帝曾派出测量队对库页岛进行实地测量，并把测量结果绘进了《皇舆全览图》。即便是1689年中国清朝政府与俄国政府缔结的《中俄尼布楚条约》中，也明确规定库页岛为中国领土。

千岛群岛位于今天日本北海道的东端到俄罗斯堪察加半岛之间，方向为西南—东北向。从地理位置上看，西南自北纬43度40分，东经145度33分，东北至北纬50度52分，东经156度29分，约1200海里的北太平洋上，分布着大小不等的岛屿。千岛群岛因为其形态，在俄罗斯也被称为"项链群岛"。从南边数，各岛屿为：齿舞群岛（主要为水晶岛、志发岛、多乐岛、勇留岛、秋勇留岛、贝壳岛等）、色丹岛、国后岛、择捉岛、得抚岛、知理保以岛、武鲁顿岛、新知岛、计吐夷岛、宇志知岛、罗处和岛、松轮岛、雷公计岛、牟知列岩、知林古丹岛、舍子古丹岛、越渴磨岛、春牟古丹岛、温祢古丹岛、磨勘留岛、志林规岛、阿赖度岛、幌筵岛、占守岛，①总面积10316平方公里。千岛群岛按地理与历史原因，在择捉岛与得抚岛之间为界，划分出南北两部分，以南称千岛群岛南部，或者称"南千岛"，以北称千岛群岛北部，或者称"北千岛"。根据日本国土地理院2005年4

---

① 和田春樹：《北方領土問題——歴史と未来》，東京：朝日新聞社，1999年3月25日第1刷発行，首页附插地图。日方对此称呼为：齿舞群岛（ハボマイ群島）（包括水晶岛［タソソィリエフ島］、志发岛［セリョーヌイ島］、多乐岛［ポロンスキー島］、勇留岛［ユーリ一島］、秋勇留岛［アヌーチン島］、贝壳岛［シグナリヌイ島］等）、色丹岛（シコタン島）、国后岛（クナシリ島）、择捉岛（エトロフ島）、得抚岛（ウルップ島）、知理保以岛（チリホイ島）、武鲁顿岛（ブロトン島）、新知岛（シムシル島）、计吐夷岛（ケトイ島）、宇志知岛（ウシシル島）、罗处和岛（ラショウ島）、松轮岛（マツワ島）、雷公计岛（ライコケ島）、牟知列岩（ムシル列島）、知林古丹岛（チリコタン島）、舍子古丹岛（シヤスコタソ島）、越渴磨岛（エカルマ島）、春牟古丹岛（ハリムコタソ島）、温祢古丹岛（オネコタソ島）、磨勘留岛（マカソル島）、志林规岛（シリソキ島）、阿赖度岛（アライト島）、幌筵岛（パラムシル島）、占守岛（シェムシュ島）。

月1日的最新勘定,南千岛,即日本方面所称的"北方四岛"总面积为5036.14平方公里。

千岛群岛南部,或者"南千岛",或者日本方面所称的"北方固有领土""北方四岛"是指齿舞群岛、色丹岛、国后岛、择捉岛等四岛。

齿舞群岛是由水晶岛、志发岛、多乐岛、勇留岛、秋勇留岛,以及贝壳岛、实岛、萌茂尻岛、椴树岛、春刈岛等组成,其中前五个岛为有人定居岛,后五个岛为无人定居岛。根据日本国土地理院2005年4月1日的最新勘定,齿舞群岛为99.94平方公里。其中志发岛为齿舞群岛中第一大岛,面积为45平方公里,岛上的相泊港是由岛向海面伸出8公里、没有浮现在海面上的浅滩港口,是即使发生暴风雨也能保证安全的海洋渔业基地。水晶岛是齿舞群岛中第二大岛,东西6公里,南北8公里,距离根室半岛不足5公里,面积为23平方公里。多乐岛是一台地状岛屿,位于齿舞群岛的最北端,周围24公里,几乎不长树木,其最高部分也不过海拔30米。勇留岛面积为10平方公里,岛上的税库和马库两个港口水深8—9米,可以停泊30吨级船舶30艘。秋勇留岛为有人定居五岛中最小的岛,周围12公里,面积约5平方公里。

色丹岛,土语"大岛"的意思,位于纳布岬东北约65公里,是一长28公里、宽9.5公里的长方形岛屿,海岸线长144公里。根据日本国土地理院2005年4月1日的最新勘定,色丹岛及附属岛屿面积为253.33平方公里。第二次世界大战结束时,该岛上居民为877人。色丹岛属于丘陵地貌,也有许多湖沼,西北部海岸线为断崖,而东南海岸线十分弯曲,能够停泊船只的地方达20余处。色丹岛属于高山植物地带,因此环境优美,非常有利于发展旅游业。

国后岛,根据岛上海岸有个叫基纳西里的大岩石而得名。国后岛从西南到东北全长122公里,最宽处30公里,最窄处6公里,根据日本国土地理院2005年4月1日的最新勘定,国后岛及附属岛屿面积为1498.83平方公里。岛上从东南海岸到西北海岸有良好缓慢的倾斜地形,河流众多,面向太平洋沿岸为浅海,海岸线曲折,形成了许多港口,面向根市海峡为连绵的断崖。岛上有平原、湖泊及大量森林。

择捉岛是千岛群岛中最大的岛屿,位于国后岛的东北方面,岛长为203.5公里,宽为6—30公里,是一细长形岛屿。根据日本国土地理院2005年4月1日的最新勘定,择捉岛及附属岛屿面积为3184.04平方公里。岛上耸立着1000—1500米的活火山与死火山。东部海岸是断崖陡壁,河川径直流下,溪谷狭深,然而西部多为阶段状的台地和缓倾斜地,海岸线长,既有海岬又多港湾,大小河流180条,其中最长为26公里,形成了众多的湖泊与沼泽。

千岛群岛沿岸,是日本海暖流与白令海寒流交汇处,因此成为世界三大渔场之一。千岛群岛也是鄂霍次克海通向太平洋的通道,因而具有重要的军事战略价值。

三、俄罗斯寻找日本航线

俄罗斯在东扩过程中,遇到中国阻力无法南下后,转而继续向东方——北美地区扩展,与此同时,沿着千岛群岛海岸线南下寻找日本航线。俄罗斯在南下过程中,一方面不断扩大领土范围,另一方面努力探索与日本建立通商关系,希望日本成为其继续扩张路途中的物资补给站。

1710年9月9日,雅库斯克总督向下属地区堪察加半岛官员转达了沙皇彼得一世的指示:"访问日本国并且与该国建立通商。"[1]此时,沙皇俄国极力寻找日本,要求与其建立通商贸易关系的原因为:

(1) 西方人最早获知日本,是通过意大利人马可·波罗撰写《马可·波罗游记》,马可·波罗在书中描绘日本盛产金银,称之为"金银岛",故引起西方人对日本的极大兴趣。俄国人最初了解到日本的存在,是通过荷兰人所撰写的书籍。1637年荷兰学者默卡特(Makat,1512—1594)所

---

[1] Файнберг Э. Я. 《Русско-японские отношения в 1697—1875 годы》, Москва, "Издательство Восточной Литературы" 1960 г., Стр. 22.

绘制的地图被译成俄文，使俄国人第一次模糊地了解到日本的存在。1670年1月，荷兰学者默卡特撰写的《宇宙志》被阿尔汉格尔摩戈尔斯基修道院（Холмогорский монастырь）僧侣阿法纳西（Афанасий）译成俄文，并被命名为《宇宙志1670》（Космография 1670），该书有一章专门介绍日本列岛状况，这样就使俄国人对日本有了初步认识。《宇宙志》中介绍日本"是一大岛，位于中国以东700俄里，盛产金银和其他财宝"。① 可以说这种物质刺激，无疑具有极大诱惑力，促使沙皇俄国政府极力想要寻找到日本。此时沙皇俄国正处于资本原始积累过程中，统治者们对于日本盛产黄金的传闻极其感兴趣，必然刺激他们贪得无厌的本性，他们希望从日本获得渴望的黄金。

（2）沙皇俄国在对外扩张中有三条路线，即由波罗的海通往大西洋、由日本海通往太平洋和由黑海通往地中海，沙皇俄国要极力确保三条海上通道畅通无阻。在沙皇俄国由日本海向太平洋扩张战略中，日本以其重要的地理位置，必然成为沙皇俄国垂涎的目标之一。

（3）沙皇俄国向西伯利亚及远东地区扩张过程中，遇到的最大困难是后勤供给问题。沙皇俄国向西伯利亚及远东地区派遣的所谓"探险队"的后勤供给，多数是由欧洲领土地区提供，在当地很难完成供给问题，所以沙皇俄国随着扩张势力不断扩大，急需在远东地区寻找到后勤供应地点，以便于自己长期立足于当地。沙皇俄国统治者急于寻找日本进行通商贸易活动，很大程度上是这方面因素决定的。

1732年12月，俄国政府正式任命白令为探险队总队长，同时，任命什潘别尔格为第二助手，兼任日本考察队队长。什潘别尔格接受任务为：（1）在鄂霍次克或堪察加，制造三艘船只，利用三艘船只寻找日本航线。（2）登上日本土地，研究其政府和港湾，调查构建与其国民友好、贸易关系的可能性。（3）如果携带堪察加半岛遇难的日本漂流民送还日

---

① Файнберг Э. Я. 《Русско‐японские отношения в 1697—1875 годы》, "Издательство Восточной Литературы" 1960 г., Стр. 18.

本,将有助于加强亲善力度。①

1735年,什潘别尔格到达鄂霍次克港,此后三年间专门为探险活动制造船只,1738年准备工作结束。新制造了"阿尔汉格尔·米哈伊尔"号"希望"号,白令率领第一次探险队使用过的"圣加百列"号经过大修后也投入此次航行活动。在白令率领探险队向美洲方面探险的同时,负责向日本方面探险的什潘别尔格所率领的队伍也开启了第一次向日本方向探险的征程。

1738年6月18日,什潘别尔格指挥旗舰"阿尔汉格尔·米哈伊尔"号,船员为63人,另外"希望"号由英裔俄罗斯人威廉姆·沃尔顿(Вильям Вальтон,William Walton)指挥,船员40人,"圣加百列"号由船长阿列克谢·谢利津戈(Алексей Елеазарович Шельтинг)指挥,船员40人,三艘船离开鄂霍次克港。7月4日,船队到达博利舍列茨克要塞。7月15日,船队沿着千岛群岛南下驶往日本。什潘别尔格沿途统计千岛群岛为31个岛屿,并且给每个岛屿命名并记录存档。什潘别尔格统计的数字比实际岛屿数多,原因是大雾造成错误。1745年俄罗斯新版地图记载的千岛群岛,就是根据什潘别尔格统计数字绘制的。

什潘别尔格率领船队航行途中遇到大雾,导致各船只之间无法正常联系,各船只被迫独自航行。8月3日,什潘别尔格指挥"阿尔哈格尔·米哈伊尔"号到达得抚岛,因为粮食匮乏和大雾,决定终止此次探险活动。8月17日,他率领船只返回到博利舍列茨克要塞。另外两艘船只,此后不久也分别返回到博利舍列茨克要塞。什潘别尔格第一次寻找日本的航行,虽然没有实现目的,但是俄罗斯探险队所到之处,将所遇到的千岛群岛各岛屿都记载在地图上,并且起了新的俄罗斯名字,为下一次寻找活动打下了基础。

这年冬季,什潘别尔格在博利舍列茨克要塞又建造1艘新船"波里谢列斯克"号。1739年5月22日,什潘别尔格率领4艘船离港,开启了

---

① 中村新太郎:《日本人とロシア人——物語 日露人物往来史》,第36页。

俄罗斯人第二次探询日本航路的征程。

6月15日,在北纬39度36分,船队航行途中遭遇风暴被吹散,威里托指挥下的"圣加百列"号与船队其他船只失联了。6月16日,什潘别尔格率领余下3艘船继续航行,6月16日,俄罗斯人第一次看到日本本州东海岸。船队沿海岸继续航行2天后,6月18日,3艘船在北纬38度52分处抛锚了。俄罗斯人在甲板上看到许多日本村落、田野、森林及小船。日本方面书籍对此留有记载,时在日本"元文"年间,日本学者也称之为"元文黑船",比美国佩里船队到来还早114年。

日本人驾驶2艘小船接近俄罗斯船,在距离相差30米以外停止,不断向俄罗斯船员打招呼,根据手势判断是请俄罗斯船员上岸。什潘别尔格担心会遭武装人员袭击,所以命令起锚继续向南航行。船队沿着海岸线继续南下,6月22日,到达北纬38度20分田代滨附近,距离岸边1俄里处下锚。① 岸上的日本人抱着怀疑的目光眺望,很快发现俄罗斯人并无恶意,于是双方展开易货交易。日本人驾驶小船,载着金物、米、烟草、生鱼及其他物品来到俄罗斯人的船边,与俄罗斯人交换物品后返回。俄国舰队到来,引起岸上日本岛民的惊奇,日本人快速向当地官府仙台藩府进行报告,日本官府很快派出代表登上"阿尔汉格尔·米哈伊尔"号会晤。由于双方语言不通,交流活动无法展开,不过日本官员品尝了俄罗斯人拿出的烈酒和菜肴。当时,俄国舰队船员与日本岛民进行了简单的物资交换活动后返航。7月3日,船队中"波里谢列斯克"号走散了,7月31日船队中"希望"号也走散了。8月14日,什潘别尔格指挥的"阿尔汉格尔·米哈伊尔"号返回博利舍列茨克要塞。威里托指挥的"圣加百列"号已先期返回了。稍晚些时候,"波里谢列斯克"号、"希望"号也返回了。

另一方面,6月16日,与船队走散的威里托指挥的"圣加百列"号,在北纬37度42分望见了日本东海岸。6月17日,船队看到许多日本小

---

① 平川新監修,寺山恭輔、畠山禎、小野寺歌子編:《ロシア史料にみる18—19世紀の日露関係》第3集,第148頁。

船。6月18日,"圣加百列"号在北纬35度10分处抛锚了。6月19日,日本方面1艘船载18人来到,招呼俄罗斯人登岸。威里托带领几名俄罗斯人登岸,他们与日本人进行简单交流,参观日本家庭及街道,简单易货交易。威里托身边没有翻译,不清楚对方认识,他看到俄罗斯船只周围有许多日本小船,担心日本人武力攻击,所以命令起锚。6月23日,"圣加百列"号回到了北纬33度28分的小岛附近。6月24日,"圣加百列"号调转,沿着千岛群岛北行,7月23日,返回到了博利舍列茨克要塞。

什潘别尔格经过两年努力终于探明了日本的方位,开辟了通往日本的航路,为此后俄国人开展对日本人交往打下了基础。1739年俄罗斯人发现了前往日本的航路,在地图上做出标志,也对日本本州东北沿海做了记录。可是,什潘别尔格和威里托提交的航海日志和报告中,存在内容不一致和地图不准确的地方,所以俄罗斯政府认为探险队访问的不是日本,而是朝鲜,要求什潘别尔格再次寻找前往日本的航路,并且委派俄罗斯培养的翻译人员随船队前往,以利于双方语言上的沟通。

1741年9月11日,什潘别尔格率领4艘船组建船队,从鄂霍次克驶往博利舍列茨克要塞,并且在那里度过冬季。1742年5月23日,什潘别尔格第三次出航。什潘别尔格乘坐新造的"阿尔哈格尔·米哈伊尔"号旗舰,船员73人,什潘别尔格20岁的儿子随船,船上还有圣彼得堡学院送来的2名学日语的学生翻译,以及传教士和外科医生等人。船队向西南方向航行,5月30日后一直处于大雾中,6月4日天气晴朗后,确定船只位置为北纬47度,但是却缺少了2艘船,8天后另外1艘船也走失了。什潘别尔格只好率领旗舰独自继续航行,6月22日到达北纬41度15分,6月30日航行至北纬39度35分时,"阿尔哈格尔·米哈伊尔"号出现渗水裂缝,因此决定返航。什潘别尔格率领船队第三次寻找日本,并未实现目的。

俄国人向日本本土靠近的扩张过程,主要采取两条路线,一方面逐渐控制千岛群岛,另一方面逐渐控制库页岛。

俄国人在寻找赴日航线的同时,也不断扩大本国在北太平洋地区的势力范围,所到之处尽划入本国领土。在当时航海技术水平下,其主要目标就是沿着千岛群岛逐岛南下，极力控制及占据千岛群岛各岛屿，进一步确认赴日本航线。

俄罗斯人从1711年、1713年开始远征千岛群岛，占据千岛群岛最北边第一岛占守岛、第二岛幌筵岛、第三岛温祢古丹岛。俄罗斯人在岛屿上从事贩卖和狩猎活动，并征收当地居民的贡税，收集关于该岛屿天然资源和居民的情报。俄罗斯对于这三个岛屿，分别起名第一岛、第二岛、第三岛，此后将千岛群岛各岛屿从北向南排序起名。

当时距离虾夷本岛（北海道）很近的国后岛、择捉岛上的日本人，并不知道俄罗斯人已占据得抚岛以北的各岛屿。根据俄罗斯方面资料记载，1744年，贡品征收人马特维·诺沃格拉博列内（Матвей Новограбленный）、占守岛酋长亚萨尔·库奇（Ясаул Куч）前往"远处"南千岛群岛，从阿伊努人那里获知了他们为与俄罗斯人经商要赴国后岛的消息。1745年春，装载木材、干鱼、鱼油的日本船在千岛群岛之一温祢古丹岛附近遇难，船长及其他6名船员死亡，剩下10人登岸了。1745年6月15日，贡税征收人马特维·诺沃格拉博列内和费奥多·斯洛鲍德奇科夫（Федор Слободчков）发现了该岛的日本人，将他们带回到博利舍列茨克要塞。日本人交出两把长刀、遇难船的文件，还有他们航海、访问各岛屿所绘制的地图。这些东西很快被递交给俄罗斯堪察加半岛司令官列别捷夫大尉（капитан Лебедев），并转交圣彼得堡。元老院、海军部指令，从剩下的10人中选择5名年轻、聪明的送往圣彼得堡，担任日语学校教师，剩下5名送往伊尔库茨克。1754年7月，圣彼得堡日语学校迁移至伊尔库茨克。1761年，伊尔库茨克日语学校共拥有日本人教师7名，学生15名。因为日本人教师原来都是渔民，完全不知日语当用汉字和语法，无法编写合适的教材，只能培养俄罗斯口语翻译人员，但在俄罗斯人探险南千岛、虾夷地等地区时还是发挥了作用。后来，伊尔库茨克日语学校因经费不足，于1816年6月停办。

1749年，哥萨克人头领舍尔金（Шергин）在占守岛开设俄语学校，教授当地土著人子弟学习俄语。1755年，俄罗斯人尼古拉·斯托罗日耶夫

(Николай Сторожев)从博利舍列茨克要塞向占守岛、幌筵岛带去了几头牛和一些蔬菜种子,希望在两个岛屿上开展畜牧和蔬菜栽培。当年,雅库茨克商人谢苗·诺维科夫(Семён Новиков)在千岛群岛进行贵金属调查活动,到达千岛群岛的牟知列岩,他的儿子尼格尔为征收贡税到达千岛群岛的新知岛,这是俄方所称的第十六岛。1758 年,商人谢苗·克拉西利尼科夫(Семён Красильников)乘坐"圣弗拉基米尔(Св. Владимир)"号船访问千岛群岛。1758—1761 年间,莫斯科商人伊万·尼吉费罗夫(Иван Никифоров)乘坐"乌里扬·博特(Ульян-боте)"号,携带 10 名雇员前往千岛群岛,收集了价值 111835 卢布的毛皮。

日本松前藩人进入千岛群岛要比俄罗斯人晚些。1754 年,松前藩人在千岛群岛最南部开设"场所",主要开展"和人"与虾夷人的贸易交流。1759 年,松前藩最早接到有关俄罗斯人来到千岛群岛的报告。可是,日本人与俄罗斯人见面,却是在十五年前的 1744 年,雅库茨克俄罗斯商人登上磨堪留岛,遇到一名日本人,日本人主动劝说俄罗斯人采用船只运载货物到虾夷地进行交易活动。

西伯利亚政府责任人索伊莫诺夫,从滞留伊尔库茨克的日本人口中获知,千岛群岛共计 22 个岛屿,并处于无人管理状态。1761 年 2 月 20日,他命令安纳托伊利要塞司令官布列尼斯内尔陆军中校,组织探险队对虾夷地及千岛群岛进行调查。1765 年,俄罗斯航海家雅库夫·布奇、尼基塔·奇基两人到达千岛群岛中的舍子古丹岛。

1766 年 1 月 25 日,索伊莫诺夫向博利舍列茨克地方政府下令,向南千岛派遣考察队。1766 年,该考察队在新知岛过冬,南下登陆得抚岛、择捉岛,并且要求得抚岛、择捉岛的一部分居民加入俄罗斯国籍,还在得抚岛上设置过冬营地。这是俄罗斯人登陆并且实施控制权的第一次记录。日本学者也承认"俄罗斯 1766 年,在千岛群岛中最大岛屿上行使了实权。"[①]

---

① Файнберг Э. Я.《Русско-японские отношения в 1697—1875 годы》, Москва, "Издательство Восточной Литературы" 1960 г., Стр. 36.

1769年9月25日,考察队将堆积如山的毛皮带回了博利舍列茨克要塞,并且向博利舍列茨克地方政府递交报告,详述航海中见闻,各岛屿及岛屿之间的海峡,动植物,居民生产、习惯。

1767年,鄂霍次克人安费纳伊·奥乔列久考察南千岛,并到达虾夷地。1768—1772年间,在得抚岛的雅库茨克商人布罗克比伊·布罗托加雅科诺夫等人考察南千岛。1772年,伊尔库茨克地方领导人布利利下令组织通商产业调查队,测量千岛群岛的地理位置,调查毛皮、鱼、金属资源,绘制正确的千岛群岛地图,将所有阿伊努人加入俄罗斯国籍,记录他们的感情、生产,进一步访问虾夷地东岸的厚岸和松前,了解缔结对日通商条约的可能性。1775年6月24日,俄罗斯考察队从堪察加半岛的彼得罗夫斯克湾出发,按照指示,调查南千岛,确认南千岛的地理位置和绘制地图,慎重地接触阿依努人,并且努力劝说他们加入俄罗斯国籍,调查贵金属和矿藏并且设置冶炼所,尝试在得抚岛上播种农作物,调查该岛是否有发展农业的可能性,访问虾夷岛收集关于日本的情报。

1777年9月10日,安提毕等人率领一支队伍,从得抚岛驶往择捉岛、国后岛。1778年6月19日,俄罗斯人到达厚岸,向松前藩官员递交信件,提出建立两国通商关系。日本人慎重接待俄罗斯人,交换礼物后,表示待俄方再次来日时答复是否接受通商的问题。俄罗斯人五天后离开厚岸,剩余人员返回得抚岛,1778年8月29日,返回鄂霍次克。

伊尔库茨克地方政府领导人内穆休夫对考察队整个工作表示满意,并将此次航行日志、绘制的千岛群岛航海图、日本信件和礼物,送交给圣彼得堡的元老院。内穆休夫的报告书中记载,千岛群岛居住者1500人已经加入俄罗斯国籍了,另外请求给予拉斯奇基商会千岛群岛通商产业独占权。女皇叶卡捷琳娜二世担心引起西伯利亚其他商人们的不满,拒绝了拉斯奇基商会对获得千岛群岛通商产业独占权的请求。

1779年4月30日,女皇叶卡捷琳娜二世向元老院发出敕令,"遥远的"千岛群岛"归化人免征赋税",他们"可以保持自由,不负担任何赋税,另外今后该地区居民不仅不强制征税,而且对于他们在产业、通商上希望获得的利益,要表示友好的充满爱心的态度,继续与他们建立友谊"。她还委任元老院负责审查千岛群岛全体居民免除征收贡税的情况。

1778年9月7日,俄罗斯人安奇毕和夏巴利驶往得抚岛,1779年春,他们访问择捉岛和国后岛,与阿伊努人进行了交易。6月24日,安奇毕和夏巴利等人,为接受日方对贝穆的书信答复,到达虾夷地东岸诺托科努湾。8月21日,俄方并未等待日本代表,即赴最近的厚岸湾,在这里遭遇了1艘日本船。日本人接待了俄罗斯人,交换了礼物。9月5日,松前藩官员告诫说,法律禁止外国人访问日本港口,要求俄罗斯人立即离开。日方官员以阿伊努人为中介人告知俄罗斯人,欲知是否能建立通商关系,需要去长崎。9月13日,安奇毕和夏巴利等人离开厚岸,回到了得抚岛。

俄罗斯人是开发千岛群岛的先驱者,他们调查了这些岛屿并且绘制了地图,建造了越冬营地和居民房屋,将阿伊努人纳入俄罗斯国籍。18世纪后半叶,俄罗斯人在占守岛、幌筵岛、新知岛、得抚岛上建立了居民村落。俄罗斯人将家畜和种子带到这些岛屿上,教授土著人畜牧、园艺、居住房屋、穿俄罗斯衣服等。许多阿伊努人接受东正教洗礼并取得教名,进入教会,子女进入俄罗斯的学校。鞑靼海峡(宫间海峡)通航前,俄罗斯船只从远东地区港口进入太平洋的唯一航线,就是通过千岛群岛。千岛群岛和库页岛在堪察加半岛和沿海州防御方面具有重大意义。俄罗斯人从毛皮贸易获得巨大利益,每年有20艘以上船只从博利舍列茨克、鄂霍次克、彼得罗巴甫洛夫斯克出发猎捕海獭。因为当时航海技术不成熟,也没有准确的航海图,鄂霍次克海与白令海风大浪高,航行危险,这些船只中平均三分之一都在途中遇难。可是,这些障碍及无数牺牲并未阻止俄罗斯人的探险活动。

俄罗斯逐渐向千岛群岛南部扩展,也就日渐与力图向北部扩展的日本人发生冲突。

18世纪末,日本官员和商人终于也来到千岛群岛,开始破坏十字架等俄罗斯留下的标志。早期日本人只有在捕鱼季节前往这些岛屿,关于这些岛屿的地理位置和气候自然资料,非常地漠然,只是了解概念。

1785年,幕府老中田沼意次第一次派遣地图绘制家最上德内率领官员前往千岛群岛。1786年,他们到达择捉岛。俄罗斯人在该岛屿隆重欢迎了他们,并且提议交换俄罗斯的商品与日本的商品,日本官员们对此表示了拒绝。他们逮捕了2名俄罗斯人,并且带到国后岛,进行严厉询问。日本人让俄罗斯人携带书信赴得抚岛,这份书信上写着:择捉岛是日本领土,禁止外人进入日本帝国,俄罗斯人应该立即回到本国去。

18世纪末,日本官员和商人占据国后岛渔区,松前藩提供军事援助,开始向居民收取年贡。因为对阿伊努人不断残酷压榨而引起暴乱,1789年国后岛土著人大暴动,他们破坏了劳动者的营地并且杀害了70多名日本人。松前藩派遣30多艘船只前往国后岛后才最终镇压了这次暴动。

18世纪末,日本人袭击了俄罗斯人在国后岛构筑的冬季营地。1788年,1艘俄罗斯船只在南千岛群岛去向不明。1789年夏,阿伊努人在择捉岛的海岸发现一部分船只备用品(咸肉2樽、大的伏尔加6瓶)。恰在此时,日本人2艘船前往国后岛和择捉岛,掠夺了阿伊努人居住地,杀害了30多人。1791年7月,得抚岛狩猎的族长斯洛鲍奇科夫将该信息传到了鲍里休列斯克。

俄罗斯人逐渐向库页岛扩张。俄罗斯人在1869年缔结《中俄尼布楚条约》前,从黑龙江河口前往库页岛,此后必须开拓从乌塔、鄂霍次克、或鲍里休列斯克、彼得罗夫哈巴斯克前往库页岛的危险道路。1742年,海军少尉休里奇科对库页岛沿岸进行调查,确认库页岛是岛屿而非半岛。俄罗斯人居住于库页岛,从事狩猎,和当地居民相互交易活动。1783年,俄罗斯大型船只登陆库页岛,结果造成70人遇难死亡。

1786年,幕府第一次派遣官员前往库页岛。1792年,再次被派官员派遣前往该岛屿。据记载,上述活动"主要是日本渔业民不断前往该地区从事商业活动,从事渔业活动"。①

---

① Файнберг Э. Я.《Русско - японские отношения в 1697—1875 годы》, Москва, "Издательство Восточной Литературы" 1960 г. , Стр. 43.

沼田市良表示，俄罗斯人第一次发现库页岛是1780年，1789年再次访问该岛屿并且测量了沿岸，"接着俄罗斯船只1789年再次访问上述地区，最终测量沿岸调查为目的，与土著人进行交易，不断访问该岛屿"。沼田进一步加上注释："最上德内1792年受幕府指令，检查北虾夷地时，会见了俄罗斯人伊万。这位俄罗斯人，身穿鞑靼地区居民的衣服，手拿猎枪，给人印象是已经居住很久时间。因此可以肯定认为，一部分俄罗斯人已经访问了岛屿的大部分。根据此事情证明，俄罗斯是发现库页岛的先驱者。"沼田结论为，幕府知道库页岛上存在俄罗斯人后，派遣官员，承认这样的事实，但是"以往拉贝尔斯到达之前，有关库页岛的归属问题还完全不清楚的"。

总之，日本人18世纪末出现在库页岛，因此会见到俄罗斯的人员。日本人鱼汛时刻前往库页岛，完全没有关于岛屿的地理状况的知识。

四、亚当·拉克斯曼访日（1792—1793）

俄罗斯寻找通往日本航路，目的是同日本建立经济贸易关系。俄罗斯政府第一次派遣使节代表团赴日，就是以亚当·拉克斯曼为团长的使节代表团，但是这次赴日是在没有对方邀请情况下，俄国政府为了博取日方好感，决定送还几名日本遇险漂流者。① 俄国政府此番选中对象，就是日本遇险漂流民大黑屋光太夫等人。

大黑屋光太夫是出生于日本本州岛伊势、当年30岁的船长，1782年12月13日率领16名船员，驾驶"神昌丸"船从伊势（现本州东部铃鹿市）的白子浦出发，装载500石大米以及其他商品驶往江户（东京）。在骏河海面遇到暴风，船舵和桅杆丢失，因而漂流至公海，漂流8个月后，于1783年8月6日在靠近阿留申群岛西端的阿姆奇托卡岛登陆了。"神昌丸"16名船员全部上岸，但是他们所乘船只不久被强风暴摧毁了。阿姆

---

① 平川新監修，寺山恭輔、畠山禛、小野寺歌子、藤原潤子編：《ロシア史料にみる18—19世紀の日露関係》第2集，東北アジア研究センター業書第26号，2007年3月發行，第172頁。

奇托卡岛是俄罗斯人及土著人居住岛屿。由于饥饿、患病等,到1785年生存者包括船长大黑屋光太夫在内仅9人。俄罗斯邮政船,每隔五年来该岛屿一次,1785年是满五年的期限。① 1785年7月,等待已久的俄罗斯邮政船来到,但是靠近该岛屿时遇到大风暴,24名船员虽然登上岛屿,但所乘坐船只遭受严重破坏。为了离开该岛屿,日俄两国人员共同努力,拆卸破损的两国船只,组合修建1艘大船。1787年7月18日,俄罗斯人25名、大黑屋光太夫等9名日本漂流民,共同离开该岛屿。大黑屋光太夫等9名日本漂流民,已经在岛屿居住满四年了。1787年8月22日,船只进入堪察加半岛彼得罗巴甫洛夫斯克港。这里是俄罗斯堪察加半岛地方政府所在地,船上随行的俄罗斯人,将大黑屋光太夫等9名日本漂流民交给彼得罗巴甫洛夫斯克地方政府。在这里,俄罗斯人为日本人提供尽可能的帮助,可是不久仍有3名日本人去世了。当时俄罗斯方面急需日语教师,所以决定将6名日本人护送到伊尔库茨克。1788年9月12日,大黑屋光太夫等6名日本人离开居住十个月的堪察加半岛,在俄方护送下,经过雅库茨克一个月时间短暂休息后,于1789年2月7日被带到伊尔库茨克。

伊尔库茨克是俄罗斯西伯利亚总督府所在地。大黑屋光太夫等6人到伊尔库茨克后,其中1人庄藏,因脚伤无法医治,最终不得不切割腿下肢,伤病情况下,他为了生存信奉东正教,放弃回国而留守俄罗斯终生。另外1人新藏,也因患病而决定归化俄罗斯。上述两名日本漂流民都进入伊尔库茨克日语学校担任教师工作。大黑屋光太夫本人不论从学问及才干方面,都是俄方最看好的日语教师人选,但是他多次向俄方提出返回日本诉求。

大黑屋光太夫等人到伊尔库茨克后,引起俄罗斯博物学者埃里克·古斯塔沃维奇·拉克斯曼(Эрик Густавович Лаксман)教授的兴趣。埃里克·拉克斯曼主要从事东洋各国人类学及民俗学研究,并且对日本问

---

① 中村新太郎:《日本人とロシア人——物語 日露人物往来史》,第70页。

题有一定研究,他很早就希望能够前往千岛群岛以及虾夷地进行学术考察。埃里克·拉克斯曼主动联系大黑屋光太夫等人,特别是他答应协助他们实现回国梦想,双方很快就建立起朋友关系,异国他乡的日本漂流民正急需俄罗斯朋友帮助。1790年4月20日,埃里克·拉克斯曼将从大黑屋光太夫等人手里获得的手绘日本地图送给俄罗斯科学研究院,并且向掌握外交实权者别兹鲍罗德科提议,为了解日本与荷兰人、中国人的贸易情报,派遣自己儿子为团长赴日交涉及考察,争取建立两国贸易关系。

1791年1月15日,在埃里克·拉克斯曼教授陪同下,日本遇险漂流者大黑屋光太夫、矶吉、小市等3人离开伊尔库茨克。他们在俄方人员护送下,于2月19日到达俄罗斯首都圣彼得堡。6月28日早晨,叶卡捷琳娜二世在夏宫接见了3位日本遇险漂流者。女皇向他们咨询对日贸易情况,她解释说,实际上缔结俄日通商条约对于双方都是有益的。① 大黑屋光太夫等人在俄方人员陪同下,不仅参观了皇家宫殿,而且还参观俄国图书馆、剧院、博物馆、珍宝馆等。

1791年9月25日,叶卡琳娜二世给西伯利亚总督伊万·阿尔菲利耶维奇·皮里(Иван Алферьевич(Альфредович, Андреевич)Пиль)发来敕令,主要内容如下:

> 通知你,阿留申群岛遇险漂流来的日本商人,目前使用政府费用滞留于伊尔库茨克市内。借送日本人还本国为机会,开通与日本通商关系。有关与日本开展通商情况详细说明,光太夫等人在埃里克·拉克斯曼教授伴随下离开彼得堡,你要接受埃里克·拉克斯曼教授的建议,见机实施如下事项:
>
> (1)为访问日本,在鄂霍次克港建造1艘合适的船只。但是,船长要选用纯俄罗斯人,如果没有合适人选,可以考虑除了意大利人、

---

① Черевко К. Е. 《Зарождение русско‐японских отношений XVII‐XIX века.》, Москва, Издательство "Наука" 1999 г. ,Стр. 76.

荷兰人之外的外国人。

（2）该船只将上述日本人送回国，所需费用由政府支付。

（3）送回上述日本人回国时，听从埃里克·拉克斯曼教授指令，选拥有天文知识人员随从，记录航行中以及日本国陆上及海上的各种见闻。

（4）听取埃里克·拉克斯曼教授必要的忠告及意见，制作详细指示交给队长。

（5）你亲自写信向日本政府问候，详细叙述日本人当时在我国领土内漂流的情况，表达俄国对日本人保护，保障我国领域及各港口航行的日本国民提供各种帮助，俄罗斯希望与日本国缔结通商及邦交关系，并缔结上述协定书，将此递交日本政府。

（6）从国库支出 2000 卢布，购买土特产品，赠送日本政府。

（7）劝告伊尔库茨克市内商人，选择日本国内需要的商品携带去，并且将其卖出后，购买日本商品带回来。①

叶卡捷琳娜二世命令，采用皮里总督的名义派遣探险队，并且以皮里总督名义给日本官员书写信件。她考虑，如果日本拒绝，不能损害自己的威信，另外也不至于让对俄罗斯远东政策持怀疑态度的英国、荷兰产生疑惑。

1791 年 10 月 20 日，大黑屋光太夫被邀请进入皇宫，与女皇叶卡捷琳娜二世话别。女皇表示："俄罗斯希望与你的国家建立友好关系。你回到日本后，向日本人民很好地传达俄罗斯人愿望，希望建立双方友好关系，与你分别时刻，我送给你礼物。"②女皇送给大黑屋光太夫金质奖章、镶嵌宝石怀表、150 枚金币，送给小市、矶吉两人每人银质奖章、金币 50 枚，送给定居俄罗斯的新藏、庄藏每人金币 50 枚。③

---

① 平冈雅英：《日露交渉史話》，第 83—85 页。
② 中村新太郎：《日本人とロシア人——物語 日露人物往来史》，第 82 页。
③ 中村新太郎：《日本人とロシア人——物語 日露人物往来史》，第 82 页。

1791年11月26日,埃里克·拉克斯曼与3位日本遇难者一起离开圣彼得堡,1792年1月23日,到达伊尔库茨克。5月20日,大黑屋光太夫等人与定居俄罗斯的新藏、庄藏话别,失去下肢的庄藏躺在病床,心情非常痛苦。6月15日,大黑屋光太夫等人到达雅库茨克。8月3日,大黑屋光太夫等人最终回到鄂霍次克港。

西伯利亚总督皮里根据上述敕令,与埃里克·拉克斯曼教授举行协商会谈。两者决定任命埃里克·拉克斯曼教授的次子亚当·拉克斯曼(Адам Эрикович Лаксман)为俄国代表团特使。亚当·拉克斯曼当时26岁,官职为陆军中尉,担任北部沿海州的某守备队队长,其受父亲影响,具备一般年轻人所没有的博物学造诣。船长为鄂霍次克海港务局长瓦西里·洛夫措夫(Василий Федорович Ловцов),舵手为瓦西里·奥列索夫(Василий Иванович Олесов)和菲利普·穆赫普里奥夫(Филипп Екимович Мухоплёв)两人,测量员为1744年多贺丸漂流民长助(Тёсукэ,教名菲利普·特拉别兹尼科夫 Филипп Трапезников)在俄罗斯所生之子伊万·特拉别兹尼科夫(Иван Филиппович Трапезников),日语翻译为叶格尔·图格鲁科夫(Егор Иванович Туглуков),另外绘图员2人、水手20人、士兵4人、商人2人,船员共计39人。1792年9月13日,俄罗斯代表团乘坐两桅木船"叶卡捷琳娜"号离开鄂霍次克海港口。船上装满了由官方、舍利霍夫-格里科夫商会及商人罗夫列索夫个人共同提供资金购买的毛皮、厚绒毛织品、纸、镜、刀、铁细工、玻璃器等物品,俄罗斯准备尝试向日本市场推销商品的意图非常明显。

亚当·拉克斯曼特使率领的"叶卡捷琳娜"号,沿着鄂霍次克海南下,10月8日,到达千岛群岛的东南海域。10月16日,到达国后岛的东海岸。10月17日,在靠近虾夷本岛北岸抛锚。在大黑屋光太夫引导下,船员放下小船,12人驾驶小船登陆。俄国一行人登陆,引起岸上日本人惊慌,但是由大黑屋光太夫出面解释,很快日本人惊慌情绪消失,他们与来此处接待的6名松前藩官方人会见。日本官员们将俄罗斯人迎接到房间里做客,提供食物,问询俄罗斯人来到此地的理由和船员们的数量,并且表示要向本藩藩主报告。亚当·拉克斯曼委托日方官员转交西伯利亚总督皮里写给松前藩主松山志摩守的信函,该信函已经由大黑屋光太夫等人翻译成日文。该信函,首先由根室官员送往福山城松前藩府审阅,然后再由松前藩官员决定是否送往江户幕府请求处理。在当时条件,日方这套上报程序需要相当时间等待结果。于是,亚当·拉克斯曼提出长时间等待日方答复前,请求滞留该地方,并且提出在海岸附近构筑小屋,船上仅留少量人员职守,其他多数船员转移到陆地上。日本官员们允许亚当·拉克斯曼在日本人房屋附近建造越冬营舍,并且表示:他们越冬时间长,要回到松前藩。按照日方指示,"叶卡捷琳娜"号驶往北海道地区根室港之后,投锚停船,留下部分人职守工作。根室是虾夷地的最东边,也是距离千岛群岛之齿舞群岛最近的地方。11月17日,亚当·拉克斯曼一行人转移到新修造的房屋,船只留在岸边,士兵每月轮换一次职守。日本官员对于俄罗斯人在根室附近进行学术探险活动并不阻碍,也不阻止双方人员礼物交换活动,但是禁止当地居民与俄罗斯人进行贸易活动。

　　12月13日,松前藩府高级官员铃木熊藏、前田右门、医生加藤肩吾等人接见了亚当·拉克斯曼等人,并且当面宣读松前藩府的答复信函:"阁下递交的书信已经收到了。松前藩府已将该信函与本藩报告书,同时递交江户幕府。本官根据上级指示通告,为了避免阁下等人受到当地人的伤害,特派遣护卫人员负责警戒,阁下一行人所采用身份为出差者。"①铃木熊藏在亚当·拉克斯曼房间看到了地球仪和世界各地的地图,产生极大兴趣,并且仔细倾听亚当·拉克斯曼介绍世界各国情况。12月14日,亚当·拉克斯曼携带日语翻译人员访问铃木熊藏,并向他赠送各种各样礼物。可是,铃木熊藏在政府答复前送还了接收的这些礼物,但是他向亚当·拉克斯曼借用地图进行临摹。日方从俄方借来地图,将地图上展开薄纸,采用毛笔一点不错地巧妙地临摹后,返还了

---

① 平冈雅英:《日露交涉史话》,第87页。

俄方。亚当·拉克斯曼在日记中记载:"日本人性格敏捷,我们船只停泊该港口时,日本制作了我们船只模型,遇到我们船只结构不清楚的地方,还请求我们指导,我们答应了他们的请求,此外他们还制作了许多木制零件。"①

1892年12月29日,江户幕府官员普请役田边安藏、小人目付田草川传次郎,从福山城松前藩府来到俄罗斯人滞留地根室。他们通过松前藩府获知俄罗斯人到来,声称为了欢迎他们而前来。于是,他们又与松前藩的官员一起向俄罗斯人进行各种询问活动。他们向俄罗斯人询问有关俄国的地理位置、从俄国到日本的距离、工厂和其制造品等情况。看到了俄罗斯的金银铜货、南北两半的地图等。托戈尔罗夫应日本官员们的请求,在临摹的地图上采用拉丁文记载地名。江户官员们来到,不仅对俄罗斯人感兴趣,而且更重要的是监视中央政府控制薄弱的松前藩与俄罗斯人的交际。

日本官员们最初对俄罗斯人抱有疑惑态度,交往一段时间后逐渐成了好朋友。但是,亚当·拉克斯曼带来的翻译托戈尔罗夫未能完整表达他的真实意图,幕府官员到达后,他急切想知道幕府方面对于俄罗斯是如何认识的?幕府官员之一田边安藏本人,曾经在长崎工作九年,不仅对外部世界具有一定了解,而且具有一点荷兰语交流基础,所以双方借用荷兰语进行简单交流,致使亚当·拉克斯曼获知如下情报。

荷兰人向日方宣传说,日本人遇难漂流到俄罗斯后,受到俄罗斯人野蛮虐待。所以,松前藩及江户幕府官员对于俄罗斯使节来访,并未表现出信任及友善的姿态。许多日本人,对俄罗斯人还抱有恐惧心态。例如,松前藩府高级官员铃木熊藏,受命准备接见俄罗斯人,离开家门时,据说妻子哭泣与他惜别。俄罗斯人滞留根室期间,日本人与俄罗斯人直接交流后,恐惧的心情逐渐获得缓和了。日本官员将此事向本国政府报告后,请求日本政府允许与恐惧的俄罗斯通商贸易活动。根据幕府官员

---

① 中村新太郎:《日本人とロシア人——物語 日露人物往来史》,第93頁。

田边安藏叙述的内容，亚当·拉克斯曼获知，原因是荷兰人不喜欢日俄两国展开通商贸易活动。荷兰人为什么反对日俄两国开展贸易活动？原因是俄罗斯人出售给日本人的商品，与荷兰人出售给日本人的商品是一样的，而且俄罗斯与荷兰相比较，在地理位置上更接近日本，显然在商品成本方面更具有优势地位。

松前藩府上报江户幕府报告书表示，俄国船只将遇难日本漂流民送回到根室，给日本留下强烈印象。松前藩府指示，在亚当·拉克斯曼等待江户方面答复前，让俄罗斯人回到根室，在补给方面提供便利，当地官员对于客人应该热情接待。幕府老中松平定信拒绝了一部分高级官员立即驱逐俄罗斯人的提议。他认为，日本不能够与强大的俄国发生冲突，俄国是邻国，提出建立通商关系，将遇难的日本人送回是表达和平的意向，所以允许俄罗斯1艘船进入长崎港，在长崎对荷兰人的严格管制同样也适用于俄罗斯人。

日本学者藤田觉评价说，老中松平定信对待俄国的基本框架是依据"礼与法"来决定，而且将"礼"处于"法"之上位置，按照当时价值观理解，"礼"比"法"更重要。[①] 对于俄国将漂流民送还日本，日本不应该缺少礼节，日本接收漂流民规定以长崎作为窗口，但是对待俄国善举，应该破例在虾夷地进行接收。

1793年1月31日，亚当·拉克斯曼等人接受了幕府官员田边安藏等人正式招待，参加庆祝元旦活动，品尝到了日本方面的珍稀美食。但是，3月24日，松前藩官员铃木熊藏去世了，经历5个月交往，俄罗斯人感到悲伤。4月2日，漂流者小市也因败血病而死亡。小市去年赴堪察加半岛途中患病，他虽然踏上故土却未能看到亲人就去世了。

1793年1月，日本幕府决定，派遣石川将监忠房、村上大学义礼两位高官，向俄罗斯人递交答复书，并准备接收送回的日本漂流民。幕府老

---

① 五百旗头真、下斗米伸夫、А·В·トルクノフ、D·V·ストレリツォフ編：《日ロ関係史——パラレル·ヒストリーの挑戦》，東京大学出版社，2015年12月発行，第2頁。

中松平定信给两人指示："俄罗斯人不得进入江户湾。如果对方坚持不进入江户湾就不交还漂流民,那么就不予接收了。如果一定要建立通商关系的话,就递交给他们进入长崎的信牌(进入许可证)。"①3月2日,江户幕府官员到达松前藩福山城。他们决定会见俄罗斯人前,先派遣代表赴俄罗斯人暂时滞留的根室。4月1日,村田兵卫门、太田彦兵卫、井上辰之助等松前藩家臣及150名虾夷人出发前往根室。5月1日,村田兵卫门、井上辰之助两人拜访亚当·拉克斯曼,询问他是否是由俄国女皇叶卡捷琳娜二世派遣的使臣?同时,亚当·拉克斯曼向村田兵卫门、井上辰之助两人提出,从俄方送还日本漂流民小市下葬问题由日方负责埋葬,随带物品转交给其家人,获得日本方面答复。

　　为了在赴松前福山城参加俄国使节团官员与日本幕府官员会面,日方首先提议,从陆地行走前往。亚当·拉克斯曼则提出根据俄国政府指令,由海路直接将日本漂流民护送到幕府所在地江户,为此提议乘坐"叶卡捷琳娜"号前往,日方官员们劝说海峡狭窄无法航行。因为日方根据幕府老中松平定信指令,坚决不允许俄罗斯人进入江户湾的。双方对前往松前藩是走海上还是走陆上的争议,导致俄罗斯人的行期被延迟了。俄罗斯人被迫滞留在根室,他们正好利用这段时间绘制虾夷地东海岸的地图,记录根室附近的见闻,调查当地阿伊努人、大和人的生活、感情、宗教、生产等情况,收集珍藏品。由于阿伊努人不断向俄罗斯人诉说日本大和族人奴役他们,所以日本官员禁止阿伊努人与俄罗斯人交流。俄罗斯人长期缺乏新鲜水果和蔬菜,导致"叶卡捷琳娜"号船员15人患上败血病,1名船员死亡,其他人身体也处于虚弱情况。船员们长期异国他乡生活,导致俄罗斯赴日代表团领导层不和,出现内部混乱,最终与日方做出一定妥协。

　　1793年6月4日,"叶卡捷琳娜"号在日本人指引下离开根室,6月8日进入箱馆湾。日本官员迎接俄罗斯人到来,赠送鱼和酒,并且邀请俄

---

① 中村新太郎:《日本人とロシア人——物語 日露人物往来史》,第95頁。

罗斯人登岸沐浴。在日方官员指引下，亚当·拉克斯曼、船长罗夫索布，以及两名年轻人一起进入豪商家，沐浴后品尝日本料理，对于日本房屋结构优美、料理味美，大加赞赏。6月9日，俄罗斯人被要求登陆。6月15日，双方谈论了有关亚当·拉克斯曼等俄罗斯人前往松前事宜。日本官员提议将"叶卡捷琳娜"号停靠在箱馆港湾里，俄罗斯人和日本人共同从陆路前往松前藩府所在地福山城。

6月16日，亚当·拉克斯曼等11名俄罗斯人，以及幸太夫及矶吉采用马匹等运载工具，向松前方向出发。日方派遣16名官员和450人队伍同行，在每个住宿地方，日方都准备欢迎会和住宿房间。6月20日，最后的住宿地点为奥萨马村，俄罗斯人受到由松前藩官员率领600人阵容欢迎，下午3点到达松前城里。俄罗斯人被带进悬挂"露西亚屋敷"招牌的新房间里，房间门口设置60名藩兵护卫。屋子内部官员当班职守，监督到达者任何举动。房子四周采用白色和黑色木棉纺织的布围着，防止俄罗斯人向外边道路观看，将他们与居民隔离开。日方官员向亚当·拉克斯曼等人解释说，这是守护客人，表达敬意。日本人为每位俄罗斯人准备了洋式家具，每个房间里配备装纸的盒子及烟具等。

6月21日，日本官员将俄罗斯人带到四合大院子里，在很大房间里四周站满手持火枪和弓箭的武装藩兵，屋子里摆设酒菜，双方举行第一次会议。亚当·拉克斯曼向日本幕府代表石川忠房、村上等人递交书信，并且移交带来的日本人。另外，亚当·拉克斯曼提出："自己是根据俄国皇帝敕令，为了缔结与日本友好关系，带来西伯利亚总督皮里写给日本政府信函。受命将国书和漂流民直接递交江户幕府最高领导手里。"对此，日本官员解释，"俄罗斯船只航行江户是非常困难的，因此派遣我们前来接待处理的。"①

幕府官员当场对于亚当·拉克斯曼提出的要求予以回答，并将其信件递交给俄方。幕府答复信件记载："禁止外国人与日本交流，外国人登

---

① 中村新太郎：《日本人とロシア人——物語 日露人物往来史》，第97页。

陆日本港口,将实施逮捕入狱,考虑到亚当·拉克斯曼等人只是为赴长崎进行贸易,并且带来遇难的日本人,所以允许进入日本港口。但是,如俄罗斯人不经允许前往日本航行,将是危险行为,要例外处理。幕府代表接受送还的日本人,为了能够与当地官员进行交流,请接收赴长崎的信牌(进入许可证),江户行程将完全是题外之事。"①另外,日本官员提出皮里信函的俄文看不懂,要求俄方将皮里信件文字采取"日语假名文书写"进行翻译。双方第一次会见没有任何结果。

6月24日,亚当·拉克斯曼与日方代表举行第二次会面,俄方已经将皮里书信翻译为日语。但是,日本官员又向亚当·拉克斯曼提出,因为皮里书信中没有写日方领导人名字,所以拒绝接受皮里的书信。亚当·拉克斯曼对此解释说,皮里不知道日方领导人的名字和官衔,另外他的书信内容主要是说明使节的目的,将遇难的日本人送还事情。于是日方代表解释说:松前藩不具备审议条约的权限,与外国人交涉的特别官员(外国奉行)在长崎,并且向俄罗斯人发放赴长崎的信牌。6月25日,亚当·拉克斯曼收取了日方代表递交的有关接受大黑屋光太夫和矶吉的证明书。

6月27日,亚当·拉克斯曼与日方代表第三次会面。日方代表们表示,俄国女皇希望建立对日友好关系和加强通商关系,但是日本法律禁止在松前就此事进行交涉,为此允许俄罗斯1艘船进入长崎港口,船员允许登陆,并且将带有幕府将军家徽章的信牌递交给俄罗斯人。

亚当·拉克斯曼滞留松前藩期间访问了日本幕府代表们居住的房间,他表示:"感谢与邻国领导层官员会谈,为了表达今后相互为邻及共同生活的俄罗斯国民的友好"②,特别转送西伯利亚总督皮里的礼物。另外,亚当·拉克斯曼提出,要感谢俄国领土接壤岛屿松前藩藩主的款待,希望能够对藩主表达敬意而进行访问活动。对此日方代表们解释,根据

---

① 中村善太郎:《千岛桦太侵略史——日本文化名著选》,大阪,創元社,1943年,第30—31頁。
② Файнберг Э. Я. 《Русско-японские отношения в 1697—1875 годы》,Москва,"Издательство Восточной Литературы" 1960 г.,Стр. 60.

幕府高层官员指令,不允许俄罗斯人与松前藩建立关系。亚当·拉克斯曼企图绕过幕府直接与松前藩方面建立关系的愿望破灭了。亚当·拉克斯曼询问日方代表,俄罗斯商品是否能卖给当地居民。日方代表回答说,仅仅可以让当地居民看看,并没有满足亚当拉克斯曼的心愿。日本当局没有允许俄罗斯人提议展开物资交换的要求,但是俄罗斯人提出要返程"叶卡捷琳娜"号,提供物资补给问题,日方没有怠慢,而且将所需物资直接送往箱根的"叶卡捷琳娜"号。日方官员开始催促亚当·拉克斯曼一行人尽快离开。

6月30日,亚当·拉克斯曼等人在众多日本护卫兵伴随下离开松前,7月9日到达箱根,居住在海岸线边房间。7月10日,俄罗斯人转移到"叶卡捷琳娜"号,与日方官员们话别,但是因强台风无法离开港口。7月13日,在日方催促下,俄罗斯人乘坐的"叶卡捷琳娜"号起航了,经过择捉岛和国后岛之间海峡,9月17日,时隔一年回到了鄂霍次克。亚当·拉克斯曼等人,12月21日达到伊尔库茨克,向自己父亲埃里克·拉克斯曼和西伯利亚总督皮里报告代表团赴日访问的结果。1794年6月13日,叶卡捷琳娜二世会见拉克斯曼父子和"叶卡捷琳娜"号船长瓦西里·罗夫索夫。1795年8月10日,元老院颁布敕令奖励亚当·拉克斯曼率领的访问日本代表团全体人员。

在欧洲大陆,自1789年法国大革命爆发后,欧洲大陆人民聚焦于法国大革命带来的影响或变化,所以给向东方扩展的俄罗斯提供了机会。1795年12月7日,埃里克·拉克斯曼教授向沙皇叶卡捷琳娜二世请求,恩准他再次计划赴日。埃里克·拉克斯曼教授计划:次年即1796年秋,他率领船队装满商品,携带翻译托格尔科夫和日本学校的2名学生,从鄂霍次克前往长崎,需要给予这些商人"许可证"(日本的信牌)。埃里克·拉克斯曼解释说:"欧洲商人们忙于战争,远距离贸易没有机会,现在是与日本人开展通商的最佳时刻。"他确信未来对日贸易肯定能够获得利益。他提议,将安德列亚诺夫斯克群岛遇难的15名日本送还本国,作为道具使用,"这样的友善举动,肯定能让日本政府及人民感受在俄罗斯帝国领土内最安全,并且能得到庇护"。①

1796年5月15日,国家议会审议伊尔库茨克地方长官路德维希·纳格尔(Ларион Тимофеевич Нагель, Ludwig von Nagel)关于救护15名日本人的报告书。根据1791年9月13日叶卡捷琳娜二世敕令,国家议会认为:"这样送还是有益的!"7月26日,叶卡捷琳娜二世向东西伯利亚总督伊万·谢利冯多夫(Иван Осипович Селифонтов)下达命令:"这些外国人送到本国,据此灵活运用这样的机会,收集有关日本的广泛情报,调查那个地方扩大俄罗斯通商的可能性。"为了这些目的,派遣官船或商船。1796年11月6日,叶卡捷琳娜二世去世了,女皇的命令最终没有执行。

五、列扎诺夫访日(1803—1805)

在俄罗斯近代东扩过程中,俄国商人担负起重要作用。对于俄国的商人来说,他们希望能独占太平洋北部地区丰富的海狸、海狗、海獭等毛皮资源,以牟取暴利。因此,自18世纪50年代起,先后创办一些专门从事东方贸易的商业公司,如1757年成立的"君士坦丁堡俄国贸易公司"、1758年成立的"波斯贸易公司"、1760年成立的"布哈拉与希瓦商业公司"等等。各公司之间展开了激烈的竞争,都力图能垄断太平洋北部地区毛皮贸易。这些企业获得沙皇叶卡捷琳娜二世的奖励及保护,发展越来越大,他们掠夺、虐待土著人,滥杀禽兽,完全是毫无约束的强盗集团。这种残暴掠夺的结果,不仅阿留申群岛等岛屿毛皮资源被巨大消耗,而且不利于对殖民地进行统一管理,更无法防止英国等国对该地区的渗透。因此,俄罗斯建立一个统一的机构以便于对殖民地的管理,被纳入了议事日程。

1783年,俄罗斯商人格里高利·舍利霍夫(Григорий Иванович

---

① Черевко К. Е.《Зарождение русско - японских отношений XVII - XIX века.》, Москва, Издательство "Наука" 1999 г. ,Стр. 143.

Шелихов)与伊万·格里克夫(Иван Илларионович Голиков)兄弟共同组建了"舍利霍夫-格里科夫公司",舍利霍夫担任公司总经理,开始向北美阿拉斯加地区殖民,改变对土著人的态度,采用合理价格收购土著人毛皮,进一步发展兴办学校,逐渐推广宗教势力。1788 年,公司依据命令征收毛皮税,获得通商贸易的特许独占权,此后公司总部移到伊尔库茨克。

舍利霍夫在北太平洋地区努力,逐渐巩固了地位,但是该地方无论从地理上、还是从自然条件上看,都属于偏僻的寒冷地带,粮食补给存在巨大困难。食物从本国境内陆地运送,不仅路途遥远,而且穿越西伯利亚森林和湿地。如果海上运输将要征服海洋,争夺港口,舍利霍夫认为要在中国毛皮市场获得利润,必须开通赴日海上交通线。舍列霍夫为典型毛皮贸易巨商,他虽然将公司总部设置于伊尔库茨克,但是涉及业务范围,从阿拉斯加到加利福尼亚的北美西海岸,进一步到阿留申群岛、库页岛、千岛群岛的得抚岛。1795 年 7 月,俄罗斯巨商舍利霍夫去世,此后公司事务完全由舍利霍夫遗孀接管。

虽然亚当·拉克斯曼访日遭到挫折,但是俄罗斯方面并未因此而放弃对日通商目标。如何继续开展对日交涉活动?俄罗斯方面遇到困难。1797 年 2 月 9 日,东西伯利亚总督萨里费托夫在给检察总长阿列克谢·库拉金(Алексей Борисович Куракин)的信件中说明,鄂霍次克政府没有资金派遣赴日的船只,船只修理缺少资金,商人们也不希望冒险派出自己的船只及商品。萨里费托夫信中提议,由国家政府提供资金、船只、熟练航海人员作为条件,由几个商业公司担负与日本及其太平洋地区国家通商活动。

1797 年 3 月 21 日,库拉金向沙皇保罗一世①上奏有关萨里费托夫的信件,保罗一世委托侍从武官格里高利·库谢列夫(Григорий Григорьевич Кушелев)组织讨论这个问题。6 月 9 日,保罗一世采取伊尔库茨克总督路德维希·纳格尔的建议,将伊尔库茨克商人的各个小公

---

① 沙皇保罗一世执政时期为 1796—1801 年。

司合并组建大型公司。9月8日,保罗一世向纳格尔颁布敕令"关于伊尔库茨克城设置美洲公司",规定新公司主要开展与中国及太平洋各国的贸易及商业发展,防止外国人进入俄罗斯领土。该公司在千岛群岛开发农业畜牧业,在南千岛开设皮革工厂、制网厂、造船厂,担负向堪察加半岛和鄂霍次克城居民提供食品及其他生活必需品。

1798年10月7日,舍利霍夫遗孀向俄国商业部长尼古拉·鲁缅采夫(Николай Петрович Румянцев)申请,设置以美洲商会和舍利霍夫-格里科夫公司为核心、注入资本金254万4107卢布的俄美公司。1799年7月8日,沙皇保罗一世颁布敕令批准,俄美公司正式成立。同时,还批准了俄美公司的专营权及各项规章制度,给予俄美公司在美洲西北岸及阿留申群岛和其他岛屿上的一切狩猎权、采矿权、贸易权等,其他公司或个人不得侵犯。还授权俄美公司发现新土地并作为俄国领地加以占领。该公司继承舍利霍夫-格里科夫公司的北美与西北太平洋(千岛群岛、库页岛、阿留申群岛、阿拉斯加至加利福尼亚北美西海岸)的广大殖民地。

9月16日,俄美公司设置与政府各机构接触、处理公司各种问题的代理人岗位,舍利霍夫的女婿、元老院第一局局长兼侍从尼古拉·彼得罗维奇·列札诺夫(Николай Петрович Резанов)就任此职。1800年10月19日,列札诺夫获得敕令批准,将公司总部搬移到圣彼得堡,在伊尔库茨克开设中央营业所(1804年转移到阿拉斯加的新哈尔汉格尔斯)。为了扩大公司的规模,俄国政府多次批准俄美公司发行股票,鼓励贵族、商人入股,新即位沙皇亚历山大一世①也买了股票。舍利霍夫的继承者们,削弱小商人伊尔库茨克股东们的影响力,总部直接触及中央政府,赋予俄美公司重要政治色彩。这些措施使贵族获得商会的股份,商会的活动中,他们完成的任务被提高起到作用。亚历山大一世为首,皇室一家数人、公爵、高官成为股东。1804年设立股东临时委员会,此后改组特别评议会,并且将政府机构成员、政治家和著名航海家任命为成员。

---

① 沙皇亚历山大一世执政时期为1801—1825年。

俄美公司设立不久就遇到很多困难。英国人、美国人不断侵入俄罗斯太平洋地区领土，甚至出现掠夺居民财产行为。公司必须尽快成为工业制品、毛皮、皮革及其他商品和殖民地的食物供应地。西伯利亚地区无法保障居民的食物，必须通过陆地或围绕世界一周海路，从俄罗斯欧洲领土运送食物，这样需要大量时间和巨额经费。

1802年初，东西伯利亚总督萨里费托夫向海军部进言，从雅库茨克运送到鄂霍次克与堪察加半岛食物太辛苦，应该代替寻求从邻国日本购入食品，灵活利用日本的许可证。他提议，将毛皮、海象牙、干鱼、咸鱼、鲸鱼油、鲸鱼须子，交换日本的大米、食盐及其他商品。1802年7月29日，俄美公司总部向沙皇亚历山大一世提出请求，批准派遣俄罗斯第一次环球航行探险队，请求国家提供必要的食物和船只，希望此举有利于通商、航海业的发展。俄美公司在申请书中提出："本公司首先要开展对日、对华贸易，据此加快在这些国家人民心目中树立我国的优势地位。另外，从广东返回，希望在加尔各答、孟加拉、巴达维亚及其他外国东印度公司地界尝试进行贸易活动。依据曾经访问过这些地方的伊万·克鲁森施滕（Иван Фёдорович Крузенштерн）海军大尉确认，任何港口和人民都能够友善地接受我们，逐渐地将我们喜欢的砂糖、咖啡、印度蓝及其他商品，直接运送到圣彼得堡港口。"俄美公司提议，加强在得抚岛上的殖民活动，"本公司乘日本人不注意时，以长毛发的千岛群岛人①为中介，开展对日贸易，以奢侈品及其他商品与他们交换食品等商品，将来这些食品可能供应给堪察加、鄂霍次克两个地方"。为此本公司请求，要保障探险队的食物，探险队要增添学者、经验丰富的军官，国家银行提供八年期、年利息2分共25万卢布。② 当天，沙皇亚历山大一世就批准了该方案。

---

① 阿伊努人。
② Файнберг Э. Я.《Русско-японские отношения в 1697—1875 годы》，Москва，"Издательство Восточной Литературы" 1960 г.，Стр. 75.

1803年3月13日,俄国商业部长鲁缅采夫(Николай Петрóвич Румянцев,1754—1826)向沙皇亚历山大一世递交"关于对日通商"备忘录,他强调指出:"日本作为俄罗斯相邻国家,在海上两个帝国接触是自然的事情,现在我国商业界期待政府的认可。"希望能够派遣有经验的使节前往日本,该使节将"俄罗斯优秀的方面"正确概念传达给日本宫廷,为了建立两个相邻大国之间友好关系,从北美将商品运送到中国广东和菲律宾马尼拉,探险队环球航行时,访问中国、菲律宾及其他国家,探明开展贸易的可能性。

3月20日,沙皇亚历山大一世亲自主持内阁委员会会议,审查了鲁缅采夫提交的有关对日通商备忘录,会议最终批准该文件。此时俄罗斯方面决定再次利用护送日本漂流民返回的机会。这一行日本漂流民是日本仙台县船员,初期共计16人。1793年11月,从仙台县石卷港出发,驾驶800担大船运输物资,在海上遇到风暴后被迫漂流数月,1794年6月,在阿留申群岛登岸,获得当地的俄罗斯人救助,被送往伊尔库茨克,居住10年后,其中6人不幸去世了。

4月26日,根据鲁缅采夫的命令,在军方代表、陆军中尉默克尔(Меркель)护送下,10名日本漂流民从伊尔库茨克转而前往首都圣彼得堡。他们被安排居住于鲁缅采夫官邸,虽然不得擅自行动,但是享受丰富食品招待,获得高品质日本和服,每人有20卢布,分别获得金质手表或银质手表。俄国人还安排他们参观了剧场、博物馆、天文台、寺院、军事演习、放飞气球等。5月16日,沙皇亚历山大一世接见日本漂流民一行。俄方提出,如日本漂流者希望留下成为俄罗斯公民,在居住地和职业选择方面享有自由,终生享有年金(年金50卢布),免除服兵役,担任日语教师的工资提高一倍。这样有6名日本漂流者决定留下,并且请求返回到伊尔库茨克,于是俄方提供返回路费及旅行证件。其余4名日本漂流者津太夫、仪兵卫、左平、太十郎决定随船返回祖国。

1803年7月10日,沙皇亚历山大一世颁布敕令,任命俄美公司负责人尼古拉·彼得罗维奇·列扎诺夫为访日代表团团长①。俄美公司总部赋予列扎诺夫权限,允许从外国公司和殖民地居民团体获得总额20万比塞塔(西班牙货币)的贷款,具备签署合同的权力。当天,沙皇亚历山大一世批准了鲁缅采夫起草的关于对日使节的指令。

俄罗斯商务部长鲁缅采夫下达给列扎诺夫指令,其内容如下:

(1)列扎诺夫特使赴日,要获得在日本国内更大范围的特权,要允许俄罗斯船只进出长崎以外的港湾,并且船只数量,不能限制每年1艘,要能适当停泊。

(2)如果日本政府允许长崎以外一个港口停靠的话,松前是适合的。

(3)如果万一我方要求不被接受,通过得抚岛上土著人,将产品贩卖到日本。

(4)要实地调查,库页岛属于日本还是属于中国。

(5)黑龙江口的现状,询问日本。

(6)要搞清楚日本和中国、和朝鲜的关系,询问琉球群岛是日本所属还是独立国。如果是独立国家,就开展与琉球群岛通商。②

沙皇亚历山大一世批准的俄国第一支环球探险队,队长为伊万·费奥多罗维奇·克鲁森施滕(Иван Фёдорович Крузенштерн,1770—1846)、副队长为尤里·利相斯基(Юрий Фёдорович Лисянский,1773—1837)。1803年8月7日,克鲁森施滕率领的俄国第一支环球探险队出发,以列扎诺夫为团长的赴日代表团成员也搭乘船只,沙皇亚历山大一世和大臣们亲自为探险队送行。探险队由"希望"号和"涅瓦"号两艘军舰组成,克鲁森施滕亲自担任"希望"号舰长,尤里·利相斯基担任"涅瓦"号舰长。探险队从俄罗斯著名军港喀琅施塔得港出发,船队从北方海面进入英国海岸,再由此向大西洋、向南美海岸航行,10月两艘船均在大西洋上航行。11月26日穿越赤道,在快靠近南美海岸时,船队遇到了飓风,两艘

---

① 平川新監修,寺山恭輔、畠山禎、小野寺歌子編:《ロシア史料にみる18—19世紀の日露関係》第4集、東北アジア研究センター叢書第36号,2009年3月発行,第67頁。

② 平岡雅英:《日露交涉史話》,第178—179页。

船被吹到了大洋深处。历尽艰辛后,12月20日,全体船员才看到地平线。第二天傍晚,船队靠近了离圣克鲁斯城堡不远的圣叶卡捷琳娜群岛,在此进行了两个月的维修船只。1804年3月,船队绕过合恩角进入太平洋,3月24日两艘船因遇到大雾而失散,直到马克萨斯群岛的努库希瓦岛海湾才汇合。6月份两艘船到达夏威夷群岛后,再次分手,"涅瓦"号驶往阿拉斯加,"希望"号驶往堪察加。

1804年7月14日,负责运送赴日本使节团的"希望"号按照计划,到达了俄国堪察加半岛最大城市彼得罗巴甫洛夫斯克①,堪察加半岛居民提供了必要食物,船只也做了必要修理工作。1804年8月,列扎诺夫滞留堪察加半岛期间,向圣彼得堡俄国中央政府方面发出几封信,提议俄国政府应该重视开发远东地区。他提议:(1)俄国应该在得抚岛、国后岛设置农业殖民地和对日贸易公司,利用阿伊努人为中介者。(2)俄国投入资金加强堪察加半岛的防御力量,改善当地居民的生活条件。(3)俄国在彼得罗巴甫洛夫斯克设置面向太平洋的主要港口,承担船舶停靠和公司各殖民地及日本定期交流等。②

列扎诺夫指示俄美公司伊尔库茨克、鄂霍次克两个事务所,向彼得罗巴甫洛夫斯克提供商品。他认为,如果能够开展俄罗斯商品与日本商品交换,鄂霍次克、堪察加地区的商品价格就能够下降,就能够推进西伯利亚地区整体环境改善。

1804年8月26日,列扎诺夫率领的"希望"号船只离开彼得罗巴甫洛夫斯克后,驶往日本长崎方向。9月26日,"希望"号进入长崎港。因为一个月前,荷兰人将关于俄罗斯使团来访消息告诉了日本当局,所以当"希望"号进入日本九州沿岸海面航行时,日方军队、警备队移动观察,

---

① 彼得罗巴甫洛夫斯克,全称堪察加彼得罗巴甫洛夫斯克,俄罗斯联邦堪察加州首府,位于堪察加半岛东南部阿瓦琴湾北岸,是堪察加半岛最大的城市,也是俄罗斯远东地区历史最悠久的一座城市。

② Файнберг Э. Я. 《Русско‐японские отношения в 1697—1875 годы》,Москва,"Издательство Восточной Литературы" 1960 г.,Стр. 81.

在港湾内的日方小船也围绕俄国"希望"号观看。日方官员乘坐一艘小船出来迎接，并且命令"希望"号船在神之岛附近外围投锚停泊，要求俄罗斯人交出船只及武器。列扎诺夫提出几次抗议后，日方官员们表示，同意俄国士官及使节警卫人员携带武器。另外，日本法律规定，禁止各国船只同时进港停泊，待荷兰船和中国船离开后，日方允许俄国"希望"号进入港口。日方派遣大约500名士兵对俄国"希望"号实施警戒。此后，日方官员及翻译人员不断地登船探访"希望"号，询问被送还的日本人情况、俄国使节团来访目的、俄国其他殖民地的地理位置、"希望"号的航线、俄国的产业状况、俄国从欧洲地区运送至堪察加半岛的商品情况等等，俄国人的答复内容被日方记录下来。俄国人拿出1793年6月日方交给带有幕府将军家徽章的信牌，但是列扎诺夫提出，携带的亚历山大一世亲笔信，只递交给日本政府代表手里，并且将亲笔信翻译成日语。日本人检查船只与货物，拿走商品样本。日本人对俄船上球状地球仪和天文用具，特别是早期的蓄电瓶等用具感兴趣。

列扎诺夫到达长崎后几次向日本长崎藩府官员提出，为俄国人在陆地上提供场地。理由为船上因气候和风寒等容易患病，船员们已经在海上航行16个月，需要休息了，"希望"号船只需要修理，货物也需要晾晒。长崎当局将长崎湾沿岸附近划出一块长度53米、宽度21米的区域，构建简易房屋。10月17日，日方官员们将列扎诺夫及9名随员庄重地引领到此，可是列扎诺夫却拒绝居住这里的简易房。长崎当局只好另外选择三面港湾包围的地方，构筑仓库与相对质量好点的房屋。俄国人居住的房屋周围采取竹子双重围栏起来，留出小路通往港湾，便于陆地人员与船上人员走动，更重要的是房屋可完全在日方人员监视范围内。

1805年3月23日，列扎诺夫与日本幕府代表远山金四郎、长崎奉行①肥田丰后守，在长崎奉行所举行第一次会谈，这是俄国代表团等待五

---

① 奉行是日本幕藩体制下武家的职务名称，指分别负责政务的一部分的人，任务完成，奉行职务就结束。

个多月后日本方面被迫做出的举动。第一次会谈上，幕府代表远山表示，幕府大将军不会接见列扎诺夫，已经向来访亚当·拉克斯曼说明，有关建立两国通商关系、与外国人书信往来，在日本法律上是禁止的。幕府代表远山最后奉劝列扎诺夫，应该尽快离开日本。① 俄国船只来到日本长崎为了交涉两国关系，并且携带俄国沙皇亚历山大一世亲笔信，列扎诺夫完全没有预想到，幕府代表如此清楚地答复。无论如何，俄罗斯沙皇给日本统治者写信，提议建立通商关系，不能被禁止吧？这样做，难道对日本没有任何利益吗？他对日本高级官员们的答复感到不满。为了缓和双方如此尴尬的局面，长崎奉行肥田丰厚守提议，双方会谈延长，但是列扎诺夫还是拒绝出席日方准备的宴请而离开奉行所。

3月24日，双方代表在长崎奉行所举行第二次会议，日方官员让列扎诺夫阅读幕府将军德川家齐的答复信、长崎奉行肥田丰后守的说明信。幕府将军德川家齐的答复信里，就有关日本政府拒绝开港问题予以说明："以前日本与许多国家交易，大约200年前，日本人被禁止出国，外国人也禁止进入日本。中国人、朝鲜人、荷兰人，按照以往传统被特殊处理，这不涉及任何商业上的利益。这些与俄罗斯人完全没有关系。最近俄罗斯人将遇难日本漂流民送到松前藩，要求建立外交通商关系，现在又以同样目的来到长崎。可是俄罗斯人固执的愿望是无法获得满足的。日本与其他国家之间距离很远，法律、习惯不同，均将成为双边关系不稳定因素，所以禁止对外关系，尊重礼仪，对于临近大国携带珍贵的礼品，不能派遣使节团回访答谢。日本确定国境线防御的目的，就是遵循这样的对外政策的指导原则，不能为俄罗斯一个国家而改变原则。商品交换，被认为对于双方是相互有利的，实际上日本不接受无益的外国商品，丧失自己国家生活必需品和可贵金属。外国商人的竞争和价格巧妙地提升，搅乱了日本国民良好风俗、感情，由于通商扩大，出现损坏下层民众利益和违法的事情，治理民众成为困难，容易引起社会无秩序，因此拒

---

① 中村新太郎：《日本人とロシア人——物語 日露人物往来史》，第116页。

绝俄罗斯人要求,俄罗斯人应该立即离开,今后不要擅自访问日本沿海地区了。"①

长崎奉行的说明书里指出,日本与外国不缔结外交、通商关系。日本与外国人交涉,只有长崎官员具有权限。日本政府禁止外国船只访问松前藩和日本其他港口,也曾经传达给俄国使节亚当·拉克斯曼。虽然日方也给予俄罗斯人信牌,但是俄国法律、习惯与日本人完全不同,所以俄方不理解这是警告意味。今后出现遇难漂流到俄国领土的日本人,请借用荷兰船只运送回日本。说明书提醒俄罗斯人,接受食品、燃料及淡水后就离开长崎。

日本当局不希望俄罗斯人在长崎及其他日本港口进行非法贸易,免费提供了大约2个月航行所需的用品。列扎诺夫将所带来的地球仪、地图、绘画等作为纪念送给长崎奉行,也送给翻译人员若干礼物。3月27日,列扎诺夫正式引渡送还日本人,并提出希望日方能善待这些漂流者,但是日方不仅没收他们所持金钱及物品,而且还将他们投入监狱。3月28日,俄国船只开始装载武器、食品。4月5日,日方官员把幕府将军和长崎奉行的答复信递交给列扎诺夫手里,日方为俄国使节团乘坐"希望"号离港举行盛大欢送仪式。1805年4月6日,俄罗斯人在滞留半年后,离开了长崎港。列扎诺夫乘坐的"希望"号船,沿着日本西海岸北上。4月26日,代表团乘坐的"希望"号通过津轻海峡进入宗谷海峡。5月2日,"希望"号停靠在库页岛阿尼瓦湾。5月4日,俄国"希望"号调查记录库页岛东南岸和东岸的状况。5月15日,调查活动因船只遇到大块浮冰而被迫中止。5月25日,"希望"号返回到彼得罗巴甫洛夫斯克。俄国访日代表团就地解散。

列扎诺夫根据"与日本通商不成功时,争取通过千岛群岛土著人中介展开交易活动"的指令,决定派遣船长克鲁森施滕指挥船只前往得抚

---

① Файнберг Э. Я. 《Русско - японские отношения в 1697—1875 годы》, Москва, "Издательство Восточной Литературы" 1960 г. , Стр. 84.

岛,1795年该岛移居38名男女后,俄美公司完全放任了。可是,船长克鲁森施滕拒绝执行命令。最初探险队委任他为总指挥,途中列扎诺夫成为全权代表,他就心存不满,航行过程他采取反抗态度。列扎诺夫命令克鲁森施滕指挥的"希望"号船调查库页岛,自己乘坐俄美公司船前往北美沿岸殖民地视察。列扎诺夫视察完成后,回到鄂霍次克,1806年9月末离开此地,通过陆路前往圣彼得堡。因对日通商交涉失败,与克鲁森施滕合作不顺,又着急赶路,最终1807年3月1日在途中患病去世,享年43岁。

1805年6月,克鲁森施滕指挥的"希望"号船,从彼得罗巴甫洛夫斯克港出发,前往库页岛考察。从库页岛北端开始南下考察,他认为海峡是黑龙江河口相连水道,得出库页岛是半岛的错误观点。他接近黑龙江河口时,因水位浅而航行困难,又遇到中国清朝政府海巡船。无奈下,8月17日,"希望"号船返回彼得罗巴甫洛夫斯克港。海峡发现者是日本人间宫林藏(1809年发现并且通报世界),被称之间宫海峡。

此后不久,克鲁森施滕指挥的"希望"号装载美洲贩运来的毛皮货物,驶往中国广东方向。1805年12月3日,俄国环球探险队两艘船在中国澳门会合,不久进入广州湾,用美洲贩运来的皮毛发了一笔大财,并换回了中国茶叶和瓷器。1806年2月,俄国第一次环球考察船队离开中国,穿过南海的风暴和印度洋。1806年4月,俄国考察船队绕过好望角,在此处两船再次因大雾失散。克鲁森施滕指挥的"希望"号,在事先商定会合点圣赫勒拿岛没看见尤里·利相斯基指挥的"涅瓦"号踪迹,决定先取道英国北部经大西洋返回母港喀琅施塔得。1806年8月,"希望"号回到母港,相隔两周后,"涅瓦"号也回到了母港,俄国人第一次环球探险活动获得成功。

列扎诺夫访日虽然未获得成功,但是并未打消他的对日通商信念,相反让他更加认识到对日通商问题的必要性。

首先,他认为日本拒绝与俄罗斯通商,是上层统治者意识,而下层官员们是喜欢与俄罗斯人建立通商关系的。列扎诺夫如下记载:出发日子接近,各种各样的人,通过我们喜欢的官员,向番所诉说,表示决不会忘记俄罗斯人,取出白色扇子,求他写上我的名字和到达时间,作为宝物仔细保留起来。我求他采用荷兰语、日语写各种各样的格言,都获得满足了。我的士兵也在他的扇子上写了名字。日方官员对列扎诺夫小声说:"人们非常不满,拒绝我们(俄罗斯人)通商和引见,必然引起重大结果,这次决定将要更改的。"没落特权阶级出身的翻译和下级官员,没有将所有不幸归咎于现在体制,而是各位大臣的政策上。与列扎诺夫会谈的肥前番主和长崎奉行,认为应该与俄罗斯建立通商关系,但是政府疑惑很大。他们约定,列扎诺夫要前往松前进行交涉,大臣的更换消息通过荷兰人传达,自己在江户尽量帮助俄罗斯人获得成功。

其次,他通过观察及了解实地情况,特别是调查荷兰人与日本通商贸易情况,更加认识到对日通商贸易存在巨大商机。列扎诺夫指出,日本政府限制荷兰人年度贸易额在30万塔勒①,能够进入长崎港的船只每年2艘以下,所以荷兰过去没有获得通商利益,因此荷兰公司的收入很大。他们从日本进口数千箱樟脑,精制加工后,谎称葡萄牙产樟脑,在圣彼得堡高价出售。荷兰人最喜欢的是日本的漆器和陶器,将其出口到欧洲,再将欧洲的纺织品、玻璃制器、香料等商品出口到日本。

列扎诺夫认为,从荷兰人在日本的贸易经验看,俄罗斯太平洋领地缺乏必需品。"对日贸易,对于我们来说还是有益的。"列扎诺夫认为,"与日本的交易虽然被拒绝了,但是前途还存在很大希望。我们从北部开始逐步推进是有把握的"。列扎诺夫提议,1普特② 12卢布以下价格购买非常优良的日本铜,进口到鄂霍次克、雅库茨克以及俄美公司的克罗尼,这样该公司就不用再高价从彼尔姆(俄地名)运送。列扎诺夫提议,进口不逊色于葡萄牙产的日本樟脑,在鄂霍次克进行精制加工后,运送到圣彼得堡。列扎诺夫认为,从日本进口大米和麦子是非常有利的。

---

① 德国旧货币。
② 俄重量单位,16.38公斤。

列扎诺夫列举俄罗斯主要出口商品:"最简单地说,俄罗斯的手工艺品,肯定会在日本受到欢迎的,因此推进交易,日本国民众都喜欢也是有可能的。另外,俄罗斯具有这样能力,在长崎以外的北方地区进行交易,更有深远价值。"

第三,列扎诺夫对日本劳动者的素质很钦佩,认为是可以合作的伙伴。列扎诺夫认为,日本人民是勤奋、有能力的,对于苦难状态和幕府专制政治的不满在不断增加。列扎诺夫记载:日本拥有适宜的气候,能够生长任何植物,没有如高山及断崖那样无法耕种土地,所以农业耕作非常发达,可以说所见之处都是绿油油的层层田地。日本人口不断增加,数千人口在干枯季节里,来到海边捕捞海产品,没有其他食物,人们只能以此充饥,人们希望改变贫困状态。日本人生活非常节制,食物非常便宜,但是不允许买卖,取缔了食物买卖的可能性,丰富自然食物也只能够成为富者的慰劳品。日本人手工艺品非常优秀,工作超群,交易未出现活跃状态。

俄国探险队的学者们收集关于日本国内形势的最重要资料,收集以动植物为主的日本工艺品、衣服等样品,还对日本长崎港进行了潮汐科学观察,气候调查。俄国人在从日本长崎至彼得罗甫洛夫斯克的48天航行中,绘制了日本海和鄂霍次克海的航海图,并且更准确地标志出日本的地理位置,对于国际地图学做出很大贡献。

俄国人访问日本,不仅在学术上,而且在两国民间交流方面,起到相互理解和接近的作用。俄国船员在长崎的勤奋和谦虚态度,给日本人留下了好印象。

第二章 日本抵御俄罗斯势力与向北方扩展

一、早期日本北方地区状况

我们叙述日本势力向北方扩展问题前,先简单叙述日本明治维新前的历史发展脉络。日本是位于亚洲东部、太平洋西北角的岛国。日本人约 1 万年前至公元前 2500 年,进入绳文文化时代,生产工具以石器为主,金属器尚未出现,日本社会处于原始氏族部落状态。在公元前 3 世纪至公元 3 世纪,日本人进入弥生时代,生产工具金石并用,有石刀、木锹、铜和铁镞。弥生时代是日本古代社会重要转折时期,中国大陆水稻种植技术传入,随着外来移民加入,日本的人口数量急剧增加,原始社会逐步走向解体。在弥生时代后期,根据中国史书记载,后汉光武帝建武中元二年,即公元 57 年,"倭奴国奉贡朝贺,使人自称大夫,倭国之极南界也。光武赐以印绶"。① 1784 年,日本考古发现"汉委奴国王"之金印,不仅说明中国史书记载可靠性,也说明此时日本已经进入奴隶制国家时代了。另外,根据中国史书记载,公元 1 世纪末至 2 世纪初,日本九州地

---

① 吴廷璆主编:《日本史》,南开大学出版社,1994 年,第 18 页。

区存在一个"邪马台国",已经进入阶级社会了,初步具备国家功能。

古坟时代(300—600年),或称大和时代。2世纪后半期,日本本州岛内各小国争夺战频繁发生。3世纪中叶"大和国"逐渐强大,并征服了本州岛中部大部分地方,其首领最初称为大王,后改称天皇。古坟时代,古坟主要分布在奈良、大阪的大和盆地以及本州岛南部。从8世纪初开始,日本社会流行火葬,古坟逐渐式微,并开启了佛教建筑的时代。日本最早的史书《古事记》《日本书纪》也于此时相继编成。

6世纪中叶佛教传入至大化革新的百年历史,日本称为飞鸟时代①,佛教从朝鲜半岛传入日本,日本岛内出现圣德太子以加强皇权为核心的政治改革,一定程度上打击贵族势力,加强皇权思想,为大化革新打下基础。公元645年,孝德天皇即位,颁布大化改新诏,推行大化革新。

奈良时代(710—794),即以奈良为都的时代。此期间历代天皇注重农耕,兴修水利,奖励垦荒,社会经济大为发展,此时的奈良朝受中国唐朝文化的影响,又通过唐朝接受到印度、伊朗的文化,出现了日本第一次文化全面昌盛的局面。此时的日本社会俨然处于国泰民安的太平盛世中,但积弊也在形成,天皇专制国家的经济发生动摇,中央集权体制因内讧逐渐削弱。794年天皇迁都于平安京,标志奈良时代结束。平安时代(794—1192),即以平安京(京都)为都城的时代。庄园制度让开垦耕地的人永久拥有耕地,他们结合成利益集团,更武力兼并庄园,渐成各地武家实力的来源。

镰仓时代(1192—1333),镰仓幕府初代将军源赖朝,建立以镰仓为全国政治中心的武家政权时代,是日本幕府政权的开始。镰仓幕府的建立标志着日本由中央贵族掌握实际统治权的时代结束了,地位低下的武士登上了历史舞台,他们鄙视平安朝贵族萎靡的生活,崇尚以"忠君、节义、廉耻、勇武、坚忍"为核心的思想,结合儒学、佛教禅宗、神道,形成武士的精神支柱"武士道"。镰仓幕府的建立标志着日本天皇成为傀儡,幕

---

① 因奈良县的飞鸟地方而得名。

府成为实际的政治中心。

室町时代(1333—1573),后醍醐天皇消灭了镰仓幕府后,就进行了第一次的王政复古,推行新政。足利尊氏迫使后醍醐天皇退位,新任的光明天皇册封足利尊氏为征夷大将军,称为北朝。后醍醐天皇退位后仍持着天皇象征的三神器,退往大和的吉野(今奈良县),称为南朝,形成南北朝对峙。足利尊氏在京都的室町开设幕府,为室町幕府。第三代将军足利义满最终完成南北朝的统一。第八代将军足利义政,因继承权问题爆发了内乱,室町幕府走向灭亡。

安土、桃山时代(1573—1603),是以织田信长的安土城、丰臣秀吉的桃山城(又称"伏见城")为名。1573年,织田信长推翻了室町幕府后,逐渐成为全国最强大的军事首领,并开始积极拓展统治版图,全国实际政治中心也转移到安土城的织田氏手上。同年,部将发动兵变导致织田信长去世,其长子也因兵败自杀,织田家族顿时陷入混乱。1584年,羽柴秀吉与东海地方大名德川家康爆发会战,双方经过一番对峙后进行和解并结为同盟,羽柴秀吉以大阪城为根据地,开始进行统一全国争战。织田信长、羽柴秀吉、德川家康为当时日本拥有军事实力者,通过与京都的朝廷合作取得政治的权威,然后以天皇的名义征伐其他大名。1586年天皇赐姓羽柴秀吉"丰臣",丰臣秀吉于1590年大体完成全国统一,但是1598年丰臣秀吉去世,全国再度陷入混乱。

江户时代(1603—1867),由1603年大将军德川家康在日本江户建立幕府始,至1867年德川庆喜被迫宣布还政天皇为止。在丰臣秀吉权势获得极大膨胀下,德川家康迫于形势而向丰臣秀吉臣服,被丰臣秀吉移封到关东地区。德川家康虽然丧失了长年的根据地,但是成为丰臣秀吉政权下最大的外样大名。丰臣秀吉去世后,德川家康即刻率领关东地区军对战胜关西地区军队,确定了霸权。江户幕府是日本历史上最强盛也是最后的武家政治组织。在此之后,日本基本结束了将军及幕府统治的时代,为后来日本走上资本主义道路提供了政治前提,江户幕府时代是三大幕府之中制度最完善、国民最富强的一个时代,对后世的日本产生了深远的影响。

我们叙述日本势力向北方扩展问题,首先要从幕府加强控制"虾夷地"问题说起。所谓虾夷地,因居住"虾夷人"而得名,是与"和人"居住"和人地"相对应的称呼。所谓虾夷人,就是指现在的阿伊努人。他们从何处而来到这里的,至今不清楚。①

有关"虾夷地"地理范围,大体以现今北海道为核心,向外扩展涉及千岛群岛及库页岛。据日本方面解释,江户时代(1603—1867)初期,日方将北海道太平洋侧与千岛称为"东虾夷地",将北海道日本海侧与库页岛称为"西虾夷地"。但"东虾夷地"在1799年,"西虾夷地"在1807年,先后被归为幕府的直辖地。1809年,库页岛正式定名为"北虾夷地"。1821年,全部"虾夷地"再度下放为松前藩的领地,但是在1855年又再度收归幕府直辖。1869年8月15日,日本政府发布命令,"虾夷地"改名为北海道,"北虾夷地"改名为"桦太岛",维持至今。

北海道是日本四主岛中最北的岛屿,也是日本第二大岛。西临日本海,南濒太平洋,东北滨鄂霍次克海,西南以津轻海峡与本州毗邻,北隔宗谷海峡同俄国库页岛(萨哈林岛)相望。位于北纬40度33分至45度33分,东经139度20分至148度53分之间。南北宽420公里,东西长540公里,面积78073平方公里。与邻近小岛总面积共83453.57平方公里,占全日本陆地面积的21%。地势高峻多山,且多火山,东部为阿寒、知床火山群,有破火山口湖和温泉,北见、日高山脉纵贯中部。有大雪山火山群,最高峰旭岳,海拔2290米。西有天盐、夕张山地,间有盆地。其西为石狩、勇拂平原。气候冬寒冷夏温暖,1月平均气温−4~−10℃,8月平均气温18~20℃。年降水量约800~1200毫米。森林资源丰富。沿岸为著名渔场。

日本著名的北海道地方史专家榎本守惠在《北海道历史》中论述

---

① 丸山國雄:《日本北方発展史》,水產社,昭和17年6月30日発行,第1頁。

说①,有人认为北海道的历史是新的,人口稀少,这只说对一半。确实,在北海道地区,大和民族的历史是新的。但是,在大和民族移居之前,在2—3万年前,北海道地区就已经有人类生活。最初的人类恐怕是从西伯利亚追逐猛犸象而来到北海道的,当时北海道与东亚大陆相连接。现在北海道地区的日高及其他地方发现了猛犸象化石。2万年前的人类,此后北海道的绳纹人、擦文人,是否与阿伊努人存在关联尚不清楚。所谓"和人"移居北海道时期,先前居民被"和人"称为"虾夷人",指的就是阿伊努人,当时阿伊努人仅从事狩猎、捞鱼的采集经济,镰仓时代(1192—1333)以后,伴随着和人移入及居住,其数量不断增加。两者之间文化与生产技术差异,很快出现对立,"和人"开始对阿伊努人采取压迫、侵略。无数次战争及武力威胁、欺骗后,"和人"得以强势统治阿伊努人。从先居住民族阿伊努人角度看,北海道的历史就是"和人"对阿伊努人榨取与侵略的历史,是阿伊努人的衰亡史。

"阿伊努"这一称呼,采用阿伊努语言解释,意味着本来、原来的人类。另一方面,"和人"这一称呼,指江户时代后期,虾夷地划归幕府直辖以后的用语。北海道地区的和人与阿伊努人并存,这是日本其他地区不存在的现象,也是北海道的特色。因此领主对于统治和人和阿伊努人,是采取两种截然不同的方法。在江户时期,农业生产还处于不发达水平,封建社会是构筑在农业生产基础上,农民被束缚在土地上。江户时期的大名领主权,采用"石高",即获得米谷产量、武士俸禄额来表达,但是虾夷地的松前藩不用"石高"表示。阿伊努人还处于狩猎生活状态下,移居来的和人也不能带来先进农业。当时南方系的水稻,在寒冷的北海道地区还无法生长。松前藩的财政收入主要靠与阿伊努人交易的商业收益。这在江户幕府制的三百余个藩府中,是唯一的例外。

日本有文字记录,大和族人移居虾夷地的最早时间,为镰仓幕府时期。奈良时代(710—794)、平安时代(794—1192)几乎断绝消息的虾夷

---

① 榎本守惠:《北海道の歷史》,北海道新聞社,昭和56年6月24日发行,第12页。

地,到了镰仓时期出现了具体的大和民族人进入的记录。① 据镰仓时期的《吾妻镜》记载,公元1216年6月,东寺的50多名强盗、海盗被流放到虾夷地。公元1235年夜间抢劫犯、强盗等地位低的人被流放到虾夷地。这是和人移居到虾夷地,即今天北海道地区的最早记录。② 此后,据松前藩的《新罗之记录》记载,被源赖朝③打败的藤原泰衡余党多数逃亡虾夷地。④ 实际上,罪犯和逃兵成为和人赴虾夷地的先驱者。源赖朝打败藤原泰衡后,将御家人分配到各地任职,本州岛津轻地区豪族安东氏被任命为虾夷地管带,而且该职位世代传承。

按照日本"国史"记载,日本的本州岛与虾夷地之间,最早出现"渡岛"文字记载是1318年。⑤ 镰仓时代末期,幕府开辟了虾夷地与本州岛之间的交通,随后本州地区的富豪们横渡前往虾夷地的人员逐渐增加。他们不断征服虾夷地,并扩充形成各自所属领地。

津轻是日本本州岛最靠近虾夷地的地区,津轻富豪安东氏为虾夷地管带,安东氏的地位引起当地另外一位富豪南部氏的不满,两个氏族长期以来在对外扩张过程中形成竞争关系。室町时代(1333—1573)初期,安东氏在与南部氏抗争中受挫后逃往虾夷地。此后,安东氏力图挽回津轻势力,但是尝试几次皆未成功后,逐渐放弃争夺津轻的念头,转而专门经营虾夷地。田名部的蛎崎氏也因战败逃到虾夷地,此后与安东氏共同管辖虾夷,维护当地治安。

和人移居虾夷地之前,虾夷地原本是虾夷人的岛屿,或虾夷人的乐园。但是,伴随和人移居,虾夷地也逐渐发生变化,和人移居数量少时,变化还不明显,随着和人移居数量增大,和人与虾夷人冲突也逐渐加大,

---

① 榎本守惠、君尹彦:《北海道の歴史》,山川出版社,昭和44年12月1日第1次発行,第37页。
② 榎本守惠:《北海道の歴史》,第51页。
③ 源赖朝(1147—1199),日本镰仓幕府首任征夷大将军,也是日本幕府制度的建立者。1192年,源赖朝出任征夷大将军并建立武家政权,被史家称为镰仓幕府,标志着日本长达680年的幕府时代的开始。
④ 榎本守惠、君尹彦:《北海道の歴史》,第34页。
⑤ 丸山國雄:《日本北方発展史》,第1页。

最终导致爆发武装战争。

1456年春,箱馆附近的志海村一名阿伊努少年去找一个和人铁匠打制一把小刀,双方因小刀是否锋利问题发生了口角,和人铁匠竟然刺死了阿伊努少年。以这件事情为导火线,北海道南部的阿伊努人掀起反抗和人压迫的武装起义。阿伊努人在东部酋长科夏麦恩率领下,对和族人据点不断展开攻击。当时和族人在虾夷地据点俗称"十二馆",即和族人进入虾夷地后逐渐在沿海形成十二个比较出名的集居区,具体如图所示①:

馆名	所在地	馆主	馆名	所在地	馆主
志浓里馆	函馆市	小林良景	大馆	松前町	下国定季
箱馆		河野政通			相原政胤
茂别馆	上矶町	下国安东家政	祢保田馆		近藤季常
中野馆	木古内町	佐藤季则	原口馆		冈部季澄
胁本馆	知内町	南条季继	比石馆	上国町	厚谷重政
稳内馆	福岛町	蒋土季直	花泽馆		蛎崎季繁
覃部馆	松前町	今泉季友			武田信广

1457年5月14日,科夏麦恩率领的阿伊努人队伍对箱馆等北海道南部各地的"馆"发动了攻击。阿伊努人队伍攻势猛烈,和族人的"馆"陆续陷落,只剩下茂别馆、花泽馆两个。但是,6月20日,在花泽馆的战斗中,科夏麦恩被武田信广杀死,阿伊努人队伍败北,不久和族人就恢复了北海道南部各馆,战争结束。这个武田信广,后来成了蛎崎家养子,也就是松前藩的藩祖。

蛎崎氏和安东氏统治下,大规模进攻虾夷人,逐渐恢复各地方势力。此后该地区虾夷人和大和族人关系紧张,相互对抗持续百年。1512年阿伊努人再次起兵反抗和族人压制,安东氏统治虾夷地的中心——大馆被

---

① 榎本守惠:《北海道の歴史》,第54页。

攻陷,守将相原季胤自杀。由于安东氏乃是获得镰仓幕府认可的虾夷地管带,所以大馆就相当于虾夷地的"首府"。大馆陷落后,武田信广之子武田光广率领军队打败阿伊努人起义队伍,而相原氏的势力也自然归顺了蛎崎氏。同样,在阿伊努人不断反抗斗争下,各"馆"的实力不断消耗,不得不投靠蛎崎氏门下以求庇护。1514年,蛎崎氏光广将居城迁至大馆,并且改称德山馆,蛎崎氏实现了对虾夷地的实际控制。尽管如此,与东北各大名相比,蛎崎氏不过是土豪而已。为了寻求保护,蛎崎义广之时与安东氏联姻,成为其一门及虾夷地的代官。蛎崎氏第四代统治者蛎崎季广时期,开始对虾夷人采取怀柔政策。蛎崎氏与阿伊努人酋长达成协定,规定将从诸国商船征收的税金抽出一部分分配给阿伊努人,同时各国商船经过阿伊努人领地时必须尊重酋长的权威。这样实现了蛎崎氏与阿伊努人的和睦,也保证了领地内商业活动安全。

1590年,丰臣秀吉(1536—1598)实现统一日本后,命令奥州各诸侯上洛朝觐。蛎崎庆广则与安东实季一起参勤,在京都聚乐第拜见丰臣秀吉,蛎崎庆广以个人名义向丰臣秀吉奉献了虾夷地特产鹰,丰臣秀吉则推荐他担任从五位下官职——民部大辅。蛎崎庆广本是安东氏门下一个部将,而此次朝觐他却与安东实季并列出席,又分别以个人名义进献礼物,这等于丰臣秀吉承认了蛎崎庆广的大名地位。1591年5月,九户政实①之乱爆发,丰臣秀吉的养子和外甥丰臣秀次担任讨伐军总大将,而蛎崎庆广则以独立大名身份带领队伍出征。1592年,丰臣秀吉率领20万大军发动了征服朝鲜战争,蛎崎庆广接到命令,前往肥前名护屋城待命。1593年,蛎崎庆广拜见在名护屋城布阵的丰臣秀吉,丰臣封其为"志摩守",并颁发象征统治虾夷地权力的"朱印状",该朱印章如下:②

> 在松前,各方来的船长商人等,对夷人来说,视同乡贤,不宜有非分之言行。并且船役之事,如前仍执行,接受这些。对如此自然

---

① 九户政实(1536—1591),是日本战国时代、安土桃山时代的陆奥国武将。
② 榎本守惠:《北海道の歴史》,第73页。

之旨意相违背者，发现后要迅速上报，也应该迅速地加以惩罚。

　　文禄二年正月五日　　朱印　　蛎崎志摩守签字

此前，虽然蛎崎氏掌握虾夷地的实权，但名义上拥有者为安东氏。蛎崎氏从此成为虾夷地唯一领主。

1598 年丰臣秀吉去世后，德川氏掌握了日本天下。1599 年，蛎崎庆广奔赴大阪拜见德川家康，递交虾夷地的地图及家谱，并改氏为松前。1603 年，德川幕府建立。1604 年，德川幕府向松前庆广颁发象征虾夷地统治地位的"黑印状"，其主要内容为：①

　　定

　　一、从各国来松前者，不得未经志摩守同意，直接与虾夷人行商贸之事。

　　二、发现未经志摩守同意擅自渡海交易者，应急速上报。

　　附带，虾夷人无论前往何方，任其来去自由。

　　三、严禁对虾夷人有非分言行。

　　上述各项规定，如有违反者，必将遭受严厉惩罚。

　　庆长九年正月二十七日，御黑印　　松前志摩签字

这样可以看出，德川家康颁发的"黑印状"，与丰臣秀吉颁发的"朱印状"相比较，赋予松前氏更大权限。这就是，任何人要想到虾夷地进行贸易活动，渡海来到虾夷地等，必须获得松前氏的批准才可以，否则是违法行动。此后，德川幕府将军更迭时，颁发同样的"黑印状"成为惯例，直至1868 年明治维新时结束。

松前藩于日本江户时代为渡岛国津轻郡，藩所在城为松前福山城，因此该藩也被称为福山藩。松前藩的主要势力范围为北海道渡岛半岛②南部的"和人地"，但是德川幕府划给松前藩的领土远比渡岛半岛要大，

---

① 榎本守惠：《北海道の歷史》，第76頁。
② 日本地图上，北海道最靠近本州岛的半岛区域。

覆盖了整个北海道地区。除东虾夷地(北海道沿太平洋部分)外，北海道及其周边岛屿均为松前藩管辖范围。但由于阿伊努人在此处大量聚居，实际上松前藩并没有能力管理。德川幕府时期，松前藩统治者将阿伊努人居住的一定区域称为"场所"，允许町人承包该区域进行交易。在各个"场所"设置各类交易所，大的交易所被称为"运上屋"，小的交易所被称为"藩屋"，在"运上屋"设置支配人，在"藩屋"设置番人。"场所"的承包人，一般是松前藩的豪商，在"夷人介抱"名义下，向松前藩府递交作为"运上金"的易税，承包"场所"，派遣支配人、番人、翻译等，将米、酒、烟草、衣服、杂货等，通过大船运送到"场所"，交换虾夷人手中物产，将这些货物集中运送到松前，卖给从日本国内其他各地来的商船。"场所"承包人为了获得更大利润，往往采取愚弄欺骗虾夷人的不正当手段，为此松前藩府不得不实施监管，派遣家臣每年前往各主要"场所"实施检查活动。①

松前藩作为虾夷地的岛主，仅是君临而已，当时实际上经营渔场、开发岛屿的是"场所"的承包人。这些承包人一方面战胜酷暑严寒，另一方面从事渔业，是真正的开拓者，也是岛主。松前藩仅从这些"场所"承包人获取所谓"运上金"(即赋税)，完全不管这些承包人的人身安全。与"虾夷本岛"(即北海道)地区"场所"承包人相比较看，在千岛群岛地区的国后岛、择捉岛以及库页岛的"场所"承包人更加艰难，他们不仅从事渔业开发活动，而且面对来自国外势力的威胁。当然这些豪商们，即承包人们，尽量选择在危险比较少的地方设置"场所"，争取获得更多利益。

松前藩统治权力涉及"虾夷本岛"全境，而且还发展形成通过努纳②地方和宗谷方面的阿伊努人，与千岛群岛和库页岛的阿伊努人进行贸易活动。

---

① 平冈雅英：《日露交涉史話》，第50頁。
② 努纳是阿伊努人语言，意思为东方，指北海道的东方，以现在的根室目梨地方为中心的广阔地区。

根据松前藩的《新罗之记录》，1615 年，松前城①来了数十艘努纳地方阿伊努人的船，其中阿伊努人酋长尼西拉卡阿伊努拿来的海狸皮数十张，身体长度 7 尺，肩部长度 2 尺 3 寸，普通的毛长 1 寸 3 分，腹部毛长 1 寸 6 分，是优质毛皮，松前氏将其贡献给德川家康。据说这样的海狸在北海道周围海域无法捕获，仅在千岛群岛的得抚岛和雷公计岛的周边海域存在大量海狸，努纳地方阿伊努人就是出海到此地捕获的。②

这时期，居住在择捉岛的阿伊努人带来自己捕获的北千岛的产物，运到国后岛或努纳，与松前藩来的人进行商品交换。随着双方交易不断扩大，1624—1647 年间，每年松前藩派遣交易船到北海道地区东北的厚岸，在这里集结附近阿伊努人，他们将本地产物与其他地区运来的生活必需品进行交换。

17 世纪末，随着交易活动不断发展，松前藩又在北海道地区的雾多布设置"场所"。1754 年，松前藩在国后岛上设置"场所"。伴随着交易量增加，以厚岸、国后岛为根据地的阿伊努酋长们，每年率领船队赴择捉岛、得抚岛等岛屿进行交易活动。

松前藩在择捉岛以北设置"场所"比较迟，原因是千岛群岛是暖流与寒流交汇处，海浪高，容易出现浓雾，特别是国后岛与择捉岛之间水道潮流急，航行经常遇到危险。阿伊努人的小船体型小因此容易驾驶，而和人的大船没有开辟这样的航线。后来，由高田屋嘉兵卫开辟择捉岛的水路，择捉岛上设置"场所"，但是周边海域航行还是充满危险的。另外，渔业最盛产期是从春季到夏季，冬季雪覆盖无法作业，设置场所运上屋时，冬季必须留下藩府人员职守过冬。为此必须储藏大量粮食和燃料，由大船运输是必要的。由于日本海方向对马岛暖流向北吹，如果向北航行可谓顺风满帆，很容易安全抵达目的地。因此从当时日本核心区域京都、大阪的若侠湾出港，仅三四天航程就可抵达松前藩。

---

① 松前城是现在北海道渡岛综合振兴局辖下松前町的一座城堡，江户时代松前藩的居所，亦称为福山城。
② 渡濑修吉：《北边国境交涉史》，東京，回天发行所，昭和 51 年 10 月 1 日发行，第 48 页。

松前藩在库页岛开展交易活动,是通过宗谷阿伊努人进行的。宗谷地区设置"场所",大致为1684—1687年间。① 对于宗谷和利尻的阿伊努人来说,从松前藩获得的物品是生活必需品,另外,在与库页岛阿伊努人交易上,松前藩也能获取不可缺少的物资。

1635年,松前藩派遣藩士前往库页岛调查,藩主公广,藩士佐藤加茂左卫门、蛎崎藏人等,由宗谷出发至库页岛。次年,派遣甲道庄左卫门同样前往库页岛。通过两次调查,松前藩获知有关库页岛的地理,成为1700年幕府绘制《虾夷松前图》的资料,日方认为松前藩将库页岛纳入日本国势力范围。1679年,日本人在库页岛久春古丹(今格尔恰科夫港)建造临时居住点,并且开始移民。

1750年,藩士加藤嘉兵卫为考察海獭交易场所,乘坐福山商人的船"荣福丸",赴库页岛南端白主。商船派遣至库页岛后,每年持续,至宝历七年。1773年4月中旬,藩府命令福山商人村山传兵卫发出2艘船,带翻译、番人一起考察库页岛渔场,传授阿伊努人的交易方式、捕鱼方法,9月中旬,返回福山。1777年,幕府派遣藩士新田降助,乘坐飞弹屋久兵卫的船到库页岛,巡视各岛并且交换货物。

以上情况说明松前藩与库页岛的关系。商船不断地进入库页岛,这里设置场所是1790年。当年4月,藩士高桥清左卫门宽光接收藩府命令,乘坐村山兵卫的船从福山出发,5月4日到达白主,5月18日离开当地北上,到达库休纳伊,但是船翻了,粮食、船只工具丢失无法前进,行走至陆地克塔尔特,召集阿伊努人询问地理情况,最终返回白主,在东方库休克塔设置藩屋。

松前藩对边界关心,是因飞弹屋久兵卫对阿伊努人的残酷行为,引起国后岛、努纳地区阿伊努人大规模反抗活动。宗谷"场所"原是飞弹屋久兵卫负责的,因此事件,更换为村山传兵卫负责,库页岛"场所"也从宗谷"场所"分离出去了。1791年,藩士松前平角、青山园右卫门、高桥庄四

---

① 渡濑修吉:《北边国境交涉史》,第59页。

郎、铃木雄藏等人被派遣库页岛，村山传兵卫赠送阿伊努人救护品及渔网，选定鳟鱼、鲑鱼、鳕鱼的渔场，召集阿伊努人教授捕鱼方法，在白主、库休克塔、特纳伊等三处与阿伊努人交易，与山丹人交易限制在白主。

松前藩在千岛群岛、库页岛设置渔场及扩大交易，绝非国策扩大版图的意图，不过是所谓藩府扩大商权的意图。

二、日本对俄罗斯人南下的反应

日本作为岛国，在1868年明治维新之前，是一个比较封闭落后的、自给自足的封建农业国家。日本人长期生活于海岛上，几乎没有遇到外来民族的入侵威胁。但是，从16世纪中叶以后，随着西方人航海大发现，西班牙人、葡萄牙人、荷兰人先后登陆日本列岛，使日本社会发生了新的变化。不仅西方人的"洋货"使日本人开了眼界，而且西方人带来的天主教也在日本一些沿海地区迅速传播。西方人这种物质与精神方面的双重渗透，使日本幕府统治者感到统治危机。于是从1635年起，德川幕府下令，严禁日本人出国，禁止海外日本人回国，同时也对入境的外国人做出严格限制。除了信奉新教的荷兰人可以在长崎一地开展有限度的贸易活动外，对其他西方国家人员入境一概拒绝，形成了所谓"锁国"局面。

1641—1859年，日本江户幕府实施锁国政策，荷兰人在长崎城郊外的出岛设立贸易站。出岛是江户时期幕府为执行锁国政策而建造的人工岛，岛的建造费用由城镇工商业者支付，该岛的轮廓是扇形。出岛是1634年幕府将军德川家光下令建造的，最初收留葡萄牙人。江户幕府在1639年驱逐葡萄牙人后，1641年荷兰东印度公司的商馆由平户移往出岛，原则是日本人除了公事以外不能进入出岛，荷兰人每年向城镇工商业者支付租金。出岛在1904年因政府改善海湾而被填平，成了现今长崎市的一部分，原有出岛的范围已被道路所划分。1856年日本幕府与荷兰签署《日荷友好条件》后，准许荷兰人在长崎市街活动，翌年取消监视，

1859年荷兰人将出岛的商馆关闭。1855—1859年间,日本江户幕府开办了长崎海军传习所,幕府挑选一些有才能的人在传习所学习,传习所的老师均聘请荷兰人。荷兰政府制造了"观光丸"船赠送给日本方面,作为长崎海军传习所练习舰。

在另一方面,俄国自1705年宣布拥有堪察加半岛所有权后,以堪察加半岛为基地,开始从南至北向千岛群岛各岛屿扩张势力。1711年俄国人占领了千岛群岛最北端的占守岛、幌筵岛。松前藩最早获知俄罗斯人从堪察加半岛沿着千岛群岛不断南下的情况。1759年,厚岸①场所的上乘役松前藩士凑觉之进,从择捉岛和国后岛的乙名②口中获知,1756年穿着红色衣服的俄罗斯人来到千岛群岛,择捉岛乙名还拿来穿红色衣服的外国人制作的扎枪让大家观看。③ 这就是日本方面最早称俄罗斯人为"赤虾夷"的由来,松前藩士凑觉之进获知后,上报给松前藩,但是松前藩府并没有将获知"赤虾夷"的情况上报给江户幕府。

松前藩府隐瞒有关"赤虾夷"的情况,是由其具体状况所决定。松前藩位于北海道西南角的渡岛半岛,根据1765年调查统计,和人为26606人,在渡岛半岛之外广阔虾夷地上居住大约3万虾夷人,当时虾夷人并未完全屈服于和人。④ 粗略分析原因为:第一,松前藩最初并没有考虑俄罗斯有那么可怕,也没有在防备方面投入力量。第二,松前藩内政混乱,财政匮乏,兵力缺少。松前藩统治范围扩大,陆地道路不通,海上没有大船,人口在不断减少,无力应付。第三,如果松前藩将俄罗斯南下情况报告给幕府,幕府必然指示加强防备,藩府作为责任方面,没有加强防备措施的能力。幕府获知俄罗斯南下情况后,必然派遣幕府官员前往松前藩考察,迎来送往活动将消耗松前藩的财力、人力,松前藩对此反感。如果对幕府指令落实不力,或迎来送往差事做得不好,松前藩恐惧难逃严厉

---

① 厚岸町位于北海道钏路支厅东南部。
② 松前藩对于从属的酋长采用的称呼。
③ 榎本守惠:《北海道の歴史》(ジュニア版),第118页。
④ 中村新太郎:《日本人とロシア人——物語 日露人物往来史》,第53页。

处罚。松前藩基于上述顾虑，因此将此事秘而不宣，企图蒙混过关，完全出于侥幸心理。

松前藩隐瞒拒报，并未能阻止日本幕府获知有关俄罗斯南下的情况。幕府在十二年后获知，消息来自驻长崎的荷兰商人，而荷兰商人消息来自贝尼奥斯基的书信。莫利斯·奥古斯特·贝尼奥斯基（Maurice August Benyowsky，1746—1786）原为波兰贵族，男爵头衔，在1768年、1769年两次以波兰军官身份参加巴尔干战争对俄作战，并且先后两次被俄军俘虏，1770年被俄国流放于堪察加半岛，被关押在堪察加半岛的博利舍列茨克要塞。他并不安心现状困境，经过与周边流放人员密谋，1771年4月27日晚间，暴力袭击俄军驻地，成功地率领追随者们逃离了俄军控制。贝尼奥斯基等人为了准备逃亡远洋航行，经过2天抢劫当地俄方大量物资装备，1771年5月12日，他率领96人乘坐"神圣彼得"号离开了博利舍列茨克要塞。有关贝尼奥斯基此次暴动行动策划、实施、结果的详细情况，他返回欧洲后，1790年出版了他本人著的《贝尼奥斯基伯爵回忆录和旅游》。贝尼奥斯基策划，自堪察加半岛南下至日本，一方面可以通过贸易手段获得资金，实现自救返回欧洲；另一方面向荷兰使馆求助，希望荷兰使馆人员能帮助他们返回家乡。

1771年5月12日，贝尼奥斯基率领"神圣彼得"号离开了博利舍列茨克要塞，途中停靠千岛群岛之新知岛。停留期间，部分俄罗斯人员出现情绪波动，要求返回堪察加半岛，贝尼奥斯基采取措施加以控制。5月29日，他率领"神圣彼得"号起航继续向南航行。7月2日，"神圣彼得"号行驶至南千岛群岛海域，遭遇强台风，7月7日"神圣彼得"号随风漂流到北纬34度的阿波地区，日方人员虽然接待了他们，但是不允许他们登岸。日方人员给他们提供了食物及淡水，贝尼奥斯基向日方人员介绍自己为荷兰人，受长崎商馆委派前来开展贸易活动。为了证实自己的活动，贝尼奥斯基向荷兰驻长崎商馆写信求助，该信件是7月20日发出的，由日本官员传送至荷兰商馆。因日方不允许"神圣彼得"号登陆，此时船只好继续南下，已过九州萨摩藩，航行至琉球群岛附近。在琉球群岛停留 10 天后,贝尼奥斯基仍然没有收到荷兰商馆回信,只好继续南下前往中国台湾,后经马达加斯加返回欧洲大陆。

贝尼奥斯基给荷兰商馆信件有关内容如下:

> 深受命运无情嘲弄的鄙人,在经历了海上随风漂流之后,此次来到日本水域稍做停留。我在这里登陆,是希望能够获得诸位先生的帮助。如果不能获得和诸位先生直接见面的机会,我将会感到非常遗憾。也许我也拥有令诸位先生感兴趣的情况。作为一个对各位先生的国家始终保有敬意之人,我觉得有必要将以下的事实告知诸位。今年俄国方面接到命令,将派遣两艘大帆船及一艘护卫舰,自堪察加半岛南下驶往日本附近巡弋,而且这次巡弋勘察结果,将作为俄国制订下一步计划的基础。该计划就是,明年俄国将攻击松前藩在内的北纬 41 度 38 分以南的诸岛(重点包括本州的日本列岛)。为了达到上述目的,俄国将在距离堪察加半岛最近的千岛群岛某个岛屿上构筑要塞,建立存储弹药的军事物资仓库。
>
> 如果能直接与诸位面谈的话,我将进一步详细告知。……①

贝尼奥斯基信件原本属于肆意编造假消息,希望引起荷兰商馆人员兴趣而直接会见他,目的是要争取荷兰商馆人员帮助他们返回欧洲大陆,结果最终计划落空了。但是,该信件送到荷兰驻长崎商馆后,日本幕府要求荷兰商馆方面将信件翻译成日文,并且呈交给日方。该信件所言俄罗斯人南下消息,引起 18 世纪 80 年代后半期日本国内喧哗一时,有关俄罗斯南下告急及加强海防论演变为时代强音。

在江户城内音羽町开设私塾、被幕府要人们尊称为"音羽先生"的本多利明在著作《虾夷地开发愚存的大意》中警告世人:"如果俄罗斯插手开发的话,虾夷地不得不成为俄罗斯的。"针对国内有学者主张,北边地区"自古以来就是日本领土",本多利明则指出"领土,只有开发后才归属

---

① 中村新太郎:《日本人とロシア人——物語 日露人物往来史》,第 43 页。

你的"。① 可以说,日本幕府是在俄罗斯南下告急的呼声下,开始加强对北方地区控制脚步的,其中呼声影响最大的是工藤平助著《赤虾夷风说考》。

工藤平助(1734—1801),号球卿,江户时代中期仙台藩的藩医,经世家。他曾经居住在江户日本桥一带,当时日本思想家林子平也正好入仙台藩籍,也喜欢医学,所以两人交往甚多。在江户幕府锁国时期,他们收集有关沙俄的情报确实存在极大难度。1783年1月,工藤平助撰写完成了《赤虾夷风说考》一书,告诫日本人要关注俄罗斯人南下,主张开港贸易与经营虾夷地。该书不仅是日本第一部研究俄罗斯的专著,而且也是日本国内有关北部边疆论述的先驱。

《赤虾夷风说考》分上下两卷,上卷另有序及附录,有"赤狄风说之事""虾夷地东西区别之事""西虾夷之事"三章;下卷有"堪察加及俄罗斯私考之事""俄罗斯纪事——一名莫斯科维亚""年代记事""俄罗斯之次第""自松前写来之赤狄人图说之事""俄罗斯文字之事""土产物"七章。② 该书上卷主要记述堪察加半岛及千岛群岛,以及俄罗斯在此地区活动的情况,下卷主要记述俄罗斯国家的疆界、历史、风土特产及文字等内容。作者通过荷兰书籍和松前物语阐述了"赤虾夷"的基本情况。据松前藩人传说,"在虾夷的深远北部有国为赤狄;在虾夷东北海上有名为千岛的大小岛屿,自这些岛屿前来的交易者自古有之。赤狄之物产有鲑、鲸油类;虾夷物品流出。另外,虾夷以盐、米、铁、菜刀等和俄虾夷交易之事自古有之"。③ 双方进行交易活动,主要通过"通词"即翻译解决语言障碍问题,"随船而来有通词。虾夷通词、日本通词使用日语,书写片假名,没有语言障碍。虾夷通词还能通俄虾夷的语言"。④ 这就说明,作者已经知道俄罗斯、千岛群岛、虾夷地之间,很久以来就存在贸易关系。针对俄罗斯

---

① 渡瀬修吉:《北边国境交涉史》,第5页。
② 大友喜作:《赤蝦夷風説考、蝦夷拾遺、蝦夷草紙》,東京,北光書房,昭和18年発行,目録頁。
③ 大友喜作:《赤蝦夷風説考、蝦夷拾遺、蝦夷草紙》,第213頁。
④ 大友喜作:《赤蝦夷風説考、蝦夷拾遺、蝦夷草紙》,第214頁。

人南下,作者提出了治国方略及经营虾夷地的方法。"治国首要在于增强国力。为增强国力,最主要应将外国之宝物纳为自己所有。"①在虾夷地经营方面,作者提出"借力经营"的主张:"开发虾夷地金山一事,因支出与收入难于平衡,所以只得放弃。假如与俄罗斯人进行交易,可以引进其力量进行开发。在借力进行开发和交易的前提下,如能使虾夷地虾夷人服从(我邦)的话,不仅金、银、铜,所有物产都是我国所有。上述交易之场所未必只限于虾夷地,以长崎为首的所有地方都可以利用。"②作者提醒说,如果日本放弃抢先经营虾夷地的话,那么虾夷地将成为俄罗斯的从属国,恐怕不会接受日本的统治了。工藤平助提出的虾夷地开发论,从保障政府财政支出不受拖累的角度考虑,所以很容易被政府接受,幕府因此决定派遣官员考察虾夷地。

另一部代表性著作为林子平撰写的《三国通览图说》。林子平(1738—1793),江户时期的大思想家,他非常关注海外情况,全身心投入日本海防事业。《三国通览图说》收录了日本周边国家朝鲜、琉球、虾夷的地图,记述了三国的里程、风俗、气候等。1785年刊发出地图部分,1786年刊发出解说部分,是一部较为详细的历史地理学著作。该书将朝鲜、琉球、虾夷作为三个相互独立的国家叙述,其中三分之二篇幅叙述有关虾夷国。

林子平介绍了虾夷国地理概括及周边关系。虾夷国是指北纬43度至51度、52度之间的寒冷地带,南北长300里,东西长100里。对照今天的地图看,这个纬度不包括松前藩的渡岛半岛。虾夷国没有文字,没有货币,没有谷物玉帛,没有铜铁,居民只能依靠狩猎或沿海捕捞为生;虾夷国没有医药,生病只能依靠祈祷;织物主要靠植物皮制作。虾夷国是由沿海地带107个村落构成。③ 虾夷国北接库页岛,并且与其保持交易关系,库页岛与东鞑靼相接,西北部与山丹、满洲毗邻,南接高丽。在

---

① 大友喜作:《赤蝦夷風说考、蝦夷拾遺、蝦夷草紙》,第221頁。
② 大友喜作:《赤蝦夷風说考、蝦夷拾遺、蝦夷草紙》,第221頁。
③ 山岸德平、佐野正巳編集:《新編林子平全集2 地理》,東京,第一書房,昭和54年,第34頁。

虾夷地东面海上,有被称为千岛的 37 个岛屿,其中仅国后岛、择捉岛与虾夷存在贸易关系。37 个岛屿的东部为堪察加,此乃与鞑靼毗邻,为虾夷国北部重要地区。林子平介绍说,虾夷国蕴藏大量矿产资源与动植物资源,并且尚未开发。矿产资源主要为金、银、铜等;植物资源主要为桧树、松树、柏树,草类植物有春菊、百合等;动物资源主要为熊、海狗、海獭、海豹等,此外鸟类资源和鱼类资源十分丰富。林子平在介绍虾夷国大好河山及丰富资源的基础上,强调日本面临俄罗斯"创造时机插手千岛"的侵略危险。他主张应该将"虾夷的最北端国境线,划定在宗谷、白主一带。因此,虾夷国乃成为日本分内之国"。① 对如何掌控虾夷地问题,林子平主张开拓、经营虾夷地,具体应该采取教化政策。他指出:"自古以来虾夷人就推崇上国(指日本),想成为上国人之心情强烈。当此之时,如略施小计,变其风俗,变其为上国人物则易如反掌。此条之意义重大,故无有忌讳而记之。"②林子平撰写《三国通览图说》,将朝鲜、琉球、虾夷作为日本邻国来加以论述,实际上真实地反映出当时日本的情况。日本对虾夷地真正掌控,应该是在俄罗斯南下威逼下实施的。

江户幕府老中田沼意次对于工藤平助《赤虾夷风说考》提出的虾夷地开发论、解决财政建议感兴趣,接受工藤助平提议,1785 年决定派遣调查队赴虾夷地实地调查。

老中田沼意次下令,勘定奉行松本伊豆守,负责建造 2 艘承重 800 担的大船,调查范围包括:东虾夷地选择为国后岛、择捉岛、得抚岛;西虾夷地选择为宗谷海峡、库页岛。考察队伍共计 30 余人,普请役山口铁五郎、庵原弥六、佐藤玄六郎、皆川冲右卫门、青岛俊藏等 5 人,下役里见平藏、引佐新兵卫、大塚小一郎、大石逸平、铃木清七等 5 人。这时候,"音羽先生"本多利明向青岛俊藏请求,让弟子最上德内作为自己的代表加入考察队伍。

---

① 山岸德平、佐野正已编集:《新编林子平全集 2 地理》,第 40 页。
② 山岸德平、佐野正已编集:《新编林子平全集 2 地理》,第 41 页。

1785年,山口铁五郎一行人从江户出发,4月到达松前福山城,4月19日,考察队划分为两支队伍分别行动。赴东虾夷地调查者为,山口铁五郎、青岛俊藏及两名下役,松前藩派来的向导、翻译、医生,共计10人;赴西虾夷地调查者为,庵原弥六、佐藤玄六郎及下役,松前藩派来人员,共计6人;皆川冲右卫门留守松前福山城处理事情。

东虾夷地考察队山口铁五郎、青岛俊藏等人,原计划乘船到厚岸,然后乘船到国后岛,但是因季节晚了,天气寒冷所以无法向北航行,只好回归松前福山城过冬季。西虾夷地考察队佐藤玄六郎等人从北海道宗谷①出发巡视北海岸、东海岸,返回江户递交调查书,庵原弥六等人前往库页岛白主②,北上10天后转向东航行到达北海道知床③,因为粮食用尽而返回库页岛白主,8月返航北海道宗谷,度过寒冷冬季。冬季,庵原弥六等6人中5人患病,次年客死他乡。

1786年,调查千岛群岛及库页岛工作全面展开。1月20日,最上德内从松前福山城出发,4月18日,到达千岛群岛择捉岛。1月28日,山口铁五郎从松前福山城出发,3月20日,到达千岛群岛国后岛。3月12日,下役大石逸平从松前福山城出发,4月18日,到达北海道宗谷,5月3日,到达库页岛。

1786年5月5日,隶属于东虾夷地考察队的最上德内到达择捉岛后,在该岛屿虾夷人酋长介绍下,与3名俄罗斯人结识。5月6—7日,在虾夷人酋长翻译下,最上德内提供食物两天招待俄罗斯人,双方交流有关草药及其古钱的知识。5月8日,最上德内又招待俄罗斯人,询问他们来岛屿的理由。俄罗斯人解释说,他们前年在得抚岛,因为与朋友意见不合,所以去年离开得抚岛来到择捉岛。最上德内陪同2名俄罗斯人来到国后岛,引荐给他上司见面。此后,最上德内再次返回择捉岛,进一步到达得抚岛,调查实际情况。这是日本人最初进入择捉岛、得抚岛进行

---

① 日本北海道最北端,与库页岛最南端隔海峡遥遥相对。
② 库页岛南段日本人居住点。
③ 北海道的东部,突出在鄂霍次克海上的小半岛,就是知床半岛。

实地调查，特别亲自考察俄罗斯人南下的情况。

1786年5月3日，大石逸平离开北海道宗谷前往库页岛，在白主召集酋长，采用交谈方式了解库页岛情况。大石逸平在库页岛东部考察四五天后，乘坐虾夷船从白主出发，北进进一步考察库页岛内部地区，完成库页岛大致调查。7月7日，大石逸平返回北海道宗谷，此后坐船北上至厚岸，与山口铁五郎汇合后，一起返回松前福山城。

考察队在调查的基础上，向老中递交考察报告书。其指出，虾夷地面积广大，人口稀少，粮食匮乏，大规模开展贸易活动存在困难。其提议：首先要开垦虾夷本岛，向虾夷地提供农具、种子，带动农业发展。然而，1786年9月，幕府大将军德川家治去世，10月，老中田沼意次被调离，虾夷地的考察工作被中止了。

考察因幕府领导人更换而中止了，但是根据调查书获知俄罗斯人南下，幕府也无法不了了之。"音羽先生"本多利明向日本社会呼吁："如果俄罗斯人着手开发的话，虾夷地就不得不成为俄罗斯的！"[①]这引起日本社会哗然。另外，幕府从最上德内的报告书中获知，松前藩在虾夷地设置了许多场所，这些场所委托给承包人（日语称"介抱"）负责，松前藩从承包人那里征收税金，承包人则仅考虑如何从阿伊努人那里获得利益。因此，这样的委托制度，被认为是榨取阿伊努人，其结果只能是阿伊努人与俄罗斯人接触后，从心理就跟随俄罗斯人走了。

1791年，幕府在"御救交易"名义下，在虾夷地尝试实施规范交易活动。"御救交易"委任最上德内为总负责人，以最上德内为核心实施。1791年1月24日，最上德内等人到达松前福山城。"御救交易"的交易价格是以大米价格确定的，所有都采用大米价格核实。御救交易，如文字所言，为了救济虾夷人，虾夷地人非常快乐，但对于松前藩和场所承包人来说，存在极大反感。幕府的这种御救交易，纠正了场所承包人的不当行为。最上德内考虑，如果幕府不直辖虾夷地的话，就无法实现开发

---

① 渡濑修吉：《北边国境交涉史》，第80页。

和警备。

最上德内先后多次深入虾夷地实际考察,可以说是当时幕府官员中最了解虾夷地情况的官员。最上德内等人获知松前藩与俄国存在一定的联系,故密切关注双方交往活动。俄罗斯使节亚当·拉克斯曼等人来到虾夷地要求通商,在松前藩对如何处理这样的问题还处于犹豫状态中时,最上德内快速将事态报告幕府,并且乘机调查亚当·拉克斯曼来航的意图。最上德内几次赴虾夷地考察,了解俄罗斯南下的意图,认为松前藩不能担任虾夷地警备工作。最上德内认为虾夷地不是松前藩的虾夷地,而是日本的虾夷地。1791 年末,最上德内第四次渡海考察得抚岛时,向老师本多利明做了详细报告。1792 年 11 月,本多利明向幕府提出关于虾夷地取缔意见书,就是根据德内的进言内容。本多利明提出,要实现虾夷地的开发和警备,首先应该将虾夷地由幕府直辖管理。在本多利明、最上德内提议下,1799 年,东虾夷地变为幕府直辖管理,1807 年,西虾夷地也变为幕府直接管理。

1793 年 8 月,幕府接受光太夫、矶吉两人后,安排他们居住在江户城,展开十分详细的询问调查工作。9 月 18 日,两人被邀请到江户城内"吹上御览所",在幕府大将军德川家齐面前,被询问各种各样有关俄罗斯的情况。陪同大将军询问的有以老中松平定信为首的高级官员,包括龟田骏河守、水野河内守、多纪永寿院、桂川甫周等人。因为他们属于中年人,如光太夫 43 岁、矶吉 29 岁,他们在俄国滞留多年,记录了大量俄语条目,特别是从东到西穿越了整个俄罗斯领土,与俄国平民百姓及沙皇都有接触,掌握了丰富的俄罗斯风俗政情。因此,幕府将他们软禁并命口述在俄国所见所闻,并根据此撰写出大量介绍俄国风土人情的书籍,这对于日本人真实地了解俄国情况起到非常大的作用。1794 年 6 月,幕府发出命令,给予光太夫每月 3 两生活费;给予矶吉每月 2 两生活费,在江户幕府官地房屋居住,虽然受软禁但却安逸度过一生。幕府并没有严格限制他们与其他人接触,许多人希望与他们交谈获得外部世界见闻。桂川甫周根据将军命令,围绕与光太夫交谈内容,撰写《北搓问略》一书。光太夫于1828年去世,享年78岁;矶吉于1834年去世,享年70岁。

1793年,幕府老中松平定信辞职后,接任职位者老中首座本多忠筹决定落实松平定信制订的计划。1794年,俄罗斯在千岛群岛之得抚岛修筑稳固殖民地。国后岛已经在1754年进入松前藩统治下,所以日俄双方势力在择捉岛非常接近,容易出现冲突。1796年,虾夷地的虻田出现外国船只停泊事件。1797年,虾夷地的绘鞆和小松前海面出现外国船只。幕府经过调查后,确认该船只不是俄罗斯的,而是英国人的探险船,江户幕府不得不再次关注北方问题。1798年4月,幕府组建史无前例的大规模巡查队,派遣赴虾夷地。巡查队负责人为目付渡边久藏、使番大河内善兵卫、勘定吟味役三桥藤右卫门,对整个虾夷地进行全面实地调查活动。该巡查队除了最上德内稍微晚点出发之外,近藤重藏作为虾夷地有关人员加入,他在择捉岛的调查活动引起人们关注。当时他28岁,是大河内善兵卫的部下。5月16日,重藏穿着松前藩衣服,在部下水户藩医生木村谦次、熟悉地图的村上岛之丞等人陪同下,经过几天准备后,在松前藩向导及跟随人员带领下,向东虾夷地出发。7月25日,最上德内追赶上队伍。他们在土著虾夷人帮助下,经历辛苦最终登上择捉岛南部,在海岸线构筑小屋居住,因为遇到雨季,外出调查被迫停止。7月28日,他们推翻俄罗斯人标牌,在小山丘上树立"大日本惠登吕府"标牌。

近藤重藏从择捉岛回来后,决定在厚岸附近避难所修建新的道路,这是虾夷地最早修建的道路。近藤重藏就有关松前藩的交易政策撰写详细报告书。亚当·拉克斯曼来访三年前,在国后岛、根室地方发生了虾夷人反抗活动,松前藩对虾夷人开展残酷镇压。报告书中指出:"修改松前藩旧的屠杀虾夷人法令,取缔残酷的禁令,向各地派遣医生治疗疾病瘟疫,先教授文字,耕作方法,租借渔具,逐渐传授大和人风俗习惯。"[1]此次调查结论为:松前藩属于小藩,没有能力经营面积广阔的虾夷地。

---

[1] 中村新太郎:《日本人とロシア人——物語 日露人物往来史》,第105頁。

提议将虾夷地设置为幕府直辖地区。

1799年,幕府采纳了近藤重藏有关北方防卫及虾夷地处理的提议,决定取缔松前藩管理东虾夷地的权利,将其划为直辖地,并且派遣虾夷地挂总裁松平忠明等人具体负责处理。近藤重藏从虾夷地返回江户城,三天后,负责管理择捉岛的近藤重藏,与松平忠明等人一起离开江户城。6月上旬,近藤重藏到达厚岸,他听说兵库的船老大高田屋嘉兵卫也来到厚岸,立即约他见面。高田屋嘉兵卫是从事虾夷地贸易活动的老手,具有丰富的航海经验。近藤重藏向高田屋嘉兵卫提出,请求协助开通前往择捉岛的航线。近藤重藏在厚岸选择三名通晓日语的虾夷人作为助手,与高田屋嘉兵卫一起登上国后岛,在岛上滞留。高田屋嘉兵卫每天驾船观测航路及潮汐变化,最终确定航线路线。高田屋嘉兵卫返回兵库,驾驶1500担大船,另外带领4艘大船,载满大米、食盐、鱼干、渔网等物资,经过松前、箱馆,前往东虾夷地。1800年4月,近藤重藏乘坐高田屋嘉兵卫插着太阳旗的船只,前往择捉岛。厚岸的酋长拒绝接受幕府统治,率领众多虾夷人逃离了。因此,近藤重藏为了显示武威而身披铠甲,打着太阳旗登上择捉岛。

择捉岛上虾夷人对于幕府人员登岛感到恐惧,但是近藤重藏将高田屋嘉兵卫运输来的大米、食盐、衣服送给他们后,他们逐渐改变了态度。近藤重藏等人与虾夷人共同生活一段时间,在择捉岛纱那开设会所,开设17个渔场,全岛划分7个乡、25个村,各村设置酋长,逐渐改变虾夷人的生活习惯,使其大和人化。① 1768年,俄罗斯人就占据了择捉岛,可是俄罗斯人没有很好地管理该岛,日本人乘机占领了该岛。因此,虾夷人称择捉岛为"近藤岛"。俄罗斯人在岛上居住7年,酋长已经俄罗斯化,信奉基督教,岛上建有3米高的十字架,早晚都祈祷。近藤重藏等人见此即刻拔掉十字架,引起信奉基督教的虾夷人不满。近藤重藏等人即刻赠送大米、食盐等物资。俄罗斯在择捉岛附近岛屿得抚岛设置殖民地,

---

① 中村新太郎:《日本人とロシア人——物語 日露人物往来史》,第107頁。

两岛之间存有水道,这也就自然成为日俄两国边界线。这时候,得抚岛上居住了十多名俄罗斯人,从事猎捕海獭。近藤重藏曾经考虑登上得抚岛,最终未能实现。这个时期,有2名日本人登上得抚岛,就是支配勘定格富山元十郎、御中间目付深山宇平太。1801年,幕府为了让得抚岛上的俄罗斯人离开,派遣2人率领数十名随从人员从择捉岛乘船登上得抚岛,并且设立"天长地久大日本属岛"标牌。得抚岛居住俄罗斯人17名。富山元十郎等人劝说俄罗斯人离开得抚岛,无法实现,所以他们禁止择捉岛虾夷人与得抚岛上俄罗斯人交往,逼迫俄罗斯人孤立无援,最后于1807年全部离开了。

三、日俄早期冲突事件

1805年4月6日,列扎诺夫率领的俄国政府赴日使节团离开日本,通过津轻海峡进入宗谷海峡,停靠在库页岛阿尼瓦湾。对库页岛实际考察后,列扎诺夫认为库页岛拥有丰富的天然资源,适合农业发展及资源开发,特别是开发库页岛南部,可以与日本虾夷地区建立流通关系。他认为俄国应该尽快在库页岛南部地区实施殖民统治,如果其他国家走在俄国前面采取措施,俄国只能遭到失败![1] 列扎诺夫认为,俄日通商关系建立是保证俄美公司所属殖民地食物不可缺少的方法。

俄国政府先后两次派遣正式使节团访日,结果都遭到了拒绝,如何推进对日通商问题,继续登门求人,显然无济于事,转变对策显然成为选择。于是,1805年7月18日,列扎诺夫上奏沙皇亚历山大一世,其主要内容是:"为了加强美洲我国殖民地,要建造数艘船只,日本人开始通商是容易做到的。原因为,日本国民希望通商。我拥有赫沃斯托夫、达维多夫两位有利助手,协助建造必要船只,来年前往日本海岸,破坏松前藩等殖民地,从库页岛驱逐他们,并彰显俄罗斯人威力。我们如果占领他

---

[1] Файнберг Э. Я. 《Русско-японские отношения в 1697—1875 годы》. Москва, "Издательство Восточной Литературы" 1960 г., Стр. 87—88.

们的渔场,20万日本人将缺少食物。如果这样做,他们就不得不开放与我国通商。"①

列扎诺夫虽然上奏沙皇亚历山大一世,可是他尚未收到沙皇答复信件就急切地返回了鄂霍次克②。列扎诺夫为了实现自己的计划,于1805年8月28日分别致书,命令在俄美公司任职的现役海军上尉赫沃斯托夫(Николай Александрович Хвостов)、海军少尉达维多夫(Гавриил Иванович Давыдов)为库页岛千岛探险队负责人,这就是他上奏亚历山大一世沙皇报告中提及的两位得力助手。列扎诺夫指示:这支探险队的任务就是"为俄国开拓新的通商道路,给予这样地方必要的力量,填补这些地方的不足之处"。③ 具体做法:对俄国控制的千岛群岛之得抚岛实施增援,加强殖民统治,增派兵力,提供粮食;对南千岛及库页岛上日本人设置的税务所及建筑物实施破坏活动,宣布库页岛为俄国所属领土。列扎诺夫的目的性非常明确,一是使用武力迫使日本人打开国门,与俄国开展通商贸易活动,二是要完全占领库页岛并且驱逐日本人。

1806年7月26日,在列扎诺夫率领下,赫沃斯托夫为"尤诺娜"号船长,达维多夫为"阿维斯"号船长,离开鄂霍次克港口。8月8日,列扎诺夫向探险队队长赫沃斯托夫下达指令,加强控制殖民地得抚岛,除了运送武器、食品外,还要运送2名俄国人,即瓦西里·沙洛格拉佐夫(Василий Шароглазов)与伊万·瓦尔都金(Иван Вардугин),他们2人要在得抚岛生活3年。另外,要驱逐南千岛和库页岛阿尼瓦湾内居住的日本人,向日本人宣布,今后只有与俄罗斯人交易时,才可来到这些场所。当日,探险队长赫沃斯托夫向达维多夫下达指示,达维多夫率领"阿维斯"号对新知岛、得抚岛以及库页岛阿尼瓦湾展开调查活动,并携带礼物

---

① 中村新太郎:《日本人とロシア人——物語 日露人物往来史》,第119页。
② 鄂霍次克,俄罗斯远东联邦管区哈巴罗夫斯克边疆区的小城镇,位于鄂霍特河流入鄂霍次克海的河口。1647年建城,是俄罗斯人在远东太平洋沿岸的第一个定居点。曾经是渔业、毛皮贸易的中心,也是航海家白令的基地。
③ Файнберг Э. Я. 《Русскӣ-японские отношения в 1697—1875 годы》,Москва,"Издательство Восточнсй Литературы" 1960 г.,Стр. 96.

赠送给当地土著阿伊努人，与他们进行商品交换活动。

1806年9月15日，乘坐赫沃斯托夫指挥的"尤诺娜"号的列扎诺夫，航行途中身患重病，不得不由该船运送回鄂霍次克。9月24日，赫沃斯托夫指挥的"尤诺娜"号驶离鄂霍次克，10月6日，到达库页岛阿尼瓦湾。当时，松前藩在库页岛上设置"运上屋"，为了交易活动而派遣家臣前往，一般情况下家臣居住时间从夏季至秋季，进入冬季仅留下少数藩府人员职守至第二年夏季来临。俄罗斯人从库页岛久春古丹地区登陆，袭击了松前藩运上屋，因没有日方官员，将四名藩府人员监禁于俄方大船，抢走仓库内食物、衣物等物资，最后放火将仓库烧毁。[①] 赫沃斯托夫命令下属在阿尼瓦湾沿岸竖起俄国舰队队旗和俄美公司的旗子，命令水手们在阿伊努人"斯穆内尼埃"部落酋长帐篷上悬挂他们制作的一个铜牌，牌上俄文写："1806年10月10日，俄罗斯护卫舰'尤诺娜'号船长赫沃斯托夫为证，库页岛及居民服从至恩的俄罗斯沙皇亚历山大一世，向阿尼瓦湾西岸居住村落长老授予银质勋章。俄罗斯理所当然，如外国船只到此，遇到该长老，请告知已成为俄罗斯臣民。海军大尉赫沃斯托夫。"[②]同样内容的铜牌，也悬挂在"留夫里尹托维"部落的祠堂门上。赫沃斯托夫向阿伊努人宣布，库页岛从很久之前就归属俄罗斯，岛上居民获得俄国沙皇的庇护，还向这些部落酋长颁发特别证书。10月17日，"尤诺娜"号出发前，赫沃斯托夫留下5名俄国水手，他们在此组建家庭，成为南库页岛上俄罗斯人的早期村落。11月10日，赫沃斯托夫回到彼得罗巴甫洛夫斯克，在此见到了达维多夫。

俄罗斯人从被抓捕的松前藩商人口中获知，日本幕府在亚当·拉克斯曼使节团访日后，向北部藩府南部、津轻、松前等下达命令，派遣兵力守护日本库页岛阿尼瓦湾。日方为了避免与俄罗斯人发生冲突，在俄国"希望"号船离开日本长崎港后，才实施运送兵力行动。日本人认为，赫

---

① 中村新太郎：《日本人とロシア人——物語 日露人物往来史》，第121页。
② 中村新太郎：《日本人とロシア人——物語 日露人物往来史》，第122页。

沃斯托夫探险队的暴力行为,是日本拒绝俄国使节团带来的后果。日本学者称该事件为"文化俄寇事件",即日本文化年间俄寇进犯日本事件。实际上,当时千岛群岛并非日本领土,该事件实属双方争夺千岛群岛所采取的武力对抗。

赫沃斯托夫和达维多夫认为,日本远离欧洲,欧洲在战争之际无暇顾及日本,俄国乘此之际与日本寻求通商贸易关系,日本也许可以接受。

1807年5月,赫沃斯托夫和达维多夫指挥"尤诺娜"号与"阿维斯"号驶往千岛群岛方向。5月30日,俄罗斯人划小船前往择捉岛沿岸调查,结果从岛上居民了解到,得抚岛已没有俄罗斯人居住了。这就意味着一年前他们送到得抚岛的瓦西里·谢洛古拉索夫与伊万·威尔多基两人已不存在了。据说日本官员来到此地,向土著阿伊努人宣布,如果不将俄罗斯人从得抚岛赶出就将遭受处罚。俄罗斯人断定,这两位俄罗斯勇士被日本人害死了,作为报复措施手段,6月1日,俄国海军登陆择捉岛,抢劫了日本人会所、仓库,并将库储的一部分食品分发给岛上阿伊努人,最后放火烧毁日本人建筑物。6月5日,赫沃斯托夫和达维多夫指挥俄国两只船出现在择捉岛纱那海面,炮击日本人会所,日方警卫人员逃离。6月6日,赫沃斯托夫率领俄方人员登陆,抢劫食物、武器等并且抓捕了负伤逃离的南部藩火器大师大村治五平,押解到"尤诺娜"号船上。此后,赫沃斯托夫和达维多夫指挥"尤诺娜"号与"阿维斯"号继续在得抚岛、国后岛、择捉岛及库页岛阿尼瓦湾沿岸游荡,所到之处对日本人采取驱赶对策,对日本物品采取抢劫手段,并且宣布该地区属于俄罗斯领土。1807年6月30日,"尤诺娜"号与"阿维斯"号进入宗谷海峡,通过阿尼瓦湾,沿着库页岛东岸和千岛群岛沿岸航行,7月16日,回到鄂霍次克。

赫沃斯托夫向鄂霍次克地方长官布哈林海军中校(Иван Николаезич Бухарин)递交此次行动报告书,该报告书仅通告探险队船只抵达鄂霍次克,而对于探险队其他具体情况拒绝通告,理由为未获得列扎诺夫允许。布哈林确认,赫沃斯托夫、达维多夫两人行为属叛逆罪,将两人抓捕,并且扣押了探险队船只及所有物资和探险队的资料。

1807年8月8日,布哈林向沙皇亚历山大一世、海军部长奇恰格夫(Павел Васильевич Чичагов,1767—1849)、东西伯利亚地方长官别斯杰里(Иван Борисович Пестель)递交报告书。他指出,赫沃斯托夫、达维多夫两人,不顾及俄罗斯国家利益,擅自采取反日行动,不向军事法庭委员会提交报告。日本受到屈辱后,对俄拒绝建立通商关系,还向荷兰、法国等国请求援助。俄美公司仅有3艘武装船,不仅无法守护北美大陆,而且甚至防御薄弱的堪察加、鄂霍次克等也将面临危机。

1807年9月17日,赫沃斯托夫和达维多夫从鄂霍次克逃往雅库茨克,将擅自行动的不当指责、获得残酷的处境,向伊尔库茨克地方文官长官申述。1807年12月末,两人达到伊尔库茨克。1808年5月,根据亚历山大一世的命令,两人又来到圣彼得堡。此时,俄罗斯与瑞典的战争处于紧要关头,两人作为军舰指挥员被派遣至芬兰战线。芬兰方面军指挥官布达斯科威奇将军、海军中将谢索艾托夫向沙皇亚历山大一世报告,两人具有"优越的勇气和智慧",请求授予勋章。1808年12月,俄国海军部长奇恰格夫则认为,赫沃斯托夫和达维多夫对日本采取违反行动。沙皇亚历山大一世在海军部长奇恰格夫的报告书上签写:"在芬兰的战斗不予表彰,对日本人未获得成功的两名军官应该惩罚。"1809年秋季,赫沃斯托夫和达维多夫回到了圣彼得堡。1809年10月14日,两人在渡过涅瓦河时溺水死亡。

针对赫沃斯托夫和达维多夫的违反事件,其所属俄美公司总部发表声明,宣称这次探险队行为与公司没有任何关系。俄美公司指出,"尤诺娜"号与"阿维斯"号运载物资,对于公司北美殖民地是非常必要的,但还是给公司带来重大损失。

1808年7月2日,俄美公司总部给沙皇亚历山大一世递交报告书,请求批准再次推动建立对日通商关系。该报告书请求,由俄美公司总部直接负责开发库页岛,作为对中日两国开展贸易的基地。公司总部向得抚岛和库页岛派遣人员,允许建造营地、栽培谷物及蔬菜、建造船只、学校及其他有益的慈善设施。俄美总部认为,列扎诺夫对日交涉失败后,应考虑在南库页岛、南千岛开展对日贸易活动。"如果这样的话,日本人自身就会赴库页岛和得抚岛进行鱼货交易及易货贸易,逐渐扩大交易规模。"俄美公司总部先向俄国商业部长兼外交办公室主任鲁缅采夫报告,然后由鲁缅采夫呈报给沙皇亚历山大一世。鲁缅采夫呈报的报告书中进一步阐明,建立对日通商贸易关系和开发库页岛,对于俄罗斯具有重大意义。他提议,俄国应向库页岛转移从事农工业者,在住地构筑堡垒,组建殖民地居住团体,允许俄美公司从事农工业。

1808年8月4日,沙皇亚历山大一世批准了该报告书。8月10日,鲁缅采夫向俄美总部传达亚历山大一世批准了该公司有关申请开发库页岛的报告书,同时警告说:"对于库页岛居民要采取和平手段,如施加暴力、涉及严酷行为,造成他们的部落荒废。涉及这些行为将向皇帝陛下报告,犯罪者将被处最高处罚。"

1809年,俄罗斯海军部指示,海军少校鲍托休基率领军舰对千岛群岛和库页岛展开调查。除此之外,他还负责保护太平洋俄罗斯捕鲸业,协助俄美公司运送人员及食物前往库页岛阿尼瓦湾。可是,他驶往堪察加半岛途中,军舰出现故障,不得不前往彼得罗巴甫洛夫斯克港修理。于是,1810年8月17日,海军大臣托拉维尔萨命令滞留彼得罗巴甫洛夫斯克的戈洛夫宁海军少校,继任负责千岛群岛南部调查活动,测量北纬53度38分以北至鄂霍次克港的鄂霍次克海岸线。

1811年5月4日,戈洛夫宁海军少校率领"季阿娜"号军舰离开彼得罗巴甫洛夫斯克。7月5日,在测量过程中"季阿娜"号因食物、淡水不足,停靠千岛群岛之国后岛附近,戈洛夫宁等8人驾驶小船驶往岸边获取淡水和食物,但是遭受国后岛上日本人的炮击。日本人通过土著阿伊努人向戈洛夫宁传话,7月11日,俄罗斯人与奈佐濑左卫门警备队长会面时,能够获得淡水与食物。当天,戈洛夫宁带领2名军官、4名士兵及1名阿伊努人翻译人员,毫无戒备而且没有携带任何武器前往会面地方。奈佐濑左卫门警备队长表示:"食物补给需要获得松前藩批准,所以需要

1名军官留下。"对此俄方拒绝,结果全部人员遭到日本人抓捕。① 显然日本人这次诱捕是有计划的,也是对俄罗斯人赫沃斯托夫和达维多夫暴力行为的报复行动。"季阿娜"号副船长里科尔德获知后,曾考虑采取武力手段解救他们,向陆地发射炮弹,但是不敢贸然登陆。7月14日,里科尔德担心遭到日本人包围而率领"季阿娜"号船离开国后岛。8月2日,船回到鄂霍次克。

自1806年10月至1807年7月,赫沃斯托夫等人在南千岛及南库页岛对日本人实施武力抢劫事件传到日本国内后,产生很大影响。日本幕府决定,虾夷本岛、千岛群岛、库页岛为永久直辖地,南部、津轻、秋田、庄内等地和奥羽诸藩兵力,半永久地驻守北部,加强防护。② 1808年初,幕府又颁布"俄船驱逐令",指示沿海各藩府:"今后无论在何处海面发现俄船,应即严加驱逐,如敢靠岸,则应迅即逮捕或处死。"③这表明,日本幕府一方面顽固坚持锁国政策,另一方面对俄国人野蛮武力抢劫行为采取强硬对策。因此,几年后戈洛夫宁等俄国船员登陆被日方逮捕事件出现,就不属于意外了。

俄方被抓捕人员为"季阿娜"号船长海军少校戈洛夫宁、少尉穆尔、驾驶员布列普尼克夫、马克洛夫等4名水兵、阿伊努人翻译阿列克斯伊·秋金,共计8人。他们被日方监禁在箱馆,俄罗斯人遭受日方非人般严刑拷打后,1811年9月末,被押往松前藩的黑暗监狱。松前藩方面继续拷问,最终确认戈洛夫宁等人与赫沃斯托夫和达维多夫事件没有关系,11月19日宣布戈洛夫宁等人无罪。松前藩将审讯结果上报江户幕府,"必须等待江户的指示,要等待这个命令到达"④。此后,将他们几位俄罗斯人软禁在居民家,饮食方面有所改善,软禁状态持续两年多。其

---

① 平川新监修,寺山恭辅、藤原润子、伊贺上菜穗、畠山祯编:《ロシア史料にみる18—19世纪の日露関係》第1集,東北アジア研究センター業書第15号,2004年3月发行,第195页。
② 中村新太郎:《日本人とロシア人——物語 日露人物往来史》,第123页。
③ Файнберг Э. Я. 《Русско-японские отношения в 1697—1875 годы》,Москва,"Издательство Восточной Литературы" 1960 г.,Стр. 106.
④ 中村新太郎:《日本人とロシア人——物語 日露人物往来史》,第124页。

中,1812年4月23日,被抓捕的海军少尉穆尔挖掘地下通道逃脱,结果出来后,到海边没有找到船只,只好步行继续寻找船只,9天后被日方人员发现并且抓回了。

当时俄国正处于抵抗法国拿破仑军队入侵的战争中,所以解救被抓捕的戈洛夫宁等人事件被拖延。1812年4月9日,沙皇亚历山大一世批准"季阿娜"号副船长里科尔德指挥的和平援救计划。为此,"季阿娜"号副船长里科尔德前往伊尔库茨克做准备工作。伊尔库茨克长官托列斯基向里科尔德提议,给松前藩藩主写一封信,说明俄罗斯对日本抱有友好态度,此行是为解救俄方人员而来的。另外,托列斯基还向里科尔德提议,此行队伍中携带遇难获救的中川五郎次等7名日本漂流民。

1812年7月22日,里科尔德率领"季阿娜"号船离开鄂霍次克,向国后岛驶去。8月28日,俄罗斯船进入伊兹诺纳海峡(野付水道),遭到日本炮台射击。里科尔德让随行的日本人登陆国后岛,中川五郎次携带书信"请求以这次送还的日本人与戈洛夫宁进行交换",结果中川五郎次返回传来消息说,"去年被抓捕的8人全部杀了"。① 对于中川五郎次带回的消息,俄罗斯人持半信半疑的态度。9月8日,里科尔德率领"季阿娜"号船在择捉岛附近游弋时,发现日本船"观世丸"并扣留。该船船主为高田屋嘉兵卫,载量650石,高田屋嘉兵卫等40余人乘坐,从择捉岛驶往松前藩途中暂靠国后岛港口。

里科尔德从日方船长高田屋嘉兵卫及船员口中了解到,戈洛夫宁等人还活着,被扣押在虾夷地。里科尔德获知此消息后迅速决定,9月11日,将日方船长高田屋嘉兵卫及6名船员送往堪察加半岛彼得罗巴甫洛夫斯克。日本方面将该事情称为高田屋嘉兵卫绑架事件。在彼得罗巴甫洛夫斯克,高田屋嘉兵卫获得俄罗斯人尊重,但是活动还是不自由。里科尔德一方面向上级报告从日本人那里获得的消息,另一方面与高田屋嘉兵卫等人同居住,相互交谈,相互了解。高田屋嘉兵卫作为松前藩

---

① 中村新太郎:《日本人とロシア人——物語 日露人物往来史》,第126页。

经常雇佣的船长,经常进出松前藩奉行所,比较了解日本幕府的意向。与此同时,高田屋嘉兵卫开始学习俄语,在与俄罗斯接触过程中,也了解到俄方意图。于是他向里科尔德提出,如果伊尔库茨克地方官写信说明,有关赫沃斯托夫、达维多夫两人袭击日本人事件与俄国政府无关系,他将努力说服日本方面释放被抓捕的戈洛夫宁等人。堪察加半岛冬季寒冷,导致3名日本人不适应气候而患病去世,高田屋嘉兵卫本人也身患重病。1813年5月5日,里科尔德情急之下,不顾尚未收到伊尔库茨克地方官信件,带领高田屋嘉兵卫及3名日本人直奔千岛群岛方向。

1813年5月25日,里科尔德率领"季阿娜"号船到达国后岛,里科尔德将写给日本守备队队长的信件,委托给高田屋嘉兵卫等日本人登岸传递。这次日方炮台没有射击俄罗斯船只,并且接受了俄方信件。在身患重病的高田屋嘉兵卫的极力斡旋下,日本方面提出,俄方要提交有关赫沃斯托夫、达维多夫两人袭击日本人事件与俄国政府没有关系的两位高官书信前往箱馆①。里科尔德返回俄罗斯,按照日方要求进行准备。

1813年9月27日,他携带鄂霍次克长官米尼茨基(Михаил Иванович Миницкий)、伊尔库茨克长官托列斯金(Николай Иванович Трескин)分别写给松前藩奉行的信件,进入松前藩的箱馆,受到日方官员和高田屋嘉兵卫等人的迎接。里科尔德向日本代表递交了西伯利亚当局的书信,该书信完全由归化俄罗斯的日本漂流民仙台人善六翻译成日文。伊尔库茨克长官托列斯基在信里表示,希望建立对日通商关系与确定两国国境线。他正式说明:"赫沃斯托夫、达维多夫两人的袭击行为是独断性质行为,与俄国政府无关,俄国沙皇对日本是友善的,如果日本政府希望与俄国保持睦邻关系,最好释放俄罗斯人。"②托列斯基信件里提出划定两国的国境问题,这是俄罗斯方面第一次正式向日本方面提出划定两国界

---

① 中村新太郎:《日本人とロシア人——物語 日露人物往来史》,第129页。
② 中村新太郎:《日本人とロシア人——物語 日露人物往来史》,第129页。

限提议。① 日方代表也将松前奉行服部备后守贞胜的声明交给俄方代表里科尔德。该声明宣布释放俄罗斯船员,同时宣布今后俄罗斯人不允许进入日本港湾,日本法律规定禁止与外国人交流。

1813年10月6日,松前藩奉行接见被日方长期囚禁的俄国海军少校戈洛夫宁,向他展示了有关日本政府决定释放被捕的俄罗斯船员的指令,并向他表示自己的祝福之意。戈洛夫宁等人在日本羁押期间,对日本人掌握俄语、俄文作出巨大贡献。松前藩指派上原熊次郎、村上贞助两人与俄罗斯人学习俄语,还有从江户派遣来兰学者足立左内、马场佐十郎学习俄语,为日本培养了早期俄语翻译人才。由大黑屋光太夫领衔编写的《日俄辞典》,也请戈洛夫宁审阅修改,1814年出版《俄语小成》,当年还出现了马场佐十郎编写的《俄文语法规范》。另外,日本著名探险家间宫林藏也在戈洛夫宁等人在日本羁押期间向他们请教天体、陆地测量仪器使用方法。10月7日,被日本囚禁27个月的俄罗斯船员被正式释放。10月10日,"季阿娜"号最终运送俄方人员起航返回。1813年11月3日,"季阿娜"号到达堪察加半岛彼得罗巴甫洛夫斯克港。

1813年,针对"季阿娜"号副船长里科尔德递交给日方的俄国伊尔库茨克长官托列斯基的信件内容,日本幕府当局内部也展开了讨论。日本幕府内一部分大臣提议,日俄两国将得抚岛作为中立地区,得抚岛以北为俄罗斯领土,以南为日本领土;多数大臣同意,日俄两国在得抚岛与择捉岛之间以海峡为界限,在库页岛以宗谷海峡为界限。可是,德川幕府当权的御老中认为,日本与俄罗斯通商、国境交涉违反了锁国政策,所以回避对西伯利亚当局的信件答复,加强日本沿岸地区警戒,并且决定派遣军队赴南千岛和库页岛地区。

此后,俄国政府一直努力设法获得日本政府对伊尔库茨克长官托列斯基信件内容的答复信,结果失望了。俄国政府遇到日本德川幕府顽固

---

① 平川新監修,寺山恭輔、藤原潤子、伊賀上菜穂、畠山禎編:《ロシア史料にみる18—19世紀の日露関係》第1集,第199頁。

坚持锁国政策时，俄美公司在南库页岛和千岛群岛进行移民及开发活动，决定将建立对日通商关系作为首要任务。俄美公司在19世纪20年代在库页岛进行产业建设及移民活动。俄罗斯人建筑坚固的居民屋、教堂、公司仓库等。俄罗斯人从事狩猎、手工业、农业，对阿伊努人生活与文化给予影响。1830年11月9日，俄国负责西伯利亚与远东问题的西伯利亚委员会批准俄美公司在千岛群岛的独占权。当年，俄美公司在鄂霍次克城内设置千岛群岛分公司，该分公司负责在千岛群岛组织新的狩猎、通商团体，每年派遣船只向各个岛屿运送商品、食物、铁炮等以及其他物资，收集毛皮。实际上，俄国向千岛群岛与库页岛的移民因为人口不足、财政缺乏、食物不足等停止了。俄美公司认为，考虑到殖民地制造商品的销路、为殖民地居民提供必要食物，急切需要建立对日通商关系。

1835年，俄国政府向俄美公司发出命令，将在俄罗斯领土遇难的3名日本人按照指示从鄂霍次克送往择捉岛（在这里他们能够回国了），并且在运送过程中，对日本漂流民尽力给予友善措施，希望通过这样的措施，促使日方理解俄方是友善国家，绝对避免招致日本人的猜疑。1836年夏季，奥尔洛夫陆军少尉指挥下的俄美公司船"威娜拉休卡"号，搭载3名日本人到达择捉岛西岸。1841年，俄罗斯政府帮助英国捕鲸船，经过撒托伊奇群岛携带6名日本人前往彼得罗巴甫洛夫斯克，根据1835年政府指示，求助公司将其运送到择捉岛。1843年夏季，公司的船只"普列古·普罗姆伊萨尔"号，在陆军少尉卡维利洛夫指挥下，将他们运回择捉岛。俄方运送日本人返回时，都要求他们转达日本当局希望建立双方通商关系的愿望。

1843年6月26日，俄国政府任命海军少将普提雅廷为俄国探险队队长。7月10日，普提雅廷将有关从事派遣中日两国探险队报告书递交给俄国西伯利亚委员会，他提出：为了避免荷兰人的奸计，直接与日本政府交涉，不仅向长崎而且应直接向江户派遣船只。

普提雅廷接受建立对日关系的任务后，根据自己判断，提出与日本政府交涉地点，决定达成目的的方法，要求极度谨慎。探险队的任务之一是调查鞑靼海峡,准备防御外国人来袭,为了守护库页岛和黑龙江河口,要开发库页岛移居地。

可是,派遣普提雅廷一行的构想,遭到外交大臣内萨利洛迪与财政副大臣威洛秋克的反对。内萨利洛迪认为,派遣探险队赴黑龙江入江口,将招致英国不满,引起对华关系断绝。著名航海家们认为,黑龙江河口及入口河滩,海洋船只无法进入,不能带来任何利益。威洛秋克认为,俄国商人道过恰克图与中国贸易遭到禁止或限制,俄罗斯商人没有实力在中国各个港口与英国人进行对抗。因此,他认为,实现通商没有希望,投入大量资金向日本派遣探险队没有意义。1843年8月18日,尼古拉一世命令探险队延期。

1844年3月30日,俄国第一支环球探险队队长克鲁森施滕向尼古拉一世上奏有关建立对日关系的计划。他认为,不能因为过去不成功而失魂落魄,相反应该努力探求接近日本的新方法。克鲁森施滕认为,日本政府关注中国的命运,为了发展相互贸易,日本各港口向俄罗斯船只开放的俄罗斯提议是能够逐渐被接受的。他表示,占据中国市场的英国人,即使在日本也有可能将俄罗斯人排除,所以不应该耽误时机。克鲁森施滕强调指出,日本市场对亚洲的俄罗斯领地有更大意义。俄罗斯船只向长崎或日本北部各港口运送毛皮、鲸鱼油、鱼,从日本向堪察加半岛与东部西伯利亚运送不可缺少的食盐、大米及其他物资。克鲁森施滕认为,探险队的任务不仅是通商,而且包括研究鄂霍次克海、鞑靼尔海峡、黑龙江河口及河滩地的学术目的。克鲁森施滕预计在财政方面将出现很大困难,提出向日本派遣探险队没有必要付出多的经费。可是他的希望没有实现。1844年4月25日,海军总参谋长诺尼科夫提醒尼古拉一世想起去年决定延期普提雅廷探险队行动。4月26日,沙皇再次宣布延期的命令。

此前不久,1844年2月5日,俄美公司为了调查日本哪个航道俄罗斯船只可以航行,派遣1艘船再次驶往择捉岛。1845年7月22日,出于同样目的,陆军少尉卡维利科夫乘俄美公司所属船只"托塔斯"号到达择捉岛，没有获得任何结果又返回了。1845年11月28日，公司总部向财政大臣威罗恰克递交报告，表示有关卡维利科夫的探险结果证明，如果有俄罗斯政府协助，还是可能打开对日通商关系。

第三章　日俄两国缔结《日俄友好条约》(1855年)

一、普提雅廷前往日本

自1738—1739年间由什潘别尔格率领探险队两次航行探明赴日航线后,俄国政府便极力寻找机会与日本方面沟通,希望与日本建立通商贸易关系。1792—1793年间,俄国政府主动派遣亚当·拉克斯曼代表团赴日,1803—1804年间,再次主动派遣列扎诺夫代表团赴日,结果均未获得任何实质性结果。为了探寻解决对日通商问题,1852年4月24日,俄国设置远东政策基本问题审议特别委员会,由海军总参谋长努尼科夫、财政大臣普罗库、陆军大臣乔尔努伊休夫、外交大臣兼亚洲局长萨亚威索等人组成。[①] 俄国组建该特别委员会的目的,除了加强对华政策之外,就是要加强对日政策。

俄国加强对日政策有几个原因。首先,美国等列强加强在东北亚地区扩展势力,刺激俄国政府加强对日政策。1852年4月末,俄国外交部向该特别委员会递交"日本问题备忘录"。该备忘录指出,美国长期以来

---

① 西口光、早濑壮一、河邑重光:《日ソ領土問題の眞実》,東京,新日本出版社,1981年発行,第26頁。

就考虑与日本建立通商关系。美国意图为,加利福尼亚殖民地化,通商产业急速发展,增加日本沿岸美国捕鲸船。该备忘录指出:"美国政府为此目的,决定派遣数艘武装船威胁日本政府,让其接受美国要求,如果不这样,就考虑派遣新型海洋远征队,显示新的力量。"该备忘录提醒,"美国人对日本人提出强硬无理要求,日本人会向美方做出适当让步,承认美国人各种各样通商特权,美国获得任何利益,对俄罗斯未来对日通商都是有益的,"政府应该讨论"接纳"措施。① 俄罗斯政府长期推动与日本建立通商关系未获结果,获知美国方面要采取武力外交迫使日本开放港口,希望通过该机会实现本国长期愿望。

美国作为太平洋沿岸国家,对于亚洲市场的渴求度伴随经济快速发展而日益迫切。美国商船曾经受雇于荷兰商人,运送从荷属东印度群岛至日本之间的货物,所以美国对日本具有的特殊地理位置非常了解。美国曾经在1803年向日本提出通商要求,遭到拒绝。美国在北太平洋及日本近海捕鲸事业迅猛增长,如1822—1846年,美国捕鲸船从30艘增加至736艘,捕鲸业资本额达7000万美元,从业人数达数万。② 由于当时技术水平限制,捕鲸船缺乏续航能力及抵御风浪能力,所以美国非常渴望在日本获得港口停靠权,不仅可以躲避风浪,而且还能提供物资供给。此时美国为加强亚洲市场竞争力,极力呼吁建立旧金山至上海跨太平洋航线,而日本作为航线补给及停靠点,再次被美国重视。1852年3月24日,美国总统米勒德·菲尔莫尔(Millard Fillmore,1800—1874)任命佩里(Matthew Calbraith Perry,1794—1858)为东印度舰队司令兼任赴日特使。美国加强对日政策,无疑刺激作为日本邻国的俄国加强对日政策。

其次,俄国获知美国将要采取对日强硬政策,希望借此趁火打劫,坐收渔人之利。1852年4月末,俄国外交部递交的"对日问题备忘录",显

---

① Э. Я. Файнберг:《Русско-японские отношения в 1697—1875 гг.》, Москва, "Издательство Восточной Литературы"1960 г., стр. 142
② 黄定天:《东北亚国家关系史》,第95页。

然此时有关美日对抗的结果,俄国是心知肚明。俄国特别委员会讨论,如何利用美国对日强硬政策。5月7日,该委员会通过"对日问题备忘录",决定派遣以具备世界环球航行经验的侍从武官、海军中将艾菲姆·瓦西里耶维奇·普提雅廷为首的远征队赴日本,其任务之一是对日交涉缔结通商条约。特别委员会强调:"对于日本人避免采取任何敌对行为,希望努力采取和平手段达成所希望的内容要求。"①

俄国早期对日政策,基本坚持采取和平手段,原因为:(1)俄国需要日本为物资供应地,物资供应是俄国稳定东西伯利亚及远东地区,进一步向北美地区扩张的基础条件。(2)俄国军事力量不足,日本为岛国,俄国海军此时牵制于欧洲战场,不得已而为之。(3)俄国善于利用西方列强创造出局面,趁火打劫获得最大利益化,在远东地区扩展过程中这一点更加明显。

1852年5月18日,沙皇尼古拉一世批准该决定。俄国加强对日政策,受到美国加强对日政策的刺激,所以急速派遣普提雅廷前往日本,既要组建舰队,又要观察美日双方互动结果,同时还要不断接受国内指示调整对策。

1852年8月23日,俄国外交部向普提雅廷发出指示,详细说明普提雅廷远征队任务和交涉方法。外交部指示:俄罗斯政府派遣赴北美地区远征队,要求日本开放港口,与日本人进行必要的商品交换,从日本获得所需食物,运往俄美公司殖民地与堪察加方面,为此需要利用距离俄罗斯最近的日本港口。要求普提雅廷采取非常友好的姿态进行交涉,让日本当局理解两国之间建立外交、通商关系是有益的,告知日本也可以在俄罗斯领土自由进行通商活动。要求日本在最北部选择一个合适的港口,允许俄罗斯人通商及在港口靠停。②

1852年9月4日,普提雅廷先期前往英国购买蒸汽船。11月初,该

---

① Э. Я. Файнберг:《Русско-японские отношения в 1697—1875 гг.》, Москва, "Издательство Восточной Литературы"1960 г., стр. 143
② 西口光、早瀬壮一、河邑重光:《日ソ領土問題の真実》,第27頁。

舰队旗舰"帕尔拉达"号也从俄国喀琅施塔港驶达英国普利茅斯港,但因船体老旧,航行途中故障频发,所以到达英国普利茅斯港后,就直接进入船舶修理厂。修理结束后,1853年1月18日,普提雅廷率领旗舰"帕尔拉达"号、刚从英国购买的小型蒸汽船"维斯托克"号,离开英国普利茅斯港驶往东方日本。由于普提雅廷考虑这个季节里行走南美洲航线危险性大,所以决定改走非洲好望角。在途中,普提雅廷从靠停港的美国船员那里了解到,1852年11月24日,佩里率领的"密西西比"号船离开了诺福克港,大约已经到达了中国澳门,在那里将与里鲍尔托率领的舰队汇合,美国将在西太平洋集聚15艘舰船。1853年4月20日,普提雅廷将该情况传告给俄国外交部副部长兼亚洲局长萨亚威索,并强调指出:"从船员会话中获知,美国人预想,只要遇到抵抗,就采取武力打击。该远征队除了投入巨资装备之外,要求不达目的决不返回。"[①]美国政府赋予佩里广泛的权力,处理日本港口开放问题,不让俄罗斯及其他欧洲各国插手干涉。

1853年4月24日,普提雅廷率领舰队绕过非洲好望角进入印度洋,通过马六角海峡,6月6日停靠新加坡,6月25日北上进入中国香港。普提雅廷在中国香港时,从美国人口中获知佩里率领美国舰队,已经从中国上海出发前往琉球群岛,然后驶往日本方向。7月8日,普提雅廷率领旗舰"帕尔拉达"号、小型蒸汽船"维斯托克"号离开中国香港,驶往日本江户方向,因遇到台风,7月25日,舰队进入小笠原群岛的父岛二见港。此时,俄国国内驶来三桅帆船"奥利威"号、俄美公司的运输舰"缅希科夫公爵"号与之会合,此刻普提雅廷舰队才形成完整的建制。

从俄国驶来的船只,带来1853年2月24日俄国外交部给普提雅廷的最新指示,命令他放弃前往江户,改变前往长崎。同时指示,谈判内容增加确定俄日两国国境线问题。有关千岛群岛,指示主要内容如下:"有关国境问题,我方希望至少不损害我方利益。另一个目的——通商利

[①] 中村新太郎:《日本人とロシア人——物語 日露人物往来史》,第143頁。

益——的达成,对于我方应该认为具有根本重要性,应尽量宽大。千岛群岛,属于俄罗斯最南端是得抚岛,该岛作为俄罗斯领土最终点,是可以接受的。这样结果,从我方看,该岛南端与日本划界(符合选择实际情况),从日本方面看,择捉岛为北端。如果预计相反,日本政府主张对该岛拥有主权的话,得抚岛在我国所有地图上标记属于俄罗斯领土,这是归属的最好证据,负责管理美洲、其他海域俄国领土的俄美公司,不仅管理属于我国千岛群岛之一的得抚岛,而且覆盖其岛居住者,得抚岛在千岛群岛,一般被认为是我国领土界限,阁下应该向日本方面说明。"①有关库页岛,俄国外交部新指令,要求普提雅廷向日本说明,库页岛是通往黑龙江的重要地点,任何列强都将力图获取。对于日本来说,任何获取的国家都将成为邻国。与几个世纪以来没有贪欲、清廉的俄罗斯为邻国,应该是有益并且安全的。

另一方面,1852年11月24日,美国海军东印度舰队司令、海军准将佩里乘坐蒸汽动力船"密西西比"号,从美国东海岸弗吉尼亚州的诺福克港出发,经过大西洋,绕过非洲南端好望角,进入印度洋。12月14日,佩里在行进途中向美国海军部长提议,打算占领台湾、琉球群岛、小笠原群岛,这些岛屿具有很大战略意义,可构筑美军要塞,对西北太平洋英俄两国领地构成威胁,同时作为向中国和日本施加压力的手段。1853年2月15日,美国国务卿丹尼尔·韦伯斯特(Daniel Webster,1782—1852)向佩里传达,美国总统米勒德·菲尔莫尔批准了他的计划。佩里乘坐"密西西比"号,经过锡兰、新加坡,4月7日,抵达中国香港,与先期抵达舰船汇合。5月4日,佩里率领美国舰队4艘船抵达中国上海港,5月26日,驶入琉球群岛,6月26日,驶入日本东京湾浦贺海面。因美国船舰都漆成黑色,故日本称之为"黑船来航"。

佩里率领美国舰队驶入浦贺海面后,浦贺奉行户田氏荣命令属下官

---

① 日本国外務省、ロシア連邦外務省編:《日露領土問題の歷史に関する共同作成資料集》,東京,1992年発行,第6頁。

员前去查证。美方不仅拒绝日本官员登舰询问的要求,而且还驱离包围美国舰队的日方监视船。7月2日,佩里率领370名海军陆战队士兵登陆,强迫日本代表接收美国总统米勒德·菲尔莫尔和佩里本人的信件。7月5日,佩里率领舰队离开日本水域,并且告知日方,不用急于答复,明年春季他将率领更大的美国舰队前来获取日方答复。

虽然气势汹汹的美国舰队离开日本,但是日本幕府官员们却如坐针毡——如何答复美国总统要求的开港贸易问题?鉴于事关重大,1853年7月18日,幕府首席老中阿部正弘①向下属幕府高级官员征询意见。幕府高级官员多数人提议,开港期限可设为3—10年,利用与外国贸易获得收入,引进西欧军事技术加强日本实力,准备向外国人开战。幕府大将军德川家庆召集老中及其他幕府官员会商,水户藩主德川齐昭劝告,应避免引起民愤,不让其他列强成为先例,根据外国船隔离令,让美国船离开。1853年7月24日,幕府大将军德川家庆向天皇求助,天皇反对开港。老中阿部正弘又向各藩主征询意见,多数藩主意见为,对美国总统信件尽量延期答复,与此同时,日本沿海各地方当局加强防御力量。

美国舰队刚离去后,1853年8月21日,普提雅廷率领俄国舰队5艘船进入长崎港。日本1名官员与荷兰人一起登上"帕尔拉达"号,普提雅廷向日方说明来意,表示"俄罗斯政府希望采用和平方式,解决俄日两国之间各项重要问题"。②普提雅廷还要求日方接受俄国宰相戈尔恰科夫致日本幕府老中阿部正弘的信件。长崎奉行大泽安宅以未获得幕府允许为由而拒绝接受,但约定向江户幕府派遣人员紧急询问,应能很快获知幕府指令。

9月21日,日方为普提雅廷举行盛大入城仪式后,长崎奉行大泽安宅与普提雅廷举行会谈,普提雅廷正式向大泽安宅递交了宰相戈尔恰科夫的信件。戈尔恰科夫书信中指出,普提雅廷使节此番访日的目的,是

---

① 老中是幕府常设的最高职务,直属将军、负责辅助管辖的政务最高责任者,共四名或五名。
② 中村新太郎:《日本人とロシア人——物语 日露人物往来史》,第145页。

向日本政府说明当前太平洋地区的形势,寻求协商如何发展俄日两国关系问题。他提议,为了两国臣民应该确保该地区的和平与安宁。为了防止两国在远东地区出现各种纠纷,应该尽快划定两国国境线。俄罗斯帝国拥有巨大领土,没有必要获得新的领土,但是两国之间划定国境线,是两国之间和平关系的最好保证。戈尔恰科夫提出,为了俄罗斯人与日本人之间开展商业贸易活动,日本应开放几个港口,驶往堪察加半岛和北美殖民地的俄罗斯船只补充食物、淡水,进行必要的维修时,能被允许进入日本港口。戈尔恰科夫表示,这些提议绝对不会伤害日本的根本利益。

9月21日当天,普提雅廷还向长崎奉行大泽询问俄国舰队前往江户的方法。大泽奉行表示没有接收到政府指示,劝说普提雅廷不要去江户——"外国船进入江户很难的!"实际上,日本此时最担心美国强行进入江户,如果俄国舰队也去江户,两者勾结将对幕府造成极大压力。黑船事件发生后,日本国内社会舆论哗然,又遇到1853年7月27日德川幕府第十二代将军德川家庆病逝。在国内外形势不利的情况下,日本幕府对待俄国使节普提雅廷只好采取拖延战术。普提雅廷为等待幕府代表"应接使"从江户来到长崎,只能在长崎原地等待。

普提雅廷在长崎等待期间,首先向俄国中央政府发出警告,提醒存在美国占领库页岛的危险性。他指出,有关俄罗斯人发现了库页岛上煤炭层的消息,引起了美国媒体关注,有人提议将库页岛作为旧金山至上海航线的能源基地。如美国人占领库页岛,不仅俄国与日本将被隔开,而且美国将独占太平洋贸易。他提议,为了防止美国占领库页岛,俄国一边要加快开发库页岛南部,一边要尽快与日本确定以宗谷海峡划分国境线。与此同时,为了防止美国抢先占领库页岛,普提雅廷决定即刻派遣小型蒸汽船"维斯托克"号离开长崎,前往库页岛。另一方面,俄国政府指令涅维尔斯科伊大校率领的俄美公司库页岛远征队于10月3日在库页岛阿尼瓦湾登陆,并宣布库页岛为俄罗斯领土。

针对普提雅廷要求的谈判问题,幕府老中阿部正弘通过荷兰人转告普提雅廷,因幕府将军德川家庆去世及葬礼、任命后继者等事宜,必须延期审议开港问题。10月6日,普提雅廷获知后,一方面以俄国政府名义发出唁电,另一方面指责日本,幕府大将军去世也不应停止国政,要求幕府尽快对戈洛恰科夫的信件给予答复,如果不答复,他就不离开日本。实际上,此时普提雅廷认为,美国对日施压存在获得成功的可能性,将为俄国对日谈判获得成功创造条件,所以决定不离开日本。

1853年11月6日,普提雅廷给幕府老中阿部正弘写信,提议为了避免日俄臣民之间发生纠纷,有必要划定两国领土国境线。他指出,俄罗斯人移居、开发择捉岛要比日本人早,所以择捉岛属于俄罗斯领土。普提雅廷提议,两国应该在宗谷海峡划定界限。他强调指出,阿尼瓦湾只有鱼汛季节有少数日本人临时居住。他保证,来到这里的日本人与俄罗斯人享有同样的权利。① 普提雅廷的目的,就是希望日俄两国尽快确定库页岛地区国境线,阻止美国等列强插手库页岛。

普提雅廷在长崎等待期间,十分关注欧洲方面克里米亚战争的进展。这里先粗略介绍克里米亚战争,其为争夺巴尔干半岛的控制权而在欧洲大陆爆发的一场战争。1853年7月3日,俄罗斯出兵8万人占领了奥斯曼帝国的属地多瑙河两公国摩尔多瓦和瓦拉几亚。10月16日,奥斯曼帝国要求俄罗斯撤军被拒绝后宣战,标志克里米亚战争爆发。1854年3月27—28日,英国和法国向俄罗斯宣战。1855年1月16日,萨丁尼亚加入战争。1855年9月8日,英法联军在围攻349日后占领了俄国黑海舰队主要基地塞瓦斯托波尔,俄罗斯军队战败。1856年3月30日,奥斯曼帝国、俄罗斯、萨丁尼亚王国、法国、英国、奥地利和普鲁士签署《巴黎条约》,正式结束克里米亚战争。战争的结果,俄国从欧洲大陆的霸主地位上跌落下来,战争加深了俄国国内危机,迫使沙皇政府不得不进行农奴制改革。

普提雅廷在长崎等待期间,决定率领俄国舰队驶往中国上海,既能

---

① 丸山國雄:《日本北方発展史》,第172页。

给俄军舰进行修理与补给燃料及食物,又能了解因争夺巴尔干而导致俄国与英法关系恶化的问题。但是,日方获知普提雅廷要离开长崎,惧怕俄国舰队前往江户。11月7日,长崎奉行大泽安宅紧急告诉俄方,日本幕府代表筒井政宪、川路圣谟已经出发前往长崎。11月11日,在长崎等待3个月的俄国舰队离开长崎港前往中国上海。在中国上海,俄罗斯人不仅购买了物资,而且还获得有关克里米亚战争的确切情报。12月15日,匆忙返回长崎港。

二、日俄双方长崎谈判

1853年12月22日,普提雅廷率领俄国舰队从中国上海返回日本长崎港。幕府急切地任命"俄罗斯应接使",大目付筒井肥前守政宪、勘定奉行川路左卫门尉圣谟、目付荒尾土佐守、儒官古贺谨一郎等四人。12月31日,日俄两国代表在长崎西役所举行第一次见面会,日方代表筒井政宪、川路圣谟,俄方代表普提雅廷,双方没有进行实际性讨论。

1854年1月2日,日方代表登上俄军舰拜访俄方代表普提雅廷,并以幕府将军的名义赠送刀剑等礼物。这些举动打破了日本的惯例,表达日方对俄罗斯人"非常友好"以及希望与俄罗斯建立友好关系的意愿。普提雅廷在舰上设宴,款待日方人员并邀请他们参观俄舰。

1月3日,日俄双方代表在长崎举行正式会谈。日方代表筒井政宪、川路圣谟的主要任务,就是采取推延战术,阻止普提雅廷率领舰队前往江户。实际上,日方首席代表为筒井政宪,当年他已是76岁的老人,所以谈判多由52岁的川路圣谟代表出面。俄方代表普提雅廷为54岁,他谈判的主要任务,就是努力实现双方通商、划定国境线。

日方代表川路圣谟首先将老中阿部正弘对俄国宰相戈尔恰科夫信件的答复信递交给俄方代表普提雅廷。老中阿部正弘信中答复:有关双方划定国境问题,需要等待松前藩主调查千岛群岛和库页岛的地图与文献递交后,才能讨论确定。有关通商问题,提出:国家法律禁止通商贸易,已维持几个世纪不变,但是"现在世界形势变化,随着通商风气扩大,古来的规矩很难坚守了"。① 老中阿部指出,眼下新就任大将军,需要处理问题众多,有关开港通商问题需要大名会议讨论,还要满足美国人等其他外国人需要,还要统计国内资源等,总之需要等待3—4年后才能答复。② 日方上述答复内容,明显采取拖延战术。

1月6日谈判中,普提雅廷将俄方条约草案及说明书递交给日方代表。普提雅廷在说明书中努力劝说,希望日本方面理解开港的必要性。他指出,日本采取锁国政策,结果在军事方面无法与外国列强对抗,没有防御外来进攻的能力。他指出,日本直接与外国人接触,就可以回避这样的威胁。如果接受俄国的慎重、公平提议,那么俄国在远东地区仅考虑与日本划定国境线,应该受到高度重视! 俄国将向日本提供武器、船舶,帮助提高日本国民文化。日方代表答复说,作为世界上最大国家的俄罗斯的友好意向,应该受到高度重视,但是日方要接受该提议还需要诸多准备工作,存在国家法律问题,必然需要很长时间。筒井政宪、川路圣谟继续回避谈论各种实质性问题,拖延谈判,对俄国政府及代表普提雅廷的好意表达感谢。

鉴于此种情况,普提雅廷提议双方不再纠缠于通商问题,尽快审议国境问题。普提雅廷主张,俄国对择捉岛和库页岛拥有历史的权利。日方负责国境划分问题的谈判代表为川路,他反驳说日本人比俄国人更早出现在择捉岛,虾夷人从"古代"就是"日本臣民",因此日本对该岛屿拥有"权力"。川路部下中村为弥和向他报告说,森山荣之助在进入俄国船只时,看到悬挂在船客厅的英国版地图上日俄库页岛分界线在北纬50度。于是,日方代表川路提议,两国在库页岛以50度纬线划定国境线。③ 普提雅廷对此答复说,库页岛居民与沿海州居民同样,从前就在俄国沙

---

① Э. Я. Файнберг:《Pусски-японские отношения в 1697—1875 гг.》, Москва, "Издательство Восточной Литературы"1960 г., стр. 156
② 中村新太郎:《日本人とロシア人——物語 日露人物往来史》,第146页。
③ 中村新太郎:《日本人とロシア人——物語 日露人物往来史》,第147页。

皇的庇护下生活。川路强调,日本研究国境线问题至少需要2—3年时间。普提雅廷提议,为了实现通航,前提基础是划定国境线,应该尽早确定。日方代表承认不了解库页岛地理位置,事先要派遣官员赴岛屿进行调查活动,①所以完全拒绝俄方的提议。

1月18日,双方代表围绕划分国境问题进行谈判。关于千岛群岛,普提雅廷提出:"日本千岛中,南边是日本的,北边在我国统治下。俄国人很早就在择捉岛上居住,此后日本人才来此居住,称为日本人居住区。现在日本考虑,择捉岛属于哪个国家的?"所谓"日本千岛"是"千岛群岛"的翻译语。川路圣谟反驳说:"虾夷之千岛,仅从名字就属于我国领土,名字也是虾夷语言,但是被贵国不断蚕食,还起了名字。"川路指出:戈洛夫宁来日本时表示,"相互遵守国境,约定将得抚岛作为中间岛屿,此后择捉岛没有外国人来到,由松前藩主设置藩所进行管辖,因此属于我国领土是毫无怀疑的"。②普提雅廷提议分割择捉岛,遭到川路的强烈抗议。

关于库页岛,普提雅廷表示:(库页岛)"最初不是我国人居住地区",前年俄国人到达黑龙江地区后,"因为这里人希望归属我国,所以决定派遣军队守护该地区"。③俄国并未插手属于日本的地区,因该岛国境划分不清楚,所以外国人或说第三国人偶尔来到此地。普提雅廷指出,即使在阿尼瓦湾日本人也不过20名,日本人居住地方俄国不插手,提议在当地立即举行会谈做出划界决定。④川路圣谟质问俄国在阿尼瓦湾设置军事哨所的目的。普提雅廷答复说,库页岛的居民与沿海州的居民同样,很早就请求在沙皇庇护下生活。沙皇下令在库页岛南部设置军事哨所,是因为日本人无力抵制其他国家人占领库页岛。针对俄方代表提出尽快决定国境线问题,日方代表解释说:并不完全了解库页岛地理位置,所以不能接受提议。

---

① 西口光、旦瀬壮一、河邑重光:《日ソ領土問題の眞実》,第30頁。
② 渡瀬修吉:《北辺国境交涉史》,第136頁。
③ 渡瀬修吉:《北辺国境交涉史》,第136頁。
④ 渡瀬修吉:《北辺国境交涉史》,第136頁。

1月20日会谈中,由于在通商贸易问题上双方谈判毫无进展,普提雅廷决定后退一步,直接向筒井政宪、川路圣谟提出,如果日本将通商权及其他特权赋予其他列强,就应授予俄国同样权利,要求他们签署协定确认。实际上,普提雅廷及俄国中央政府坚信,美国政府实施强硬政策,最终将迫使日本政府做出让步,所以预先设计圈套,让日本人陷入圈套。日本代表对于外部世界并不完全了解,所以很轻易接受了俄方上述要求,并且表示:"能够给其他国提供的内容,我方当然也提供给你方。我们认为你方比其他方更早开始通商。另外,我方作为邻国,如果他国对我方采取不当压力时,希望你方能够对我方抵抗给予援助。"① 普提雅廷对此声明表示满足,俄国将协助日本处理与其他列强的关系,将准备承担中介者角色,双方代表就此问题达成一致协议。

　　此时,日方代表为何接受俄方的这种要求呢?一是日本认为如果不答应俄国这一要求的话,俄国人就不会尽快离开日本;二是日本坚信自己不会与第三国缔结通商条约,所以才敢于满足俄方代表这一要求。

　　1月31日,日方代表接受普提雅廷提议,在择捉岛与得抚岛之间划分国境线。规定如下:"日本北部领土界线,应为择捉岛与库页岛南端阿尼瓦湾。后一岛屿日俄两国确定陆地上国境线不推迟,根据双方协定延续到海上,成为本协定补充条款。因此,择捉岛以北所有千岛群岛,包括上述南端部分库页岛属于俄罗斯领土。"② 这里所谓"择捉岛以北所有千岛群岛",指千岛群岛中择捉岛以北岛屿。

　　2月1日,普提雅廷再次向日方代表筒井、川路提出,如果日本赋予其他列强通商权及其他特权,就应该给予俄罗斯同样权利,要求他们签署协定确认。日方代表再次确认上述要求。③ 于是,2月3日,俄方代表

---

① Э. Я. Файнберг:《Русско-японские отношения в 1697—1875 гг.》, Москва, "Издательство Восточной Литературы"1960 г., стр. 158
② 和田春樹:《北方領土——歷史と未来》,第72頁。
③ ファインベルク著、小川政邦訳:《ロツアと日本——その交流の歴史》,東京,新時代社,1981年,第202頁。

普提雅廷与日方代表筒井政宪、川路圣谟签署确认书。如下：

一、今后，日本政府为了通商而开港时，俄罗斯将比其他国家更早地参与通商。

二、今后，日本与其他各国开展通商时，在通商方面，赋予俄罗斯之外各国的所有权利及特权，作为邻国，将同样赋予俄罗斯臣民。①

日俄双方经过八轮谈判，有关对俄罗斯船只开港、建立通商关系，日本代表原则上表示同意。俄罗斯认为，俄罗斯的和平意图相当大程度上获得幕府接受，明确了幕府在有关悬案问题上的思考方向，对于此后交涉感到乐观。

三、日俄双方下田谈判

1854年1月24日，普提雅廷率领俄国舰队离开滞留6个月的长崎。2月1日，俄国舰队进入琉球群岛那霸港，他获知两天前佩里率领美国舰队离开那霸港，前往日本首都江户方向。2月21日，俄国舰队驶往菲律宾马尼拉港口，他获知英法两国和俄国断绝外交关系。3月27—28日，英法两国向俄国宣战，克里米亚战争全面爆发。普提雅廷清楚知道自己周边充满了危险，他改变航线，决定前往俄罗斯远东地区海岸。航行途中，4月8日，他率领舰队暂时停靠日本长崎港，留给日本代表筒井政宪、川路圣谟简单书信，提议"六月底，在库页岛阿尼瓦举行会谈，确定两国划界问题"。此后北上航行，驶往黑龙江河口。为了消灭俄罗斯太平洋舰队，英法舰队在日本海、鄂霍次克海和白令海到处游弋，还袭击了俄国堪察加半岛上的彼得罗巴甫洛夫斯克港要塞，普提雅廷率领舰队处于彷徨状态。

---

① 中村新太郎：《日本人とロシア人——物語 日露人物往来史》，第148页。

日俄两国代表举行谈判,虽然没有获得最终结果,但是谈判本身极大地刺激了美国方面。美国担心其他国家抢先与日本缔结条约,于是佩里率领美国舰队比原计划提前返回日本,并且于行进途中发表声明:"日本政府如不能满足几项要求的话,美国政府将占领琉球作为报复措施。"2月8日,佩里率领由8艘舰船组成的美国舰队进入江户,停泊小柴附近海面(今武藏久良岐)。日本幕府提出双方在镰仓的光明寺举行会谈,后又改称在浦贺进行会谈。美国方面坚持在首都江户举行会谈,最终双方决定在浦贺与江户之间的神奈川举行会谈。

3月8日,日美两国代表在神奈川举行谈判,日方代表为林复斋(大学头),美国代表为佩里。佩里带500士兵作为警戒随行,要求日方必须缔结两国正式条约,否则将派更大规模舰队赴日。3月15日双方会谈中,日本代表提交条约草案,日方草案很大程度上保留如对中国人、荷兰人的各种限制内容,即刻遭到美国代表拒绝。3月17日,美国方面针对日方条约草案,提出美国方面条约草案,双方代表围绕美国条约草案展开协商,在做出若干修改后,1854年3月31日,双方代表缔结《日美和平友好条约》(《神奈川条约》)。

美国获得成功后,英国也效仿采取行动。1854年10月2日,驻扎中国水域的英国舰队司令官杰伊姆斯·斯塔利古赴日本长崎,迫使日本政府缔结类似日美《神奈川条约》模式的英日条约。美英两国迫使日本做出让步,为俄国提供了口实。按照日俄事先约定,俄方可以享有美英两国权益,普提雅廷主动联系日本方面,逼迫日本尽快落实双方事先约定。

1854年10月3日,普提雅廷率领军舰"季阿娜"号出发驶往日本。普提雅廷是获知日本和美国、英国缔结条约后急切出航的,所以仅带来1艘军舰。10月9日,俄国军舰"季阿娜"号驶入日本箱馆港后,他写信给日本幕府。信中指出:"先前在长崎约定,两个月后在阿尼瓦湾举行会谈,但是俄国与英法交战使得约定无法进行。贵国大臣远途等待我们深表歉意。如今能有少许时间,为此愿前往大阪商讨缔结条约事宜。贵国如邀请我赴江户,那就更合适,或者赴大阪,请贵国答复……。"①10月19日,普提雅廷率领俄国军舰驶入大阪。大阪城不仅是日本关西地区最主要的商业港口,而且距离日本天皇居住的京都很近,此地极少出现外国船只,此举震惊日本朝野,幕府被迫接受俄方要求。大阪府官员转告普提雅廷,大阪城不是接待外国人的地方。从江户传来首席老中阿部正弘的通知:"请到伊豆的下田,与川路交涉。"日方告知俄方谈判地点为下田,俄国实现了要求谈判的目的后,11月10日,俄国军舰离开大阪。12月2日,俄国军舰按照日方规定,进入日本下田港。为了防止受到游弋在日本沿岸的英法船的攻击,俄方采取防备手段,在下田港口高坡地上设置军事观察哨所。

12月8日,双方代表举行简单见面仪式后,12月9日,日本代表团访问俄国军舰"季阿娜"号,12月10日,双方代表在下田玉泉寺举行正式谈判。普提雅廷表示:"如果允许贸易的话,国境线问题可以适当放松些主张",做出让步的姿态。川路圣谟答复说:"不允许贸易,但是去年以来船舶输入的缺乏品,采用金银或者替代物品进行交换是可以的。"普提雅廷问:"这不是与交易同样吗?"川路圣谟答:"不能说与交易同样,例如,饭里加点菜吃,或说吃寿司,同样的内容,但说法不同。交易追求高利润,交换缺乏品追求的是其他。大约十年前,实行外国船驱赶政策,此后救助遇险船,出售燃料淡水等缺乏品,逐渐运作并且仔细思考。"②

可惜,双方正式会谈的次日,即12月11日上午10点,日本下田地区发生大地震,几乎所有建筑物都被破坏了。普提雅廷乘坐的军舰"季阿娜号"也严重损毁,俄罗斯船员被日本人解救了出来。俄国军舰"季阿娜"号受损,可是当地下田又无法修理,只好将"季阿娜"号牵引至40公里远的伊豆半岛西岸的户田修理。船在下田卸下载荷,480名船员登陆,日本众多小船牵引俄国军舰从下田赴户田,大约行至10公里左右,遭遇

---

① 中村新太郎:《日本人とロシア人——物语 日露人物往来史》,第150页。
② 中村新太郎:《日本人とロシア人——物语 日露人物往来史》,第152页。

突然袭来的狂风,人们躲避狂风,导致俄国军舰"季阿娜"号无人控制,1月8日晚,在巨大海浪袭击下"季阿娜"号沉没了。俄罗斯船员们从陆路前往户田,幕府提供寺院居住,提供食物、衣服。普提雅廷事后评价说,日本人很善良,尽管英国人与俄国关系恶化,但是日本人还是帮助遇到灾难的俄罗斯人,帮助其返回祖国。①

与此同时,1854年12月14日,两国下田玉泉寺谈判继续举行。双方代表再次围绕库页岛划分国境线问题展开谈论。日方代表认为,俄国在克里米亚战争中被削弱,所以拒绝承认俄方已提出的库页岛全部归属俄罗斯。日本代表川路圣谟提议,俄方应该确认虾夷人居住地区为日本领土。库页岛上虾夷人都是从虾夷地(指北海道)迁移来的,他们是"日本臣民",1852年前虾夷人居住的库页岛地域,条约中应明确承认属于日本所有,具体划线应该为北纬50度线。在普提雅廷要求日方提供证据的情况下,川路圣谟又改提议在北纬48度线划界线。这样的条款实质上是让俄国确认,虾夷人居住的库页岛南部为日本领土。普提雅廷拒绝接受这样条款。

普提雅廷考虑到,俄国正卷入克里米亚战争中,俄国人因"季阿娜"号遇难而陷入危险状态下,不可能获得更有利的条约。于是日本代表川路提议,两国在库页岛暂时不划分国境线,普提雅廷很快表示接受。2月1日谈判中,双方就有关领事问题进行交涉。幕府担心外国人常驻国内影响其统治,所以反对开港地设置领事馆。对此普提雅廷解释,有关领事馆条款是缔结条约不可缺少内容之一。他认为下田时常出现地震,要求更换其他港口开放,对此日方筒井政宪、川路圣谟予以拒绝。日方代表姿态为,既反对日本商品买卖,也反对俄国人做礼拜及携带家属赴日。通过协商,最终双方达成:日本向俄国开放箱馆、长崎、下田三个港口,并且在上述三个开放港口指定范围内,日本官员掌控下,允许俄国人与日本人进行交易活动。日本允许在上述三个开放港口中任何一个港口设

---

① 中村新太郎:《日本人とロシア人——物語 日露人物往来史》,第153页。

置俄国领事馆,给予俄国人治外法权,日方已在长崎答应的最惠国待遇条款,也同意加入本条约①。双方同意,一方国家臣民在另一方国家领土内受到保护与庇护,保障其财产不受侵犯。

1855年2月7日,双方代表在下田双乐寺正式签署《日俄友好条约》。其有关内容为:

第一条 今后两国关系应永葆真诚和睦,约定在各领有地区内保护两国人民的生命和财产安全。

第二条 日本国与俄罗斯国国境确定在择捉岛与得抚岛之间。择捉岛全岛属于日本,得抚岛全岛及其以北之千岛群岛属于俄罗斯。至于库页岛,日本国与俄罗斯国之间不划分国界,维持以往之惯例。

第三条 日本国政府向俄罗斯船只开放箱馆、下田、长崎三港。俄国船只遇难需修理时,日本国应提供淡水、食物与缺少用品;有煤炭的地方须提供煤炭;俄罗斯船只如需支付资金或缺少资金时,可用实物替代。除上述三港外,俄罗斯船只不得进入日本其他港口。

第四条 两国约定相互关照遇难漂流民,将其运送至就近港口。漂流民滞留期间应获得关照,漂流民须遵守该国法律。

第五条 俄罗斯国船只进入下田、箱馆港口时,许用金银交易必要物品。

第六条 如遇事情需要处理时,允俄国政府向箱馆、下田任一港口派遣官员。

第七条 今后如有需要评定之事项,日本国政府须参考本条约妥善处置。

第八条 两国人民在对方国家境内停留时享受优待,不受禁锢,如有不法行为按各自国家法律处置。

第九条 因两国为邻国,今后凡日本国给予他国之各种优待条

---

① 西口光、早瀬壮一、河邑重光:《日ソ領土問題の真実》,第22页。

件,俄国须同样享有之。①

1855年《日俄友好条约》是日俄两国签订的第一个双边关系条约,标志着两国从此建立外交关系,开启两国关系新时代。但是,不可否认,该条约是典型的不平等条约:(1)日本不仅单方向俄国开港、通商,而且俄国人在日本境内享有治外法权;(2)日本单方约定,以后赋予其他国家利益时,俄国同样享有相等内容利益。对于俄国来说,力求开港通商与划分国界目标基本达到,一个多世纪追求的夙愿终于实现了。此番,俄国一方面借用美英对日强压带来机会,另一方面也受到克里米亚战争牵制,所以只能称为基本达到目标。如有关库页岛划分,俄国初期要求在宗谷海峡划界,将库页岛完全划归本国,但遭到日方拒绝后,无力纠纷而接受搁置提议。对于日本来说,俄国采取不同美英的和平对策,克里米亚战争使其实力打折扣的现实,对日本是有利的。如有关库页岛划分,搁置是当时日本最佳选择对策。至今日本仍然主张该条约有关千岛群岛划分问题的有效性。日本对当时俄国对日和平政策是欢迎的,同样给予俄国友善的回报。如当时日本不顾英法反对,帮助俄国人建造返程的帆船,当然日本借此掌握了当时最先进的西洋式造船技术。总之,1855年《日俄友好条约》签订,对于日俄两国关系发展起到巨大的作用。

俄国实现一个多世纪的夙愿,最终缔结条约后,俄国代表团成员如何返回祖国成为大问题。1855年1月8日,俄国船"季阿娜"号沉没了。日本下田当局为俄国建造兵营,提供宿舍、食物、衣服等。1月17日,普提雅廷获知美国代表为了与日方交换《神奈川条约》批准书,乘坐"伯哈塔"号船到达下田。普提雅廷与美国"伯哈塔"号船长马克留尼联系,请求美国方面运送俄国人员。马克留尼提出将俄国人送到中国上海,但是普提雅廷考虑到上海有英法军舰,所以请求美国船只将俄方人员运送到俄国彼得罗巴甫洛夫斯克。最终美国方面以俄国与英法战争期间,美国

---

① 末澤暢二、茂田宏、川端一郎編集:《日露(ソ連)基本文書・資料集》(改訂版),東京,RPプリソティソゲ,2003年発行,第21頁。

严守中立而拒绝普提雅廷的请求。

普提雅廷请求美国船只运送计划失败后,考虑借用日本的小船,将俄方人员运送到日本北海道地区箱馆,从这里返回俄国更容易。可是,美国船"伯哈塔"号船员在中国上海将俄罗斯人处于绝望状态的情报向英国人透露了。英国舰队司令詹姆斯·斯塔利古认为,俄国人要离开下田,决定向日本沿岸派遣3艘军舰,直接抓捕俄国人员。普提雅廷获此情报后,不得不决定放弃该计划。

可以说,在万般无奈下,普提雅廷决定自己建造一艘船。日本政府尽管获知英法的警告,但是最终还是同意俄方请求,决定帮助俄国人建造船只。此时日本政府决定帮助俄国人建造船只,日本人考虑:第一,让俄国人尽快离开日本,恐惧俄国人滞留日本。第二,就是俄国长久以来对日本采取友好政策,俄国人不干涉日本的内政,不行使武力,与日本友好相处。双方长期平稳相待,才是共同建造出船只的基础条件。

日俄双方经过协商,共同制造西洋式帆船。俄方提供图纸及制造技术,日方提供建造材料及场地、工匠等,这是日本首次建造西洋式帆船。

由于在毫无准备的情况下造船,首先面临的问题就是缺少造船图纸及造船工具。俄国人借助船舱旧杂志上学术论文附带的两桅帆船图纸,绘制出造船图纸。从邻近山区砍伐木材,纺织大麻,编织网纲。从江户运送来铜、铁及其他材料。日本当局让附近的沼津、江户制造各种工具,派遣有力的人员、工匠建造两桅帆船。1855年2月2日,两桅帆船在户田港造船台开工建造。两国人员将外地运送来的铜、铁材料,进行冶炼铸造,制船配件,附近无法制造的配件,就从江户城里加工成型后,运送至此。

3月2日,美国两桅帆商船"卡洛里纳"号进入下田。3月14日,俄美双方签订合同,美船需将俄国水兵转运到俄国远东彼得罗巴甫洛夫斯克,美方船长提出担心英法舰队抓捕,借机要求俄方支付该船价值相等的1.1万美元运费,计划分三次运送。3月30日,俄国列索夫斯克海军少校率领水兵150余人乘坐"卡洛里纳"号船驶往彼得罗巴甫洛夫斯克。

美国船只运送第一次并获利6000美元后,以担心丧失该船为借口拒绝此后运送工作,尽管俄方提出加大支付额度,美方还是拒绝运送。

与此同时,日俄共同建造两桅帆船进程加快。4月14日,举行船只下水仪式。普提雅廷将该船命名为"户田"号,取建造地之名,更重要的是具有感谢日本人的意义。日本人非常关注船只建造状况,建造"户田"号下水时,岸边集聚许多观看者,日本人吃惊地眺望两桅帆船下水。"户田"号在三个月在完成建造,速度及实用性方面,震撼日本人。建造"户田"号费用银圆21752卢布75戈比。普提雅廷向日方代表许诺,俄国政府在克里米亚战争结束后,将"户田"号赠送给日本,或全额支付这艘船的建造费用。在俄国人帮助下,日本人学会建造欧式船的方法,不仅对加强两国国民友好关系有益,更重要的是对日本创建远洋舰队起到非常大作用。

4月26日,普提雅廷与61名水兵组成第二组乘坐"户田"号离开日本岸边。他感谢日本政府,也希望剩下的俄罗斯人给予帮助。普提雅廷乘坐的"户田"号受到英国军舰追逐,但最终成功摆脱。5月10日"户田"号到达黑龙江河口庙街(尼古拉耶夫斯克)。1855年7月2日,最后一组270名俄罗斯人以2000英镑费用,包租(德国)不来梅的"古列塔"号离开日本。7月20日,"古列塔"号航行在库页岛北岸附近,被英国军舰截获并且扣留,押运至英国,直至战争结束1856年3月缔结巴黎和约后,这批士兵才被释放返回祖国。

1855年12月10日,普提雅廷回到彼得罗巴甫洛夫斯克后,向俄国政府请求:(1)将"户田"号送到日本。(2)因日方对遇险的"季阿娜"号上船员提供生活费用,支付日方3万卢布额度的银元。(3)为表达感谢之意,以沙皇亚历山大二世名义,将"季阿娜"号上拆卸的52门大炮赠送给日本。俄国政府对普提雅廷上述提议,完全给予采纳。

1856年11月25日,在下田举行日俄双方交换条约批准书仪式,与此同时,俄方将将"户田"号、"季阿娜"号拆卸的52门大炮、3万卢布额度的银元及感谢信,交给日方人员。俄国经历百年不断努力后,最终与日本建立外交通商关系。俄罗斯与美英法不同,对日本没有施加军事压力。俄罗斯不仅避免与日本发生冲突,而且维持与日本善邻关系,促进经济关系发展。

《日俄友好条约》生效后,俄国并未能实现从对日本贸易中获取巨额利润的目的。日本幕府对俄国输入商品不仅征收了高额关税,而且还有数量限制,甚至全部控制在幕府手中经营,造成俄国对日出口贸易受到极大限制。为了打破这种严格限制措施,1857年10月,普提雅廷再次赴日。在日本长崎,俄国又迫使日本签订了《日俄补充条约》,规定日本开放长崎与箱馆进行通商贸易,取消出入船只数量与交易额的限制,同意双方商人在交易所里进行交易活动。实际上该条约不仅没有取消交易所由幕府控制的局面,而且部分商品由幕府垄断经营,主要进出口物资仍然征收高额关税。日本幕府时期对外贸易限制措施引起美国方面极大不满,在美国领事哈里斯施压下,1858年7月,两国签署《日美通商条约》,日本不仅丧失关税自主权,而且美国人在日本拥有治外法权,日方进一步开放神奈川、新潟、兵库、长崎、江户、大阪,这是典型的不平等条约。

美国再次为俄国对日政策创造条件。根据先前日本对俄国允诺,俄国也获得与美国同样的利益。俄国代表普提雅廷第三次赴日,1858年8月7日,俄国迫使日本又签订了《日俄友好通商条约》,俄国方面这次获取了以下权利:

(1) 两国相互派遣外交官和领事,承认其在国内自由旅行;

(2) 增开神奈川、兵库等通商口岸;

(3) 自由进行贸易,不受官方干涉,根据最惠国条款制定关税;

(4) 领事裁判权;

(5) 片面最惠国待遇。①

---

① 日露、日ソ関係200年史編集委員会,杉森康二、藤本和貴夫編:《日露、日ソ関係200年史——日露の出合からシベリア干渉まで》,東京:新時代社,1983年12月28日第1刷發行,第17頁。

俄国迫使日本签署通商条约，表面上都是借用美国开创条件而通过平和手段获得，但是绝不能否认双方缔结的属于典型的完全不平等条约。日俄两国虽然缔结通商条约，但是双方贸易绝非俄罗斯人想的那样容易开展。据统计，1854—1868年间，俄罗斯对日本出口贸易额仅占俄罗斯贸易额0.5％，俄罗斯对日本进口额仅占俄罗斯进口贸易额3％多一点。①

　　1858年11月5日，普提雅廷第一次赴日谈判时的翻译戈什克维奇，作为首任俄国驻日本领事抵达箱馆，开设俄国驻箱馆领事馆。1859年，俄国开始在日本北海道箱馆建造俄国第一个领事馆。俄国设置北海道箱馆领事馆，可能是考虑距离俄国领土近，库页岛出现问题便于进行谈判。美英法等国在日本下田、横滨开设领事馆，对幕府末期日本国内政治意图明显干涉，相反俄国在北海道箱馆开设领事馆，与此完全无关系了，对于日本来说，给北方这一开发土地上带来新的文化影响。

---

① 中村新太郎：《日本人とロシア人——物語 日露人物往来史》，第174页。

第四章 日俄两国缔结《库页岛千岛群岛交换条约》(1875年)

一、俄国加强对库页岛争夺

俄国人知道库页岛不是半岛而是岛屿,要比日本人晚了40年。1803年俄国政府组织以克鲁森施滕为首的第一次环球航行探险队,目标之一就是要确定并占领库页岛。1805年,克鲁森施滕率领探险队沿库页岛西南海岸考察黑龙江河口,他仍然没有"发现"库页岛并非半岛。1849年,东西伯利亚总督尼古拉·穆拉维约夫(Николай Николаевич Муравьёв)派遣根纳季·涅维尔斯科伊(Геннадий Иванович Невельской)率领探险队考察黑龙江河口及库页岛,他多次实际勘察库页岛后,最终获知库页岛非半岛而是岛屿。无论从鄂霍次克海,或从日本海前往黑龙江河口,库页岛均处于航道扼制要冲,具备重要战略地位。1852年初,涅维尔斯科伊率领探险队占据黑龙江河口地区,随即派遣黑龙江河口北岸的彼得罗夫东营士兵前往库页岛收集情况,为下一步全面占领做准备工作。1853年4月23日,俄国政府下达占领库页岛的命令,8月,在俄美公司名下,涅维尔斯科伊率队在库页岛东岸登陆,设立所谓穆拉维约夫哨所,并且公开宣布库页岛为俄国所有。

19世纪40年代起,俄国趁着奥斯曼帝国走向衰落之际夺取了黑海海峡,将势力扩展到巴尔干半岛。1853年3月,为了争夺巴尔干的控制权,俄国和土耳其爆发克里米亚战争,为阻止俄国势力在巴尔干地区扩张,英国联合法国和撒丁王国组成联军对俄国宣战。英法联军对俄军展开多角度进攻,在黑海、波罗的海、北太平洋对俄国舰队展开全面围追堵截。1854年7月,英法联军穿越太平洋一路追踪俄国军舰,将战火燃烧到东北亚海域。俄军在东西伯利亚总督穆拉维约夫的先期指示下,已在黑龙江沿岸和入海口处、堪察加等地建立了马林斯克、尼古拉耶夫斯克、彼得罗巴甫洛夫斯克等军事据点。与此同时,俄国远征队多次沿黑龙江顺流而下,向俄国太平洋舰队提供补给。相比之下,英法联军对东北亚海域所知甚少,当时英国海军仅依靠从荷兰获得的一张比较详细的黑龙江河口图。1855年2月,英法联合舰队到达东北亚海域后即向堪察加半岛彼得罗巴甫洛夫斯克进攻,意欲消灭俄国太平洋舰队,摧毁俄国在鄂霍次克海及堪察加半岛等地设置的军港。英法联军曾一度攻进彼得罗巴甫洛夫斯克港口,迫使俄国海军退至卡斯特里湾。英法联军有25艘战舰,俄海军仅有6艘,海军实力占有绝对优势的英法联军,却因不熟悉地形而无法追击俄军,最后被迫撤出。这场攻击战失利,使英法联军丧失了必胜的信心,对克里米亚战火最终平息起到重要作用,促成了1856年7月《巴黎和约》的签订。

克里米亚战争结束后,俄国政府和军界达成共识,向东扩展并占领黑龙江流域及库页岛。1856年,俄国把远东地区军港从堪察加半岛彼得罗巴甫洛夫斯克,迁至黑龙江河口庙街(尼古拉耶夫斯克),并且建立所谓滨海省。

1858年5月28日,沙皇俄国乘英法联军进攻中国天津之际,用武力迫使中国政府签署《中俄瑷珲条约》,其主要内容为:

  黑龙江、松花江左岸,由额尔古纳河至松花江海口,作为俄国所属之地;右岸顺江流至乌苏里江,作为中国所属之地;由乌苏里江往彼至海所有之地,此地如同连接两国交界明定之间地方,作为两国共同管理之地。由黑龙江、松花江、乌苏里江,此后只准中国、俄国行船,其他外国船只不准由此江河行走。黑龙江左岸,由精奇里河以南至豁尔莫勒津屯(即江东六十四屯),原住的满族人等,照旧准其各在所住屯中永久居住,仍然由中国官员管理,俄国人和睦,不得侵犯。①

俄国通过《中俄瑷珲条约》,侵吞我国黑龙江以北的60多万平方公里土地,并在黑龙江中游的左岸地区建立了阿穆尔省。

1858年6月13日,沙皇俄国乘英法联军占领中国天津之际,用武力迫使中国政府签署《中俄天津条约》,其中有关两国边界内容为:

第九条　中国与俄国将从前未经定明边界,由两国派出信任大员秉公查勘,务将边界清理补入此次和约之内。边界既定之后,登入地册,绘为地图,立定凭据,俾两国永无此疆彼界之争。②

1860年11月14日,俄国利用英法联军攻占中国首都北京之际,借口"调停"有功,并以武力胁迫中国政府签订《中俄北京条约》,其主要内容:

第一条　决定详明一千八百五十八年玛乙月十六日(即咸丰八年四月二十一日)在瑷珲城所立和约之第一条,遵照是年伊云月初一日(即五月初三日)在天津地方所立和约之第九条,此后两国东界定为由什勒喀、额尔古纳两河会处,即顺黑龙江下流至该江、乌苏里河会处。其北边地,属俄罗斯国,其南边地至乌苏里河口,所有地方属中国。自乌苏里河口而南,上至兴凯湖,两国以乌苏里及松阿察二河作为交界。其二河东之地,属俄罗斯国;二河西属中国。自松阿察河之源,两国交界逾兴凯湖直至白棱河;自白棱河口顺山岭至

---

① 王绳祖主编:《国际关系史资料选编》上册第一分册,第118页。
② 黄定天:《中俄关系通史》,黑龙江人民出版社,2007年版,第90页。

瑚布图河口,再由瑚布图河口顺珲春河及海中间之岭至图们江口,其东皆属俄罗斯国;其西皆属中国。两国交界与图们江之会处及该江口相距不过二十里。且遵天津和约第九条议定绘画地图,内以红色分为交界之地,上写俄罗斯国阿、巴、瓦、噶、达、耶、热、皆、伊、亦、喀、拉、玛、那、倭、怕、啦、萨、土、乌等字头,以便易详阅。其地图上必须两国钦差大臣画押钤印为据。上所言者,乃空旷之地。遇有中国人住之处及中国人所占渔猎之地,俄国均不得占,仍准由中国人照常渔猎。从立界牌之后,永无更改,并不侵占附近及他处之地。

第二条　西疆尚在未定之交界,此后应顺山岭、大河之流及中国常驻卡伦等处,及一千七百二十八年,即雍正六年所立沙宾达巴哈之界牌末处起,往西直至斋桑淖尔湖,自此往西南顺天山之特穆尔图淖尔,南至浩罕边界为界。

第三条　嗣后交界遇有含混相疑之处,以上两条所定之界作为解证。至东边自兴凯湖至图们江中间之地,西边自沙宾达巴哈至浩罕中间之地设立界牌之事,应如何定立交界,由两国派出信任大员秉公查勘。东界查勘,在乌苏里河口会齐,于咸丰十一年三月内办理。西界查勘,在塔尔巴哈台会齐商办,不必限定日期。所派大员等遵此约第一、第二条,将所指各交界作记绘图,各书写俄罗斯字二分,或满洲字或汉字二分,共四分。所作图记,该大员等画押用印后,将俄罗斯字一分,或满或汉字一分,共二分,送俄罗斯收存;将俄罗斯字一分,或满或汉字一分,送中国收存。互换此记文、地图,仍会同具文,画押用印,当为补续此约之条。

第四条　此约第一条所定交界各处,准许两国所属之人随便交易,并不纳税。各处边界官员护助商人,按理贸易。其瑷珲和约第二条之事,此次重复申明。①

根据《中俄北京条约》,从乌苏里江以东至海之地(包括库页岛、海参

---

① 王绳祖主编:《国际关系史资料选编》上册第一分册,第 119—120 页。

崴在内)约100万平方公里划归俄国所有后,俄国开始以加强驻防和大量移民的方式对黑龙江流域及库页岛实施全面开发。

俄国在远东地区因缺少不冻港口,缺少通往太平洋的便利出海口,妨碍了在该地区势力稳定。俄国在远东地区通往中国、日本、东南亚各国的直通航线,最便捷的例如宗谷海峡、津轻海峡、朝鲜海峡,皆被西方列强占领了。美英法强迫日本承认"租借"对马岛、箱馆,甚至威胁到俄国控制的库页岛阿尼瓦湾。美英法封锁俄国船进出日本海的东、南出口,力图将沿海州从太平洋分割开,并企图占领库页岛、虾夷地、对马岛作为进攻俄罗斯远东地区的基地。俄国政府非常关注出海口、港湾、战略基地、对外贸易,同样,其他西方各国对此关注程度也毫不逊色。

1856年4月,俄国政府决定,恢复因克里米亚战争而被迫中断的库页岛开发活动,并且解除俄美公司开发库页岛的独占权利。俄美公司虽然靠替换条件获得许多特权,但是丧失了独占库页岛开发权,加上丧失了北美西部殖民地大部分,海外贸易活动逐渐削弱了。

俄罗斯人最早发现库页岛煤炭并着手开采是在1853年10月。1854年6月,俄罗斯人在库页岛西岸发现优质煤炭并且开采118吨。1856年2月,俄罗斯人在库页岛西岸发现更大的煤炭层,不久设置俄罗斯军事哨所,开始建设煤矿工作。1857年7月,普提雅廷派遣海军大尉鲁塔诺夫斯基(Николай Васильевич Рудановский)率领15名船员乘坐帆船"卡姆切塔尔"号前往库页岛西岸。7月22日,他们在阿伊努人部落附近的库斯纳伊河口登陆,在北纬47度24分设置了库斯纳伊哨所。鲁塔诺夫斯基等人恢复自1854年春季中断的南库页岛调查工作,开始在托埃、布伊托夫及穆卡奇两地部落北方的煤矿组织开采工作,绘制了库页岛南部和中部地形图。

对于俄罗斯人雇佣库页岛南部阿伊努人从事采煤工作,当地日本官员表示反对,企图阻止俄罗斯人开发南库页岛活动。海军大尉鲁塔诺夫斯基记载:"阿伊努人欢天喜地地迎接我们到来,我们给他们各种各样的帮助,让奴役他们并态度傲慢的日本人感到困惑。"①1857年7月26日,两名日本官员来到俄罗斯人住地,向鲁塔诺夫斯基询问俄罗斯人到来的目的。鲁塔诺夫斯基答复说:为了守护库页岛俄罗斯人的权利而设置库斯纳伊哨所。对于俄国人在库页岛上的开发活动,美英法驻日本使馆官员劝说日本政府尽快采取措施占领南库页岛,实际上希望实力软弱的日本人占据库页岛后,便于这些国家在该岛屿扩张活动。

针对美英法等国企图占据库页岛的野心,东西伯利亚总督穆拉维约夫向俄国中央政府提交报告书,再三提示外国人企图占领库页岛。在俄国远东领土家门口,外国人不断发出威胁信号,俄国船只通过宗谷海峡进入太平洋,不得不担心安全问题。穆拉维约夫向俄国沙皇申请赴日,为了实现俄国在南库页岛的权利,与日本政府举行谈判。1858年12月17日,沙皇亚历山大二世批准穆拉维约夫申请并任命其为俄国全权代表。1859年8月5日,在波波夫海军大校率领的由9艘军舰组成的舰队护卫下,俄国政府代表穆拉维约夫不邀自来,到达日本江户湾。日本方面称之为俄罗斯军舰闯入江户湾事件。8月8日,日本政府代表远藤但马守、酒井右京秀两人登上穆拉维约夫乘坐的"阿斯科利托"号,双方就有关江户会谈事宜进行协商。8月10日,穆拉维约夫率领40名军官、300名全副武装的士兵进入日本首都江户城。

8月12日,在江户天德寺,日俄双方举行第一次会谈,穆拉维约夫首先提出,库页岛和黑龙江流域早在170年前,即《中俄尼布楚条约》签订前就是俄国领土,只是在《中俄尼布楚条约》签订后成为中国领土,而根据新签订的《中俄瑷珲条约》又成为俄国领土。穆拉维约夫以为日本幕府闭关锁国不了解外界情况,特别是日本幕府不了解俄国向东方扩张的事实。他又带有威胁性地说,俄国决定向库页岛派遣强大的"防守部队",主要目的是防止外国人插手库页岛。② 库页岛对于俄国在黑龙江流

---

① Э. Я. Файнберг:《РусскИ-японские отношения в 1697—1875 гг.》, Москва, "Издательство Восточной Литературы"1960 г., стр. 189.
② 西口光、早瀬壮一、河邑重光:《日ソ領土問題の眞実》,第33頁。

135

域地区的防御具有重大意义,所以他提出:

(1) 库页岛属于俄国,俄国与日本的国境线以库页岛与虾夷地之间的拉彼鲁兹海峡为界。

(2) 现在库页岛附近从事渔业活动的日本人,持续永远有效。

(3) 日本人在"黑龙江和满洲之间国境线地带"可以自由旅行、移居。①

穆拉维约夫解释说,他受俄国沙皇亚历山大二世委托前来处理此事,目的是促进两国友好关系发展。日俄两国应以库页岛与虾夷地(北海道)之间的宗谷海峡(拉彼鲁兹海峡)为界,这样库页岛就完全属于俄国所有了。穆拉维约夫向日方传达说,在沙皇旨意下,俄国在库页岛恢复1854年撤出的阿尼瓦哨所。他进一步解释,两国界沿着宗谷海峡划分,日本人在该海域的捕捞作业及捕捞设施受到俄罗斯法律保护,保留他们的私有土地。

会谈开始后第二天,1859年8月13日,3名俄罗斯人在横滨市里购买食物时,遭到日本人袭击。海军少尉墨菲特(Мофет)、水兵伊万·索科洛夫(Иван Соколов)两人被杀,雇员亚历山大·克罗利科夫(Александр Корольков)负伤。穆拉维约夫向日本政府提出强烈抗议,日本政府就此事件向俄方表示道歉,并按照俄方要求,免除横滨奉行水野筑后守的职务,抓捕犯罪者并实施法律制裁。

对于穆拉维约夫的三项提议,日本政府代表给予完全拒绝。日本代表反驳,日本在库页岛上拥有权利,并引用1855年双方签署的《下田条约》中有关库页岛的条款,指出库页岛为两国共同拥有。日本代表提议,库页岛以北纬50度线划分,或者按照《下田条约》规定,保持原状不划分。日本虽然是弱国,但是获得英法等强国支持。日本代表在英国公使拉萨费托·奥尔科库、法国代理大使约瑟·比尔库尔德的授意下,向俄

---

① 中村新太郎:《日本人とロシア人——物语 日露人物往来史》,第174页。

方提出，两国在库页岛应以北纬50度划分国境线。日本提议实际上是将库页岛一分为二，以期实现自己占领库页岛合法化。俄国在库页岛的目标是占领整个岛屿，穆拉维约夫谈判中很难让对手让步，决定不纠缠，终止双方谈判。

8月23日，穆拉维约夫向日本幕府官员告别，他奉劝日本政府要认清西方国家对日政策的真实意图，强调日本政府应该认清俄国政府的对日和平政策，对此日本政府明确表达认识俄国的和平意图。8月24日，穆拉维约夫率领舰队快速地离开日本江户湾。穆拉维约夫急切离开，不仅是因为日俄双方谈判陷入僵局，而且更重要的是俄英两国在对马岛争夺控制权上出现了危机。

穆拉维约夫在此次赴日谈判中，特别遇到俄罗斯人遇害突发事件，能够采取必要的忍耐力和政治见识，尽管下属配备9艘军舰可以很轻易使用武力，但为了实现俄国对南库页岛的权利而放弃使用武力。穆拉维约夫严守俄国政府指令，避免对日关系恶化，避免其他列强插手干涉，坚持采取和平手段。俄国政府对于穆拉维约夫外交谈判结果感到失望，此后为了让日本承认俄国对南库页岛的权利，也思考是否放弃和平手段。

1860年11月20日，俄国政府迫使中国清政府签订《中俄北京条约》，从中国掠夺了乌苏里江以东至海之地（包括库页岛、海参崴在内）约100万平方公里领土。库页岛对于俄国来说具有重大战略价值及巨大经济价值。俄国将库页岛列入沿海州管辖，沿海州总督卡萨凯维奇决定，一方面加强库页岛军事哨所，并设置黑龙江舰队和太平洋舰队，另一方面就是增加库页岛煤炭开采。当时煤炭是蒸汽机的主要动力能源，煤炭不仅可以解决俄国远东地区所需，而且还能够出口换汇，外国商船公司非常需要沿途航线上开设的煤炭补充地。俄国政府估计，将库页岛作为远东地区煤炭生产中心地，向太平洋地区出口煤炭，更便于推动俄罗斯人海上通商贸易事业。1852年俄国人在库页岛发现煤炭以来，初期地质调查大体上由非矿山专家人员进行。1856年后，俄罗斯地理学会西伯利亚探险队承担了对库页岛天然资源的调查工作。1859年,俄国政府开始将被判处流放罪的人员送往库页岛,作为强迫劳动力使用,致使煤炭开采产量激增。

英法美三国代表唆使日本政府阻碍俄罗斯人开发库页岛,日本北方各藩企图占据库页岛南部。1860年,日本幕府将虾夷地、库页岛南部土地分割给秋田、仙台、庄内、会津等藩主,并且要求他们为了维护上述地区权益,派遣军队担负军事保卫义务,预计派遣军队6000人,集结在库页岛南部,向俄国人施加压力。1860年夏季,俄国有关人员调查库页岛资源时,在该岛屿南部遭到日本松前藩府官员的阻拦。俄国沿海州总督卡萨凯维奇、俄国驻箱馆领事戈什克维奇根据《下田条约》有关库页岛条款,向日本松前藩府通报日本人多次侵犯俄国领土事件。日本箱馆奉行对此解释说,这是日本国内不断高涨的要求废除不平等条约的运动所造成的。

因远东地区居民食物供应上的困难,很难实施大规模开发工作,俄国西伯利亚当局曾经考虑,是否允许外国人,特别是美国人从事该项开发工作,赋予他们自由贸易权。可是,随着美国人在黑龙江河口地区活动频繁,俄国人开始担心自身利益受到威胁,恐惧外国人向库页岛渗透而危及俄国所有权。

俄国在远东地区不断扩张,引起该地区最大扩张势力者英国的不满,双方在该地区展开争霸活动。1859年,英国舰长维托来到对马岛芋崎浦①,向日本对马藩府提出岛上各港口要对英国船只开放。英国人与当地居民发生冲突,造成许多日本公职人员死伤,不久英法两国企图占领对马岛的计划曝光,引起国际社会舆论哗然。俄国获知后向日本幕府劝说,英国存在野心,俄国愿意租借大炮及筑造炮台,幕府拒绝了俄方建议。对马岛位于日本列岛与朝鲜半岛之间、朝鲜海峡中部,历史上为日本列岛和朝鲜半岛之间的踏脚石,是控制日本海与太平洋之间交通往来

---

① 对马岛位于朝鲜海峡东端的一个岛屿,现归属于日本长崎县,由上下两岛及附近小岛组成。

的要冲,具有重要的战略价值。对马岛此时处于日本江户幕府分封的藩主宗义和的控制下,英国提出"租借"对马岛申请获得日本幕府同意。日本认为,英国向日本"租借",实际上等于承认日本对该岛屿的拥有权。英国的目的是利用对马岛的重要战略地位,确立在西北太平洋的统治地位,压制俄国海上运输。英国政府不阻拦日本企图占据对马岛,认为日本软弱无力,绝非竞争对手,远东地区扩张道路上的最大竞争对手是俄国。1859—1860年,英国驻箱馆领事馆代理领事霍奇逊指出:"我们必须急切地占领对马岛,作为远东丕林岛①。该岛屿左右为舰队通航线路,拥有优良港口、丰富资源,实际是与中国人民及丝绸产地相互联系的桥梁。"②霍奇逊代理领事上任的第一年,英国军舰曾经两次测量对马岛沿岸,准备建造英国海军基地。

同样,俄国太平洋舰队司令利加乔夫(Иван Фёдорович Лихачёв)也认识到对马岛的战略位置,他认为控制对马岛,北进朝鲜半岛,东逼日本列岛,既可稳固俄国在黑龙江流域的势力,又可便于伸手控制千岛群岛。1860年,利加乔夫给俄国海军大将康斯坦丁·尼古拉耶维奇大公(Великий князь Константин Николаевич,1827—1892)与海军部办公厅主任科拉佩德(Николай Карлович Краббе)写信,提出确保俄国拥有不冻港口、确保俄国船只自由进入不结冰的海洋,是俄国舰队发展的重要条件。他提出,朝鲜海峡是通过中国与日本南岸港口以及太平洋各国的直航路线,占领朝鲜海峡具有重要意义。利加乔夫提议,不允许英国人占据对马岛阻碍俄国船只通过朝鲜海峡,提议俄国建设对马岛"海军基地"。但是,俄国政府不希望因对马岛事情而造成日俄关系恶化,所有拒绝采纳利加乔夫的提议。1860年7月26日,俄国海军大将康斯坦丁·尼克拉耶维奇将此传达给利加乔夫,警告不要招致日本政府抗议与西欧列强的干涉,但是允许利加乔夫以"私人"名义,就有关租借海军基地问

---

① 丕林岛,系红海入口处曼德海峡中的小岛,是当时重要的加煤站和战略要地,英国在岛上设有海军基地。
② 中村新太郎:《日本人とロシア人——物語 日露人物往来史》,第181页。

题与日本对马岛藩府进行"私人"谈判。

俄国太平洋舰队司令利加乔夫获得上述授意后,1861年3月13日,指令下属海军大尉毕里列夫(Николай Алексеевич Бирилёв)率领"波萨得尼柯"号船,船员360人,从日本箱馆港进入对马岛的芋崎浦。这就是日本方面所谓的俄罗斯舰队闯入对马岛事件。毕里列夫向对马藩府解释,俄国军舰需要修理而停泊,请求日方提供建造船厂、仓库、士兵宿舍及必要的粮食等。俄方请求获得对马藩府默许,并且派出20人协助。实际上,海军大尉毕里列夫获得俄国太平洋舰队司令利加乔夫指令,在此建造俄国海军基地。于是,俄国军舰停泊一个月后,便旁若无人地开始在附近开展测量活动。毕里列夫向对马岛藩府官员表示:幕府不应答应英国借用对马岛的要求,俄国沙皇不能无视英国这样的举动。俄国军舰要滞留此港,以防备英国军舰来袭,为此请求租借芋崎之地,作为谢礼赠给50门大炮。他请对马藩府官员转告藩主,俄国海军在芋崎浦已经开始建造房屋,并且要求藩府官员向长崎奉行紧急报告。对于俄国海军不邀自来的举动,对马岛藩主宗义和采取拖延战术,利用借口推迟会见毕里列夫,等待江户幕府指示。可是,俄军见无人理睬后便施加野蛮暴行为。4月12日,俄国水兵驾驶几只小船登陆,以安五郎为首的对马岛居民为阻止俄国水兵登陆,采取武装自卫行动,双方爆发武装冲突,安五郎被枪杀,两名居民负伤,其他居民逃亡,对马岛迅速笼罩在极度不安的状态下。

5月1日,幕府外国奉行小栗忠顺奉命来到对马岛,他颁布幕府命令:禁止俄国海军人员在此地活动,禁止俄国海军人员和当地居民接触。江户幕府担心对马岛人与中国人、朝鲜人、琉球人交易演变成分离主义倾向,英国人与俄国人频繁访问该岛更加重这样的怀疑。对马岛藩主宗义和向江户幕府确认,遵守幕府将军的法律,禁止家族成员以任何形式与外国人接触,并呼吁幕府加强对马岛防御措施。

幕府外国奉行小栗忠顺与俄国海军舰长毕里列夫举行会谈,小栗忠顺要求俄国军舰尽快撤离,但是毕里列夫答复:"没有接到上级命令,绝对不可能撤离！"①小栗忠顺在对马岛滞留 13 天后返回江户，他命令箱馆奉行村垣范正向俄国驻箱馆领事戈什克维奇申诉，要求俄军撤出对马岛。5 月 10 日，在幕府允许下，毕里列夫与对马岛藩主宗义和举行第一次会谈，毕里列夫出于礼貌并没有提出任何要求。不久毕里列夫又提出："为了感谢贵方答应在芋崎修理船只，特赠送大炮作为答谢礼物。"对马岛藩主等高级官员非常紧张，不敢接受如此礼物。毕里列夫与对马岛藩主宗义和第二次会谈中，日方也没有接受租借土地要求。

江户幕府担忧事态难于解决，一方面向俄国驻箱馆领事戈什克维奇提出，俄国军舰从对马岛撤出，另一方面与英国公使奥尔库克举行会谈。英国公使奥尔库克答应以英国军队迫使俄国军舰撤出，7 月 22 日，英国公使馆秘书奥利菲托来到对马岛，东印度舰队司令海军中将霍普率领舰队也来到对马岛。此前，7 月 15 日，俄国驻箱馆领事戈什克维奇已接受箱馆奉行村垣淡路守要求，令俄国海军舰船撤离对马岛基地。戈什克维奇领事向俄军太平洋舰队司令利加乔夫呼吁"波萨得尼柯"号离开对马岛。利加乔夫向毕里列夫下令，因英国干涉而不得不撤出，并派遣俄舰"奥夫里奇尼克"号前来协助撤离。9 月 17 日，毕里列夫率领"波萨得尼柯"号离开对马岛。9 月 27 日，俄国海军基地人员乘坐"奥夫里奇尼克"号离开对马岛，俄国舰队闯入对马岛事件最终解决了。

俄国军舰进入对马岛事件，既引起日本不满，也引起西方列强抗议。俄国外交部为了消除该事件带来的不利影响，1861 年 11 月 25 日，命令俄国驻箱根领事戈什克维奇向日本当局解释，俄国军舰进入对马岛，是由俄国太平洋舰队司令利加乔夫和下属海军大尉毕里列夫个人决定的，不是俄国政府决定的②。对马岛事件反映出英俄两国之间利害冲突，本质上是英俄两国在东北亚地区争霸。

---

① 中村新太郎:《日本人とロシア人——物语 日露人物往来史》，第 182 页。
② 中村新太郎:《日本人とロシア人——物语 日露人物往来史》，第 185 页。

二、日本加强对库页岛的争夺

在库页岛,日本与俄国接触最早也只能追溯到 17 世纪上半叶。日本德川秀忠将军时期(1605—1622),出于地理考察测绘地图需要,松前藩王子武田信弘曾连续两年派出人员登上该岛,但是活动也仅仅限于库页岛南端。俄国人则更晚,1643 年第一任雅库茨克督军戈洛文派"远征队"入侵中国黑龙江流域,在遭到反击逃亡途中看到了库页岛。1732 年俄国谢斯塔科夫探险队从乌达河口沿鄂霍次克海西岸到达库页岛北端。在 18 世纪,无论是俄国人,还是日本人,都把库页岛当作东北亚大陆的一个半岛。如 1785 年绘制的《三国通览图说》、1804 年编著《边要分界图考》就是典型例证。

18 世纪末,随着日俄两国领土扩张推进,库页岛成为这两国争夺的焦点。1808 年春天,被日本国内称为"近代日本地图之父"的伊能敬忠的学生间宫林藏和武士松田传十郎乘船抵达库页岛最南端,分别从东、西两侧的海岸出发进行环岛旅行,以勘察全岛地形。间宫林藏先从库页岛东岸出发,因为无法绕过海况恶劣的北知床岬,后改从南部最狭窄的山地横穿到西岸,随后继续北上,在北纬 52 度附近的拉加岬与松田传十郎会合。由于前方积雪未化,两人在海滨竖立起标有"大日本国境"的木柱,随后返回了虾夷地(北海道)。1809 年 8 月,间宫林藏再度返回拉多岬,这一回他成功横渡了隔离库页岛和东亚大陆的鞑靼海峡,进入黑龙江河口附近,确认了库页岛为岛屿,而不是西方探险家所言的半岛,他还对中国清朝官吏和本地土著人之间的关系做了一番考察。此时,俄国探险家仍误认为库页岛是连接中国大陆的半岛。1826 年,德国博物学家冯·西博尔德(Philipp Franz von Siebold,1796—1866)获得 17 年前间宫林藏绘制的库页岛地图和记录这次探险经历的《东鞑地方纪行》一书,欧洲人才获知库页岛相关真实信息。1855 年 2 月《日俄友好条约》缔结,两国在千岛群岛方面划定国境线后,当年日本幕府宣布将虾夷地作为直辖领地,并命令仙台藩、秋田藩两个地方政府负责日本北部地区安全。

日本政府为了进一步与俄国争夺库页岛,先后两次主动派遣代表团赴俄交涉。1862年,竹内下野赴俄谈判;1867年,小出秀实赴俄谈判。

日本幕府组成以勘定奉行竹内下野守①(箱馆奉行)为全权代表,外国奉行兼神奈川奉行松平石见守为副代表,目付役京极能登守、外务卿寺岛宗则、福泽谕吉等36人组成日本代表团。1862年1月,日本代表团乘坐英国军舰从横滨港出发,先后访问了英国、法国、荷兰、普鲁士后,1862年8月10日,抵达俄国首都圣彼得堡。日本代表团访问俄国,希望就库页岛划界问题与俄国政府展开交涉。日本代表团抵达后,受到俄方隆重的欢迎,使得日本代表团成员倍感亲切。日本当时作为半殖民地国家,其代表团在其他欧洲各国遭遇冷落。沙皇亚历山大二世亲自接见了竹内下野、松平石见、京极能登等代表人员,并表示俄国维持对日友好政策,期待所有纠纷问题能够获得圆满解决。俄国宰相兼外交大臣格尔齐亚科夫公爵会见时表示,如果日方提出谈判,考虑任命前驻华公使、外交部亚洲局局长伊古纳奇耶夫为谈判代表。日俄双方继续交涉有关库页岛划界问题。

8月20日,日本代表竹内下野与俄国代表伊古纳奇耶夫在圣彼得堡举行第一次谈判。伊古纳奇耶夫提议,为了回避纠纷问题应采取自然划界方法,即在宗谷海峡划定界限。竹内下野则提出日本过去就对南库页岛拥有主权,要求在库页岛以北纬50度划线。他解释说,居住在北纬50度以南的虾夷人是靠日本提供物资保障的"日本臣民"。伊古纳奇耶夫对此予以反驳,指责日本人将虾夷人作为奴隶,将他们驱赶奴役,遇到外国船员保护才勉强生存下来。竹内下野提出,欧洲地图已经将库页岛北纬50度划分不同颜色,库页岛南部划归日本所有,以此证明其归属的合理性。俄国代表普提雅廷也曾经承认这样划分,所以俄罗斯人暂时从库页岛撤出。伊古纳奇耶夫指出,将南库页岛纳入日本领土范围一部分的

---

① 守:古代日本地方官员,相当于现在的知事,总管该地方行政、司法、警备等一切政务工作。

欧洲地图绘制者与旅行家的结论是没有根据的,欧洲人没有经过实地考察,俄罗斯人是库页岛发现及开发的先驱者。俄罗斯人暂时撤出库页岛,是因为气候状况问题、流行病,不是普提雅廷与日本方面有所谓约束。库页岛从地理上讲属于大陆,日本人从来没有在久春内以北地区居住过。出席谈判的俄国海军军官鲁塔诺夫斯基指出,自己长期滞留在库页岛,日本人实际仅知道阿尼瓦湾沿岸,对库页岛广阔的内部状况并不清楚。他对库页岛进行深入调查,并且将绘制的地图赠送给日本人。伊古纳奇耶夫指出,箱馆奉行村垣淡路守在1861年9月写给戈什克维奇领事的信件上,承认日本人不是南库页岛自古的居住者,不适应岛屿严酷的气候。这些证据使日本代表团陷入被动。

伊古纳奇耶夫向日本代表团提出质疑:最近日本方面派遣官员与军人赴南库页岛,有何理由?日本政府是否受到外国顾问的授意?伊古纳奇耶夫指出:"我们与日本是邻居关系,与日本直接交流属于正常,我们之间出现第三者后,这样关系的性质肯定发生改变了,容易出现纠纷。"① 伊古纳奇耶夫声明:日本人进入库页岛北部,多次宣扬当地居民全部属于日本,禁止虾夷人与俄罗斯人交流,禁止雇佣虾夷人去煤矿劳动,对于日本政府在库页岛的行动,我以政府名义提出抗议。

双方多次谈判后,在日本代表团内部,竹内、松平两位代表认为日方提出以北纬50度线划分界限,俄方最终不会接受,所以考虑改提北纬48度线,根据山脉划定界限。对此提议,京极能登则提出,此次谈判前委任的权限是以北纬50度划分国境线,改提北纬48度划国境线属于超越授权,所以没有向俄方提出这一议题。

1862年8月31日,俄国代表、外交部亚洲局局长伊古纳奇耶夫与日本代表团团长竹内下野就继续交涉有关库页岛划分国境线问题达成一致并且签署协议。俄国代表伊古纳奇耶夫提议,双方谈判此时陷入僵局,以后俄方谈判代表改为沿海州总督卡萨凯维奇(Пётр Васильевич

---

① ファインベルク著、小川政邦訳:《ロツアと日本——その交流の歴史》,第261頁。

Казакевич)负责。1862 年 9 月 19 日,沙皇亚历山大二世任命沿海州总督卡萨凯维奇为俄国全权代表。

1863 年 1 月,以竹内下野为首的日本代表团一行人返回江户复命,日本幕府在审议代表团报告书时,日本国内出现刺杀幕府老中安藤信正的"坂下门事件"①,导致对俄谈判工作被迫放弃了。对于日俄圣彼得堡谈判的发展情况,美英法等国非常关注,他们劝说日本不要接受俄方提议。西方列强提议,日本在与俄国再次举行划定国界谈判前,要先构筑在南库页岛的坚实基础。

1863 年 7 月 30 日,俄国驻箱馆领事戈什克维奇向日本外务省通报,沙皇亚历山大二世任命卡萨凯维奇为库页岛问题的谈判全权代表,并且指出日本人最近向库页岛移民,要考虑俄罗斯人在该岛屿拥有的历史权利。戈什克维奇劝说,以宗谷海峡划界,能够维护两国之间的和平与友好关系,日本方面代表应该在此基础上谈判。戈什克维奇声明,欢迎日本代表团乘坐俄国船只前往庙街(尼古拉耶夫斯克)。

1863 年 7 月,俄国政府按照一年前与日本代表团团长竹内下野达成的协议,派遣卡萨凯维奇为全权代表赴库页岛,等待与日方代表举行会谈,结果最终也没有等到日方代表出现,日方言而无信的行为激起俄方极大愤慨。1865 年 1 月 29 日,东西伯利亚总督克尔萨科夫向沙皇亚历山大二世上奏"关于统治库页岛行动概观与问题现状"。他引用了卡萨凯维奇与戈什克维奇的报告,指出日本政府不仅不派遣代表团前往庙街(尼古拉耶夫斯克)谈判,而且相反加强占据库页岛的实力,企图造成占据的既成事实。克尔萨科夫向沙皇亚历山大二世请求,加强俄军在库页岛部分地区军事实力,获得亚历山大二世批准。在克尔萨科夫指令下,1865 年 8 月,俄军向库斯纳伊哨所派遣人员及食物,驻岛守军着手建设兵营房、食品店、弹药库等设施。1866 年,俄军向鄂霍次克海新建的玛努

---

① 1862 年 1 月 15 日,以水户藩为核心的尊攘派武士七人,在江户城坂下门外刺伤老中安藤信正的事件。

艾哨所运送食物。

俄国人在库页岛南部地区的上述措施,引起日本政府的不满。箱馆奉行村垣淡路与外务省官员向俄国驻箱馆领事彼尼索夫(1865年成为戈什克维奇的后任者)表示,俄国政府不应该在南库页岛建造建筑物。1866年5月中旬,箱馆奉行村垣淡路向彼尼索夫领事转达,幕府为未能执行1862年8月双方签署的协议而正式道歉,决定派遣使节前往俄国首都圣彼得堡。村垣淡路询问:俄国外交部是否同意在圣彼得堡举行谈判?彼尼索夫答复说,划分国境线问题应该在当地解决,没有必要赴圣彼得堡。

日本为了加强与俄国争夺库页岛,派遣军队挑起武装冲突。1866年3月27日,日本人与俄军在库斯纳伊哨所发生冲突,2名日本人、4名俄罗斯人负伤。日本当局及驻日本外国报纸利用该事件,指责俄国远东政策。

1866年7月初,在庙街(尼古拉耶夫斯克),东西伯利亚总督克尔萨科夫与俄国驻箱馆领事彼尼索夫举行会谈,决定俄国驻库页岛部队增加至两个中队,该部队储备两年期的食物和建设材料。驻库斯纳伊哨所的士兵达到150人(不包括非战斗人员),玛努艾哨所力量也获得加强。1866年10月末,在玛努艾哨所南边,又设置库页岛东岸军事哨所。

1866年7月18日,俄国太平洋舰队司令耶索托古洛夫向俄国海军大臣上报,日本政府对俄国在库页岛建设哨所问题表达不满,请求英法两国予以援助,英法海军司令官准备访问日本箱馆。英国太平洋舰队司令基索古海军中将宣称,将监视俄国船只行动,以此为借口调查俄国沿海州与库页岛沿岸。1866年7月29日,卡托纳海军大尉率领的英国军舰"西拉"号到达箱馆。

1865年10月,日本箱馆奉行小出秀实向幕府提议,日本在库页岛不仅要加强防备,而且要尽快确定两国国境线,应尽力劝说俄国人撤回北纬48度线以北地区。[①] 1866年春天,俄军抓捕了在库页岛久春古丹以

---

① 中村新太郎:《日本人とロシア人——物語 日露人物往来史》,第185页。

北视察的日本官员10人。该事件发生后,箱馆奉行小出秀实与俄国驻箱馆领事彼尼索夫进行交涉,最终日方人员被释放,事件获得解决。小出秀实通过该事件更加认识到确定国境的迫切性,进一步向幕府劝说库页岛划界的必要性。

1866年5月,日本箱馆奉行小出秀实与俄国驻箱馆领事彼尼索夫会见,提出要赴庙街(尼古拉伊耶夫克),与俄国东西伯利亚总督克尔萨科夫交涉。彼尼索夫领事解释说,总督转任其他地方,其后继者没有获得谈判权限,所以提议在俄国首都圣彼得堡举行双方交涉活动。于是,日本箱馆奉行小出秀实赴江户,再次向幕府递交奏疏,劝说确定两国边界线的必要性。1866年9月,日本幕府任命小出秀实、石川谦三郎两位为全权代表,携带幕府将军德川庆喜写给俄国沙皇亚历山大二世的国书、老中写给俄国外长的信件,赴俄国首都圣彼得堡。

1866年11月14日,箱馆奉行小出秀实与石川谦三郎两人组成的日本代表团出发了。1867年1月5日,日本代表团抵达圣彼得堡,并且拜见了俄国沙皇亚历山大二世。

1867年1月23日,俄方全权代表、外交部亚洲局局长斯特列莫乌霍夫(Пётр Николаевич Стремоухов)与日本代表团成员开始谈判。日方代表小出秀实首先发表声明,解释日本没有履行1862年双方协定的原因,一是日本内战造成无法派遣代表赴俄,二是俄方代表戈什克维奇声明,俄方不接受日方有关库页岛国境划定的主张。日方代表小出秀实提议,综合日俄双方纠纷观点看,最合理的解决方法是将北纬48度线划定为国境线。

1月25日会谈上,俄方代表斯特列莫乌霍夫指出,库页岛上出现的纠纷,不是当地土著人针对俄罗斯人的,而是日本人自身恶劣造成的,俄国政府为了维护自身正当利益不得不采取对抗措施。俄方认为,确立以宗谷海峡为国境线是避免两国冲突的唯一方法。俄国政府对库页岛权利的主张,是该岛与沿海州地方完全一体,如外来大国占据该岛屿将给俄罗斯造成损害。斯特列莫乌霍夫进一步指出,俄国可以在千岛群岛的得抚岛及附近诸小岛问题上向日本让步,并准备保留库页岛南部日本的渔业设施。日方代表小出秀实则提出,日本对南库页岛拥有"权利",如日本向俄方让步,将受到外国人与本国人民的嘲笑。斯特列莫乌霍夫讽刺地说:"其他国家承认与不承认完全是局外的话,对于国家政府行动方式能够造成什么影响?"

1月31日的会议上,俄方代表斯特列莫乌霍夫指出,库页岛是俄国沿海州的基石,而日本拥有该岛南部,对于日本几乎没有实际意义。他提醒日方说,外国列强几次搞反日行动,俄国政府都没有参加,俄国政府对于日本的态度是诚实的。日方代表石川谦三郎表示承认俄国对日本抱有友好的感情,所以不允许俄敌对国占据南库页岛。

2月3日的会谈上,石川谦三郎代表发表声明,日本代表团不能接受俄方提议,请俄国沙皇再次考虑库页岛问题,请求向日本做出让步。2月7日、2月10日的会议上,斯特列莫乌霍夫提出,俄国沙皇主张按照以前所说在宗谷海峡划定国境线,如果日本政府希望在此基础上谈判的话,俄方准备任命沿海州总督为全权代表,围绕该问题继续谈判。

2月14日的会谈上,小出秀实代表提出没有获得任何结果无法回国,所以提议缔结有关库页岛临时协定。2月17日的会谈上,双方审议日方协定草案,俄方代表斯特列莫乌霍夫指责,日草案实际上是在库页岛上划定国境线,所以俄方不能够接受。2月22日会谈上,俄方代表斯特列莫乌霍夫提议,确认俄罗斯人在南库页岛拥有定居权利,这涉及俄国的权益,对此日本代表小出秀实表示激烈反对。小出秀实指出,日方提案遭否决,质问俄方如在库页岛设置俄国民间行政机构,对于日本当局就是维护友好关系吗?斯特列莫乌霍夫答复说,在俄国任命军人作为国境各地方长官是有规则的,哨所指挥官纳入其属下,对于库页岛也不例外,哨所指挥官遇到问题,如向沿海州总督询问很容易获得答复。

1867年2月28日的会议上,双方代表审议了俄方草案,俄方草案主要内容为:

(1) 沿着宗谷海峡划定国境线。

(2) 日本人继续保存其在库页岛上的渔业设施。

(3) 得抚岛及其附近小岛知里保以岛、知里保以兄弟岛、武鲁顿岛等让渡给日本。

(4) 如无法达成协定,签署临时协定,规范库页岛上俄罗斯人与日本人。①

针对俄方草案,日方代表提出,除了接受第四项内容外,其他俄方提案内容完全拒绝。

1867年3月18日,日俄双方达成如下临时协定:

(1) 在库页岛上,俄罗斯人与日本人共同维护和平友好关系,如两国人员遇到纠纷须由两国当地政府之间谈判解决。

(2) 库页岛归两国共同所有,俄罗斯人与日本人均可在岛内自由移动,建造建筑物,从事产业活动。

(3) 库页岛上居民拥有个人行动自由与财产所有权。

(4) 日本政府接受上述俄方草案时,当地(虾夷地与沿海州)总督授予缔结条约全权。

(5) 临时协定各项规则,在签署后6个月内生效。②

1867年3月临时协定签订,可以说这是日俄两国相互妥协的结果。日俄两国既没有胜利者也没有失败者,但是无论如何,该临时协定向推动库页岛问题最终解决迈出明显前进步伐。1867年4月6日,俄国外交部向日本政府通报,以俄方草案解决库页岛问题为基础是唯一可能的办法,委托沿海州总督费尔古利姆负责恢复两国谈判。日本幕府答复,拒绝以俄方草案为基础再次举行有关库页岛问题的谈判。

1867年3月临时协定签订后,库页岛所有权尚未最终确定归属,日

---

① 渡瀬修吉:《北辺国境交涉史》,第166页。
② 渡瀬修吉:《北辺国境交涉史》,第166—167页。

俄两国都为能够最终拥有所有权而努力,最明显的就是增加本国在库页岛的势力。

1867年4月,俄国东西伯利亚总督克尔萨科夫命令沿海州领导人费尔古利姆,将驻库页岛部队增加到300人,提供该部队两年期食物储备,并且恢复阿尼瓦哨所。为了实现确保拥有库页岛的目的,保证当地居民正常的劳动报酬与生活必需品,促使他们经济独立,振兴库页岛通商产业。1867年末,俄国在库页岛上,构筑为托艾、库斯纳伊、纳伊布奇、玛努艾、布斯萨等5个军事哨所,俄国远东大陆与库页岛之间的冬季定期航行线也开通了。1862—1867年间,俄国在库页岛的实力明显加强了。俄罗斯人调查岛屿,发现丰富矿产资源,建设军事哨所作为未来城市的基础,架桥、铺路。俄罗斯人教授当地日本人、阿伊努人建造冬季房屋、种蔬菜、开采煤矿等。

1867年6月,小出秀实与石川谦三郎率领的日本代表团回国后,向幕府报告圣彼得堡双方谈判事宜,幕府对于双方签署的协议非常不满意。1867年11月,幕府接纳箱馆奉行小出秀实提议,为了确保库页岛领土权利,允许日本人无限制向库页岛移民①。日本雇佣外国商船将日方人员、食品、生活必需品运送到库页岛,特别是向俄罗斯人示威,向库页岛沿岸派遣军舰。西方列强从本国利害考虑,帮助日本人在虾夷地与南库页岛实施殖民地化,日本商人每年包租外国船只从库页岛向虾夷地(北海道)运送鱼。1868年,英国两艘船帮助日本人运输补给物资,监视俄罗斯人。8月,英国商人布拉克斯托索的机动船帮助日本从库页岛阿尼瓦湾至虾夷地(北海道)运输人员。

在日本向库页岛扩展过程中,日本所谓探险家起了重要作用,除前面介绍的最上德内、近藤重藏、间宫林藏之外,还有一位就是冈本监辅。冈本监辅出生于阿波国(今德岛县)美马郡三谷村,受到当时北方危机社会舆论影响,决心卫国守护北部边疆,他几乎一生在北部地区从事探险

---

① 中村新太郎:《日本人とロシア人——物語 日露人物往来史》,第190頁。

活动。1865年,冈本监辅计划环库页岛航行一周,与西村传九郎一起驾驶独木舟,6月到达库页岛最北端,此地当时间宫林藏也没有进入,转航进入黑龙江河口,通过间宫海峡,回到箱馆,成为日本第一位环库页岛航行一周之人。

对于日本人来说,库页岛是北大门,处于守势地位。俄国人急需寻求温暖地带,必然南下移动,进一步打破这一力量关系的均衡。库页岛没有划分界限,两国人共同居住的混沌状态,对于实力相对强的俄国方面来说有利的;对于势力相对弱的日本方面来说也有利,库页岛没有划分界限,给日本保留了希望或未来。德川幕府没有解决与俄国之间的库页岛国境问题,当时日本面对的各种问题共同由明治新政府继承了。

三、日俄两国谈判及缔结《库页岛千岛群岛交换条约》

1868年,在西方资本主义文明冲击下,日本国内爆发了由上而下、具有资本主义性质的全盘西化与现代化改革运动,史称明治维新。1868年,明治新政府发布政治纲领,建立以天皇为核心的中央集权式的政治体制。1869年,明治政府强制实行"版籍奉还""废藩置县"政策,将日本划分为3府72县,将江户改成东京并迁都于东京,将"虾夷地"改名为北海道,将"北虾夷地"改名为"桦太岛",即我们所称的库页岛。

明治新政府的对俄国政策,主要是争夺库页岛所有权。1868年4月1日,明治天皇就高野少将、清水谷侍从提出的"关于虾夷地开拓建议书"展开咨询。建议书中所谓虾夷地,包括北海道、库页岛、国后岛、择捉岛等,建议书指出存在俄国人入侵威胁。库页岛不划定界限,双方混居,建议当务之急是殖民,才能对抗俄国人南下。[①] 在幕末维新时期,库页岛上居住的人数,日本人约290人,俄国人约2800人,俄国人数是日本人数近十倍[②]。俄国人尽管包括大量流放人员,但是无疑也是俄国人。日本

---

① 鹿岛守之助:《日本外交史》第3卷,东京:鹿岛平和研究所出版会,昭和45年,第248页。
② 渡濑修吉:《北边国境交涉史》,第167页。

人相对人数少,为此日本明治政府应该大力向库页岛增调军队及鼓励移民。

1868年,明治政府成立后不久,任命冈本监辅为库页岛守备,冈本监辅受命赴库页岛时,率领200余日本人从箱馆移居库页岛。冈本监辅登上库页岛后,发现俄国驻军增兵,迅速赴东京诉说库页岛危机。1869年9月,明治政府派遣外务大丞丸山作乐等人赴库页岛实地考察。1869年,冈本监辅又招募300余日本人移居库页岛从事开发活动。

1870年5月,明治政府任命黑田清隆为库页岛开拓次官。明治政府为了鼓励日本人移居库页岛,颁布优惠政策通告:每位永住者三年间,提供每日玄米①5合,提供一个月日常用费3分,提供一年的衣服费5两;年龄65岁至77岁,由10月至次年3月的6个月,提供每日1人玄米2合5勺。另外,移民死亡的丧葬费也包含在支付范围内。② 1873年2月,库页岛开拓次官黑田清隆向明治政府递交建议书,提议动员原幕府失业武士和闲散人移居库页岛从事开发活动。

日本政府极力向库页岛殖民的同时,俄国政府也抓紧实施库页岛殖民化措施。俄方在库页岛以涵泊为中心,移居400多流放犯,组建大规模农场,还要迁移普通农民,增加库页岛南部俄国人口③。在俄军护送下,200多俄国人在库页岛涵泊登陆,日方力图阻止俄方行动,结果无效。于是,有人向日本政府提议,在库页岛迅速毁掉虾夷人墓地,在此基础上伐木构筑房屋,建筑长久居住设施,阻碍俄国人南下。可是,当时日本国家力量和国际形势都不允许实施该计划。1869年,日本库页岛官员赴东京控诉俄国人暴行,请求政府出兵遏制,明治政府决定采取缓和解决方针,担心出兵造成两国交火危险发生。1870年2月,日本官员为了阻止俄国人在库页岛涵泊建造设施行为,结果6名官员遭到俄方抓捕拘留。当地日方官员再次向东京申诉,明治政府再次要求属下忍耐而拒绝出兵。

---

① 日本人所言"玄米",就是中国人所言"糙米",是稻谷脱外皮层稻壳后的稻米籽粒。
② 渡瀬修吉:《北辺国境交渉史》,第168页。
③ 鹿岛守之助:《日本外交史》第3卷,第253页。

明治政府在外交方面，采取利用各列强之间矛盾，即"以夷制夷"思维，极力向各国驻日本公使劝说，力图促使列强出面阻止俄国人进入库页岛。1869年11月，日本政府顾问、英国人茅布拉伯爵就此答复说："俄国在库页岛加强军事准备，侵略目标涉及朝鲜及整个东北亚地区。这不仅对于日本，而且对于欧洲各国，都具有重要影响。日本政府应该与法国政府、英国政府展开沟通，并获得英法两国政府许诺向俄方施加压力后，展开与俄国交涉。"①

在对库页岛政策上，明治政府与德川幕府不同，对俄国采取强硬政策，引起西方列强担心引发日俄之间战争。1869年9月18日，英国驻日本公使巴夏礼（Harry Smith Parkes, 1828—1885）发给日本外务省信函，指出：在虾夷地北部的库页岛，出现了非常重要的问题。日本政府如果不慎重处理，就可能导致日本和俄国断绝关系，如果这样的话，日本就失败了，俄国在库页岛南部集结了1200人。我认为如果日本给予俄方机会，俄国就要夺取北海道地区，如果日本丧失了北海道，对于日本将造成极大损失，对于俄国意味着获得极大胜利！我奉劝日本政府，向北海道增派军队，与此同时，不要与俄国争夺库页岛。② 巴夏礼认为，日本与俄国的国家实力不相等，如果日本与俄国因争夺库页岛引发战争，日本肯定失败，而且俄国可能乘势出兵占领北海道地区。

可是，明治政府并没有按照英国公使巴夏礼劝说的方法处理库页岛问题。1869年10月，美国国务卿威廉·西沃德（William Henry Seward, 1801—1872）访问日本，明治政府主要官员与他举行会谈，请求他帮助解决有关日俄库页岛国境问题，担任中介者作用。因为美国刚从俄国购买了阿拉斯加，所以威廉·西沃德提议日本也采取同样方法，最好在库页岛购买俄罗斯的权利。

1869年12月，美国驻日本公使德隆（Charles Egbert DeLong,

---

① 渡瀬修吉：《北边国境交涉史》，第167页。
② 渡瀬修吉：《北边国境交涉史》，第169页。

1832—1876)向日本外务省递交信函:"根据箱馆的报告,日本政府对于俄国军队准备采取敌对行动,向北方派遣远征队,请通告详细内容。"日本政府对此答复说:日本"采用船舶运送移民,只有必要的官员随行,不是运送兵力"。

1870年2月3日,日本外务大辅寺岛宗则与美国驻日本公使德隆举行会谈,寺岛宗则引用《日美友好通商条约》第二条规定:"日本和欧洲国家或其他国家之间出现纠纷时,应日本政府请求,美国总统将采取友好调节处理。"

2月14日,日本外务卿柳泽宣嘉向美国政府提出请求,在日俄两国库页岛划分国境线谈判中担任斡旋方。日方提交请求斡旋草案内容大致如下:

(1)库页岛国境以北纬50度划分,以北为俄国,以南为日本。

(2)久春古丹与日本开发的其他港口同样成为开发港口。

(3)现在北纬50度以南地区居住的俄国人允许继续居住,但是作为条件需要向日本政府递交税金。另外,北纬50度以北地区的日本人同样处理。

(4)日本政府担负久春古丹的防御。①

日方草案主张废除库页岛内两国人员杂居状况,坚持在北纬50度划定双方国境线的主张,承认俄国人居住,但是需要缴纳税金,显示出强硬的对俄交涉姿态。

俄国获知英国、美国等国家介入日俄库页岛问题争端后,1870年12月24日,急切派遣当时俄国驻华公使布策作为俄政府特使赴日本。布策特使与日方参议副岛种臣等人就有关库页岛国境问题举行会谈。布策特使在会谈上劝告日本方面,不要让美国参与双方交涉,应该直接与俄国交涉。12月25日,外务大辅寺岛宗则即刻向美国公使德隆提出,中

---

① 鹿岛守之助:《日本外交史》第3卷,第250页。

止请求美国的斡旋活动。①

副岛种臣与布策特使会谈后,日本政府向俄国政府发送公文,通告日本准备派遣使节赴俄国。1871年2月,日本库页岛开拓次官黑田清隆提出有关库页岛"建议书",提出:"库页岛之策有三。完全放弃,交由俄罗斯管理而不在这种无用的土地上浪费精力为上策。做出一定的让步,明确划定边界,避免过多的麻烦为中策。先暂时混居,等到发生事端时再放弃土地,从而回归到上策的做法为下策。"②

1871年6月30日,副岛种臣作为日方全权代表前往箱馆,会见俄国驻箱馆领事彼尼索夫。俄方告知两国库页岛划分国境问题谈判,俄方代表由俄国驻日公使担任,日方需要等待俄方公使任职。同时,俄方提出有关谈判在日本举行,不接受日方提出在俄国举行会谈的提议。1871年11月,明治政府任命副岛种臣为外务卿,1872年5月,俄国驻华公使布策被任命为代理俄驻日公使,两人协商决定举行会谈。

1872年6—7月间,日俄两国举行有关库页岛问题谈判,俄方代表、俄国驻日代理公使布策先表态,在库页岛上划分国境线是非常不实际的,对于俄国来说,最好的方法是购买日本的权利,但是不幸的是,这不是俄国的立场。日方代表、副岛种臣外务卿也事先考虑日本出资购买库页岛上俄国的权利。副岛种臣外务卿向大隈重信参议询问,购买库页岛资费可否定为200万美元,大隈重信很快接受。日方代表、副岛种臣外务卿在此次会谈上,提出日方购买库页岛的建议,俄国代表、俄国驻日代理公使布策,以库页岛为本国重要的犯罪人员流放地为由,予以拒绝。

日方提出库页岛上划界的主张被俄方否决,提出购买库页岛的主张也被俄方否决,剩下就是将库页岛作为特定的条件或利益进行割让处理了。副岛种臣外务卿认为,对于日军征伐朝鲜的军事行动,如果俄国同意日军通过俄领土,日本考虑放弃对库页岛的权利。

---

① 鹿岛守之助:《日本外交史》第3卷,第251页。
② 鹿岛守之助:《日本外交史》第3卷,第252页。

这时候,法国驻日本公使帕尔贴斯对副岛外务卿表示,根据法国驻俄大使获得的情报,俄国政府内部及宫廷考虑为了避免与日本出现误解将库页岛给予日本,考虑削减经费。这个情报,对于副岛种臣外务卿是极大鼓舞,可是很快就发现是虚构的情报。

1873 年 2 月,依据库页岛开拓次官黑田清隆的建议,日本政府决定放弃库页岛。当时,副岛种臣仅是外务卿,不是参议,无权提出建议。明治政府内部有关库页岛问题的争论中,副岛种臣被称为积极派,当地开拓次官黑田清隆被称为消极派。黑田清隆的主张,接近英国公使巴夏礼的主张。

1873 年初,日俄两国再次举行有关库页岛问题的会谈。日方代表为日本外务卿副岛种臣,俄方代表为俄国驻日本箱馆领事波由措夫(Евгений Карлович Бюцов)。在会谈上,波由措夫表明,库页岛作为犯人流放地对于俄国是不可缺少的,所以不能妥协。另外,在日本明治政府内部,有关如何处理库页岛问题意见不一致,使外务卿副岛种臣对俄交涉陷入困难。1873年 4 月,日本外务卿副岛种臣出席中国清朝同治皇帝大婚仪式后,被任命为交涉台湾问题的全权代表,所以日俄会谈被延期了。1873 年 4 月 12 日,在库页岛南溪出现俄国士兵暴力行为,4 月 22 日,在库页岛涵泊日本人渔场,突然发生了俄国人强行移居的事件,双方摩擦导致交火,俄国人被杀害,对此俄方要求日方赔偿①。日方派遣外务大丞宫本小一等人,俄方派遣俄驻日公使馆人员,赴库页岛进行实地调查。

此时,明治政府在外交上面临三个重大问题急需解决。一是我们探讨的库页岛俄国人南下威胁问题,二是征韩论②问题,三是征服台湾问题。

所谓征韩论,即对马岛事件出现后,日本认识到了对马海峡和朝鲜半岛在近代东北亚国际事务中的战略地位,随着日本幕府对朝鲜事务的

---

① 中村䜣太郎:《日本人とロシア人——物語 日露人物往来史》,第 206 页。
② 一般日文、中文书籍称之为"征韩论",实际上当时统治朝鲜半岛是李氏朝鲜王朝,大韩帝国统治时期为 1897—1910 年,笔者认为用"征朝论"更符合史实。

重视,日本政府"征韩论"的出笼。最早提出"征韩论"的是木户孝允。1868年12月,他向政府辅相岩仓具视提出侵略朝鲜半岛的建议,并和军务官副知事大村益次郎等研究了具体的行动计划。1869年,明治政府遣使携带国书前往朝鲜,被朝鲜政府以国书"不合体例"为由拒绝。日本明治政府这次出使,名义上要与朝鲜缔结国交,实际是为侵略朝鲜半岛制造借口。1871年12月,岩仓使团出访美欧等国,暂时搁置"征韩论",1873年9月,岩仓使团出访结束后,"征韩论"再次出现争论高潮。实际上所谓"征韩论"各派相互争论的焦点,并非是否"征韩"问题,而且围绕着立刻发动征韩,还是等待时机征韩。急进派以军人板垣退助、江藤新平、西乡隆盛等人为首,主张立即出兵侵略朝鲜,实际为在明治维新改革中失去特权的旧武士牟取生计,解决国内不断严重的失业问题。另一派缓进派则以岩仓具视、大久保利通等人为首,主张首先整顿日本内政、暂缓对外兴兵。在双方激烈论争中,在"内治派"的操纵下,1873年10月23日,日本内阁会议上,明治天皇采纳了岩仓具视、大久保利通的意见,否决西乡隆盛、副岛种臣等人的"征韩论"主张。为此,主张"征韩论"的西乡隆盛、副岛种臣、板垣退助、后藤象二郎、江藤新平等五位参议集体辞职下野,600多名军人和官僚退职,"征韩派"被清洗出明治政府,"内治派"掌握了主导权,日本史称"明治六年政变"。

所谓台湾问题,即1871年11月27日,66名琉球人在完成与中国朝贡及贸易后,返回途中遇到台风而船舶漂流到台湾岛,台湾岛土著高山族集聚地牡丹社的居民误认为入侵之敌,将其中54人杀害,其余12人后来被清朝政府解救而护送返回琉球。所谓"台湾事件"的当事者,一方为中国子民,一方为中国藩属国的臣民,双方接受中国清朝政府处理并无异议,邻近岛国日本却借此机会兴风作浪。1873年6月21日,日本政府以祝贺清帝同治皇帝名义,派遣特使副岛种臣外务卿赴京,其当面就"台湾事件"质问清政府总理各国事务衙门大臣奕訢(恭亲王)。[①] 日本政

---

① 浦野起央:《尖阁列岛、琉球、中国——日中国际关系史》(增补版),三和书籍,2005年,第109页。

府就该事件向中国政府提出抗议,指责中国侵犯日本的"内藩",并且提出琉球群岛为日本领土。1874年4月17日,日本以该事件为由出兵3600人侵犯中国台湾岛。日本出兵中国台湾岛正是利用西方列强不断加大侵略中国之时,面对众多列强侵略,软弱无能的中国清朝政府为尽快了结该事件,竟然于10月31日签署协议,丧权辱国地承认日本举动为"保民义举"并且赔偿共计50万两白银①。这种丧权辱国行为带来的直接后果是,1875年7月,日本公然出兵占领琉球王国,从此禁止琉球王国政府向中国政府进贡及受册封,废除琉球王国长期采用的中国年号,改为采用日本明治年号。1879年4月,日本政府强迫琉球国王流放到东京,并且将琉球王国改称为冲绳县,成为日本所属地区行政单位。

1873年10月13日,副岛种臣为了推动征韩论,就任参议。10月23日,征韩论被否决,副岛种臣辞去外务卿、参议职务。岩仓使团主要成员寺岛宗则被任命为新的外务卿、参议。俄国特使布策试图与新的外务卿寺岛宗则就有关库页岛国境划分问题举行交涉,而日方则提出当务之急是解决涵泊双方交火事件,所以布策特使离开日本而返回中国,继续就任俄国驻华公使,日俄两国在东京的交涉中断了。

日本明治政府内部,所谓征韩论者一起下野后,权力核心人物为右大臣岩仓具视、参议兼内务卿大久保利通。为了推动北海道地区开发,在黑田清隆推荐下,明治政府决定启用江户幕府时期大臣榎本武扬。榎本武扬曾担任幕末时期海军副总司令,为幕府溃败军队的总指挥。1868年10月,他集聚人员在虾夷地五棱郭进行独立活动,12月,他宣布组建"虾夷共和国"并且担任总裁,当时担任明治政府追讨军参谋的就是黑田清隆。1869年5月,榎本武扬在箱馆战役惨败被俘后,将自己手里拥有的当时日本仅存的几本《万国公论》交给对手黑田清隆,他担心战乱中这些珍贵书籍丢失。这件事情使黑田清隆对榎本武扬的学识感到惊叹,被他的人格魅力倾倒。因此,黑田清隆向自己上司推荐榎本武扬,1872年

---

① 浦野起央:《尖阁列岛、琉球、中国——日中国际关系史》(增补版),第109页。

1月获得批准,榎本武扬成为黑田清隆部下并且担任开拓使。

针对日本与俄国争夺库页岛问题,英美等国态度则是劝说日本放弃库页岛。英国公使巴夏礼劝告日本放弃库页岛,美国中止在日俄之间国境线划分谈判中斡旋,美国发表建议书,劝告日本放弃库页岛。美国劝告日本,如果出现对俄战争,日本只能是失败,日本明智的做法是后撤守住北海道。

1874年1月14日,榎本武扬被任命为明治政府海军中将,这是当时日本海军最高军衔。1月18日,榎本武扬又被任命为日本驻俄国全权公使。大久保利通、大隈重信对榎本武扬赴俄国作出指示,先期解决库页岛涵泊事件,此后交涉库页岛问题。

具体处理库页岛问题,需要解决三项内容:第一,结束库页岛上彼此之间混居状态,划定双方界限。第二,将千岛群岛得抚岛以北至堪察加半岛之间全部岛屿给予日本,将库页岛全岛给予俄国,但是日本人有权居住及经营,交付各种赋税,日本人由日本领事馆负责管理。第三,库页岛卖给俄国,确定其价格,得抚岛及其以北两个岛屿给予日本,不得妨碍库页岛日本渔民生产及生活,以此缔结条约。[①]

以上可以看出,第一项,结束彼此之间混居,划定界限,意味着在岛上划分国境线。第二项,库页岛给俄国,作为代价将得抚岛至堪察加半岛之间千岛群岛给予日本。第三项,日本人在库页岛的居住权、经营权或渔业权,要全部获得承认。

1874年3月,榎本武扬公使赴俄出发前,日本政府下达以下训令:

(1)结束库页岛共同占有状态,日俄之间确定国境线。

(2)日本获得库页岛一半领土的补偿。补偿的理由为,库页岛南部地区曾经是日本统治地区。

(3)日本从得抚岛至堪察加半岛,接受全部千岛群岛。

(4)现居住在库页岛的日本居民,不得强制要求退出。他们有

---

① 渡濑修吉:《北边国境交涉史》,第176页。

权选择是居住在库页岛,还是返回日本。

(5) 对于选择继续居住在库页岛的日本人,不得要求支付地租,所有进出口物品实现免税。

(6) 日本在库页岛久春古丹设置领事馆。

(7) 库页岛阿尼瓦、乌拉吉沃斯克、鲍斯耶特、彼得罗哈罗斯克等四个俄国港口,设置日本贸易所。

(8) 允许日本渔民在俄国沿海州海面进行捕鲸作业。

(9) 日本政府及日本国民的所有建筑物及其他不动产,俄国政府按照原价值收买。

(10) 同样,俄国的财产,日本政府按照原价值收买。

(11) 居住在库页岛和千岛群岛的土著人,必须自由选择居住地。

(12) 选择继续居住的两国人,新政府不得排斥。

可是,以下的条件下,必须服从新的国家的法律。

(1) 两国国民(除了第三国的国民)从事渔业、狩猎活动,对于渔业、狩猎、土地、船只、铁炮、陆地运输及其他方面,不要征收赋税,必须免除进出口税。

(2) 现未居住的,本条约宣布前获得各自政府允许的两国国民,应该允许永久居住并且免除所有赋税。

(3) 为了房屋、工具、燃料所需木材,应该免税使用附近森林。

(4) 在已经要求中的场所开发矿物资源,允许免税使用,在库页岛上日本人的要求是煤矿6所、铜矿1所。[①]

1874年3月10日,榎本武扬在翻译志贺浦太郎陪同下,率领日本代表团从横滨出发,通过苏伊士运河,在意大利的威尼斯登陆,坐火车穿过西班牙进入法国,在法国巴黎购买海军中将礼服,然后去荷兰会见日本留学生,进入德国首都柏林。6月7日,日本代表团离开柏林。6月16

---

① 鹿岛守之助:《日本外交史》第3卷,第266—268页。

日,榎本武扬率领日本代表团到达俄国首都圣彼得堡。在俄国首都圣彼得堡,日本留俄学生市川文吉、西德二郎滞留于此加入代表团工作。

榎本武扬抵达圣彼得堡后,首先拜会俄国外交部亚洲局局长斯特列莫乌霍夫。俄国方面对日本代表特意访问俄国首都圣彼得堡感到意外,因为俄国驻日本大使斯特尔布受命担任库页岛问题谈判的俄方全权代表,其委任书仍然有效的。日本政府事先没有与俄国协商,擅自派遣代表团赴俄国首都圣彼得堡,让俄国感到非常不愉快。

1874年6月,俄国政府任命外交部亚洲局局长斯特列莫乌霍夫为俄方谈判代表。6月10日,日俄双方代表就有关库页岛问题谈判开始举行。第一次会谈上,双方代表都是礼节性语言,日方代表榎本武扬对沙皇亚历山大二世接见表示感谢。他说:"两国是最近的邻居关系,日俄关系对于日本来说,是具有非常重要意义的关系。为了维护这样重要的日俄关系,期待本次会谈能够获得成功。"①

1874年11月14日,榎本武扬代表与斯特列莫乌霍夫举行第二次会谈,也是双方代表正式会谈的开始。榎本武扬提出,关于库页岛彼此之间纠纷不断,是混居所造成的,现在应该废除混居状态,制定国境线,俄方提出以宗谷海峡为国境,希望要全部库页岛,对于日本来说,也希望以间宫海峡为国境,要全部库页岛。双方继续各自主张只能带来不愉快,主张国境以天然地形为界,划定公平的界限,主张在库页岛上划分界限。② 对此,俄国代表斯特列莫乌霍夫指出:"库页岛作为俄国的流放地是必要的,在岛屿上与日本划定界限,日本人与罪犯之间容易出现纠纷,很难实现平稳,所以不接受在岛上划界的提议。"③

双方谈判出现僵局,日方代表榎本武扬丝毫没有透露日方准备放弃库页岛的方案,还在与俄方讨价还价,固执要求在库页岛上划分国境线。1874年3月,日本政府库页岛支厅已经颁布公告,通知居住在

---

① 鹿岛守之助:《日本外交史》第3卷,第269页。
② 鹿岛守之助:《日本外交史》第3卷,第269页。
③ 中村新太郎:《日本人とロシア人——物語 日露人物往来史》,第212页。

库页岛的日本居民做好搬迁准备,放弃库页岛的方针已经确定,但是初期榎本武扬将其秘而不宣。对于俄方提出的以占有全岛为谈判基础,榎本武扬采取态度为,没有获得在库页岛以外划分界限的指示,不做任何让步。

榎本武扬这时候向俄方讨价还价。1875年1月,他提出:(1)千岛群岛中得抚岛及附近3个小岛,成为日本永久领土。(2)俄罗斯军舰让渡给日本。① 他只是熟知海军事务,这纯属个人要求,这两项要求被俄方全部拒绝了。

1875年3月4日,榎本武扬在谈判上第一次提出:"如果获得相当代价,可以考虑放弃库页岛……。作为替代土地,希望获得千岛群岛。"② 榎本武扬将出发赴俄前,日本政府发给他训令原文,作为日本提案内容。

针对日方代表榎本武扬递交的日方提案,俄方代表斯特列莫乌霍夫答复如下:

(1)俄方接受库页岛和千岛群岛交换。

(2)俄方接受收买在库页岛上的日本财产,价格由共同委员会交涉。

(3)俄方拒绝给予库页岛上居住的日本人特殊权利的要求。理由为不给予俄罗斯人特权,也不给予外国人特权,现在的俄罗斯市民免除赋税。

(4)俄方对土著人给予选择归属权,期限为三年。

(5)对于榎本武扬提议,渔业生产是日本重要的经济及食物来源,所以久春古丹应作为免税地,初期俄国尝试放开酒类等财政部允许的必要商品,俄方同意久春古丹10年间所有商品免税。

(6)对于日方提议,从朝鲜半岛至堪察加半岛之间开放几个港口,并设置日本领事馆,俄方提出适用于最惠国条款,但是不同意开

---

① 中村新太郎:《日本人とロシア人——物語 日露人物往来史》,第212页。
② 中村新太郎:《日本人とロシア人——物語 日露人物往来史》,第212页。

设领事馆。理由为,俄国不同意英国在该地区设置领事馆,所以也不允许日方创造先例,可是对于各国驻在商务官不存异议。俄方也以同样理由拒绝领海内捕鲸,即不给予英国人和美国人的特权,也不能给予日本人。日本人要采取通常方法,必须多次申请。①

这时候,俄国与英国在巴尔干地区、在中亚地区争夺越来越激烈。与此同时,有关让渡库页岛问题,成为日本或西方国家社会的舆论热点。如日本报纸《报知新闻》发表社论,"抗议库页岛让渡俄国"。鉴于这样的形势,俄国急切希望尽早达成妥协。3月22日,俄方代表斯特列莫乌霍夫将沙皇亚历山大二世裁决的数条答复内容,展示给榎本武扬看。榎本武扬迅速将该消息转告国内政府,等待政府发给训令。4月17日,日本外务卿寺岛宗则发来训令,授予榎本武扬全权代表证书。

1875年5月7日,俄国宰相兼外相格尔恰科夫与日本全权代表榎本武扬分别代表本国签署《库页岛千岛群岛交换条约》及附属文件。该条约主要内容如下:②

  第一条 大日本国天皇陛下,至其后嗣,将现今所领库页岛一部分之权利及属于君主之一切权利让与全俄罗斯国皇帝陛下。自今而后,全库页岛悉属俄罗斯帝国,以拉彼鲁兹海峡为两国境界。

  第二条 全俄罗斯国皇帝陛下,至其后嗣,作为取得第一款所载库页岛权利之补偿,将现今所领有之千岛群岛,即第一占守岛、第二阿赖度岛、第三幌筵岛、第四磨勘留岛、第五温祢古丹岛、第六春牟古丹岛、第七越渴磨岛、第八舍子古丹岛、第九车知岛、第十雷公计岛、第十一松轮岛、第十二罗处和岛、第十三斯列道涅瓦及宇志知岛、第十四计吐夷岛、第十五新知岛、第十六武鲁顿岛、第十七知理

---

① 渡瀬修吉:《北辺国境交渉史》,第179页。
② 末澤畅二、茂田宏、川端一郎编集:《日露(ソ连)基本文书・资料集》(改订版),第23—25页。

保以及普拉特、知理耶夫岛、第十八得抚岛,共计十八岛之权利及属于君主之一切权利,让与日本国天皇陛下。自今而后,千岛群岛全岛属于日本帝国。以堪察加地方之洛帕特卡角与占守岛之间的海峡为两国之国界。

第三条 前面两条款所规定的领土相互转交将在本条约的批准书交换之后立刻实施,上述领土及其收益将从被占有之日起转移到它们新的占有者手里;但是,附有立即占有权的相互转让,应从批准书交换之日起即被认定是完全的、绝对的。

正式移交将由缔约国双方各自任命一名或数名官员组成的共同委员会实施。

第四条 上述条款确定的相互转让的领土中,包括对所有公共场地、空闲地、公共建筑、防御工事、兵营以及其他非私人所有的建筑物的所有权。但是,现在属于各自政府的建筑物和不动产将予以查证,其估计将由第三条款所提及的共同委员会予以核实;所估计价额将由该领土的新所有者政府负责偿还。

第五条 被双方转让领土上居民,即俄国臣民和日本臣民,有权保留他们的国籍和返回各自的国家;然而,如果他们愿意留在转让的领土上,他们在充分行使职业、财产所有权和宗教信仰方面权利将与本国臣民同样得到维护,但是他们必须服从该领土新所有国的法律和司法管辖。

第六条 考虑到库页岛转让而获得的便利,全俄罗斯皇帝陛下同意:

(1) 给予日本船只自交换批准书之日起十年间,免除在科尔萨科夫港(久春古丹港)所有港口税和关税的权利。十年满后,将由全俄罗斯皇帝陛下决定是保留还是停止这一权利。此外,全俄罗斯皇帝陛下承认日本政府有权在科尔萨科夫港派驻一名领事或一名领事代理人。

(2) 在鄂霍次克海及堪察加各港口,给予从事航行、贸易、捕捞的日本船舶和日本商人，在俄罗斯帝国境内享有最惠国待遇的船舶和商人的同等权利和优惠。

第七条 考虑到虽然榎本武扬海军中将的全权证书尚未送达目的地，但一份电报通知已确认上述证书已从日本寄出，双方商定不再拖延本条约的签字，并同时确定，一旦日本全权代表收到其全权证书，将立即办理交换全权证书手续，并将订立一份专门的议定书以确认此手续完成。

第八条 本条约应由全俄罗斯皇帝陛下和日本天皇陛下认可并批准，批准书应于自签字之日起六个月期限内——如有可能也可在更早的期限内——在东京交换。

《库页岛千岛群岛交换条约》的签订，是在1855年日俄两国签订《日俄友好条约》基础上，两国之间第一次完整地就有关领土划分问题缔结的国际条约，结束了两国长期以来的划分领土问题的谈判。条约使得日俄两国有关领土问题有了完整的法律文件，也暂时结束了两国有关领土问题的争论。根据该条约，日本以北纬50度库页岛南部换取俄国拥有的千岛群岛的得抚岛以北的各岛屿。这样就形成了日本完全控制千岛群岛而俄国完全控制库页岛的新局面。

1875年8月22日，日本东京举行了《库页岛千岛群岛交换条约》两国批准书交换仪式。8月23日，两国举行《库页岛千岛群岛交换条约》附属书签字仪式。8月24日，两国签署的《库页岛千岛群岛交换条约》开始生效。

《库页岛千岛群岛交换条约》第三条规定，设置共同委员会实施领土转让。1875年8月末，俄方的共同委员会人员来到日本。双方经过协商决定，为了方便工作，共同委员会划分库页岛分组、千岛群岛分组。9月15日，双方开始有关库页岛让渡工作。在共同委员会认定下，被确认的日方在库页岛资产为74071日元，除了久春古丹的日本领事馆建筑物外，其他日本人的建筑物等所有财产让渡给俄方。

这时候处于尴尬地位的是南库页岛地区部分受到日本控制的土著阿伊努人。他们在日本人栖原角兵卫帮助下学会在库页岛从事渔业作业。栖原角兵卫家族从祖父辈开始就在南库页岛开拓事业，现在不得不全体撤回北海道。随之还有180户、841个男女老少阿伊努人，从居住的故乡库页岛迁移到北海道①。当初，这部分阿伊努人打算在故乡库页岛的宗谷附近居住，请求日本政府允许他们开拓石狩平原未开拓土地，在石狩、丰平两条河流交汇点对雁附近强制开垦土地。日本政府开拓判官松本十郎、栖原角兵卫等对于阿伊努人的申请表示同情，请求开拓使长官黑田清隆照准，但黑田清隆认为既然日本政府已经决定放弃库页岛就应该执行，对于部分阿伊努人的申请坚决予以拒绝。

千岛群岛阿伊努人越来越少，1869年国后岛人口已经减少到18户、69口人；1873年择捉岛人口已经减少到78户、127口人。日本接收千岛群岛人员赴俄国堪察加半岛彼得罗巴甫洛夫斯克，从当地俄国官员那里获得在千岛群岛的俄罗斯人口的报告。因为天气，日方接收组人员并没有对千岛群岛进行全面视察，仅访问三个岛屿。调查结果显示，俄罗斯人没有一人是希望在千岛群岛永久居住者。新知岛居住俄罗斯59人，得抚岛居住俄罗斯33人，全部希望回到俄国。千岛群岛居住着阿伊努人70人，他们对是否归属俄国还没有下定决心。②

围绕着《库页岛千岛群岛交换条约》的签订，日本国内有关是否应该放弃库页岛问题存在激烈的争论。主张放弃库页岛政策的核心人物是大久保利通、黑田清隆等人。黑田清隆被任命为库页岛开拓使次官后，亲自视察库页岛，并且向政府建议放弃库页岛，但是黑田清隆的下属开拓使判官冈本监辅，坚决反对放弃库页岛，并因此最终辞官。据冈本监辅的报告，日本外务大丞丸山作乐急赴库页岛，他是主张维持库页岛的强硬派。因为明治政府不希望与俄罗斯人引发争端，所以不允许外务大丞丸山

---

① 渡濑修吉：《北边国境交涉史》，第184页。
② 渡濑修吉：《北边国境交涉史》，第185页。

作乐赴库页岛。丸山作乐等人在谈论库页岛千岛群岛交换时，认为此事为国耻，因此强烈批评，"日本领土库页岛给予俄罗斯，同样日本领土千岛也给予俄罗斯，日本却给予接受，这怎能称为交换？"丸山作乐获知签字结束后，上身穿白衣，头戴斗笠，装作疯癫模样，手提白纸灯笼，从外务省正门进入，讥讽说："走在即将灭亡的国家里，无论黑天白天都要打着灯笼！"[①]

《库页岛千岛群岛交换条约》签订后，日本承认库页岛领土和主权完全属于俄国，以宗谷海峡为两国北方国界；俄国将中、北千岛群岛的18个主要岛屿的主权悉数转让给日本，以北千岛最远端的占守岛和俄国堪察加半岛之间的千岛海峡作为两国国界。双方须各自撤走在交换领土上的本国居民，俄方还要向日本支付1950万日元的经济补偿。如果从今天的视角衡量，日本实际是以名存实亡的"库页岛共管权"换得了整个千岛群岛以及附带的经济、安全利益，可以说是占尽便宜。但在当时的技术条件下，中、北千岛的苦寒之地根本无法进行有效的经济开发；日本军队进驻占守岛之后，发现俄国人在此前100年时间里居然只建成了一座教堂、一家商店和两处仓库，萧条无比。与此相反，库页岛却能在俄国吞并黑龙江下游和远东诸行省的征途中发挥直接作用，这场交换在圣彼得堡看来是极其明智之举，俄方甚至承诺在北方海域各港口给予日本最惠国待遇。

[①] 渡濑修吉：《北边国境交涉史》，第187页。

第五章 日俄两国缔结《朴次茅斯条约》(1905年)

一、中日甲午战争与日俄关系

1868年日本明治政府成立后,在对外政策上,一方面打着民族主义旗帜,要求修改列强强迫签订的不平等条约,另一方面则仿效列强向邻国展开侵略扩张行径。明治政府内部所谓"征朝论"之争,相互争论焦点并非是否"征朝"问题,而且围绕着立刻发动征韩还是等待时机征韩。以急进派军人板桓退助、江藤新平、西乡隆盛等人为首,主张立即出兵侵略朝鲜,实际为在改革中失去特权的旧武士牟取生计,解决国内不断严重的失业问题。然而更深层次因素是,明治政府极力推动"脱亚入欧"国策,对亚洲周边邻国采取蔑视,不屑与亚洲国家平等相处,甚至耻于与亚洲人为伍。日本启蒙思想家、教育家福泽谕吉公开称亚洲邻国为"恶友",担心日本会被西方人视为中国、朝鲜的"同类国家",并且"以对中朝之评价来教训我日本"。① 福泽谕吉主张:"对付中国、朝鲜之办法,不必因共为邻邦而稍有顾虑,只能按西洋人对付此类国家之办法对付之。"②

---

① 王金林:《日本天皇制及其精神结构》,天津人民出版社,2001年,第312页。
② 吕万和:《简明日本近代史》,天津人民出版社,1984年,第100页。

"失之于欧美,取之于邻邦"是日本明治维新后政府的外交思想。

1875 年 9 月,日本军舰"云扬"号非法驶进朝鲜西南海岸一带,进行测量和武装示威,进而公然入侵朝鲜领土江华岛,遭到朝鲜军队坚决抵抗后,日本军队转战进攻朝鲜军队防御薄弱的永宗岛。日本军队攻破永宗城后,捣毁了朝鲜军队的永宗炮台,大肆烧杀掠夺而离去。这就是两国关系史上的"云扬号事件",或"江华岛事件"。该事件绝非偶发事件,是日本蓄谋已久的征服朝鲜计划的第一步。1875 年 12 月,日本陆军中将、参议兼开拓长官黑田清隆和井上馨率领 800 名水兵、2 艘军舰、3 艘运输舰开赴江华岛,以追究"云扬号事件"责任为由,强行与朝鲜政府谈判。日本终于迫使朝鲜就范,1876 年 2 月 26 日,日本与朝鲜签订了《日朝友好条约》(又称《江华条约》),其主要内容如下:

第一款 朝鲜国为自主国家,保有与日本平等的权利,以后两国如欲表示和亲,须彼此以同等的礼仪相待,从前有妨碍邦交的诸条规,应悉行革除,务必开拓宽裕弘道之法,以期双方永远安定。

第二款 日本政府自今日起 15 个月后,随时派遣使臣赴朝鲜国首都,接受批准书,商议交涉事务,该使臣或滞留归国,因具体事情而确定。

第三款 此后两国交换公文,日本采用日文,自今日起十年间附以汉字,朝鲜则采用中文。

第四款 朝鲜釜山的草梁顶设置日本公馆,作为双方人民通商用地,从今日起,改革以前惯例及岁遣船等事,以此次新订条款为标准,办理贸易事务,朝鲜政府开放地五条款所记载两个口岸,准许日本人往来通商,随意在该两地租借土地,修建房屋,并租朝鲜人的房屋。

第五款 在京畿、忠清、全罗、庆尚、咸镜五道沿海,择定便利通商港口两处,开埠日期自 1876 年 2 月始。

第六款 此后日本船只在朝鲜沿海或遇大风,或缺少薪粮,不能指定港口时,允许在任何港湾停泊避风,购买所需物资,如柴煤等物资,修理船工具,其供给费用由船主自行支付,地方官民应体察其困难,诚意救援,不吝补给。两国船只在大洋中损害,船员漂流至任何地方,该国民众应即刻救援,保护人的生命,并报告地方官员,以便于送还本国,或交由驻扎附近本国官员。

第七款 朝鲜国沿海岛屿岩礁,从前并未经考察,极其危险,应准日本航海业者自由测量海岸,勘察其地形深浅,绘制图标,使两国船员免除危险,平稳航行。

第八款 此后日本政府随时合适之际,在朝鲜指定口岸设置管理日本民群的官员,两国出现交涉事件时,即由该官员与该地方官员会商办理。

第九款 两国实现通商,双方人员可以自由贸易,两国官员不得干涉,也允许限制或禁止贸易。如两国商民出现欺诈借债不还事情,两国官员应严厉惩罚,追还借款。两国政府无代偿理由。

第十款 日本国民在朝鲜指定的各个口岸侨居犯罪,与朝鲜国民有关时,须归朝鲜官员查办。双方需要根据本国法律裁决,不得袒护枉法,必须公平合理裁决。①

依据1876年2月《日朝友好条约》,日本不仅迫使朝鲜政府开放仁川、元山两港口,两国自由通商,而且还在朝鲜首都设置大使馆,在港口设置领事馆,甚至日本人在朝鲜违法也只能由日本使领馆处理,所谓治外法权。

1894年2月,朝鲜国内爆发了"东学道"农民起义,实际上这是朝鲜国内日益尖锐的阶级矛盾激化的结果,但却为密切关注局势变化的日本寻找到机会,导致朝鲜国内矛盾演变为国际事件以至战争的导火索。1894年6月5日,朝鲜统治者感到无力镇压农民起义,请求中国清朝政府出兵前来绞杀起义。中朝两国属于传统藩属关系,这是获得国际社会公认的。朝鲜自隋唐时期即为中国藩属,经历了数百年之久,明朝万历

---

① 鹿岛守之助:《日本外交史》第3卷,第18—23页。

年间的1592年,丰臣秀吉率兵入侵,曾经一度中断了中朝之间的关系。1637年清太宗东征后,中朝之间藩属关系重新确定,中国政府继续对朝鲜国王实施册封,朝鲜也继续向中方朝贡,又经历二百余年。中国清朝政府准备出兵帮助朝鲜绞杀起义势力,同时根据先前协议通报日本方面避免出现误会。中国清军抵达朝鲜牙山的同时,日军先遣部队也在仁川登陆,并且陆续增加,6月底日军达1.8万人,大大超过中国清军人数。日军不邀自来,引起朝鲜国内社会恐慌。鉴于此时"东学道"起义已经被镇压,朝鲜外务署通过各国驻朝公使对日本进行干预,提出希望中日两国同时撤军的建议。中国清朝政府对提议表示接受,但是日本政府寻找各种借口拖延撤军。7月23日,日军出动占领朝鲜王宫,将国王、闵妃囚禁,威胁大院君①出任傀儡,把王宫警备部队全部缴械并且杀害多人。大院君上台后,宣布废除朝鲜与中国清朝缔结的一切条约,并且赋予日军进攻朝鲜境内中国清军的权力。中国清军紧急增调4500名军队赴朝鲜,然而日方破译获知中国运兵船出发时间,日本军舰"吉野"号、"浪速"号、"秋津"号蓄势待发。7月25日上午7时52分,中国军舰"济远"号、"广乙"号,在丰岛附近海面遭日舰截击,激战1小时20分钟后,"广乙"号重伤,"济远"号中弹逃离。上午9时,中国运送陆军的船只英国商船"高升"号、木轮"操江"号驶来,日舰"浪速"号命令中国军队投降,遭到拒绝后,"浪速"号舰长东乡平八郎下令击沉"高升"号,俘虏"操江"号,中国士兵大部分殉难,近千名中国清兵阵亡,中日战争打响了。与此同时,7月25日,驻朝鲜日军发起进攻牙山中国军队的战役。参战日军6000—7000人,是中国军队兵力两倍,而且还有海上增援,相反中国军队因海上增援受阻,无力抵抗不得不溃败平壤。

中国清朝政府初期抱有幻想,希望西方列强能够干涉,特别是"高升"号船悬挂英国旗,结果西方列强并未给中国清朝政府以积极响应,无

---

① 大院君:朝鲜王朝时代的封号,对于儿子即位成为朝鲜国王、父亲本人却没有得到王位的人的封号。

奈下中国军队应战了。1894年8月1日,中日双方正式宣战,中国军队在平壤约1.5万兵力,日军投入平壤战役兵力约1.7万人。9月15日,日本天皇亲征,将大本营移居广岛以示军心,当天凌晨日军进攻平壤战役打响,战争开始后呈现出中国清朝政府意想不到的发展态势。9月16日,日军攻破平壤的玄武门后,中国军队弃城逃跑,日军乘势占领平壤。9月17日,北洋舰队护送陆军,在黄海大东沟附近海面遭到日舰袭击,遭受巨大损失后,李鸿章决定"保船制敌",不准其出击,日军遂得纵横海上。随后,日军分两路入侵中国,一路在山县有朋指挥下自新义州渡鸭绿江入侵辽东地区,一路由大山岩指挥,乘船在辽东半岛登陆,占据辽东半岛。11月21日起,辽东重镇旅顺被攻占,接着日军进攻山东半岛和台湾。1895年1月20日,日军在山东半岛荣成湾登陆,2月2日,威海卫失守,北洋舰队覆没。3月,日军占据辽南地区所有城镇要隘,战场上中国清军完全瓦解了,中国清朝政府被迫祈求停战。

1895年3月20日,中日两国代表在日本马关(即今下关)的春帆楼开始举行谈判,因日本方面已经破译中国清朝政府外交密电码,完全掌握了中国方面具体情况,所以谈判桌上有确切性向中国代表李鸿章施加压力。4月17日,中国清朝政府代表李鸿章、李经方,日本政府代表伊藤博文、陆奥宗光,各自代表本国在日本马关签订了《中日媾和条约》(或称《马关条约》)。该条约主要内容如下:

  第一条 清国确认朝鲜为完整无缺独立自主之国,有损其独立自主的朝鲜国对清国的贡献和礼仪等,将来应完全废除。

  第二条 清国将下记的土地主权并该地之城垒、兵器制造所及官有物永远割与日本国。

  一、下记经界内的奉天省南部之地:从鸭绿江口上溯该江至安平河口,自安平河口横贯凤凰城、海城、营口至辽河口的折射线以南之地,并包括上述各城市,且以辽河中央为界。辽东湾东岸及黄海北岸属于奉天省之各岛屿。

二、台湾及其附属岛屿。

三、澎湖列岛,也即英国格林威治东经119—120度,北纬23—24度之间各岛屿。

第四条 清国约定向日本国支付库平银二亿两,作为军费赔偿。上述金额分八次支付。

第一次及第二次各支付五千万两。第一次支付应在本条约批准交换后六个月之内,第二次支付应在本条约批准交换后十二月之内。余额分六年支付……

第六条 日清两国间之一切条约,因交战而消灭。清国约定,在此条约批准交换后,迅速任命全权代表与日本国全权代表缔结有关通商航海条约及陆路交通贸易协定,并且以现在清国与欧洲各国间的现有各条约章程,作为日清两国各条约之基础。……

一、清国在现今为各国开放的各城市港口之外,为日本国臣民……开放下列城市港口,但应以现今开放场所同一条件,享有同样特典及利益。

(一)湖北省荆州府沙市。

(二)四川省重庆市。

(三)江苏省苏州市。

(四)浙江省杭州市。

日本国政府有权在上述城市设置领事馆。……

第八条 作为诚实履行本条约规定之担保,清国承认日本国军队暂时占领山东省威海卫。……①

1895年4月20日,日本迫使中国清朝政府迅速批准《马关条约》,5月8日,在山东省烟台市举行《马关条约》交换批准书仪式。从《马关条约》内容分析看,其主要包括四个方面:第一,关于朝鲜独立问题。第一条款规定:"清国确认朝鲜为完整无缺独立自主之国,有损其独立自主的

---

① 王绳祖主编:《国际关系史资料选编》上册第一分册,第233—234页。

朝鲜国对清国的贡献和礼仪等,将来应完全废除。"该条款主要为,日本迫使中国清朝政府放弃了对朝鲜传统上形式上的宗主权地位。第二,关于割地问题。条约第二款规定,将辽东半岛、台湾岛、澎湖列岛"永远割与日本国"。第三,关于赔款问题。条约第四款规定,中国应向日本支付两亿两白银赔款,分八次支付。实际上,当时中国清朝政府年度财政收入仅为七千万两白银,而日本年度财政收入折合白银不到四千六百万两。① 此外,为保证中国按时支付赔款,条约还规定日军仍驻扎山东威海卫,并且费用每年五十万两白银由中国支付。第四,关于通商及其他问题。条约规定中国方面将沙市、重庆、苏州、杭州开辟为通商口岸,致使中国开发区域进一步扩大,成为前所未有局面。

《马关条约》带给中国的灾难无疑是深重的,而对东北亚国际关系也产生了极大影响。俄国在中日战争开始时就明确表示不偏袒任何一方,特别是不"与日本公开为敌",而且要"保护我们自身利益"。② 中日两国停战谈判开始后,各列强尤其是俄国密切注视谈判的进展情况,日方提出的条件,不仅中国清朝政府无法接受,甚至连各列强也感到其姿态过于咄咄逼人。1895 年 4 月 11 日,俄国政府举行大臣特别会议,财政大臣维特(Сергéй Ю́льевич Ви́тте,1849—1915)指出:"日本的敌对行动主要是针对我们的","日本人准备占领南满,这对我们将是一种威胁,而且或许会引起朝鲜全境并入日本的后果",还将对西伯利亚领土、西伯利亚铁路构成严重威胁。他指出,如果允许日本人占领"满洲",俄国为了保护"属地"和铁路,将不得不派遣几十万军队及扩充舰队。因此,维特强烈主张"坚决不能容忍日本占领南满,如果我们的要求不予实现,我们就不得不采取相应的措施……应命令我国舰队对日本舰队采取敌对行动并且炮击日本港口"。维特主张获得了陆海军大臣的支持,并且在此基础上通过了会议决议。其决议主要内容为:(1) 俄国将努力恢复中国北部

---

① 黄定天:《东北亚国际关系史》,第 179 页。
② 黄定天:《东北亚国际关系史》,第 171 页。

原状,以友好方式建议日本放弃吞并南满的企图;如日本拒绝,俄国有权根据自己的利益采取行动。(2)通告中国和欧洲各国,俄国没有吞并领土的企图,但是认定日本放弃占领"南满",对俄国本身具有相当重要的利益。① 该决议获得沙皇尼古拉二世的批准。

1895年4月17日,即中日签署《马关条约》的当天,俄国政府正式邀请德法两国向日本政府提出建议,劝说日本放弃占领中国辽东半岛,如果日本拒绝的话,俄德法三国海军则切断日本与中国辽东半岛的联系,同时劝告中国清朝政府暂缓批准《马关条约》,以配合俄德法三国的行动。4月23日,俄德法三国驻日本公使一起赴日本外务省,约见日本外务省次官林董,递交上述内容外交照会,并且要求在15天内给予答复。与此同时,俄国陆军运送兵力集聚黑海沿岸敖德萨军港,准备向远东地区运送兵力,俄国要采取军事行动干涉。俄国东西伯利亚总督号召预备役军人入伍集中,随时准备投入对日战争,国际形势一时极度紧张。

日本对于俄国做出一定反应有所估计,但是对于俄德法三国一起出面干涉决没有考虑到,完全出乎意料,所以在日本国内引起极大惊慌状态。中日甲午战争经历8个多月,日本实力已经大大耗尽,别说与三国对抗,就连与俄国一个对抗也无法实现。另一方面,英国、美国基本采取中立或观望态度,使得日本感到十分失望。5月5日,日本尽管内心愤愤不平,但是孤立无奈情况下只好接受三国建议,同意放弃中国辽东半岛的领土要求。

日本面对俄德法三国联合势力被迫做出让步,但是对于中国清朝政府绝不肯做出任何让步,甚至是采取损失于俄德法、补偿于中国的对策。俄德法三国也同样,为了缓和与日本关系,三国也劝说中国方面多出钱满足日本方面贪婪欲望。1895年7月19日,日本正式向俄德法三国代表提出放弃中国辽东半岛,中国清朝政府必须追加5000万两白银补偿金。德国方面表示可以接受,但是俄国方面则提出减少一半数额,最后

---

① [俄]维特著、[美]亚尔莫林斯基编、傅正译:《维特伯爵回忆录》,商务印书馆,1976年,第37页。

让步还价为3000万两白银。10月19日,俄德法三国代表与日本代表在东京达成协议。11月8日,中国代表与日本代表签署《辽南条约》,规定中国清朝政府支付3000万两白银,收回辽东半岛领土。

1894—1895年间爆发的中日甲午战争,对于东北亚地区国际关系史的发展来说具有划时代意义。

第一,中日甲午战争爆发的直接原因,是中国与日本两国争夺朝鲜的控制权。中国为朝鲜长久以来的宗主国,两国藩属关系已经有上千年历史,但是日本随着明治维新后国力增强,对外侵略扩张野心越来越大,打败地区大国中华大帝国成为日本对外侵略扩张的目标。中日甲午战争结果中国战败日本获胜,日本成为东北亚地区大国及霸权国家,肆无忌惮侵略周边国家,导致地区国际关系发展转变方向。

第二,中日甲午战争致使东北亚地区国际关系发生转变,由单一双边关系或矛盾,转变为多边关系或矛盾,越来越复杂化。最典型为俄德法"三国干涉还辽"事件出现。中日甲午战争期间,西方列强基本采取观望态度,但是中国战败日本获胜,特别是日本在中国肆无忌惮的扩张及贪欲,激起了俄德法三国不满而群起干涉。日本原希望英国、美国能够出手解围,但是英美不想因日本在华肆无忌惮的扩张及贪欲而得罪三国,更不希望日本崛起导致他们在华利益受损,所有采取所谓中立态度。

第三,中日甲午战争导致日本迅速崛起并加入列强序列,直接改变了东北亚地区国际关系结构。日本虽然在俄德法"三国干涉还辽"下,被迫吐出了辽东半岛这块肥肉,但是日本仍然是甲午战争中获得利益最大的国家。日本从中国获得在当时极为可观的战争赔款,成为促使它经济上高速发展、政治上帝国主义化的重要因素。日本通过甲午战争,不仅证明其在东北亚地区迅速崛起,并且以其增强的综合国力而开始跻身于世界资本主义列强之列。与此同时,"三国干涉还辽"导致日本被迫吐出入口的肥肉,日本人心目中深深埋藏对俄罗斯人的仇恨,对俄伺机报一箭之仇就成为日本人的目标了。

二、日俄战争

日本挑起中日甲午战争，主要目的之一就是要把朝鲜变成自己的殖民地，但是战后形势发展并不像日本人设想的那样顺利。朝鲜人民反日情绪高涨，俄国乘机拉拢闵妃集团，发展亲俄势力。1895年7月6日，朝鲜闵妃集团与俄国驻朝鲜公使勾结，策动政变，驱逐政府内亲日官员，解散日本所控制的朝鲜新军。10月8日，日本驻朝鲜公使三浦梧楼指使日军冲入朝鲜王宫，杀死闵妃并且裸体焚尸，挟持大院君建立傀儡政权。日本人的残暴行径，不仅激起朝鲜人民的极大愤怒，而且也招来国际社会的强烈谴责，日本政府不得不召回公使三浦梧楼并给予处罚。1895年12月，朝鲜各地不断爆发反日义兵斗争，王宫卫队被调出镇压义兵。1896年2月，朝鲜国王乘机出逃，匿居于俄国驻朝鲜使馆，成为俄国手里的道具。1896年5月，日俄两国最终达成协议，既限定日本驻朝军队数量，又允许俄军为守卫使馆派遣相等数量军队入朝。这样条件下，俄国"劝告"朝鲜国王返回王宫，另外，俄国与朝鲜政府签署军事和借款密约，其在朝鲜的势力明显扩张。

在中国，俄国以三国干涉还辽的领导人自居，让日本屈服后，乘势向中国方面捞取好处费。1896年9月8日，俄国获得中国东北地区铁路铺设权，由俄国赤塔横穿中国黑龙江省，沿黑龙江、吉林两省界限而到达海参崴。1898年3月27日，俄国强迫中国缔约租借旅顺、大连。1898年7月6日，俄国强迫中国缔约修筑哈尔滨至大连的中东铁路支线，中国东北地区全境皆入俄国之手。另外两个"干涉还辽"的伙伴，德国得以租借胶州湾，法国得以租借广州湾，与此同时英国也得以租借威海卫。列强在中国大地肆无忌惮的瓜分行径，必然引起中国广大民众不满，最终爆发了反抗外来侵略的义和团运动。

义和团运动是19世纪末在中国大地发生的一场以"扶清灭洋"为口号、主要针对西方侵略者及其在华附庸、具有强烈的朴素的爱国主义思想的完全由民间自发的暴力运动,是中国传统势力在历史上第一次,也是目前唯一一次采取群众运动方式反抗外国势力入侵的斗争。义和团源于义和拳等民间秘密结社,同白莲教和八卦教有源流关系,最初流行于山东、河南等地,以设拳厂、练拳术等方式组组群众,参加者大多数是农民、手工业者和其他群众。义和团运动逐步由山东扩展至华北、东北各省,京津一带声势尤为浩大。义和团运动从一定程度上打击了帝国主义的气焰,瓦解了帝国主义企图利用宗教入侵瓜分中国的目的,促进了中国人民的觉醒,但由于其具有笼统排外色彩以及农民运动必然的缺陷和盲目性,其被清政府利用,并在失去利用价值后被抛弃,最终失败。

面对轰轰烈烈的义和团运动,各帝国主义国家在镇压中国人民反抗斗争目标上达成一致,英、美、德、法、俄、日、意、奥等八国联合军队侵犯中国。1900年6月17日,八国联军攻占天津临海守卫据点大沽炮台;7月14日,攻陷天津城区;8月2日,集结2万兵力沿天津运河两岸进犯北京城;8月14日,攻陷北京城,大肆掠夺财物,中华文明惨遭劫难。

在八国联军中,日俄两国派遣兵力最多,双方都把镇压义和团看作在中国扩大侵略的良机,密切关注对方的行动。6月14日,俄军4000兵力抵达天津,与此同时,俄国以镇压东北义和团运动为名,以国防部长兼陆军大臣库罗帕特金为总参谋长,征调13.5万余官兵,编成四个军,大举入侵我东北地区。俄国辩解说"占领中国东北的目的是保护中东铁路,防止万一出现动乱"。当时清廷京畿危急,对俄国入侵东北地区持妥协求和方针。1900年10月1日,俄军占领奉天,10月4日,俄军占领锦州,10月6日,东北三省各战略要地均为俄军所控制。日本初期计划派遣少数兵力,作出参与者姿态,鉴于俄国大量调兵遣将,后改变对策而迅速大举调兵遣将。截止1900年9月21日,日军出兵达2万人,约占中国关内八国联军总数的40%。1900年12月,八国联军方面提出"议和大纲"后,中国清朝政府全盘接受帝国主义列强条件,1901年9月7日,签署空前耻辱的《辛丑条约》。此后八国联军除了一部分常驻京津、津榆两线外,其余撤军回国。

八国联军撤出京津及华北地区后,占领中国东北的俄军仍赖着不走,图谋永远独霸中国东北,梦想实现所谓"黄色俄罗斯计划"。俄国企图独占中国东北,不仅引起中国人民的强烈义愤,而且列强从本身的利益出发也坚决反对,并且采取不同对策。1901年6月2日,日本第一次桂太郎内阁成立,外相小村寿太郎认为,俄国对日本权利构成最大威胁,主张对俄国军事扩张采取不惜一战的姿态。老牌扩张帝国英国,历来把俄国看作争夺中国的对手,企图假日本阻止俄国南下同它争夺中国长江流域。1902年1月30日,日英两国在伦敦签订《日英同盟条约》。该条约主要内容如下:

> 第一款规定:两缔约国承认中国与朝鲜的独立及领土完整,声明两缔约国在中国、朝鲜境内绝无侵略的趋向,但鉴于两缔约国的特殊利益,英国的利益主要在中国,日本利益除了中国之外,还有朝鲜的政治、商业及工业上利益,因此两缔约国承诺此等利益因他国侵略行为,或中国或朝鲜发生动乱而遭到侵害,两缔约国为保护其侨民的生命及财产必须干涉时,应该采取必要措施保护利益。
>
> 第二款规定:英国或日本任何一方保护上述的利益而与他国开战时,则另外一国应该严守中立,并努力防止其他国家参加战事攻击其同盟。
>
> 第三款规定:如有上述情形,另一国或数国参加对该同盟国战争时,则他一缔约国予以援助,共同作战,媾和时也必须相互同意后实施。①

可以说,《日英同盟条约》是日本准备对俄开战的重要国际条件,英国公开支持日本对俄开战是日本决心开战的支柱之一。1902年《日英同盟条约》,日本不仅摆脱了孤立,而且依附世界第一海军大国,期待对俄出现抑制效果。

---

① 王绳祖主编:《国际关系史资料选编》上册第一分册,第294页。

美国自 1899 年提出"门户开放"政策以来,几度想插足中国东北,都被俄国拒之门外。为了打破俄国在中国东北的垄断地位,美国站在日本和英国一边。英美两国对于日本给予了大量的经济援助,为日本的扩军备战输血打气。法国仍然坚守法俄同盟关系,宣称为保护两国之利益,把法俄军事同盟推广到远东。但是,法国并不希望俄国把主要军事力量投入远东,以免削弱俄法同盟在欧洲对付德国的实力,因此对俄国远东政策的支持有一定程度的保留。德国继续执行其推动俄国东进的政策。它希望俄国占领东北而和日本甚至英国的矛盾激化,迫使俄国调开西部边境的俄军,间接削弱俄法同盟对德国的压力。1902 年春,上述各帝国主义国家在远东问题上形成两大集团:一个是英日同盟,以美国为后盾;另一个是法俄同盟,德国在欧洲反对法国,在远东则支持俄国。

1902 年 4 月 8 日,俄国政府签订《交收东三省条约》,同意分三期撤兵,1 年半撤完。但是,1903 年 8 月,俄国又悍然成立以旅顺为中心的远东总督区,任命阿列克塞耶夫为总督,实际上把中国东北当成了俄国领土,接着又重占奉天。俄国摆出一副独占中国东北并且不惜为此一战的架势。

俄国军事占领中国东北引起日本朝野担心危及朝鲜半岛,日本主张朝鲜半岛如同生命线,日本国内一时喧嚣日俄发生冲突不可避免论。日本政坛元老伊藤博文和井上馨等人认为,日本与俄国开战获胜存在很大困难,应该通过外交谈判将中国东北权益让渡给俄国,相互替换,使日本在朝鲜半岛权益获得保护,此即所谓"满朝交换论"。

1903 年 4 月 21 日,山县有朋在京都别墅召集桂太郎首相、小村寿太郎外相,以及元老伊藤博文,围坐一起探讨对俄政策。会议上两种观点形成争论,小村外相主张不惜开战的强硬对俄交涉方针,元老伊藤博文等人主张慎重论的方针,结果后者占了优势。桂太郎内阁在对俄交涉上,以回避与俄国开战方针作为核心,尝试通过谈判转变现状。1903 年 6 月 23 日,明治天皇、重要阁僚及全部元老出席的御前会议,决定围绕中国东北及朝鲜半岛问题与俄国举行协商谈判活动。这时候俄国已经明显不准备从中国东北撤军,而且在中国东北及朝鲜境内进行积极备战行动。

1903年8月,日本驻俄国公使栗野慎一郎向俄方提出双方就有关中国东北与朝鲜问题举行会谈,获得俄方同意。日本政府抓住难得机会,决定将日俄协商方案尽快向俄国政府展示。根据此,栗野慎一郎公使与俄国外长拉姆斯多夫举行会谈,栗野慎一郎公使递交了日方起草的协商方案,包含如下三个要点:

(1) 保全中国及朝鲜独立与机会均等。

(2) 日本在朝鲜的利益,俄国在中国东北的利益,相互承认。

(3) 俄国承认日本对朝鲜的内政改革助言和援助拥有专属权利。[①]

针对日本的协商方案,俄国方面也起草协商方案,10月3日,递交给小村外相,俄国提出如下内容:

(1) "独立及领土完整"仅限定朝鲜。

(2) "对朝鲜的内政改革助言和援助"仅限定民政。

(3) 不承认在朝鲜领土上进行军事目的行动和朝鲜沿岸的军事工事。

(4) 朝鲜半岛领土北纬39度线以北设置中立地带。

(5) 日本利益范围不包括中国东北及其沿岸。[②]

从俄国政府起草方案看,俄国已经将中国东北地区纳入本国势力范围内,完全拒绝日本势力介入,另外有关日本对朝鲜的活动,也尽可能限制在一定范围内。针对俄方草案,10月16日,日本政府再次修改方案,并且做出一定让步措施附加新的项目。日方修改后方案为:首先有关国境附近中立化,规定中朝两国边界线两侧50公里范围内设置中立地带;其次有关利权相互交换,规定日本承认俄国在中国东北的特殊利益,俄

[①] 五百旗頭真、下斗米伸夫、А・В・トルクノフ、Д・В・ストレリツォフ編:《日ロ関係史——パラレル・ヒストリーの挑戦》,第97頁。

[②] 五百旗頭真、下斗米伸夫、А・В・トルクノフ、Д・В・ストレリツォフ編:《日ロ関係史——パラレル・ヒストリーの挑戦》,第97頁。

国承认日本完全有权出兵朝鲜。① 10月30日,日本政府决定将上述修改内容作为日方协商方案,递交给俄国政府方面。

12月11日,日本驻俄国公使栗野慎一郎收到俄国政府第二次修改方案。俄方新提案虽然承认日本在朝鲜半岛利益的优势,但是否决了日本在中国东北的主张,因为中国东北属于日本权益范围之外。有关中朝两国边界线两侧50公里内设置中立地带的提议,回归到俄国最初提议"仅朝鲜方面中立化"。② 俄方第二次修改方案,让日本政府认识到,通过外交谈判实现日俄之间妥协预案越来越困难。

12月30日,日本内阁会议确定了对俄谈判破裂时对中国与朝鲜的方针。其内容为,日本向中国清朝政府施加压力,首先迫使中国与日本共同形成和俄国对峙;其次如日俄两国发生战争时,要求中国保持中立态度,不得参加战争。该会议还决定,日本政府在参谋总长大山岩主导下,开始进入战争指导体制准备工作,标志对俄开战进入现实准备状况。

1904年1月12日,日本内阁会议上决定,最后一次向俄国递交有关协商提案内容。日方最后一次递交协商方案核心内容为相互承认问题,日本承认俄国在中国东北的特殊利益,俄国承认日本在朝鲜的特殊利益,上次日方修改方案内容未改变。可是,俄国政府对日方最终提案没有答复,相反日本却获得俄国在中国东北南部集结军队的情报。至此,日本国内主张对俄开战采取谨慎态度的元老们已经无言以对了。

日本自"三国干涉还辽"后,便下决心对俄开战,并且从各方面进行开战准备工作。此时,日本的十年扩军计划已经完成。日本陆军拥有现役兵员13个师团,20余万人;海军已经有106艘新建造舰艇交付使用,加上原有舰艇合计为152艘,其中铁甲舰6艘,重巡洋舰6艘。日本参谋本部从甲午战争结束后就开始研究对俄作战计划,1900年俄国出兵中国

---

① 五百旗頭真、下斗米伸夫、А・В・トルクノフ、Д・В・ストレリツォフ編:《日ロ関係史——パラレル・ヒストリーの挑戦》,第98頁。
② 五百旗頭真、下斗米伸夫、А・В・トルクノフ、Д・В・ストレリツォフ編:《日ロ関係史——パラレル・ヒストリーの挑戦》,第99頁。

东北后,其开始研究具体作战计划。经过几次修改后,1904年1月19日,对俄作战计划基本通过。在对俄开战物资准备方面,从1902年起,日军就在广岛市南面的宇品港修建巨型军需仓库,储备各种各样军需物资和器材。1903年12月下旬,日本陆军为了给先头部队准备粮食,两次向朝鲜仁川运送大麦1.5万石。

俄国此时也在进行对日开战准备。1903年8月,俄国宣布将外贝加尔州、滨海州、阿穆尔州以及"关东州"(指中国东北地区)合并,设置远东总督府,任命阿列克塞耶夫(Евгений Иванович Алексеев,1843—1909)为远东总督,执掌远东地区的一切军政外交事务。1903年中东铁路从哈尔滨到旅顺口的支线基本竣工后,立即着手修建旅顺、辽阳两地的军事设施。中东铁路修建完成后,俄国规定仅为军用,俄国内向中国东北地区大量增兵。俄国海军太平洋舰队主要舰艇集中于旅顺口,并且经常在黄海举行军事演习。1903年12月26日,俄国沙皇尼古拉二世向远东各州宣布总动员,中国东北地区俄军进入战时状态。

1904年2月4日,日本御前会议上决定对俄开战。2月6日,日本联合舰队从佐世保港出发,然后兵分两路,直取朝鲜仁川和中国旅顺。2月8日午夜,日本海军联合舰队司令官东乡平八郎率领的18艘军舰,突然袭击俄国海军舰队中国旅顺口基地,俄舰损伤3艘军舰。2月8日下午,日本陆军第十二师团先遣队,在6艘日本军舰护卫下,在朝鲜半岛仁川强行登陆。2月9日,停泊在仁川港的2艘俄国军舰被日本军舰击伤后自沉。2月9—10日间,俄日两国相互宣战。

日本当时现役陆军19万人,加上预备役合计23万人,相当于俄国陆军的1/7。但是,俄国当时国防重点在欧洲方向,远东地区虽然不断调集兵力,开战时俄军仅为10.2万兵力。日军参谋本部估计,由于"日英同盟"牵制,俄国的同盟国法国不可能出兵。另外,由于俄国西伯利亚铁路运输能力所限,俄国运送到远东地区的兵力,最多不会超出其总兵力的2/7,即25万人,日俄两国投入战场的兵力大体相等。战争初期,日军先发制人战术,可以使日军对俄军的兵力形成两倍局面。在海军方面,日本拥有舰船152艘,共计26万余吨,其中主力舰6艘(1.2—1.5万吨级),一级巡洋舰6艘(9000吨级)。俄国太平洋舰队大部分集中在中国旅顺,其余停泊在海参崴港,主力舰7艘,一级巡洋舰4艘,船舰总计72艘,共计19万余吨,日本方面略占优势。

日本海军偷袭旅顺口,从2月初至5月初,先后对旅顺口进行了八次攻击。2月24日、3月27日、5月3日,日本海军决死队在密集炮火掩护下,驾船逼近旅顺港实施"沉船堵口",三次沉船21艘,造成俄国太平洋舰队主力基本被封锁在旅顺港内。与此同时,3月21日,日军第一军在朝鲜半岛大同江口镇南浦登陆,占领平壤后北上,4月初抵达鸭绿江岸。俄军2个师防守鸭绿江,主力集中于九连城。4月29日,日军向九连城俄国守军发起进攻,5月1日,日军攻破并且占领九连城。5月5日,日军第二军在中国辽东半岛金州东北处的貔子窝附近登陆,5月26日,两军展开激战,5月30日,日军占领大连,旅顺港陷入孤立困境。俄国沙皇紧急电令驻中国东北的其他军队火速增援旅顺口,而日军也紧急调集第二、第四军沿南满铁路线北上,辽阳会战爆发了。6月15日,日军在瓦房沟击垮俄军后,又连破熊岳、盖平、大石桥等地俄军,8月3日攻陷海城,逼近辽阳。另一方面,5月19日,日军又派遣第十师团在辽东半岛大孤山登陆,6月28日占领岫岩,编制成第四军,北上策应第一、第二军行动。8月28日,日军第一、第二、第四三路大军发起总攻辽阳战役,9月4日,日军攻陷辽阳。

俄国投入巨资构筑的旅顺要塞,设置大炮700余门,守军4.2万人。俄军深藏不出,致使日军无处出手。5月底,日军决定启用乃木希典率领的第三军进攻旅顺口。7月底起,日军攻占旅顺周围地区,包围旅顺要塞。8月10日,俄军舰队决定突围至海参崴实现舰队合拢一体。东乡平八郎率领的日本舰队,在旅顺东南海面迎敌,日俄双方爆发开战以来第一次大海战,也是俄国舰队唯一海战。由于俄国舰队单纯追求突围,缺乏应战准备,旗舰中弹、司令官阵亡后,舰队四分五裂,一部分逃回旅顺,其余则逃至胶州、上海甚至越南西贡等地。8月19日,日军发起旅顺口总攻战役,先后发起三次攻击战,12月5日,日军以重炮俯射港内俄国舰队,俄国舰队坚持抵抗至1905年1月1日无奈投降。日军投入旅顺战役累计兵力13万人,伤亡5.9万(其中死亡1.54万人、伤4.4万人)俄军伤亡2.3万人,成为世界军事史上著名的要塞攻防战例。

俄军虽然在辽阳战役中失败,但是国内增援部队很快到达中国东北地区。1904年10月,日俄两国军队展开了沈阳南部的沙河会战,俄军投入22万兵力,仍然战败并且战死4.1万人;日军投入13万兵力,战死2万人。日军最后因弹药后续不足,放弃乘胜追击。1905年初,俄国决定采用西伯利亚铁路运送兵力,加速向中国东北地区增兵。2月,俄军在哈尔滨、奉天一带兵力达30余万人。日军也紧急调集攻克旅顺口的第三军至奉天地区,兵力24万人。1905年3月1日至10日,日俄两国在中国东北地界展开所谓"奉天会战",是开战以来最大规模陆战。俄军死伤达6万人,被俘2.1万人,日军死伤7万人,3月10日,日军占领中国东北地区最大城市奉天。

陆战不利时,俄军决定从海上调集兵力支援远东地区。1904年10月15日,俄国波罗的海舰队抽调30艘军舰组建第二太平洋舰队,增援远东地区俄军。1905年2月16日,就是俄军旅顺口要塞被攻破后,波罗的海舰队剩余18艘军舰组建第三太平洋舰队,增援远东地区俄军。两支舰队先后于1905年4月18日、5月9日到达越南西贡以北海湾,5月14日,两支舰队合一向海参崴方向前进。由于日军已经估算出俄国舰队通过对马海峡航线,所以日夜操练,枕戈以待。5月27日下午,俄国舰队果然出现在对马海峡,日军舰队大破俄国舰队于五岛列岛西北海面,5月28日上午,俄国舰队投降。此役俄军48艘军舰中,有19艘被击沉,俄军死亡5000人,被俘6000人,日军仅损毁3艘鱼雷艇,死伤700人。

"三国干涉还辽",使得日本认识到自己在对外扩张道路上的最大障碍是俄国,便下决心不惜与俄国一战。日俄战争是两国之间第一次大规模战争,日俄两国都是为争夺东北亚地区霸权而战。日俄战争以中国东北地区为战场,不仅粗暴地践踏了中国的神圣领土及主权,而且也给中国人民的生命财产造成了巨大损失。日俄战争使腐败的俄国"外强中干"的特征完全暴露出来,战争中无论是陆战还是海战皆为惨败,不得不在东北亚地区争霸过程中暂时有所收敛。

奉天会战结束后,1905年3月23日,日军参谋总长山县有朋向首相桂太郎递交意见书,他认为俄军虽然连遭挫败,但是其本土尚有强大兵力;日军虽然连获大胜,但是其兵力已经告罄。俄国将校损失不大,日本已经损失大批军官,如继续战斗下去将对日本不利。他的结论为,此时日本应该主动提出停战。同样,俄国也无力再战,特别是1905年俄国国内爆发了革命,有力冲击了俄国沙皇统治制度,迫使沙皇尼古拉二世急切需要从日俄战争泥潭中摆脱出来。此时此刻,西方其他列强也担心俄国未来发展命运,俄国的同盟国法国要求俄国与日本媾和,并且以拒绝再次贷款威胁俄国就范。在欧洲,英德之间矛盾、法德之间矛盾,越来越尖锐,各方都希望将俄国拉到自己方面,都希望俄国尽快结束战争。

三、日俄两国缔结《朴次茅斯条约》

日俄战争持续了一年半,规模之大、伤亡之惨,均为罕见。日本虽然首先挑起战争,但是对俄开战后就开始极力探索尽快媾和机会,因为作为小国的日本与大国俄国进行长期性战争,很难确保战争费用有持久保障。1904年4月7日,日本政府讨论在德国中介下,日本驻英国公使林董和俄国财长维特两人在德国首都柏林举行会谈。可是,俄国方面对此建议完全不感兴趣,日本计划受到挫折。日本方面认为,要想让俄国转变态度,就必须在战场上获得胜利。1905年1月,日军攻陷中国东北俄军驻扎的旅顺口要塞后,期待媾和谈判计划能够向前推动。美国支持日本的媾和主张,1905年1月14日、2月11日,美国总统西奥多·罗斯福先后两次提议,由法国担任中介,劝说日俄两国实现停战及媾和。然而,日本方面开始探索请美国总统西奥多·罗斯福担负中介作用,劝说日俄两国实现停战及媾和。作为交战一方,俄国仍然坚持以往的强硬态度,其理由为国家威信受到了打击。俄国作为世界级大国,与当时属于二流以下、黄色皮肤的国家日本媾和,是难于忍受的耻辱,大大伤害了俄罗斯的国家体面。日俄战争中虽然俄军不断失利,可是沙皇尼古拉二世仍然坚持不妥协的态度。战场上失败导致俄国人民逐渐对政府出现不满态度,国内形势逐渐出现动乱,6月27日,对马岛海战中俄波罗的海舰队败北一个月后,俄黑海舰队的战舰"波将金"号水兵举行了起义。这样状况下,俄国继续作战就越来越困难了,沙皇尼古拉二世最终选择与日本媾和的提议。

对于日本方面,第一,伴随战争负担剧增,战争军费负担达到界限,逐渐丧失继续作战能力。第二,日本国民负担沉重,国内逐渐出现反战趋势,如果继续进行战争就会招致国家崩溃。第三,如丧失现在军事作战获胜的有利局面,转而就将处于更加不利的局面。日本已经挫败了俄国对于中国东北和朝鲜半岛的野心,所以此时应是"议和最好时机"。

日本为什么希望美国出面劝说俄国接受停战媾和?日本认为美国为列强中最理想的仲裁国家,美国标榜秉持中立外交政策,预计俄国方面也不会轻易拒绝美国。然而,美国总统西奥多·罗斯福提议,采用欧洲列强参加的列强会议方法处理日俄媾和问题,日本对这样的提议表示坚决反对,西奥多·罗斯福最终放弃了该提议。日本担心在列强会议上,欧洲列强团结一致,将会使日本处于不利地位,日本作为当事国,希望举行日俄两国之间协议。

1905年4月22日,日本内阁会议开始讨论有关日俄媾和条件问题,探索以美国总统西奥多·罗斯福为中介人与俄国媾和。1905年5月31日,日本政府以日本海大海战日军获胜为契机,小村外相不失时机地向驻美公使高平小五郎发出电训,命令他设法让美国总统主动出面促使日俄媾和。于是,西奥多·罗斯福正式接受日方提出的邀请,指令美国驻俄国大使玛伊雅拜见俄国沙皇尼古拉二世,转达美国总统劝和意愿,并且劝说继续战争毫无意义。法国舆论在日俄两军奉天会战后就提议日俄媾和,在俄国内部,稳健派、原财政大臣维特也上奏沙皇尽快媾和。德国皇帝威廉二世也劝告沙皇尼古拉二世接受美国的斡旋。

与此同时,日本为了确保在媾和中的有利地位,未能立即停战,作为最后的战术采取了占领库页岛的行动。1905年7月7日,日本的先遣部队在库页岛南部登陆,第二天占领了科尔萨科夫(大泊),7月24日日军又在库页岛北部登陆,7月31日,俄驻军签署了停战协定。日本在占领的中国东北地区实施了军事管制,在占领的俄国库页岛全岛也实施了军事管制。

1905年6月8日,美国总统西奥多·罗斯福就日俄两国停战媾和问题发表正式通牒,6月10日,日本先表示接受,6月12日,俄国后表示接受。为了尽快举行媾和会议,日俄双方就举办地点展开协商。美国总统西奥多·罗斯福最初提议在中国东北哈尔滨和奉天之间,后改为海牙。日本则认为谈判应该设置在朝着有利自己的方面引导,提议谈判地址设置在中国的芝罘(今烟台);俄国也是同样思维,提议谈判地点设置在同盟国法国首都巴黎。对此,日本又提出举办地设置于同盟国英国首都伦敦。作为缓和对策,俄国又提出举办地设置于荷兰海牙、瑞士日内瓦,日本则坚持不在欧洲范围设置举办地的态度。最终,日俄两国确立谈判举办地在美国,为避开美国首都华盛顿夏季酷热,罗斯福决定在新罕布什尔州的朴次茅斯军港①。朴次茅斯军港不仅从海上安全角度容易警备,而且地理位置及气候条件也适宜。

日本国内有关确定全权代表人选问题存在争论。日本首相桂太郎认为,最理想人选是元老、枢密院议长伊藤博文,其理由就是伊藤博文在外交谈判方面拥有丰富经验,他是亲俄派人物,而且与许多俄名人认识。可是,伊藤博文本人反对日俄开战,故断然拒绝邀请,他主张委任支持战争人物出任全权代表,并提议桂太郎首相率领日本代表团出席会谈。桂太郎首相认为,首相本人必须留在东京支持谈判,没有必要亲自

---

① 朴次茅斯是美国新罕布什尔州罗京安县的一个城市,位于皮斯特奎河南岸,面积43.5平方公里。

参加谈判事宜。日本方面最终确定,同样支持日俄开战的外相小村寿太郎为全权代表。小村寿太郎外相很快接受任命,并且提议任命日本驻美公使高平小五郎为副手。7月3日,小村寿太郎外相公布日本全权代表团组成人员,包括外务省官员佐藤爱麿、山座圆次郎、安达峰一郎、本多熊太郎,军方人员为立花小一郎陆军大佐、竹下勇海军中佐,还有美国顾问。

俄国国内有关谈判人选也并不顺利,俄国外交大臣拉姆斯多夫(Владимир Николаевич Ламсдорф)开始向沙皇尼古拉二世推荐原财政大臣、现任大臣会议主席谢尔盖·尤利耶维奇·维特,但遭到沙皇尼古拉二世拒绝。俄国外交大臣拉姆斯多夫考虑推荐俄国驻法国大使内利托夫(Александр Иванович Нелидов),但是内利托夫本人以年龄大、不懂英语、对远东地区情况不了解为由推辞。俄国外交大臣拉姆斯多夫考虑推荐俄国驻意大利大使穆拉维夫(Николай Валерианович Муравьёв),结果也最终推辞不接受任命。无奈之下,沙皇尼古拉二世不得不接受外交大臣拉姆斯多夫最初推荐者。7月12日,沙皇尼古拉二世最终任命俄国大臣会议主席维特为俄国全权代表,副代表为新任驻美国大使罗仙,并且委派国际法专家马尔特恩斯等11名专家组成辅助组。俄国代表团出发前,沙皇尼古拉二世下达指令,规定向日本让步界限为四点:不损失任何俄国领土、不支付赔偿金、不接受俄国远东海军力量限制、不放弃任何中东铁路。[1]

对于日俄媾和谈判问题,俄国全权代表维特认为,如果继续坚持作战,俄军可能败退,无论哈尔滨还是沿海州都可能被日军占领,这样将对俄国国内带来恶劣影响,招致国内统治混乱,金融危机,最终国家崩溃。对于俄国来说,媾和是必要的。俄国在中国的利益、在朝鲜半岛的利益,是缺乏法律依据的。现在俄国主要的是与日本恢复友好关系,获得日本

---

[1] 五百旗頭真、下斗米伸夫、А・V・トルクノフ、D・V・ストレリツォフ編:《日ロ関係史——パラレル・ヒストリーの挑戦》,第126頁。

在对俄政策上的信任。对于中国问题,俄国应该与美国同样,坚持门户开放政策。对于俄国人来说,国际竞争是有利的,原因是能刺激俄国商人活动。① 另外,俄国全权代表维特与俄国外交大臣拉姆斯多夫私人关系非常亲密,便于双方沟通,有利于推动谈判进展。

日俄两国最终决定,8月9日,在美国朴次茅斯举行媾和会议。

日俄两国媾和谈判准备工作基本就绪后,1905年6月30日,日本举行内阁会议,决定日本对俄媾和的条件,归纳为以下三类:

第一类是绝对项目,无论如何也不让步的重要项目,如果俄国拒绝要求的话,日本将继续战争。具体内容:俄方承认日本对朝鲜的统治权;日俄两国从中国东北地区撤军;日本获得辽东半岛租借权以及哈尔滨至旅顺之间铁路所有权。

第二类是重要项目,要求项目虽然重要,但是内容可以做出一定让步。具体内容:支付赔偿金;交出战争期间停泊在中立港口的俄国舰船;俄方割让库页岛;日方享有俄国沿海州渔业权。

第三类是希望项目,俄国可能不会接受的具有希望性的要求,为了推动谈判而采取。具体内容:在东亚地区限制俄国海军力量;俄方解除驻海参崴港口的武装力量,海参崴成为商业港口。②

1905年7月初,美国陆军部长塔夫脱带着西奥多·罗斯福的特殊使命赴日,与日本首相桂太郎举行秘密会谈,并且签署秘密"塔夫脱—桂太郎协议",以日本承认美国吞并菲律宾为交换条件,美国承认日本吞并朝鲜。日英两国也经过长期酝酿策划,1905年8月12日,两国缔结《第二次日英同盟条约》,规定:日本负有协助英国巩固在印度的殖民统治的义务;英国承认日本对朝鲜的统治权。上述两个协议的签署,为日本解除了担心列强干涉的后顾之忧,并且大大加强了日本对俄谈判的地位。

---

① E·Y·コロストウエッツ著、島野三郎訳:《ポーツマス媾和會議日誌》,東京:石書房刊行,昭和18年,第3—4頁。
② 五百旗頭真、下斗米伸夫、A·V·トルクノフ、D·V·ストレリツォフ編:《日ロ関係史——パラレル·ヒストリーの挑戦》,第107—108頁。

1905年7月8日,日本媾和代表团从横滨出发,乘坐当时最豪华的美国客轮赴美,7月19日,到达美国西海岸西雅图。在横穿太平洋期间,代表团人员与外务省通信暂时中断,到达西雅图后,小村寿太郎直接赴日本领事馆,在那里阅读大量电报,获知谈判对手为俄国全权代表维特。小村寿太郎急于先到举行媾和的会议地,乘坐火车横穿美国大陆,经过芝加哥,7月25日下午到达纽约。小村寿太郎在火车站上受到从华盛顿赴纽约的高平公使的迎接,日本全权代表事务所设置在纽约最豪华的旅馆里。

8月2日上午,俄国媾和代表团抵达纽约。8月3日,维特访问了纽约证券交易所。8月4日,俄国代表团拜会美国总统西奥多·罗斯福,双方举行非正式会谈。为了获得西奥多·罗斯福的好感,维特向西奥多·罗斯福表示,将来美国工业品进口免除进口税,与俄国贸易给予美国最惠国待遇而缔结条约。

8月10日,日俄两国媾和会议在美国朴次茅斯海军造船厂大厦正式举行。谈判一开始,日本政府代表小村寿太郎首先向俄方代表递交"十二条草案",该草案是根据日本政府6月30日训令起草的,其主要内容如下:

> 第一条 俄罗斯承认日本国在朝鲜国之政治、军事、经济上之特殊利益,如指导、保护、监理等事,日本政府认为必要者即可措置,不得阻碍干涉。
>
> 第二条 俄罗斯在一定期限内从中国东北全部撤军,另外,在中国东北之领土上利益,或优先的让与,或专属的让与,不得损害中国主权及违反机会均等之原则。
>
> 第三条 日本,以中国行政上改善为条件,除辽东半岛租借权所及之地域不计外,现被日本占领地区全部归中国。
>
> 第四条 日俄两国约定,凡中国在满洲为发展工商业所采取一切办法,列国视为可行者,不得阻碍。

第五条 俄罗斯,将库页岛及其附近一切岛屿,以及在该岛屿一切公共营造物及财产,与完全之主权一并让与日本。

第六条 俄罗斯,将旅顺口、大连湾及附近领土、领水之租借权一部分权利及所让与者,转移与日本。

第七条 俄罗斯,将由哈尔滨至旅顺口之铁路及支路、在该地方铁道内所附属之一切权利财产,以及在该处铁道内附属一切煤矿,或为铁道利益所经营一切煤矿,不受补偿,在中国政府允许下,均移让于日本。

第八条 俄罗斯,约定在中国东北经营专以商工业为目的之铁道。

第九条 俄罗斯,将赔偿战争实际费用。赔偿金额、赔偿日期及赔偿方法追加决定。

第十条 有关战争期间受损而进入中立国家港口、被捕获的俄罗斯所有船只,应该作为合法战利品让渡日本。

第十一条 俄罗斯,约定在远东海域限制海军力量。

第十二条 俄罗斯,允准日本国臣民在日本海、鄂霍次克海、白令海之俄国所属沿岸一带有经营渔业之权。①

双方代表围绕日方"十二条草案"内容展开争论。俄国代表在谈判初期态度强硬,声称"一个戈比赔款也不支付,一寸土地也不割让"。日本在谈判前已经与美国就朝鲜问题缔结秘密协议。7月间,日本又出兵占领库页岛,致使其谈判地位获得加强。日方代表小村递交的"十二条草案",遭到俄方代表维特的激烈反驳,所以谈判进展非常艰难。

8月12日,针对日方"十二条草案"内容,俄方递交"十二条答复",主要内容如下:

第一条 本条没有反对点。俄国政府承认,日本国在朝鲜国之

---

① E·Y·コロストウエッツ著、島野三郎訳:《ポーツマス媾和會議日誌》,第67—68頁。

政治、军事、经济上之特殊利益,如指导、保护、监理等事,日本政府认为必要者即可措置,不得阻碍干涉,或约束不得干涉。无论俄罗斯及俄罗斯臣民,其他外国及臣民现在所属或将来所属,应知道说享有一切权利。日本提及上述措施,认为冒犯朝鲜帝国主权。有关军事措施,为了避免日本产生误解,协商采取措施防止朝鲜与俄国领土接壤的安全构成威胁。

第二条 俄国政府承认本条前半部分,同意准备与日本军队同时撤出中国东北地区。应规定撤军详细内容及条件。有关本条后半部分,俄国政府准备发表声明,不得主张威胁中国主权,或与机会均等主义不相容的任何领土上利益,让与或专属特权。俄国政府准备协商有关必要保障。规定这样方针,俄国全权代表向日本全权代表提议,本条后半部分日本政府所希望需要进一步准确表现,俄国政府声明,排除所有,不侵害日本及其他外国的利益。在中国东北,俄国唯一本国从事业务,有关中东铁路问题审查,另外条款表示。

第三条 俄国政府准备接受本条。但是,有关中国东北部分地区,俄国及俄国臣民应知道,其他外国及臣民现在所属及将来属于的所有权利。辽东半岛租借权涉及有效性的地域,俄国准备将该地区属于自己的权利让渡给日本。当然,中国在该地区拥有主权,所有有关让渡必须与中国政府缔结条约,此让渡须获得中国政府同意。

第四条 赞成叙述本条方针。俄国政府声明,本条由日本提出的要求中已经包含时,俄国自己也有提议的义务。

第五条 俄国对库页岛很早就拥有权利,日本在该岛屿大部分没有任何所有权时,至少还没有表明存在感。另一方面,库页岛是亚洲俄国领土延长,无论如何该岛屿与大陆相隔不过仅七俄里海峡距离。考虑到这些方面,俄国不同意让渡该岛屿。当然俄国准备允许日本在库页岛有广泛渔业权及商业权。其条件由另外协定规定。

第六条 俄国政府不反对本条,但是对于该领土上中国主权原因,俄国不能够没有与中国缔结任何协定,将自己权利让渡日本。俄中两国之间缔结的租借权涉及其效力的地域上俄国臣民的权利,具有不可侵犯性。

第七条 俄国政府原则上同意本条。但是,应该附加日军事实占领下的铁路让渡的条件。此条件下让渡的铁路的终点站,应该相互协定决定。上述铁路的敷设及经营权,授予私人公司及该公司上述铁路,中国拥有主权,要考虑措施,军事占领不得损害该公司任何利益。俄国政府与该公司交涉,中国政府随时行使收回上述铁路权利。支付该公司收买金,按比例让渡日本。

第八条 俄国政府不反对本条。铁路公司经营其铁路,1896年8月27日缔结中东铁路条约第8条款,即严格遵守中东铁路运送军队及军需品,不得在中国领土停滞的条款。

第九条 俄国不同意本条。赔偿战费属于战败国。俄国并未战败。任何国家都不会承认,自己国家领土只不过遭受侵略时,把自己作为战败国。假如日本占领全部沿海州,俄国的生命力因此受到任何损害,战争仍然能继续。唯有日本军队深入侵略俄国领土时,俄国臣民才能够理解战争赔偿问题。俄国全权代表,占领塞瓦斯托波尔①后,同盟国举行巴黎媾和会议,被认为提出赔偿问题成为可能,日本全权代表有义务应该注意。赔偿应由无法继续支持战争的国家支付。当然俄国不存在这样状态。俄国政府拒绝支付赔偿,日本战争本身就是非正义,对俄国造成损害也是非正义,战争给俄国人民幸福带来灾害费用,作为折合被认为是公平的。俘虏供给费、伤病治疗费等,抵制赔偿金额。

第十条 俄国不同意此要求。国际关系实际运作中,很难找出支持该要求的任何先例。加之此要求,与体现两缔约国热爱和平精神主张不符合的。日本缴获被扣留中立国家港口俄国船只,仅取得

---

① 塞瓦斯托波尔:乌克兰港口城市,位于克里米亚半岛西南岸,临黑海。

很少物资利益。另一方面,同意这样要求,损害了俄国的尊严。

第十一条　俄国不同意由外国课罚的任何义务,这损害俄国尊严。俄国政府声明,无意图维持在太平洋海域近来拥有一定实力的海军,是可能的。

第十二条　俄国允准日本国臣民在日本海、鄂霍次克海、白令海之俄国所属沿岸一带有经营渔业之权,与日本缔结协定。但是此权利仅限于沿岸,不涉及进入江河。上述方面,俄国或外国臣民赋予权利持续有效,不用讨论。①

双方谈判历经几轮交涉后,日本设想的"第一类绝对项目"三项内容,除了有关哈尔滨至旅顺的铁路转让改为长春至旅顺外,其余都得到了满足。双方激烈争论的问题是割让库页岛问题、赔款问题。

日方代表小村寿太郎在谈判中提出,日方的基本要求是俄方必须割让库页岛及其附属岛屿。俄方代表维特对此指出,库页岛不是日本领土,或日本没有行使权力之前,俄国已经获得库页岛领土权。针对库页岛被日本军事占领,维特指出,这不过是日本武力占领的事实,并没有获得任何授权。对于俄国代表维特的答复,小村寿太郎反驳说,在俄国获得库页岛领土主权前,1624年日本已经在库页岛确立了领土主权,而1803年俄国才进入库页岛。日俄两国在有关进入或占据库页岛的时间点上,出现非常激烈的争论。俄国代表维特对小村寿太郎的主张给予坚决反驳,指出1855年双方缔结《千岛库页岛交换条约》之前,日本在库页岛不过是占领南部很小地方,而俄国在1850年占领黑龙江的同时就占领了库页岛。维特进一步指出,1850年前,日本在该岛某些地方拥有的利害关系并没有获得承认,俄国人穆拉维约夫占领库页岛后,引起你们日本人的注意,另外库页岛土著阿伊努人与日本人不是同一人种。

小村寿太郎反驳说,1850年俄国占领库页岛是侵略行为,日本当时不过是没有抵抗能力而已。关于土著阿伊努人问题,例如"间宫海峡"的

---

① Ｅ・Ｙ・コロストウエッツ著、島野三郎訳:《ポーツマス媾和會議日誌》,第84—88頁。

名字，可以说明最初占领库页岛的是日本人，而不是俄国人。小村寿太郎进一步指出，19世纪50年代，日本政府已经在该岛屿采取有效经营措施。针对俄国方面提出库页岛是亚洲大陆延续的俄国领土，小村寿太郎指出，库页岛是日本列岛的延续，自然属于日本。日本必须拥有该岛屿，是确保日本帝国永远安全的措施，日本现在已经完全占领了该岛屿，日本官员代替俄国官员已经掌握行政权。对于日本军事占领，维特表示不承认俄国通过战争手段获得的库页岛。

有关库页岛主权问题，笔者必须就此说明，在日俄两国有关库页岛所谓"发现"资料中，都记载俄国探险者或日本探险者深入库页岛境内过程遇到中国政府地方官员，中国在有效地进行执法及行政管理，拥有无可争议的主权。日俄两国所谓探险家"发现"的是中国政府有效管理下的地区，绝非日俄两国所谓无主之地，当地人烟稀少确是事实，当时人类战胜自然的生存条件还有限，不能以今日视野解释数百前库页岛归属问题。俄国是根据1860年11月《中俄北京条约》，强迫中国政府割让库页岛主权的。

日俄两国媾和谈判中，有关处理库页岛问题谈判陷入僵局，日本军队现实已经占领库页岛全部，因此日方主张库页岛全部应该割让给日本。为了推动谈判进展，8月23日下午，日方代表小村寿太郎向俄方代表维特递交备忘录，主要内容如下：

第一条　库页岛划分两部分，北纬50度以北地区返还俄国，北纬50度以南地区归属日本。

第二条　日本与俄国相互约定，不得采取措施妨碍宗谷海峡及鞑靼海峡航行自由。

第三条　俄国对日本支付12亿日元，作为库页岛北纬50度以北地区返还的代价。

第四条　该协定达成妥协时，日本撤回战争赔偿要求。但是该撤回不适应于战俘保养及饮食费用。①

---

① E·Y·コロストウエッツ著、島野三郎訳：《ポーツマス媾和會議日誌》，第142页。

针对日方上述方案,俄方代表维特也提出妥协方案,如果俄方割让全部库页岛,日方是否撤回所有资金索赔问题?小村寿太郎代表对此表示,对于日本来说,放弃军费索赔是困难的,接受返回全部库页岛也是困难的①。俄方代表维特认为,俄方买回一部分,不如全部给日本更合适,因为小村寿太郎提议支付 12 亿美元为困难问题。这时候,日方代表小村寿太郎固执要求索赔资金,如何处理?俄方代表维特认为,日本索要资金主张是战争叫嚣,俄国容易获得国际社会舆论的支持,所以改变之前谈判中相对软弱姿态,对小村寿太郎言论采取强硬姿态回击。为了推动日俄媾和谈判进展,担负中介任务的西奥多·罗斯福总统也劝告日本方面放弃索赔资金要求,但是日方代表小村寿太郎对此仍然采取固执态度。

日俄媾和会议上有关割地与赔偿问题陷入僵局后,日方代表小村寿太郎将谈判具体进展情况通过电文发回国内。日本国内伊藤博文、桂太郎、山本(海相)、寺内(陆相)、珍田外务省次官等人举行会谈讨论,最后决定放弃对俄索赔,考虑日本占领库页岛已经既成事实,决定要求俄方割让库页岛。此次会议决定内容,必须经御前会议审议通过,然后才能下令给小村寿太郎训令,但是日本御前会议审议后,最终决定撤回有关赔偿、割让项目,为推动两国媾和进展。

1905 年 8 月 28 日,日本首相桂太郎根据御前会议决定内容,给日本赴朴次茅斯媾和会议代表小村寿太郎发出训令。上述电报发出后,3 个小时,石井菊次郎从英国驻日公使玛古特纳尔顿获知情况,"俄国沙皇认为,日本不在赔偿和割地问题上让步,中止朴次茅斯媾和谈判,通过战争决定出胜负,命令准备决战,同时考虑只接受割让库页岛南部地区"。石井菊次郎获知后,快速将其告知桂太郎首相,桂太郎获知后不敢怠慢,打电报延期会议,即刻参拜天皇,获得旨意,对前述已经发出日本政府媾和的训令进行修改,训令追加俄方割让库页岛南部。根据日本政府训令,

---

① 茂田宏、末澤昌二編:《日ソ基本文書·資料集》,東京:世界の動き社,昭和 63 年版,第 33 頁。

日本谈判代表小村寿太郎撤回以往提出索赔要求，推动谈判进程，割让库页岛北纬50度以南地区达成妥协。

美国总统西奥多·罗斯福总统担负日俄谈判调解作用，他首先说服日本方面，关于赔偿问题，日本因赔偿金而导致会谈破裂，将在世界面前丧失同情心，意味着为了金钱而牺牲国民生命。必须让世界人民知道，日本国民不仅在武力方面，而且在伦理方面也获得了胜利。与此同时，美国总统西奥多·罗斯福对俄国方面也施加压力，逼迫割让库页岛。美国警告俄国，现在日本占领了库页岛，俄国继续坚持战争，不仅有财产损耗，也许将丧失更大领土，最终俄国接受割让库页岛南部要求。

作为日本同盟国的英国，最初英国等西方国家对日本表示善意，对俄国表示反感，实际上日俄战争结果日本并非取得决定性胜利，如果向俄国提出索赔要求，也许因索赔资金引发再次战争，如果日本要求过多割让领土，恐怕各国都不会支持日本。

1905年9月3日，日俄两国签订了《朴次茅斯条约》。该条约主要内容为：①

  第一条 日本国皇帝陛下与全俄国皇帝陛下间，两国及两国臣民间，将来实现和睦相邻。

  第二条 俄国政府承认日本国在朝鲜国之政治、军事、经济上之特殊利益，如指导、保护、监理等事，日本政府认为必要者即可措置，不得阻碍干涉。在朝鲜国之俄国臣民，均应享受最惠国之臣民对待，不得歧视。两缔约国为避免出现误解之起见，彼此同意于俄朝两国交界之间，不得采取军事措置，确保俄朝两国领土之安全。

  第三条 日俄两国互相约定如下：（一）除辽东半岛租借权所及之地域不计外，所有在满洲之兵，应按本条约附约第一款所定，两国同时全数撤退；（二）除前记之地域外，现被日俄两国军队占领及管理之满洲全部，交还中国接收，施行政务；俄国政府声明在满洲之领

---

① 茂田宏、末澤昌二編：《日ソ基本文書·資料集》，第29—32頁。

土上利益，或优先的让与，或专属的让与，不得损害中国主权及违反机会均等之原则。

第四条　日俄两国约定，凡中国在满洲为发展工商业所采取一切办法，列国视为可行者，不得阻碍。

第五条　俄国政府将旅顺口、大连湾及附近领土、领水之租借权一部分权利及所让与者，转移与日本政府，俄国政府又将该租界疆域内所造有一切公共营造物及财产，均移让于日本政府。两缔约国互约，前条所定者，须商请中国政府允诺。日本政府应该尊重居住上述地内之俄国臣民之财产权。

第六条　俄国政府将由长春（宽城子）至旅顺口之铁路及支路，在该地方铁道内所附属之一切权利财产，以及在该处铁道内附属一切煤矿，或为铁道利益所经营一切煤矿，不受补偿，在中国政府允许下，均移让于日本政府。两缔约国互约前条所定者，须商请中国政府承诺。

第七条　日俄两国约在满洲地方，各自经营专以商工业为目的之铁道，决不经营以军事为目的之铁道。但辽东半岛租借权效力所及地域之铁道不在此限。

第八条　日本政府及俄国政府，为了运输便捷起见，协商签订满洲接续铁道营业章程，务须从速另订别约。

第九条　俄国政府，将库页岛南部及其附近一切岛屿，以及在该地方一切公共营造物及财产，与完全之主权一并让与日本国政府。其让与地区之北方边界，定为北纬五十度。该地区正确之边界线，依照附属于本条约之追加条款第二之规定决定之。日俄两国协商在库页岛及其附近岛屿之各自所属领地内，不筑造堡垒及类于堡垒之军事上工作物；两国约定凡军事上之措置有碍于宗谷海峡及鞑靼海峡航行自由者，不得施设。

第十条　居住于让与日本国地域内之俄国人民，可出卖财产，退回本国；若仍欲留住该地域时，当服从日本国之法律及管辖权。

199

至该住民经营事业行使财产,当由日本国完全保护,其有不安本分者,日本国亦当撤回其居住权并放逐之,但该住民之财产当完全尊重。

第十一条 俄国当与日本国协定允准日本国臣民在日本海、鄂霍次克海、白令海之俄国所属沿岸一带有经营渔业之权。前项约束,经双方同意,不得影响于俄国及外国臣民在彼处应有之权利。

第十二条 日俄通商航海条约,因此次战争作废,日本国政府及俄国政府允诺以开战前所施行之条约为本,另订通商航海新条约;其未定以前,所有进口税、出口税、关章、子口税、船钞,并代表臣民船舶,彼此进入对方国家领土时,均按照最惠国之办理。

第十三条 本条约一经施行,尽快将一切俘虏彼此交还,由日俄两政府各派接收俘虏之特别委员一名专司其事,彼此送还时,应由交还国将在该国某处口岸交还人数,预先通知接受国,即由两国专派员或该员所委派之有权代表者按照事先通知之人数,彼此交收。日俄两国政府交还俘虏完毕后,将俘虏自被掳或投降之日起至死亡或交换之日止,所有因照管:及留养该犯之一切费用细账互相交换后,俄国政府应将日本实用数目中,除去俄国实用数目,尚差若干,当由俄国从速偿还日本。

第十四条 本条约当由日本国皇帝陛下及全俄国皇帝陛下批准,尽快在华盛顿互换,自签字之日起,五十日以内,由驻日本之法国公使及驻俄国之美国大使,通知驻在国政府,宣布之后,本条约即全部生效。

第十五条 本条约缮就英文法文各两本,分别签字,其本文虽全然符合,设有解释不同之处,以法文为准。为此两国全权委员署名盖印,以昭信守。

《朴次茅斯条约》是在日俄两国关系史上占有重要地位的条约。该条约是在日俄战争中俄国遭到惨败后签订的,或者说在日俄两国综合国力经过一场真正较量之后签订的,反映了当时两国综合国力对比的结果。该条约彻底改变了日俄两国关系,由以往日本对俄国俯首称臣,彻底转变为俄国对日本俯首称臣的局面。

日俄战争结束后,两国之间曾一度相互抱有戒心都想再进行一场较量,但是终因双方已经被大战造成元气大伤而无力再战。另外,在日俄战争中,刚刚兴起的日本帝国主义之所以能够打败相对比较老牌帝国主义俄国,很重要的因素是得到了英国、美国等帝国主义国家的支持。而英国、美国之所以支持日本,就是希望借用其力量把俄国从东北亚地区争霸行列中驱逐。随着日俄战争后俄国在东北亚地区逐渐收缩势力范围,英国、美国势力则开始向该地区扩展。英国、美国势力向东北亚地区扩展势力,不仅日本感到不满,因为日本不希望为别人做嫁衣,而且连俄国也感到自己在东北亚地区的利益受到威胁。于是在共同反对英国、美国势力向东北亚地区扩展这一大目标下,日俄两国开始缓和。1906年1月,日俄两国恢复了外交关系。1907年两国又签订了关于中国东北连接铁路的协定、渔业协定、贸易及航海协定,特别是在1907年7月30日,日俄两国签署了第一份公开协定与秘密条约,双方在公开协定中宣布尊重中国的领土完整,但是在秘密条约中却划分了各自在中国东北的势力范围。如日俄密约附款规定:

> 本约第一条所述北满于南满之界限,议定如下:从俄朝边界西北端起画一直线至珲春,从珲春画一直线到镜泊湖,再由此画一直线至秀水甸子,由此沿松花江至嫩江口止,再沿嫩江上溯至嫩江与洮儿河交汇之点,再由此点起沿洮儿河至此河横过东经一百二十二度止。①

这样以长春一线为界,在中国东北地区从此出现了所谓"北满"与"南满"之地理概念。1910年7月4日,日俄两国签署了第二份公开协定

---

① 《国际条约集(1872—1916)》,世界知识出版社,1986年,第315页。

与秘密条约,双方再次强调势力范围的界限,并且做出互不干涉对方势力范围内权益的保证,还表示两国要联合抵制第三国势力介入。1912年7月8日,日俄两国签署了第三份秘密条约,明确划分两国向中国内蒙古地区扩展势力范围的界限。1916年7月3日,日俄两国签署了第三份公开协定与第四份秘密条约。如果说前三份日俄秘密条约的目的是瓜分和巩固两国在"满蒙"地区的利益范围,那么第四份秘密条约就是一个侵略性的强权政治的军事同盟条约。两国要凭借着在地理上、军事上的优势,把其他列强挤出中国。

  1914年7月第一次世界大战爆发后,虽然俄国与日本都是协约国集团中主要成员,但是日本参加第一次世界大战的目的是要夺取德国在中国及太平洋的殖民地,而俄国则完全卷入了欧洲战场上进行厮杀,所以日俄两国在军事行动上没有什么配合。

第六章 日苏缔结《日苏基本条约》（1925年）

一、日本出兵苏俄远东和西伯利亚

1917年11月7日（俄历10月25日），俄国爆发了人类历史上第一次社会主义革命。俄国十月革命的消息传到西伯利亚及远东地区后，立即掀起大规模群众性革命高潮。1917年11月，第一届西伯利亚工、兵、农苏维埃代表大会在伊尔库茨克举行，并且宣布成立西伯利亚苏维埃中央执行委员会，其为俄国东部地区最高苏维埃政权。此后，海参崴（符拉迪沃斯托克）、伯力（哈巴罗夫斯克）、海兰泡（布拉戈维申斯克）、上乌丁斯克、阿穆尔省的洁雅，以及赤塔地区也相继建立地方苏维埃政权。1918年2月16日，西伯利亚与远东各地的工、兵、农及哥萨克代表齐集伊尔库茨克，召开了第二届苏维埃代表大会。至此，西伯利亚及远东地区苏维埃政权建设工作基本完成，甚至更为偏远的库页岛北部、黑龙江下游、雅库特地区，以及堪察加半岛也都建立起地方苏维埃政权。

新生的俄国苏维埃政权自诞生之日起，就面临国内外相互勾结的强大反动势力的破坏行径。当时苏俄政权仍然处于同德奥交战状态，对于新生苏维埃政权，退出战争是当务之急。十月革命胜利第二天，1917年

11月8日,苏俄政权就向各交战国人民和政府建议,立即就签署公正的民主和约举行谈判。但是,西方列强根本不承认苏俄政权,对其和平提议置之不理。对于西方列强来说,苏俄退出战争的直接后果是对德军两线作战局面的破解,德军可以集中兵力与美英等国作战。更重要的是,苏俄社会主义革命的成功、无产阶级专政的建立,对于帝国主义国家来说,就像病菌一样。它们担心全世界各国被压迫的民族在十月社会主义革命的影响下,发动革命推翻帝国主义国家的殖民主义统治制度。它们更担心本国人民仿效苏俄社会主义革命,起来革命推翻自己的反动统治政权。所以它们要乘苏俄无产阶级专政尚未完全巩固之际,迅速扑灭这场社会主义革命烈火,这就是帝国主义国家联合发动对苏俄武装干涉的首要目的。

1917年11—12月间,协约国集团召开最高级别军事会议,做出关于干涉苏俄革命"行动地区"划分决议,其主要规定:英国的"行动地区"为外高加索、中亚细亚、北高加索和从摩尔曼斯克到乌克兰;法国的"行动地区"为乌克兰、比萨拉比亚、克里米亚;美国与日本的"行动地区"则是西伯利亚和远东地区。① 本次会议上,法国提议由日本、美国出兵占领俄国西伯利亚铁路。法国考虑利用日本军队重建"东部战线",并最终实现保护法国金融资本在俄国巨额投资的利益。英国初期并不赞成该提议,但是与法国签署秘密协议后,转变为积极支持美日联合出兵,甚至接受日本单独出兵的提议。利用日本地缘优势对苏俄革命进行武装干涉,对于英法两国来说无疑是利大于弊,但对美国来说是完全不能接受的。美国担心日本如果独占苏俄远东地区领土,会改变日美两国在远东及太平洋地区的争霸局势。美国自1898年美西战争获胜后,就将亚太地区作为本国势力范围,对于中日甲午战争后日本不断增长的侵略野心不敢掉以轻心。苏俄西伯利亚和远东地区为美国与日本的"行动地区",双方在出兵多少问题上出现纠纷。美国提议两国对等各出兵7000人,日

---

① 黄定天:《东北亚国际关系史》,第290页。

本不肯接受此数额限制,美国被迫同意日本再增加5000人额度,并且威胁如果再超过额度,美国只好退出共同出兵行动,日本最后也被迫接受限额。

日本出兵苏俄远东及西伯利亚地区的借口,一是保护在其领土上的日本侨民的生命、财产安全,日本制造了许多类似事件作为借口,这也是日本帝国主义发动对外侵略战争时经常使用的手段。二是利用所谓的援助捷克斯洛伐克军团事件。

1917年12月,日本政府向美国等协约国政府提出照会,建议由日本出兵苏俄远东及西伯利亚地区来"维护秩序",并保护协约国各国在该地区的利益。作为交换条件,协约国各国应准许日本在苏俄远东地区获得矿山、森林和渔业的专有让与权,并且承认日本在中国的特殊地位。① 日本为此还辩解说,自己不持任何拥有领土的野心。同年12月30日,日本军舰"岩见丸"在没有依照国际惯例事先通知俄国当局的情况下,擅自闯进苏俄远东地区最大港口城市海参崴(符拉迪沃斯托克)。日本驻海参崴领事宣称,此艘军舰是来保护当地日本侨民的。俄国方面的滨海边疆区地方自治主席提出了严重抗议,但是日本对此不予理睬。英法两国驻海参崴领事对此表示给予道义上的支持,但是美国方面表示不赞成日本的干涉计划。

1918年1月中旬,第二艘日本军舰"朝日丸"以同样方式闯进海参崴港口,接着英国巡洋舰"苏福尔克"号和美国军舰"布鲁克林"号也擅自闯进海参崴港口。这些入侵者为了掩人耳目,声称出兵目的是"维护秩序"和保护外国侨民的"安全利益"。然而1918年2月5日,日本制造了袭击凡尔赛旅馆事件,居住在海参崴城里凡尔赛旅馆的各国侨民遭到抢劫。事件发生的当天,日本驻海参崴领事就向全世界通电,宣称俄国远东地区已经陷入严重的无政府状态,外国侨民的生命财产已经无法得到任何保障。3月26日,日本外相本野一郎在日本国会上公开宣称:"假如西伯

---

① [美]马士、宓亨利著,姚曾廙等译:《远东国际关系史》下册,商务印书馆,1975年,第617页。

利亚地区的状况将要威胁到日本帝国的安全,或其侨民的生命财产利益,政府则准备采取迅速而有效的自卫行动。"①果然不出所料,4月4日,海参崴又发生了所谓两名日本人被暗杀事件。以此事件为借口,4月5日上午6时,日本海军陆战队533人在海参崴登陆。② 这标志日本出兵苏俄远东地区及西伯利亚地区,武装干涉十月社会主义革命的开始,也是帝国主义各国武装干涉苏俄革命的开始。

在第一次世界大战期间,俄国境内大约有5万名捷克斯洛伐克战俘,他们是由奥匈帝国境内被迫充军,所以毫无战斗意志的捷克斯洛伐克人组成的军队。在俄国克伦斯基临时政府时期,俄国军队在东线战场俘获了这批俘虏。在第一次世界大战末期,奥匈帝国瓦解已成定局时,捷克斯洛伐克国内要求民族独立的势力通过在巴黎的捷克国民议会,与法国政府展开交涉。1917年12月16日,捷克国民议会与法国政府达成协议,将捷克斯洛伐克军团归顺于法国军事部门领导,并且决定以将这支军队调往法国战场与德奥军队作战为代价,换取法国承认捷克斯洛伐克战后独立。经过法国政府与苏维埃俄国政府协商,1918年3月15日,苏维埃俄国政府同意其经过苏俄远东地区绕道去法国。然而,在美国直接参加第一次世界大战作战后,再把捷克斯洛伐克军团调往法国战场的作用已经不大。这样帝国主义国家就对5万名捷克斯洛伐克战俘另做安排。1918年4月初,在法国驻俄国大使馆内举行了英、法两国代表的会议,若干俄国白匪军军官也参加了该会议。会议决定,把从俄国撤出的捷克斯洛伐克军团乘坐的军用列车分散到西伯利亚铁路沿线。1918年5月初,在车里雅宾斯克举行了一次捷克斯洛伐克人、英国人、法国人和俄国白匪军代表会议。该会议制订了关于捷克斯洛伐克军团的纵深配置和集中的周密计划。③

---

① 程文:《日本问题与国际问题》,重庆出版社,1988年,第280页。
② 杉森康二、藤本和贵夫编:《日俄、日苏关系200年史》,新时代社,1983年12月28日版,第235页。
③ 黄定天:《东北亚国际关系史》,第293页。

1918年1月,日本驻哈尔滨总领事佐藤尚武接见了俄国白匪军头目谢苗诺夫(Григорий Михайлович Семёнов,1890—1946)。谢苗诺夫1911年毕业于奥伦堡军事学校,1917年7月,即临时政府时期,他作为西伯利亚贝加尔湖地区代表,负责招募哥萨克。1917年十月社会主义革命胜利后,谢苗诺夫发动反对苏维埃政权的叛乱,失败后逃亡中国境内。在日本方面大力支持下,1918年4月6日,谢苗诺夫在中东铁路沿线海拉尔、昂昂溪招募潜逃的白匪军残余,并且在中俄边界口岸满洲里组建所谓"外贝加尔地方临时政府"。谢苗诺夫匪军内设置了日本顾问团,黑木大尉领导下的600名日本人义勇队参加活动①。1918年4月29日,谢苗诺夫率领白匪军从中国满洲里火车站越过国境线,进入俄国境内向苏维埃政权发起攻击,并且切断西伯利亚铁路。在这种形势下,行进途中的捷克斯洛伐克军团与德国战俘发生纠纷,并指责苏维埃地方政府处理不当为由,使事态扩大化。特别是当苏维埃俄国政府要求捷克斯洛伐克军团放下武器后,捷克斯洛伐克军团则立即将矛头对准苏维埃俄国政府。1918年5月25日,车里雅宾斯克的捷克斯洛伐克军团首先爆发叛乱,在西伯利亚铁路沿线奔萨至海参崴的捷克斯洛伐克军团也相继爆发叛乱。捷克斯洛伐克叛乱部队获得俄国白匪军和协约国方面的支持,很快在两个月内占领了乌拉尔及西伯利亚的大部分地区,对年轻的苏维埃俄国政府构成严重威胁。如1918年6月25日,海参崴发生了捷克斯洛伐克叛军在日英陆战队的援助下将当地苏维埃政府领导人多数逮捕,扶植起傀儡政权的事件。② 捷克斯洛伐克军团叛乱,不仅是帝国主义国家策划的,而且也得到帝国主义国家的大力支持。法国政府发给捷克斯洛伐克军团一笔500万卢布的贷款,美国则成立了一个专门委员会负责对捷克斯洛伐克军团的供应工作,在发给1200万美元的同时,又赠送了10万支步枪、100挺机关枪、500万发子弹以及大量其他装备,英国也资助

---

① 五百旗头真、下斗米伸夫、A·V·トルクノフ、D·V·ストレリツォフ编:《日ロ関係史——パラレル·ヒストリーの挑戦》,第196页。
② 杉森康二、藤本和贵夫编:《日俄、日苏关系200年史》,第256页。

了相当数量的卢布。① 1918年8月,谢苗诺夫匪军乘着捷克斯洛伐克军团叛乱之际,攻占了赤塔并将"外贝加尔地方临时政府"迁至此。

1918年8月2日,日本政府发表所谓"出兵西伯利亚宣言",声称根据列强协商一致决议出兵,一方面作为俄国友好邻邦,有义务帮助陷入混乱状态下的俄国恢复正常秩序;另一方面就是要援救被苏俄红军打击的捷克斯洛伐克武装叛乱集团。②

1918年8月11日,日军第十二师团开始从海参崴登陆。8月18日,日军在海参崴设置派遣军司令部,作为日军入侵俄国远东及西伯利亚地区的大本营。日军第十二师团、第七师团、第三师团分兵两路向苏俄境内发起进攻。一路以海参崴为基地,沿乌苏里铁路线向北,直逼伯力(哈巴罗夫斯克);另一路以满洲里为基地,沿中东铁路线直扑赤塔。9月8日,日军第七师团占领赤塔。9月19日,日军占领了海兰泡和斯沃博德内。9月22日,日军各路人马在斯科沃罗金诺附近实现会师。至此,贝加尔湖以东的西伯利亚铁路线全部被日军控制。日军第十二师团驻守沿海州、阿穆尔州和庙街(尼古拉耶夫斯克),第三师团驻守博尔齐亚以东的后贝加尔州,第七师团驻守博尔齐亚以西的后贝加尔州和中国东北地区北部。

1918年10月,日本入侵苏俄军队达72400人,占各帝国主义国家出兵总数的3/4。③ 日军出兵两个月便占领了沿海州、阿穆尔州、后贝加尔州和萨哈林州,控制了贝加尔湖以东的整个西伯利亚铁路和黑龙江、乌苏里江的水上航道。当时苏俄政权在远东及西伯利亚地区仅有非正规军2.5万,双方兵力相差悬殊,所以无力阻止外国军队入侵。

日本在东西伯利亚扶植谢苗诺夫傀儡政权,企图完全控制此地区。但是,苏俄方面采用游击战,发动组织群众抵抗,并利用日军在冬季行动

---

① 黄定天:《东北亚国际关系史》,第294页。
② 茂田宏、末澤昌二编:《日ソ基本文書・資料集》,第36页。
③ [日]林三郎编著,吉林省社科所日本研究室译:《关东军与苏联远东军》,吉林人民出版社,1978年,第7页。

困难的有利条件,借助严寒环境广泛展开游击活动,到处破坏铁路,切断电话线,给日军造成巨大威胁。为此,日军与苏俄游击队不断展开大规模讨伐清剿与反讨伐清剿活动。1919年2—3月,日军第十二师团在第二师团的配合下,集中兵力在海兰泡以北地区对苏俄游击队进行了清剿。1919年7—8月,沿海州的苏俄游击队以乌苏里斯克附近地区为根据地,不断对日军展开反清剿活动。为此日军从本土增调第十四师团、第十六师团、第五师团前往苏俄远东地区援助讨伐。1919年10月,苏俄游击队在额尔古纳河与石勒喀三角地域力量发展迅速,击败了白匪军谢苗诺夫部队的进攻,占领阿穆尔铁路部分段路,对日军造成了严重威胁。1919年8月底,日军第五师团进入后贝加尔地区,接替日军第三师团。10月,日军第五师团和第三师团之一部分兵力,对苏俄游击队展开了讨伐。日军的疯狂清剿不仅未能使苏俄人民屈服,反而激起了人民更加强烈的反抗。

1919年1月26日,日本内阁针对日军占领下的苏俄远东及西伯利亚领土,做出《对俄方针纲要》决议。其主要为:

(一)帝国希望俄国恢复,为此愿意与协约国共同提供一定的援助,提供兵力援助是绝对必要的,不会改变现有状况。

(二)恢复的俄国必须完全坚持和平主义对外政策,为此要做到:

(1)发展西伯利亚的资本主义制度,俄国中央政府不得向远东地区扩展,为此要采取一定的抑制措施。

(2)努力防止、消除在俄国远东地区上除维持秩序之外的军事设施的发展。

(3)努力防止、消除俄国在外蒙古地区作为经营的侵略政策实施。

(三)帝国关于俄国问题所采取积极行动,回避对俄国欧洲领土造成影响,仅注重俄国远东地区的永久和平重大问题。

(四)废除俄国在该地区有关资源开发及其他工商业经营方面限制或阻碍,依据机会均等原则,对外国人的居住、经营及投资给予便利,开放黑龙江、海参崴设为自由港。……①

---

① 西春彦监修:《日本外交史》第15卷,东京,鹿岛平和研究所出版会,昭和45年,第10—11页。

从日本内阁上述决议可以看出,日本的目的是把俄国远东及西伯利亚地区从俄国版图上分离出来,最终长期占领。为此,日本除派遣军队武力干涉外,又极力扶植当地白匪军的傀儡政权。在外贝加尔地区的要冲城市赤塔,日本扶植了谢苗诺夫政权;在阿穆尔州的海兰泡城(布拉戈维申斯克),日本扶植了里诺夫(Rionov)政权;在乌苏里江流域地区的伯力(哈巴罗夫斯克)城,日本扶植了卡尔梅科夫(Иван Павлович Калмыков)政权。1918年11月,在西西伯利亚的鄂木斯克,美英法等帝国主义国家又扶植了苏俄领土上最大的傀儡政权高尔察克(Александр Васильевич Колчак)政权,并且名义上统领谢苗诺夫傀儡政权、里诺夫傀儡政权、卡尔梅科夫傀儡政权。为了显示西方列强对高尔察克政权的重视,英国派遣高级官员艾里沃托博士赴鄂木斯克,法国、美国也委派各自驻日本大使赴鄂木斯克。日本政府对高尔察克傀儡政权,不仅率先予以承认,并且还给予物资支持。1919年5月,日本政府正式任命加藤恒忠为临时特命全权大使,9月份进驻鄂木斯克。

1918年11月11日,第一次世界大战参战国正式签署停战协议,1919年6月28日,巴黎和会各国代表正式签署《凡尔赛和约》。此后,捷克斯洛伐克军团大部分于1920年3月从海参崴方向撤出,英国、法国、意大利军队从1919年夏季至1920年夏季从苏俄领土上全部撤军。随着各列强军队撤离,他们扶植的高尔察克政府难敌苏维埃红军打击,再次向日本军队求救,日本军队则坚持1918年10月15日内阁决定,拒绝出兵贝加尔湖以西地区。1919年10月,高尔察克政府从鄂木斯克转移到伊尔库茨克。

1919年底,随着苏维埃俄国政权相对巩固,苏俄游击队在战斗中力量日益壮大,同时开始向外国列强扶植的傀儡政权发起进攻。10月间,苏俄军队向盘踞在西西伯利亚地区的高尔察克傀儡政权发起进攻,1920年1月,消灭了这股匪军。

在这样的形势下,1920年1月8日,美国驻海参崴军队司令古列维斯向日本驻海参崴军队司令大井成元通报,美军要单独撤出军队。1月

9日,美国政府向日本政府发出通告,随着捷克斯洛伐克军撤出,美军出兵西伯利亚的第一个目的已经实现了。美军出兵西伯利亚的第二个目的是帮助俄国人民建立自治政府或自卫,无法实现,所以决定4月1日前完成撤军。

二、日本与远东共和国

随着各列强军队的陆续撤退,靠列强扶植起来的白匪军叛乱政权也纷纷垮台。这样,在苏俄远东领土上只剩下苏维埃政权领导的红军与日本干涉军两大军事力量。1920年3月5日,日本政府做出决定,虽然援救捷克斯洛伐克军团目的已经达到,但是考虑到西伯利亚形势,需要继续驻军加强防务,防务区域为沿海州及中东铁路沿线,重点为区域交通及治安,防止俄方直接对中国东北及朝鲜半岛采取过激行动。3月31日,日本政府发表声明,日本为了维护接壤区域形势,确保侨民生命财产安全,防止俄方对中国东北及朝鲜半岛采取直接过激行动,在自卫基础上继续驻军,对俄国不抱任何政治野心,实现上述目的后迅速撤军。①

依据日本政府上述方针,日本驻海参崴军队于1920年4月初,在沿海州地方解除俄国武装团队约7000人的武装,确保日本固守占领苏俄远东地区。4月29日,日本驻军与海参崴政府之间达成协定,约定5月底前沿海州全境实现停战。正是在这样背景下,发生了日本军队与俄国地方武装游击队的冲突,即庙街事件。

针对日本军队赖着不走的局面,在布尔什维克党与苏维埃政权内部,一部分人主张应该向日本开战,赶走日本侵略军。列宁分析认为:"问题就是这样摆着:远东、堪察加和西伯利亚的一部分现在事实上为日本所占有,因为那里是受日本的军事力量支配的,正像你们所知道的,环境迫使我们建立了缓冲国——远东共和国。我们知道得很清楚,由于日

---

① 西春彦監修:《日本外交史》15卷,第13页。

本帝国主义的压迫,西伯利亚的农民忍受着怎样令人难以置信的灾难,日本人在西伯利亚干了多少罄竹难书的暴行。……但是,我们不能同日本打仗,我们不仅应该尽力设法推迟对日战争,如果有可能的话,还要避免这场战争。"①在西南有波兰地主武装、南面有邓尼茨残匪威胁的当时,苏维埃俄国没有力量与日本军队作战,对日本军队应该采取回避政策。

苏维埃俄国政府自成立后,就积极开展对日交涉政策,并且提出巨大优惠条件,希望两国保持正常关系。1917年12月1日,在叶卡捷琳堡,俄方根据外交人民委员托洛斯基命令,通过日本驻俄大使馆秘书上田仙太郎,向日本驻俄国大使内田康哉提议,再次讨论有关日俄条约、通商经济协定及远东、太平洋地区形势,就缔结协议举行谈判。1918年春,苏俄代理外交人民委员加拉罕通过上田秘书,提议再次讨论条约和缔结新通商经济协定。1918年6月,在叶卡捷琳堡,俄方对上田秘书提议:

(1) 继续按照日本所希望的那样修改通商及渔业条约;

(2) 对日本赋予一般性利权并且准备立法,对日本赋予优先的西伯利亚利权;

(3) 如果日本不出兵西伯利亚,作为回报条件,日本可以获得所希望的中东铁路、松花江航行权、海参崴自由港等利权,也准备向日本提供库页岛、沿海州各项利权。②

1920年2月24日,苏维埃政府通过无线电波向日本政府提议,讨论和平,作为主要条件,对日本放弃敌对计划,不干涉内政,承认日本在远东地区经济、通商方面特殊权益。1920年3月9日,在伊尔库茨克,苏维埃政府的西伯利亚及远东外交代表雅索根据外交人民委员契切林指示,向日本外相内田康哉发电报,提议两国为国民友好善邻关系及维护双方利益举行交涉。对于苏俄政府上述善意提议,日本方面完全采取置之不理姿态,没有做出任何答复。

---

① 列宁著、中共中央马恩列斯著作编译局译:《列宁全集》31卷,人民出版社,1958年,第422页。
② 西春彦監修:《日本外交史》15卷,第17頁。

苏俄远东地区庙街（尼古拉耶夫斯克）具有控制黑龙江出海口、控制库页岛的战略价值。1918年9月，日军第十二师团侵占庙街城后，苏俄游击队并没有放弃收复的努力。1920年2月，苏俄游击队向驻守庙街城的日军发起进攻并且收复该城，日军驻守庙街城守备队、海军通信队、在乡会军人等约400人成为俘虏。日军并不甘心这样失败，暗地里从其他地方调来军队援救。5月24—27日，即日本援救部队到达之前，苏俄游击队将所抓获的日本人全部监禁在城里后放火烧城，日军俘虏和领事官员及家属、侨民共计384人在这场大火中被烧死[①]。这就是日俄关系史上的所谓"庙街事件"。"庙街事件"反映出苏俄远东地区人民对日本军队的愤怒心情，然而也违背了列宁"对日本军队应该采取回避政策"的指示，为日本军队继续赖着不走制造了借口。

1920年7月3日，日本政府发表声明，"今年3月12日以来至5月末，在庙街港帝国守备队、领事馆官员及侨民约700人老弱男女，受到当地过激派残酷虐杀事件出现。帝国政府为了全力维护国家威信，决定采取必要措施。然而目前实际上没有可交涉的政府，在将来可能解决本事件的政府建立前，帝国将占领库页岛州境内部分地区。"[②] 日本认为"庙街事件"有损于日本帝国的威信，作为报复措施，决定出兵占领俄国远东地区领土库页岛北部。日本完全占领库页岛，改变了1905年9月双方签署的《朴次茅斯条约》有关两国领土划分的规定。

在1920年2月日俄两国军队在庙街爆发武装冲突后，4月2日，海参崴苏维埃政府远东代表威伦斯基，向海参崴日本派遣军政务部部长松平恒雄提议，为了防止庙街军事冲突再次发生，最有效的方法就是停止敌对行动，双方举行和平交涉活动。4月17日，威伦斯基向海参崴日本派遣军司令官大井成元部下提出苏方建议方案：

[①] 外务省编：《日本外交文書》大正十二年第一册，東京，1983年3月10日發行，第288号，第401頁。
[②] 西春彦监修：《日本外交史》15卷，第14頁。

(1) 苏维埃无意对日本发动侵略及干涉内政；

(2) 承认日本在远东方面经济、商业方面特别利益；

(3) 修改、恢复旧的条约，缔结新的条约；

(4) 考虑废弃债务问题；

(5) 就有关日苏和平会议及通商关系确定交换意见；

(6) 日本政府宣布实施从西伯利亚撤军。

4月18日，威伦斯基拜访海参崴日本派遣军政务部部长松平恒雄，希望上述提议获得其认可。1920年5月1日，威伦斯基以"追加条件"向松平恒雄口头提议，根据莫斯科指示：(1) 推动协商日军撤出；(2) 苏俄方面不维持太平洋舰队、限制军队、海参崴要塞解除武装成为商业港口；(3) 商议地点为莫斯科，或伊尔库茨克，或哥本哈根（丹麦），征求日本政府意见。[①] 苏维埃政府上述善意的和平呼吁，并没有获得日本方面接受，相反日本暗地里调集军队企图歼灭庙街苏俄游击队，结果军事救援不成，造成被俘人员384人遇难，此即所谓"庙街事件"。

为了避免与日军发生正面冲突，布尔什维克党与苏维埃政府决定，如在苏俄远东领土上公然地挂出苏维埃俄国的国旗，必然会直接引起新的战争。为了避免与日军发生战争，唯一可行的办法是在贝加尔湖以东至太平洋沿岸的广大地区内，建立一个挂着民主主义国旗的新的国家。一方面该国家作为缓冲国，可阻止日本帝国主义势力向西伯利亚纵深侵入；另一方面由于该国标榜自己为民主主义国家，而非共产主义国家，这就会使得日本派遣军阻止共产主义势力蔓延的借口消失。

1920年3月上旬，苏俄红军进入伊尔库茨克后停止向东推进，以避免同贝加尔湖地区的日本军队发生冲突。3月28日，在俄共（布）中央远东局和俄共（布）西伯利亚局组织下，外贝加尔湖劳动者代表大会在上乌金斯克（今乌兰乌德）召开。4月6日，会议宣布成立资本主义民主议会制的远东共和国，其领导人为布尔什维克党人克拉斯诺切哥夫。5月15

---

① 西春彦监修：《日本外交史》15卷，第17—18页。

日,苏维埃俄国政府宣布承认远东共和国独立。

苏维埃俄国政府对日本政策,一方面利用远东共和国铲除日本出兵防止"赤化"的借口,远东共和国主动与日本占领军交涉,争取实现日本撤军、国家统一。另一方面就是仍坚决打击国内白匪军,打消日本利用白匪军分裂俄国领土企图。随着日本从贝加尔湖地区撤军,俄国远东唯一的傀儡政府谢苗诺夫政权丧失援助,1920年11月,被苏俄军队打败逃亡外蒙古,苏俄军队乘势追击彻底将其歼灭。

对于远东共和国的成立,日本方面也表示欢迎。1920年5月11日,日本派遣军司令官大井成元发表声明,欢迎在俄国远东领土上成立自治行政区域,为了促进该事态形成,中止与俄方军队战争行为,设置停战区域。远东共和国方面对此表示赞成,7月15日,远东共和国代表与日本派遣军代表举行会谈,双方签署停战协议。7月16日,双方代表以交换声明形式达成协议,内容如下:

(1) 在俄国远东领土全境建立不受其他武力干涉的、统一各个政权的、单一的政府作为缓冲国,是保持远东领土和平秩序的最好方法。

(2) 该国不采用共产主义,立足于民主主义。

(3) 日本军队对上述统一会议的召开方式及活动不予干涉,对于出席会议的代表不论其信仰如何,为其出席会议提供方便。

(4) 远东共和国不允许苏维埃军队进驻或在该国境内通行。

(5) 该共和国保障日本人的人权不受侵害,尊重他们的权利。

(6) 该共和国及日本军司令部负有运用和平方式解决一切纠纷的义务。①

日本之所以承认远东共和国的原因,一是列强武装干涉苏俄革命失败,日本扶植的傀儡政权都是短命鬼,万般无奈之下,只好如此。二是日

---

① 西春彦监修:《日本外交史》15卷,第20页。

本企图以非共产主义缓冲国——远东共和国,来阻止共产主义思潮向临近的日本、朝鲜、中国东北等地传播,以维持日本帝国主义在这些地区的统治。三是日本企图控制远东共和国,以达到将其从苏俄国家中永久分离出来,最终成为日本势力范围或者统治的殖民地的目的。从上述协议可以看出,苏维埃政府向日本方面做出了巨大的让步。

1920年10月28日,苏俄远东地区的海兰泡政权、海参崴政权、外贝加尔政权、远东共和国及库页岛的代表,在赤塔举行了大会。11月1日,大会发表宣言并且宣布:

(1) 勒拿河以东的远东俄国领土独立。

(2) 在制宪会议召开之前,选举出新的远东共和国政府官员,其负有文武全权,政府遵守民主主义,保存私有制度。

(3) 各个地方政权同时失去国家的意义。①

本次大会选举出原来远东共和国政府领导人克拉斯诺切哥夫(Алекса́ндр Миха́йлович Краснощёков,1880—1937)等七名布尔什维克党人为新政府官员,政府设在赤塔,会议于11月11日闭幕。

1921年2月12日至3月22日,远东共和国召开了制宪会议,制定了非共产主义制度的宪法。远东共和国完成了远东俄国领土的统一,领土范围西自色格楞格及贝加尔湖,东至太平洋岸边的所有前帝俄土地,包括贝加尔沿岸省、外贝加尔省、阿穆尔省、"阿穆尔河"沿岸省、滨海省、堪察加省、库页岛北部等地,总面积300多万平方公里(实际控制面积170多万平方公里),人口186.6万。苏俄驻扎在上乌金斯克和伊尔库茨克的红军部队同贝加尔湖地区的游击队组编为共和国人民革命军。10月底,最后一批日本军队撤离伯力(哈巴罗夫斯克),各股白匪军势力被相继击溃,远东共和国领土连成一片。

远东共和国成立后,其对日本政策主要目标就是,一方面使日本尽

---

① 西春彦監修:《日本外交史》15卷,第22页。

快撤兵,另一方面使其尽快承认苏维埃俄国政府。在政策实施上,远东共和国除了多次向日本方面呼吁就和平、通商、撤军等内容举行谈判外,主要利用各种条约的缔结,表明自己与苏维埃俄国政府的关系,同时也设法利用日美两国在此问题上的矛盾,迫使日本接受自己的主张。远东共和国政府与苏俄政府还利用各种形式,向全世界人民广泛宣传日本侵略的罪行,唤起全世界人民的援助。此时的日本国内,日本工商企业界强烈要求开拓海外市场,特别是要求政府尽快与远东共和国政府签订经济贸易协定,以避免美国独占这一具有广泛发展前途的海外市场。1921年7月,日本政府决定与远东共和国政府举行会谈。

1921年8月26日,日本代表与远东共和国代表在中国大连举行双方会谈。远东共和国在会谈上的主要目标是要求日本迅速撤军,而日本在会谈上的主要目标则是实现通商。大连会谈上,日方除了提出一般通商问题外,更强硬地提出:保证日本侨民的生命、财产安全;保证日本人不受来自苏俄方面的威胁;废弃对外国人的各种生产上的严格限制;至少对于日本人不实现共产主义制度,并且禁止共产主义内容的宣传;拆除沙俄时期构建的具有威胁性的军事设施;西伯利亚地区内所有产业对外国人实现门户开放主义。[①] 显然日本将所控制的苏俄远东领土及西伯利亚地区看作殖民地。针对远东共和国提出撤军问题,日本要求签订"日苏基本条约"后,从俄国远东大陆撤军;待"庙街事件"解决后,从俄国库页岛北部撤军。对于庙街事件,远东共和国政府表示不负责任。日本政府强硬的对苏政策导致1922年4月16日大连会议宣布破裂。

大连会议破裂后,日本政府遭到国内各阶层人士的强烈批评,特别是强烈要求与远东共和国政府签订通商协定的日本工商业界。另外,日本军队长期赖在苏维埃俄国领土上,也使日本政府的财政开支出现困难。据日本方面公布,出兵苏维埃俄国领土4年多,共计造成军队死亡

---

① 西春彦监修:《日本外交史》15卷,第27页。

1475人、伤10000余人、病死600余人,财政支出高达7亿日元左右。①基于上述各种原因,1922年6月24日,日本政府宣布,10月末前从滨海边疆区撤出军队,完成在俄国大陆上撤军。与此同时,适当缩小在库页岛北部的占领范围,以期待庙街事件解决。

1922年2月17日,远东共和国政府与苏维埃俄国政府缔结经济同盟条约,规定该共和国与其他国家缔结一切经济及关税协定时,必须事先得到苏俄政府的同意。此协定,一是表明了远东共和国政府与苏俄政府的关系,二是迫使日本要认识到,与远东共和国政府建立经济关系时,先要与苏俄政府交涉,实质上是逼迫日本政府承认苏维埃俄国政府。

1922年7月,日苏双方再度协商决定,在中国长春举行谈判。在远东共和国政府的强烈要求下,日本政府同意苏维埃俄国与远东共和国组成联合代表团参加会谈。9月4日,长春会议开始。在双方代表交换各自委任书时,就发生了矛盾。苏俄方面以两国统一代表资格参加会议,其权限包括远东共和国在内的广大苏维埃俄国领土范围,而日本方面代表,其权限仅仅为远东共和国的范围内。这样长春会议开始就代表权限问题展开激烈争论。另外,双方就是否以大连会议结果为基础进行谈判也出现争论。日本代表要求以大连会谈结果为基础继续谈判,而苏俄代表则要求放弃大连会谈结果重新谈判,长春会议经过21天交涉后,9月25日不得不宣布破裂。

1922年2月,远东共和国军队占领水路、陆路交通重镇伯力(哈巴罗夫斯克),接着向苏俄远东最大港口海参崴逐渐逼近,迫使日军又不得不于1922年8月开始从滨海州撤兵,至10月25日,日军从海参崴撤军完毕。日军撤离远东大陆,结束了对苏俄的大规模军事干涉行动。随着日本军队撤离,苏维埃政权恢复了对远东地区及太平洋沿岸的控制权。日本军队从苏俄远东大陆撤出,作为与日本陆地上的缓冲国——远东共和国的存在也就失去意义。为了能使今后单一的苏维埃俄国政府与日本

---

① [美]马士、宓亨利著,姚曾廙等译:《远东国际关系史》下册,第633页。

政府谈判,为了防止日本企图使远东共和国永久化与强化资本主义性质,1922年11月15日,全俄苏维埃中央执委会同意远东共和国的"申请",宣布合并远东共和国。至此,远东共和国从历史舞台上消失。

远东共和国虽然在历史上仅存在两年半左右,但是它为保卫新生的苏维埃政权、维持相对稳定东北亚的国际关系起了重要作用。远东共和国的建立与苏维埃俄国被迫同德国缔结《布列斯特和约》一样,都是在敌强我弱的情况下做出的"革命妥协",但为年轻的苏维埃政权赢得了必要的喘息时机。作为缓冲国,远东共和国的建立,也使日本武装干涉苏俄远东领土失去借口,同时也避免了苏俄军队与日本军队发生战争的危险,相对稳定了东北亚地区的国际关系。远东共和国与美国的经济交往,表明社会主义制度的国家可以有私人资本的存在,可以利用市场经济中某些有益的因素。远东共和国在具体政策制定上拥有一定的灵活度,特别是其租让政策就是一种有益的尝试。租让政策的实行用事实证明了社会主义制度同样可以利用私人资本,甚至是外国资本。远东共和国与美国的经济交往,加深了美日两国之间的矛盾,在国内外的共同压力之下,日本只能撤兵。美国通过与远东共和国的经济交往,加深了对远东共和国和苏俄的了解,促使美国政府一味敌视苏俄的政策有了部分转变。特别是美国民众对远东共和国的巨大兴趣,直接影响了美国政府在远东问题上的态度和政策。

远东共和国的建立,在东北亚国际关系中,在整个世界国际关系中,是一个特殊的范例,是一个值得研究的重要课题。它为解决国家、地区间的冲突提供了经验。1922年12月30日,苏维埃社会主义共和国联盟苏维埃第一次代表大会在莫斯科举行。从此,苏维埃社会主义共和国联盟(以下简称苏联)出现在20世纪的国际舞台上。

三、日苏两国缔结《日苏基本条约》

1922年2月,美国主导下的华盛顿会议之后,日本不仅在国际社中越来越孤立,日本海军被限制在对美英海军劣势地位,而且在中国,日本被迫放弃了"二十一条",归还山东半岛,同时又受到美英重返中国势力的冲击。在这样的形势下,日本工商企业界要求与苏俄政府缔结经济贸易协定,扭转国内经济不景气局面的呼声越来越高。1923年2月22日,日本海军省给外务省公文上明确指出:"日苏关系亲善在我国经济及国防上有密切关系,朝野有识之士众望为我外交方针之一。西伯利亚撤军迟缓已经使俄国国民对帝国抱有反感,如今仍出兵占领库页岛北部使这种感情继续恶化,国家应尽快改变遗憾事。我们今天惟以百年大计为目的改善对苏关系,不要因小失大。"①

在日本出兵苏俄西伯利亚及远东领土时期,日本渔民在俄国领海上捕鱼作业,完全是在日本海军军舰的护卫下,进行所谓"自治捕鱼"作业。1923年3月,苏联政府宣布,废除1922年11月14日以前(即合并远东共和国之前)的一切渔业协定。这样就限制了日本渔民在苏联领海上的捕鱼作业,当时渔业是日本的主要产业,这对日本打击极大。

面对上述形势,日本国内主张改善日苏关系的代表人物,日俄协会会长、东京市市长后藤新平拜会首相加藤友三郎,阐述了自己的主张,后藤认为:

> 第一,在日益国际孤立化的今天,日本的重要任务是改善日苏关系,谋求圆满解决渔业问题,同时应掌握好对苏经济发展的时机;
> 第二,在美对苏暗暗活跃之际,应先行一步消除将来的祸根;
> 第三,对中俄接近,应先行一步制止中国的妄动,把远东和平的钥匙掌握在我们手中;
> 第四,即使苏维埃不放弃共产主义,我们依据自己的主义信条,与苏维埃交往也不存在任何阻碍。②

为了打开谈判的僵局,1922年11月,日本首相加藤友三郎决定,东

---

① 外務省編:《日本外交文書》大正十二年第一册,第234号,第271頁。
② 外務省編:《日本外交文書》大正十二年第一册,第234号,第273頁。

京市市长后藤新平可以"私人"名义,邀请苏俄驻远东地区大使越飞(A. A. Joffe)前来日本。

1923年2月,越飞与后藤新平在东京举行了两人的"私人"会谈。3月7日,越飞提出举行日苏两国会谈的三个条件,征求日本政府的意向。越飞大使提出的三个条件为:

(1) 签署的条约上,要承认两国之间具有平等的权利。

(2) 签署的条约,不仅是通商条约,而且是包括恢复两国正式外交关系在内的完整条约。在法律上承认苏联的同时,双方要互相放弃过去的一切要求。

(3) 应明确规定日本军队从库页岛北部撤军的日期。①

3月29日,后藤新平根据日本政府指示就上述三个条件给予答复:

(1) 作为原则,日苏两国站在平等立场上谈判,但日本不能放弃根据旧条约已经获得的利益。

(2) 法律上承认苏维埃政府,要以解决"庙街事件"与履行必要的国际义务为条件。

(3) 库页岛北部驻军是为保障"庙街事件"解决,"庙街事件"解决后,再决定撤军日期。②

4月24日,在两人"私人"会谈上,后藤新平进一步提出日本政府方面的立场。即:

(1) 日本同意举行第三次日苏两国会谈,但是"庙街事件"和"库页岛北部问题"作为重要问题,事先要与苏联政府解决。

(2) 日本政府认为,关于库页岛北部问题,希望通过收买方法解决,如果苏联方面同意,希望知道收买数额是多少③。

---

① 外务省编:《日本外交文书》大正十二年第一册,第236号,第299—300页。
② 外务省编:《日本外交文书》大正十二年第一册,第238号,第303—304页。
③ 外务省编:《日本外交文书》大正十二年第一册,第251号,第327页。

针对日本方面上述立场,越飞大使答复:关于庙街事件,据苏联掌握的各种资料看,是日本军队挑起的。为了建立两国友好关系,希望日本方面不要提出损害苏联政府形象的方案。关于收买库页岛北部问题,应该与苏联政府交涉,但是,最好的解决方法应该是采用长期联合开发资源的手段。①

5月23日,后藤新平正式向越飞转告,两人间的"私人"会谈到此结束,今后的会谈改为由日本政府出面。

6月28日,在日本东京,两国政府间非正式会议开始举行,日本政府代表为日本驻波兰公使川上俊彦,苏联政府代表为苏联驻远东地区大使越飞。

关于库页岛北部问题,日本代表川上俊彦提出:"一岛两国所有容易引起纠纷,为此日本方面考虑出资收买库页岛北部领土。""据日本学者及专家评估,合适的价格为1亿5000万日元。"②对此苏联代表越飞提出:"苏联政府根据学者、专家组成的委员会调查,认为其收买价格不得低于10亿金卢布。③ 此后,苏联代表越飞又提出不得低于15亿金卢布,④可以看出双方在价格问题上差距越来越大。在这种情况下,日本代表川上俊彦提出:"将该岛长期租借给日本政府,或者授权日本企业开采石油、煤炭、森林等资源,苏联方面可以从中获得一定比例的分配额"。⑤对此苏联代表越飞并没有马上给予答复。

关于庙街事件,川上俊彦提出,日本出兵苏联远东领土是根据国际联盟的共同协议,并没有干涉苏联的内政,因此要求就有关庙街事件的损失得到赔偿。越飞也做出一定的让步,表示同意发表一份说明遗憾意识的声明,但是不能涉及物质方面的赔偿。川上俊彦认为,不能完全放

---

① 外務省编:《日本外交文書》大正十二年第一冊,第251号,第328—329頁。
② 外務省编:《日本外交文書》大正十二年第一冊,第282号,第383頁。
③ 外務省编:《日本外交文書》大正十二年第一冊,第282号,第385頁。
④ 外務省编:《日本外交文書》大正十二年第一冊,第287号,第398頁。
⑤ 外務省编:《日本外交文書》大正十二年第一冊,第284号,第388頁。

弃物质赔偿，如果苏联政府目前财政困难，可以在解决库页岛北部问题上做出对日本有利的让步，这样日本可以放弃要求物质赔偿。东京非正式会议，双方最后没有能够达成一致意见，但是双方都认为有必要举行正式会谈。

1924年5月，日本国会举行了大选，代表工商企业界利益的自由主义政党宪政会获得胜利，宪政会总裁加藤高明组成新内阁。加藤内阁从日苏经济贸易角度，加快推动双方关系转变，经过双方协商决定，1924年5月15日，日苏两国在中国北京举行正式会谈。苏联方面代表为苏联驻远东地区大使加拉罕，日本方面代表为日本驻中国公使芳泽谦吉，双方经过44轮交涉，彼此之间都做出一定的让步。关于庙街事件，苏联方面允许日本在库页岛北部获取比较有利的经济权益，对此日本方面放弃要求苏方公开道歉、赔偿等要求。关于库页岛北部撤军问题，双方协定在条约缔结的一个半月内，日本完成从库页岛北部的撤军工作。另外，苏联方面表示承认1905年9月缔结的《朴次茅斯条约》继续有效。

1925年1月20日，日苏两国在中国北京正式签订《日苏基本条约》（或称《日苏北京条约》），该条约内容如下：

第一条 两缔约国政府约定自本条约生效后，确立两国之间外交及领事关系。

第二条 苏维埃社会主义共和国联盟承认1905年9月5日的《朴次茅斯条约》完全继续有效。1917年11月7日前日本国与俄国之间缔结的条约、协约及协定，除了上述《朴次茅斯条约》之外，两缔约国政府之间重新举行会谈审查，根据事态发展变化决定修改或废弃。

第三条 两缔约国政府自本条约生效后，须考虑1907年日俄渔业条约缔结后一切事态的变化，同意修改该渔业条约。在未修改之前，苏维埃社会主义共和国联盟政府关于租借渔区给予日本国渔民，应该按照1924年的成例办理。

第四条 两缔约国政府自本条约生效后，应根据下列原则，重定通商和通航条约：

(1) 两缔约国政府根据其本国法律，允许对方国家的人民有入境、迁移、居住的完全自由，以及生命、财产的永久充分保障。

(2) 两缔约国政府根据其本国法律，在最大的可能范围内，并在相互条件下，允许对方国家人民在本国境内享受私有财产及从事商业、航业、矿业及其和平职业的选择自由。

(3) 根据本国法令制定国际贸易制度，不得损害各缔约国的权利。两缔约国的任何一方，不能用赋税等限制手段妨碍两国商业及其他的关系。关于贸易、航行、实业等方面，双方应该以最优惠的权利相互待遇。

或两缔约国政府根据两国之间经济关系，以促进相互之间通商及航海缔结特别协定为目的，随时根据要求举行商议。

第五条 两缔约国为了维护和平友好关系，相互尊重彼此在法律内自由处置自身事务的权利，以及在法律内自由处置下述事项的权利，即公务人员及受政府津贴团体以秘密或公开的行动侵害苏联或日本任何一部分领土的和平与安全。

两缔约国政府不允许有下列两种事情在本国领土内存在：

(1) 对方任何一部分领土被称为政府的团体或集团。

(2) 上述团体或集团从事政治活动的外国人民。

第六条 为促进两国之间经济关系，或考虑到日本国对天然资源的需求，苏维埃社会主义共和国联盟政府特许日本人民、公司、团体在苏维埃社会主义共和国联盟领土内开矿、伐木及开发其他天然资源。①

根据该条约，日本政府不仅承认苏联政府，两国建立大使级外交关系，并且还从苏联领土上撤出全部干涉军。1925年《日苏基本条约》的签订，标志着日本从武装干涉苏俄社会主义革命，到承认苏联政府，建立两

---

① 外务省编集：《日本外交文书》大正十四年第一册，第313号，第488—491页。

国外交关系的转变完成。更重要的是,我们从日本与苏联及俄罗斯两国领土纠纷角度看,苏联政府承认1905年9月《朴次茅斯条约》继续有效性,就是承认沙皇俄国时期割让的库页岛南部地区(南库页岛)给日本的合法性。

四、北库页岛利权问题

我们为何在此论述日本在苏俄的利权问题?实际上,1905年9月签署的《朴次茅斯条约》在日俄两国关系史上占据重要位置,该条约不仅标志日本迫使老牌列强俄国低头让步,而且更标志俄国对日关系上角色的转化,从强势转变为弱势。俄国作为世界级大国,与当时属于二流以下、黄色皮肤的国家日本媾和,是难于忍受的耻辱,大大伤害了俄罗斯国家的体面,而且受日本逼迫接受不平等条约,深深刺激俄罗斯的民族自尊心。日本人有权在俄国领土库页岛北部开采石油、煤炭、森林等,有权与俄罗斯人一样在俄国领海及近海捕鱼及从事其他所有渔业活动,这些利权时时刻刻刺激着俄罗斯的民族自尊心。日本从俄罗斯获得巨大经济利益,也换来俄罗斯民族的巨大仇恨。这种巨大民族仇恨是两国领土问题纠纷不断发展,最终难于化解的根源。

1925年12月14日,根据1925年1月20日《日苏基本条约》的规定,日苏两国在莫斯科签订关于北库页岛石油开采权利租让合同和煤炭开采权利租让合同。这样,日本根据该合同获得了苏联领土库页岛北部的石油、煤炭、森林开采权利。

日本对俄国北库页岛石油、煤炭的贪婪之心早已存在,在其出兵俄国远东及西伯利亚地区的同时,就已经着手在该地区进行石油、煤炭的勘探及开采行径。日本借用"庙街事件"出兵占领北库页岛,最后又借用撤军问题换取在该地区石油、煤炭勘探及开采合同书的签订,不过是使这种行径最后长期化、合法化而已。

苏联之所以同意签署这样有损于国家利益的合同,原因就是当时国家实力有限,不足以同日本展开大规模军事行动。作为苏联来说,当时最主要的任务就是实现国家领土的统一,争取获得比较稳定的国际环境,抓紧时间稳定国内政权和恢复发展经济。日苏两国交涉的矛盾焦点是解决因"庙街事件"所带来的日本出兵占领北库页岛问题,苏联以租让库页岛北部石油、煤炭、森林的开采权利换取日本的撤军,这样双方才签署了1925年《日苏基本条约》。该条约不仅使日本撤军,而且使两国建立外交关系,苏联东部地区获得了比较稳定的国际环境,对于苏联国家长期利益是非常有益的。

实际上日本在出兵占领北库页岛之前,就已经关注及插手该地区的石油问题,这也是日本针对"庙街事件"选择出兵占领北库页岛的原因。日本海军在1906年10月获得英国海军舰船的燃料油情报后,决定在舰船上采用煤油混烧装置,1908年4月开始把重油列为海军第二种消耗品。与此同时,日本海军在各个主要港口兴建大型储油库,1914年总库容量达2.45万吨。由于燃料油消耗越来越大,日本国内石油产量又无法满足,1915年12月,海军决定从国外购买石油。1918年5月30日,海军省次官栃内曾次郎向外务省次官币原递交了关于开发海外石油的申请报告,提出:由于新建造的海军舰艇都是采用石油为主要燃料,军需石油量逐年增大,国内油源供应能力远远不能满足,现在海军燃料油大部分靠进口的情况下,要求在海外利用适当机会、选择合适方法,使帝国获得石油开采权利,这对将来帝国海军石油供应是充分保障,在军事上是极为必要的。在这份申请报告后附带了准备开发海外石油的地区,其中第一个目标、作为军需石油供应源的最重要地区就是俄属库页岛北部东海岸一带油田。① 日本为什么如此了解该地区的石油资源状况?原来早在1904—1905年日俄战争期间,日本就曾派遣地质人员到该地区进行了煤田、油田若干调查,初步掌握了一定材料。库页岛北部石油产地离日本北海道各个港口距离不足400海里,可以说是日本海外石油资源最

---

① 吉村道男:《増補:日本与ロシア》,東京:日本経済評論社,1991年7月発行,第386頁。

近的地区,所以日本非常重视该地区。

1917年,日本大企业"久原矿业"在海军支持下开始与俄国方面就此事交涉,1918年海军也参与了油田调查工作。1918年5月21日,日本的久原矿业株式会社和俄国的斯塔埃夫商会签订了关于北库页岛石油调查的合同,在斯塔埃夫商会获得批准的石油特许区域内,久原矿业可以进行石油资源调查,然后根据调查结果组成会社共同经营。日本方面对北库页岛的石油非常重视,1919年4月1日内阁会议通过决议,即关于苏联领土库页岛北部建立企业的文件,强调库页岛北部石油和煤炭对舰艇、飞机、汽车及其他燃料油供应问题是"绝对必要的"。[①]为了确保该地区石油的开采顺利发展,在日本政府帮助下,1919年5月1日,久原矿业、三菱矿业、日本石油、宝田石油、大仓矿业等五家大企业组成辛迪加,即企业联合组织,取名为北辰会。北辰会完全继承了久原矿业与斯塔埃夫商会所签订合同的权利与义务。北辰会的组成为:久原矿业和三菱矿业各占1/4,日本石油、宝田石油、大仓矿业各占1/6。1919年6月,北辰会派往该地区从业人员为200人,日本海军省也派出五组地质调查队帮助勘探。在1920年5月发生"庙街事件"后,7月日本出兵占领北库页岛,7月16日内阁通知外务、陆军、海军、农商等有关部门,今后海军对北库页岛石油、煤炭所采取的措施,拥有广泛的监督权。实际上该地区此后五年内完全在日本军政统治下。

由于北库页岛石油对日本,特别是海军具有重要性,所以此项工作完全在海军省的控制下进行。1921年5月,在海军省的支持下,陆、海、外、农商各省经过协商,决定把北辰会改建为株式会社组织。到1922年,三井矿业、铃木商店也加入北辰会。

1923年2月,海军向政府上书,强调采油权在国防事业上的必要性。护宪三派内阁成立后,海军方面继续上书,指出"现在世界上列强都对石油的各种权利的获得采取狂热态度,外交活动的一半是石油争夺战",日

[①] 吉村道男:《增補:日本与ロシア》,第388頁。

本的石油产量,不能达到海军平时所需,所以北库页岛油田显得特别重要。为此海军方面不仅要求政府尽快与苏联缔结通商条约,而且还要尽快正式承认苏联政府。

按照海军方面的预算,北库页岛石油可以年产 10 万吨,投资额为 500 万日元,获纯利达 70 万日元。投资 500 万日元中,固定资本为 400 万日元,其中海军出资 300 万日元,北辰会出资为 100 万日元。这个时期,海军从临时军事费中向油田调查费和北辰会分别支付资金。1920 年度分别支付 60 万日元和 56.9 万日元;1921 年度分别支付 140 万日元和 87.7 万日元;1922 年度分别支付 150 万日元和 88.8 万日元;1923 年度分别支付 50 万日元和 101 万日元;1924 年度为 41 万日元,总计约 775.7 万日元。

按 1925 年 1 月《日苏基本条约》附属议定书(乙)规定,1925 年 8 月 14 日,日本有关企业与苏联政府有关部门在莫斯科开始举行会谈。1925 年 12 月 14 日,双方签订北库页岛石油利权合同和北库页岛煤炭利权合同。其利权合同的主要内容如下:

1. 石油利权

(1) 现有财产问题:苏联要求当地现有财产,依据矿业国有令实行国有化,并且要求使用财产要支付使用费。对此企业表示不同意,协定就所有权归属问题待日苏两国政府进一步协商,决定财产使用费支付 4%。

(2) 合同期限为 45 年。

(3) 地域:a. 已开发的油田 8 处。b. 试开采地域 1000 俄里,苏联政府与利权者协议决定,设置 960 俄亩为利权者自由开采,待开采出有价值石油时,以 80 俄亩为两个正方形,划给日苏两国,但是出油部分划给利权者。

(4) 报酬:年产油量达 2 万吨时为 5%,在此基础上每增产 1 万吨增加 0.25%,达到 42 万吨时为 5%。采用美国加州或墨西哥湾的价格标准纳金。关于自喷井,日产油量10吨为普通井,50吨为15%,在此基础上逐渐增加到100吨以上为45%。

(5) 纳税:单一税,支付相当于产量3.85%的原油税。

(6) 社会保险费:年工资总额的16%。

(7) 对于开采出石油,苏联方面没有收购权。

(8) 适用于一切劳动法规。另外,使用外国人、高级事务员、技术员及熟练工人为50%,其他人员为25%。

(9) 允许苏联地质学者、技术人员、矿山学校学生实习。另外,不经允许不得将合同书规定的权利义务转让。

2. 煤炭利权

(1) 现有财产归属问题:不同意苏联方面要求归属国有的主张,决定使用费为支付5%。

(2) 报酬:a. 北库页岛煤炭企业组合,采煤量达10万吨时为5%,在此基础上每增加5万吨增加0.25%,达到65万吨以上为8%。b. 坂井组合,采煤量达到5万吨时为5%,在此基础上每增加1万吨增加0.25%,达到16万吨以上为8%。

(3) 纳税:单一税,煤炭销售额(FOB价格)的3.3%。

(4) 苏联方面保留产煤量50%的收购权。

(5) 劳动问题:适用一切劳动法规,使用外国人,高级人员为50%,中级及普通人员为25%,矿井内工人及搬运工人最初5年为50%。

(6) 期限为45年。

(7) 社会保险费:原则为年工资总额的13%,但是使用现有日本医疗机构减额3.5%。

(8) 允许地质学者等实习,不经允许不得转让合同上规定的权利义务(与石油合同内容相同)。[①]

---

① 西春彦监修:《日本外交史》15卷,第110—111页。

海军省军需局局长平塚讲,如果日本方面按年产 10 万吨,可以开采 40 年。当时日本的原油产量为,1914—1918 年的第一次世界大战期间 5 年,平均年产量为 55.7 万吨,1921—1924 年的 5 年,平均年产量为 27.3 万吨。所以海军方面非常渴望北库页岛石油。

外、海、藏、农商等省经过商议,决定解散北辰会,在北辰会基础上重新组建新会社。1926 年 6 月,组建成立北库页岛石油会社,前海军省军需局局长中里重次担任首任社长,并且规定该地区所开采的石油全部供应给海军。北库页岛石油会社主要由三菱、三井、日本石油、大仓、久原等大企业组成,共同出资为 1000 万日元。据统计,第一年度(1926 年度)原油产值为 87.4 万日元,获纯利 4.7 万日元;第二年度(1927 年度)原油产值为 207 万日元,获纯利 38 万日元;第三年度(1928 年度)原油产值为 355 万日元,获纯利为 60 万日元。1929 年内的原油产量为 17.5 万吨,占当年日本全部石油产量的 75%。可以看出,日本在北库页岛的石油开采,在当时日本石油开采中占有非常重要的地位。

1926 年 8 月,日本的三菱、三井、大仓、冈野等大企业共同出资 1000 万日元,组建成立北库页岛矿业会社,从事煤炭经营。据统计,第一年度(1926 年度)煤炭产量为 9041 吨,第二年度(1927 年度)煤炭产量为 9.5 万吨,第三年度(1928 年度)煤炭产量为 11 万吨,第四年度(1929 年度)煤炭产量为 13 万吨。可以看出,日本在北库页岛的煤炭产量在迅猛增长。

五、日苏渔业问题

日本人在苏联领土沿海拥有与俄罗斯人一样的渔业权益,也是来自不平等的《朴次茅斯条约》规定,其与日本人获得苏联北库页岛利权一样,时时刻刻刺激俄罗斯人的自尊心,加深俄罗斯人对日本人的仇恨,直接导致俄罗斯人在两国领土问题上报复心态加剧。

北太平洋渔场因处于太平洋暖流与白令海寒流交汇处而渔业资源

丰厚,成为世界著名渔场。二战结束前该渔场是日本主要的渔业生产区域,20世纪上半叶渔业捕捞作业,因技术限制而主要依赖沿海区域,所以俄国远东沿海成为日本渔业捕捞主要场所。

1905年9月,日俄两国签署《朴次茅斯条约》第11条规定:

> 双方同意,俄罗斯国将日本海、鄂霍次克海及白令海的俄罗斯国领土沿海的渔业权赋予日本国民,并约定与日本国签署协定。①

据此,1907年两国签署了《日俄渔业协定》。其主要内容为:

> (1) 条约适用范围为,日本海、鄂霍次克海与白令海的俄国领土沿岸海域。但是,除了河川及入江口外,还有4个港湾领海范围内,禁止外国人捕捞作业。
> (2) 日本人在上述海域,除海狗、海獭外,拥有捕捞一切鱼类及水产品的权利。
> (3) 渔业经营采用渔区竞买方法租借。
> (4) 有关渔区租借竞买活动中,日本人与俄国人享有同等的待遇。②

日本人在俄罗斯沿海享有与俄国人同等的渔业权益,这是二战结束前日苏渔业纠纷的焦点。据统计,从1908年该条约开始实施,到1928年两国签署新的渔业协定,日本在此渔区租借率为年均82.9%。如1908年日本租借渔区为119个,俄国租借渔区为14个。到1918年日本租借渔区为245个,而俄国租借渔区为80个。可以看出该条约充分满足了日本的渔业利益。③

在日本出兵俄国远东及西伯利亚期间(1918—1925年),1919年8月26日,日本与高尔察克傀儡政权签署协定,双方确认1907年《日俄渔

---

① 末泽昌二、茂田宏、川端一郎编辑:《日俄(苏)基本文书·资料集》,RP印刷2003年版,第31页。
② 外务省编:《日ソ交涉史》,巖南堂书店,昭和17年4月版,第95页。
③ 日本国际政治学会编:《日露·日ソ关系の展开》,有斐阁,昭和41年版,第90页。

业协定》继续有效。1920年日本又与海参崴地方政权交涉,双方决定该条约仍然有效。但是1920年7月日本借"庙街事件"出兵占领苏俄库页岛北部后,有关1921年渔业问题交涉时,海参崴地方政权拒绝了日本方面的要求。在没有得到俄国方面任何政权允许的情况下,日本单方面决定继续在俄国沿海区域进行渔业捕捞,日本称其为"自治"捕鱼作业,并派出军舰保驾护航。这种所谓"自治"捕鱼活动持续到1922年底,与此同时日本也没有向苏联方面任何政府部门交纳租借费。据统计,从1919—1925年间,日本渔民在苏联沿海从业人员年均为16000人,渔业产值年均为3000—4000万日元①。

1922年12月30日,苏维埃社会主义共和国联盟(苏联)成立后,1923年3月2日,苏联政府公布了《在远东渔业及海兽业经营规定》,明确宣布1907年《日俄渔业协定》无效。但是,1923年2月两国就建立外交关系问题进行交涉,为了推动交涉进行,苏联方面同意1923年日本按照原渔业条约规定继续在该渔场捕鱼作业,有关"自治"捕鱼期间没有交纳的租借费175万日元日方必须补交。对此要求,日本方面补缴渔区租借费后,日苏双方缔结了为期一年的渔区租借协定。1924年,在苏联政府强烈要求下,日本方面只支付现金55万日元,剩下的120万日元交付期票,这样两国根据与前年同样的条件,签订了1924—1926年的三年期渔区租借协定。②

1925年1月24日,两国缔结《日苏基本条约》,其核心内容之一就是苏联承认了1905年9月《朴次茅斯条约》的继续有效性。根据1925年《日苏基本条约》第三条规定:

> 两缔约国政府于本条约生效后,须考虑1907年《日俄渔业协定》缔结后一切事态的变化,同意修改该渔业协定。③

---

① 外务省编集:《日本外交文书》大正十二年第一册,第230号,第264页。
② 日本国际政治学会编:《日露・日ソ関係の展开》,第90页。
③ 末泽昌二、茂田宏、川端一郎编辑:《日俄(苏)基本文书、资料集》,第39页。

1925年12月22日,日本驻苏大使田中都吉与苏联副外交人民委员阿拉罗夫(Семён Иванович Аралов)之间开始就1907年《日俄渔业协定》的修改举行谈判。日本政府在谈判中采取的方针,是要求修改1907年签订的《日俄渔业协定》中有关渔区租借方法的规定。按协定规定,日本享有"渔业权益",但是日本人要与俄国人同样通过竞买方法获得渔区租借权,签订租借合同后,在所租借渔区内从事渔业生产。日本方面极力要求寻找替代方式,希望能够长期稳定地获取渔区。对此苏联政府始终坚持日本必须通过竞买方式获取渔区,绝不肯做出任何让步,最后日本只好接受。

1928年1月23日,两国正式签署新的《日苏渔业协定》,其主要内容如下:①

(1) 日本可以在南起朝鲜国境的图们江口,北至白令海峡的苏联远东领海岸一带,从事渔业,但是此区域中不包括沿岸河川以及特定的港湾37处。

(2) 渔区的取得原则为竞买,每年2月在海参崴举行,但是两国同意的非竞买渔区出租方式例外。

(3) 渔区的面积,宽为86间②,长为50间,渔区租金额不固定。

(4) 租借渔区的日本渔民,须与苏联渔区管理部门订立合同,如所租借者为罐头工厂地所在的渔区,须与管理当局签订合约。

(5) 租期为1年、3年、5年三等。

(6) 渔民纳税以经营业税为主,按照鱼产品的价格而定,至于渔业用品的输入及渔产品的输出,都不须纳税。

(7) 渔船出入渔区,须持有苏联驻日领事馆签发的渔船证。

1928年《日苏渔业协定》尚未改变日本人与苏联人在苏联沿海享有同等渔业权益的状况,但是苏联希望通过不懈努力,实际上收回属

---

① 外務省編:《日ソ交渉史》,第139—145頁。
② 注:间为日本计量单位,1间为6尺

于自己的渔业权益。因此,日苏两国就渔业协定内容具体落实不断出现纠纷。

首先,有关渔区租借问题。1928年11月,两国签订特别合同书,规定日本人经营的罐头工厂为22家,每个工厂可以附属2个渔区。根据该特别合同书,日本人能长期占据优良的渔区。另外,1928年《日苏渔业协定》规定,苏联参加该海域渔业生产为国营企业、集体合作组织和个体渔民。1928年苏联政府决定,把该海域捕捞产量的20%,即200万普特①的84个渔区,不通过竞买方式而直接保留给苏联国营企业。对此日本方面表示不满,一是认为苏联为国营企业保留的渔区中有30个渔区是过去日本人经营的;二是保留的渔区绝大多数产量标准定得相比挂牌竞买渔区产量确定标准低,增加了保留渔区的数额。日本要求重新确定保留渔区的产量额,把重新确定产量后出现剩余的渔区从日本人经营的渔区中排除。如果这种方法不行,也可以把相当于该产量额的渔区不通过竞买方法租借给日本渔民。但是苏联政府以1928年《日苏渔业协定》上未规定为理由给予拒绝,强行把这些渔区交给苏联国营企业经营。

1929年2月,苏联政府在海参崴举行新渔业协定生效后的第一次渔区竞买会。苏联在竞买公告中没有公示为国营企业保留的渔区,而且曾经是日本渔民经营的渔区也被取消,引起日本渔民们强烈抗议,要求苏联当局调整捕捞定额及渔区租借条件。日本渔民的抗议,没有得到苏联政府的理睬,于是日本渔民不参加竞买会,造成第一次竞买会中多数渔区没有中标。3月15日,苏联政府在海参崴再次举行渔区竞买会,日本渔民仍然不参加。4月5日,苏联政府在海参崴第三次举行渔区竞买会,日本渔民因捕捞期临近而被迫参加渔区竞买活动。

其次,关于卢布换算率问题。当时苏联卢布是禁止国外流通的,因为当时卢布本身购买力低,所以利用外币可以很低价格购入。日本在苏

---

① 注:普特为俄国的重量单位,1普特=16.38千克

联远东地区设有朝鲜银行支行,该支行以低价购入大量卢布,日本渔民因此获得低价卢布来支付渔区租借费及其他支付金。如日本渔民年度渔区租借费及其他支付金约为 900 万卢布,在苏联政府指定场所兑换与这种市场交易兑换差额为 500—600 万卢布。显然这种非法外汇交易行为使苏联政府蒙受巨大经济损失。1930 年 9 月,苏联政府宣布禁止日本所属朝鲜银行支行进行这种非法的外汇市场交易行为。

1930 年 10 月,两国就卢布换算率问题开始举行谈判,最后双方达成协议。苏联提出发行国营企业债券,以低价卖给日本人,可以利用该债券支付渔区租借费及其他支付金。苏联提出有关该债券的发行兑换率为 20%,日本方面表示反对,苏联最后同意兑换率为 50%。1931 年 2 月渔区租借竞买会临近,苏联当局宣布以 40 钱日元兑换 1 卢布来购买苏联国营企业发行的债券。日本方面表示反对,要求按照当时市场价格兑换,最后苏联方面让步,1931 年 4 月 26 日,两国达成临时协议,规定日本渔民以日元 32.5 钱兑换 1 卢布来购买苏联国营企业债券。①

另外,两国在有关领海问题上也存在争议。苏联主张领海权为 12 海里,而日本主张按国际法规定各国领海权为 3 海里,所以双方不断发生纠纷。例如 1930 年日本渔船在堪察加湾内及其他离岸 3 海里附近海域设置海拦网捕捞,对此苏联政府提出强烈抗议。

1931 年日本发动侵略中国东北的九一八事变后,苏联为了避免刺激日本而遭受侵略,所以对日本侵华采取所谓"不干涉"政策。1932 年渔区租借竞买会上,日本新增 82 个渔区,加上特别合同租借渔区,总计达到 392 个渔区。此后日本把稳定渔区租借数额作为主要交涉方针。1932 年 5 月 14 日,日本驻苏大使广田弘毅向苏联提出,今后把日本新增 82 个渔区中的一半通过竞买方式租借,并由日本人在现有渔区中自由选定,另一半渔区不通过竞买方式获得租借权。5 月 18 日,苏联政府对此答

---

① 日本国际政治学会编:《日露・日ソ関係の展開》,第 92 頁。

复，60个渔区要通过竞买方式租借，其他渔区同意可以在《日苏渔业协定》有效期内，不通过竞买方式取得租借权。同时作为交换条件，要求日本不得坚持有关3海里领海问题的立场。6月6日，日本方面向苏联表示，同意按日本现有渔区中的60个渔区实行竞买方式租借，但是这些渔区应由日本自由选择。另外，有关苏联保留国营企业、集体企业、个体渔民租借渔区，须征得日本方面同意后决定。苏联为国营企业保留渔区，应以1932年前捕捞量为基础增加保留渔区。新增保留渔区额应从1932年苏联个人及团体经营的渔区、新开设渔区及以前未中标的渔区中选择。苏联政府表示接受日本有关限制主张，这样日本也承认了1932年捕鱼总标准量37％为苏联国营企业渔区。据此，1932年8月13日，日本驻苏大使广田弘毅与苏联副外交人民委员加拉罕签署了有关协定。

1928年《日苏渔业协定》的有效期为8年，1935年日本开始考虑有关修改条约问题。对日本来说，重要的是确保所获渔区稳定的问题。据1932年广田与加拉罕签署的协定，日本可以不通过竞买方式获得大部分渔区，如果这种方式能继续采用，主要目的也达到了。

1935年4月，日本提出仅对1928年《日苏渔业协定》进行补充，不对该条约进行更改，对此苏联表示同意。6月5日双方开始举行正式交涉，日本政府提出：(1)双方现有渔区12年内稳定。(2)设定代替竞买方式的租借渔区方式。(3)裁定合理的渔区租借费及支付方法。(4)把各渔区编制成渔区组。(5)调整捕捞量标准与确定计算方法。(6)严格执行渔业种类的国民待遇。(7)允许利用沿岸开展特殊渔业。(8)禁止限制河川入口处企业的渔业。

对此苏联政府提出：(1)可以延长日本人租借渔区合同，但最长延期到条约规定的5年。(2)承认延长特别合同租借期。(3)苏联国营企业保留渔区占整个渔区标准量的40％（比原来增加3％）。(4)保持渔区竞买方式，在竞买中日本人与苏联人享有均等地位。①

---

① 日本国际政治学会编：《日露・日ソ関係の展開》，第93页。

从上述两国政府主张中明显可以看出,两国的主张存在很大分歧。随着1928年《日苏渔业协定》接近期满,日本被迫提出先缔结临时协定。1936年5月25日,双方签订第一份临时渔业协定,同意1928年《日苏渔业协定》延长到1936年12月31日止。

经过多次协商,1936年10月双方达成协议,其主要内容为:(1)特别合同租借渔区期满后,可以在同一条件下延长到8年期。(2)合同期延长应为同一条件延长。租借区期满后的费用支付除国营企业债券外,其他可以在同一条件下延长3年。(3)现行的国营企业债券换算率规定金额条款有效期为5年①。最后双方约定当年11月20日为签字日期,然而,当临近签字日期时,苏联政府却没有任何反应。实质上1936年11月日德两国签署了针对苏联的《反共产国际协定》后,苏联开始转变对日政策。

虽然苏联对日本侵略中国东北行径采取"不干涉"政策,但是日本筹划南下全面侵略中国时,仍非常担心背后苏联势力的威胁,所以于1936年11月与法西斯德国签署了《反共产国际协定》,目的就是利用德国势力牵制苏联,解除自己后顾之忧。苏联对此认为是两个法西斯国家要夹击自己,所以放弃对日本侵华战争"不干涉"政策,转而采取公开支持中国人民抗日战争的政策。

随着第一份临时渔业协定接近期满,日本方面便主动进行交涉,力图保持渔业条约继续有效性,结果苏联政府只同意渔业条约继续延长1年期限,不同意有关渔区稳定合同继续有效性,显然要利用渔业问题向日本方面施压。这样在1936年12月28日,双方签署了第二份渔业临时协定。

1937年10月苏联政府宣布,1938年2月仍在海参崴举行租界渔区竞买会。日本抓住机会再次向苏联政府提议,尽快签署1936年双方已达成一致的协定。11月20日,苏联副外交人民委员斯托莫尼亚科夫

---

① 日本国际政治学会编:《日露・日ソ関係の展開》,第93页。

（Борис Спиридонович Стомоняков，1882—1940）表示，苏联政府准备签署新的渔业条约，但不是1936年双方达成妥协的草案，因其不适合目前的形势，特别提出1928年《日苏渔业协定》中包含着日本人扩张权利的条款，现在肯定不能给予承认。

1937年12月16日，日本驻苏大使重光葵会见苏联副外交人民委员斯托莫尼亚科夫，提出如果年内不能签署新的渔业条约的话，那么在此之前只能再延长现有渔业权益。对此斯托莫尼亚科夫表示，日本人的渔业权益可以延长到新的渔业条约签署前，但是不可能无限延长。1937年12月29日，两国签署了同一内容的第三份渔业临时协定。

1938年日本又面临着有关罐头工厂附属渔区的特别合同期满问题。1938年9月21日，日本大使重光葵向苏联方面提议进行有关渔业问题交涉，对此苏联外交人民委员李维诺夫（Максим Литвинов，1876—1951)指出，首先，日本的渔业权益是根据1905年9月《朴次茅斯条约》获得，但是日本违反了该条约第九条有关宗谷海峡航行自由的规定。1938年5月，苏联冷冻船在宗谷海峡被日本当局以侵入禁区为由扣压。其次，日本没有履行有关中东铁路购买资金支付的保障义务，伪满州国至今未支付有关中东铁路购买资金600万日元。

1938年11月28日，苏联政府对日本新任驻苏大使东乡茂德表示，日本在未履行中东铁路购买资金支付保障义务之前，苏联不可能与其举行缔结新的渔业条约交涉。如果在本年内不能进行有关交涉，租借期满的渔区，因军事与保护渔业需要将把40个渔区收回，其他渔区必须要经过竞买方式租借。另外，有关罐头工厂附属渔区的特别合同也仅能签订延长1年期的临时协定。

1938年12月8日，东乡茂德大使就苏联政府提出的有关问题做出解释，指出在宗谷海峡日本领海内设置禁区并不违反1905年9月《朴次茅斯条约》中有关规定。在伪满州国收买中东铁路问题上，日本虽为保证国并担负保障义务，但有关未支付购买中东铁路资金问题与渔业问题无关系，该问题是苏方尚未完成应向伪满州国支付的债务问题所引起的。如果苏方有诚意的话,特别是能签订长期渔业条约,日本愿意在有关支付中东铁路购买资金问题上给予认真考虑。对此苏方没有理睬,到1938年底,有关两国渔业协定、渔区稳定合同与特别渔区合同都已期满。这样日本自1905年9月《朴次茅斯条约》以来一直主张的渔业权益存续性,实际上中断了。

1939年1月2日,日本方面如以往那样,把共计370个渔区的租借费等通过设置在海参崴的朝鲜银行,向苏联方面全部交纳,结果苏联仅接受其中52个普通渔区的费用,其他渔区租借问题,要求日本方面必须通过竞买方式获得。对此日本提出渔业权行使方法应由两国政府协商决定,苏联单独决定采用竞买方式是侵害了日本方面的渔业权,对此苏联政府不予理睬。为了解决渔区租借问题,日本方面从实际出发,主动与苏联政府进行交涉。1939年3月8日,日本提出:(1)苏联政府不能剥夺日本人的渔业权益。(2)租借期限应为5年期。(3)包括租借区费在内的各种费用支付,应按原条件进行,苏方应对此给予有效保障①。对于日本方面的提议,苏联表示除第一条外,其他内容可以考虑。尽管日本方面不断提出抗议,但是1939年3月15日,苏联政府仍按照惯例举行了海参崴渔区租借竞买会。通过竞买方式及后来的调整,日本方面基本保住了渔区经营。1939年4月2日,两国签署了第四份同一内容的临时渔业协定,这样也解决了1939年日本人在苏联沿海从事渔业捕捞的问题。1939年5—8月,尽管日苏两国在中蒙边界诺门坎地区爆发大规模武装冲突,但是第四份临时渔业协定仍然执行。

---

① 外務省欧亜局東欧課編:《戦時日ソ交渉史》下册,東京:ゆまに書房,2006年,第696頁。

日苏两国租借渔区数①

年度	日本	苏联	年度	日本	苏联
1908	119	14	1924	245	50
1909	183	37	1925	261	50
1910	157	23	1926	268	47
1911	224	30	1927	255	41
1912	214	29	1928	255	42
1913	215	49	1929	303	162
1914	210	54	1930	318	272
1915	214	51	1931	309	301
1916	203	42	1932	392	301
1917	218	73	1933	357	352
1918	245	80	1934	386	365
1919	247	87	1935	395	414
1920	315	73	1936	399	419
1921	227	59	1937	391	424
1922	272	57	1938	386	409
1923	268	34			

日本人在库页岛北部有石油、煤炭、森林开采权,在苏沿海近海拥有与俄国同样的渔业捕捞权,无疑导致俄国人对日本人仇恨。双方之间的民族仇恨感,是在长期历史发展中形成的;相互的民族仇恨感,也是双方领土问题形成的主要因素。

---

① 五百旗頭真、下斗米伸夫、А・V・トルクノフ、D・V・ストレリツォフ編:《日口関係史——パラレル・ヒストリーの挑戦》,第213頁。

第七章　第二次世界大战与日苏领土问题

一、日本侵华与边界冲突事件

1931年9月18日日本发动九一八事变后,它的侵略势力马上与在中国东北地区拥有巨大利益的苏联势力形成对峙局面。在中国东北地区有一条纵横全境的大铁路——中东铁路,它是沙皇俄国为侵略中国东北地区而修筑的。日俄战争中沙俄军队失败,被迫于1905年9月5日签订《朴次茅斯条约》,而将中东铁路南段及势力范围割让给日本。这样在中国东北地区以长春一线为分界,出现了沙俄控制的铁路(仍称为中东铁路)及势力范围(称为"北满")、日本控制的铁路(改称为南满铁路)及势力范围(称为"南满")的对峙局面。

日本首先进行试探性对苏联外交活动。1931年10月28日,日本驻苏联大使广田弘毅会见苏联代理外交人民委员加拉罕。广田弘毅讲:"据说苏联向中国马占山军队提供了物资援助,如果苏军沿中东铁路出动,会刺激在满的日军,那么日军为了保护侨民与铁路的安全,不得不采取必要的行动。"[①]10月29日,加拉罕明确否定了苏联援助中国物资一

[①] 西春彦監修:《日本外交史》15卷,第127頁。

说,并且解释说:"苏联政府尊重与中国政府缔结的条约,尊重他国的主权,所以采取严正的不干涉政策。"①11月14日,苏联外交人民委员李维诺夫再次发表声明,重申上述"不干涉"政策。很显然,苏联这种"不干涉"政策,实质上等于默认日军继续扩大在中国东北地区的侵略行径。这样在1933年2月,日本侵略军基本完成了对中国东北地区的大规模军事行动。

在日本侵略中国东北过程中,苏联采取了步步相让的政策,其目的就是确保日本不把侵略矛头指向自己。然而苏联的步步相让政策却使日本统治集团盲目乐观,变本加厉地采取了对苏逐步强硬政策。日本驻伪满州国参事官川越茂对此曾讲:"苏联之所以不敢进行挑战,主要因为我方在军备上采取了对苏联进攻体制,因此我方没有必要放弃这一有利的形势,否则只会使苏联坚持了强硬的立场,给对苏交涉带来不利的影响。"②伴随着日本占领中国东北,在中苏边界形成日苏两国军队对峙的局面,苏联为了确保自己安全,在远东地区不断地加强自己的军事实力。如表所示:③

区分 年月	师团数		飞机数		坦克数	
	苏联	日本	苏联	日本	苏联	日本
1931年	6	3				
1932年	8	6	200	100	250	50
1933年	8	5	350	130	300	100
1934年	11	5	500	130	650	120
1935年	14	5	950	220	850	150
1936年	16	5	1200	230	1200	150

---

① 西春彦監修:《日本外交史》15卷,第128页。
② 森岛守人:《阴谋、暗杀、军刀》,黑龙江人民出版社,1980年,第104—105页。
③ 防卫厅战史室编:《战史丛书(90)支那事变陆军作战(3)》,1975年版,第147页。

苏联远东军兵力的不断增加,使日本统治集团感到不安。1936年7月24日日本内阁做出决定:"由于近来苏联在远东地区不断增加军事实力,已经构成对我方严重威胁。为了确保我国安全及大陆政策的顺利推行,我们必须联合其他国家来牵制苏联力量,以减少对我方的威胁。因此我们决定与德国缔结条约。"[1]1936年11月25日,日德两国在柏林签订了防共协定,其目的就是在东西两侧牵制苏联力量,以便于自己在亚洲或欧洲大陆进行侵略扩张。对于日德两国签订防共协定,苏联感到自己的安全受到严重威胁,于是苏联改变了原来对日本侵略中国东北的不干涉政策,转而采取积极支持中国人民抗日战争的强硬对日政策。苏联的目的是支持中国,以中国力量牵制日本力量,避免日本在远东地区发动对自己的进攻。1937年7月7日日本发动了全面的侵华战争,苏联对此,一方面于1937年8月21日主动与中国政府签订互不侵犯条约,从精神上支持中国人民的抗日战争,另一方面又向中国提供大量军事物资,向中国派遣志愿飞行人员直接参加中国人民的抗日战争。西方国家在日本侵略中国东北时采取了绥靖政策,其目的是纵容日本继续北上进攻苏联,消灭社会主义苏联。然而日本并没有按照他们预料的那样继续北上,而是南下与他们争夺更广大的中国内地,特别是长江流域及东南沿海地区的势力范围,这使他们对日本越来越感到不满。最重要的是日本发动全面侵华战争,更加激起了包括各种派别在内的全体中国人民的愤怒。在民族危亡之际,国共两党联合一致组成了抗日民族统一战线,中国人民开始了全面的抗日民族解放战争。面对上述形势,日本除了加强它在中国的全面侵略战争外,又对苏联采取了更加强硬的武装挑衅政策。日本的目的,一是想继续利用对苏联强硬政策,迫使苏联再一次对日本侵华行径采取"不干涉"政策,二是想利用制造对苏武装挑衅的烟幕来欺骗西方国家,以换取西方国家对其侵华行径继续推行绥靖政策。日

---

[1] 日本国際政治会、太平洋戦争原因研究部編:《太平洋戦争への道》5,東京:朝日新聞社,1963年,第24頁。

军对苏联挑起武装冲突,张鼓峰事件就是这一系列武装冲突中规模较大的一次。

张鼓峰是今天吉林省珲春市防川村的北山,处于中、朝、苏三国交界之处。山南面为防川村,与朝鲜豆满江市和洪仪里隔江相望;山东面是苏联的哈桑湖;山西面2公里处有一座小山,名为沙草峰。张鼓峰事件直接起因是对规定这一地区国境线的1886年《瑷珲条约》的解释不同。《瑷珲条约》有俄文、中文两种文本,都是条约的正文。苏联方面根据俄文解释,国境线应经过张鼓峰之峰巅,而日本方面根据中文本解释,张鼓峰应完全属于"满州国"领土,国境线应在这座山峰的东边经过。

日本侵占中国东北后,苏联也在中苏边境线附近不断加强自己的军事实力。1938年7月11日,几十名苏军人员占领了张鼓峰,并在山上构筑军事阵地,到7月14日苏军人员达40人之多。7月15日,日本驻苏联代理大使西春彦与苏联代理外交人民委员库兹涅佐夫就张鼓峰事件进行交涉,苏方出示俄文本《瑷珲条约》的附属地图,指出这是苏联领土,拒绝了日本提出的苏联撤军要求。同日,在张鼓峰一名日军士兵前去侦察被苏军击毙,7月17日,日军派出两名朝鲜人作为使者前往出事地点,结果也没有返回。7月20日,日本驻苏联大使重光葵再次就此事与苏联外交人民委员李维诺夫交涉,苏联再次拒绝了日方要求。在东京,以参谋本部作战课课长稻田正纯大佐为代表的强硬派军人,强烈要求以此为时机,对苏联进行猛烈打击,同时日军稻田大佐制定了以驻张鼓峰附近地区的日军驻朝鲜第19师团来进攻苏联的计划。另一方面,日军参谋总长闲院宫载仁和陆相板垣征四郎通过天皇侍从武官宇佐见兴屋,向天皇上奏请求就张鼓峰事件攻击苏军,但是天皇没有批准该作战计划。7月29日,苏军又有数名人员占领了张鼓峰北侧的沙草峰,并在此构筑军事阵地。对于苏军占领沙草峰,日军第19师团长尾高龟藏中将认为这是发动对苏攻击的绝好机会。于是他独断决定以第19师团的兵力,在7月31日夜对苏军阵地展开攻击,很快从苏军手中夺取了张鼓峰、沙草峰。8月1日,日本内阁得知此事马上举行会议,决定对此事采取不扩大的方针。

苏军丢失阵地后,马上组织反攻。8月2日,苏军第40阻击师开始向占据张鼓峰、沙草峰的日军反击,结果很快失败。8月3日,第40阻击师停止反击。当时苏联远东方面军刚刚把原特别红旗远东军改建为远东红旗方面军,指挥系统还没有确立,下属部队各自行动,所以导致第40阻击师反攻失败。这次失败震惊了苏军上层统帅们,苏联国防人民委员伏罗希洛夫指示远东方面军司令部,由第32、39、40阻击师,第2机械旅组成第39阻击军,任命远东方面军参谋长施捷尔恩为该军长,并要求该军迅速集结开往前线。8月6日,施捷尔恩指挥苏军第39阻击军开始向日军发动总攻击。

苏军投入这次武装冲突的步兵是日军的三倍,炮兵是日军的四倍,并且配备了飞机、坦克。到8月9日,日军参战的第19师团遭到了惨重失败。据统计,日军19师团在这次战斗中,战死526人、战伤914人,死伤率高达21%。[1]

日军在遭到惨败的情况下,不得不再次要求与苏联会谈,8月10日日本驻苏联大使重光葵与苏联外交人民委员李维诺夫签订了停战协议。其主要内容如下:[2]

(1)日苏两国军队于8月11日正午(当地时间)停止一切战斗行为。

(2)日苏两国军队维持8月11日停火时双方实际控制线。

(3)本协议由当地的两国军队代表负责具体执行。

按照上述协议,苏军实际上又恢复了原来控制地区。

张鼓峰事件是第二次世界大战前,日苏两国军队一次较大规模的武装冲突,必然给两国以后的政策制定带来影响。从张鼓峰事件可以观察日苏两国军队。

---

[1] 工藤美知寻:《日ソ中立条約の研究》,東京:南窓社,1985年,第54页。
[2] 李树田主编:《东疆史略》,吉林文史出版社,1990年,第255页。

日本军队:(一)驻外军官独断开战问题。就此事件来看,日本驻朝鲜军无视统帅部指示独断开战。驻朝鲜日军在事件初期就确定了"如果苏联方面不按照我要求执行,我方断然以武力将苏军驱逐到边境线以外"的方针。第19师团长独断决定开战,结果遭到惨败,正常情况下,本应军法从事,可是日军却在事情过后,做正常调转而已。日军驻外军官这种独断开战,并非真正独断,他们实际上得到了上层人士的默许,参谋本部作战课长已经制定了第19师团的进攻苏军方案。日本统治集团上层人士担心下层军官不了解整个对外侵略计划,盲目扩大那些不应扩大的战斗,会使整个对外侵略计划受到影响。对苏军武装挑衅是日本对外侵略计划的一环,日本统治集团并没有制止日军挑起的一系列对苏武装挑衅的发生。日本统治集团上层人士对于驻外军官独断开战事件,主要看其有没有扩大的必要,或看有没有扩大的条件,如果有这种必要或条件,就积极支持,如九一八事变、七七事变。如果没有这种必要或条件,就极力限制在一定的范围内,如一系列对苏武装挑衅事件,所以不能孤立地看日军驻外军官的这种独断开战。

(二)日军认识苏军实力问题。苏军从8月6日开始反攻,这是真正的近代化攻击。首先是轰炸机得到战斗机的保护,从空中轰炸日军阵地,接着是大炮轰炸,最后是步兵在坦克的掩护下突击前进。日军通过张鼓峰事件应该认识到苏军的实力,然而它却敢于在次年再度挑起更大规模的诺门坎事件,足以说明其别有用心。日军在1929年中东路事件时,已经观察到苏军实力"令人可畏",然而它却胆敢对苏挑起武装冲突,这是苏联在日本侵略中国东北过程中,对日军姑息迁就,使日军感到软弱可欺而造成的。

(三)张鼓峰事件的国际影响问题。本事件是由领土主权而引起的武装冲突,最后日军惨败,苏联的领土要求得到满足。日本统治集团担心的是一旦战争真正扩大,苏联以此为借口直接出兵参加中国人民的抗日战争,那么日本对华侵略计划就难于彻底实施。张鼓峰事件很快得到解决,苏军此后也没采取其他行动,日本统治集团放弃了这种担心。

苏联军队:(一)苏联远东军是否有统一的计划问题。事件初期,苏军在张鼓峰、沙草峰上构筑军事阵地,应知这极易给日军造成借口攻击苏军阵地。如果有准备,或者有统一的计划,为什么在日军进攻下很快丢失阵地?苏军在8月2日至3日第一次反击时,轻率出击,结果遭到失败,可以说是军事上准备不足,缺少计划性。

(二)中央与远东地区的联系不畅问题。7月15日日本驻苏代理大使向苏联代理外交人民委员就此事提出抗议时,库兹涅佐夫曾回答说还没有得到当地的报告。另外,苏军统帅部没有掌握8月2日日军夺取张鼓峰、沙草峰的准确情报,缺少对事件严重性的正确判断,结果导致第一次反击的失败。

(三)苏联国内问题。此时苏联正在全面开展肃反运动,这必然给远东地区苏军带来巨大影响,就此可以说明,次年出现的诺门坎事件,初期苏军同样失利,也可以归于此点。

如果我们把张鼓峰事件放在日本对外侵略的整个战略计划中看,张鼓峰事件既不是日军对苏军的武力侦察,也不是日军要北进。日军的整个对外侵略计划,就是要首先占领中国东北,然后占领整个中国、占领东南亚地区。当然日本提出的建立"大东亚共荣圈"也包括了苏联远东地区,但这不是主要目标,日军的主要目标是南进。在日军完成占领中国东北后,1936年又与德国缔结了防共协定,日德两国实现了东西两侧牵制苏联的局面,可以说是日军进攻苏联的好机会,可是日军却南下挑起全面侵华战争。张鼓峰事件爆发的同时,正是日军准备占领中国武汉的武汉会战之际,它根本没有兵力再与苏联相抗衡。日军的目的就是对苏联"以攻为守",使西方国家转移视线,也正是为此目的,日军并没有在遭到张鼓峰事件的惨败后而收敛,同样以卵击石于次年在另一方向中蒙边界挑起诺门坎事件。

张鼓峰事件惨败后,日军分析认为,是选择挑起冲突的地点出现错误。因为苏联在靠近沿海地区的防御是坚固的,所以应该选择"敌人没有预想到进攻"的地区进行攻击。这样日本方面选择下一个目标为苏军防御相对比较弱的中蒙边境诺门坎地区,即内蒙古呼伦贝尔市新巴尔虎左旗诺门坎布尔德地区中蒙界河哈拉哈河中下游两岸。诺门坎事件的直接起因,也是对规定该地区边界线的解释有矛盾。日本主张,边境线应该在哈拉哈河一线上。其根据是1918年出版的中国军方参谋部地形考察队绘制的比例尺为十万分之一的外蒙古边界图,还有1906年沙俄外贝加尔测量队绘制的比例尺为八万分之一的地形图。苏联及外蒙古方面主张,哈拉哈河归属外蒙古,双方的边界线是通过哈拉哈河东侧和北侧。其根据是在1734年哈尔加族人与哈拉哈族人相互之间争夺地盘时,由清政府裁决而划定的分界线。实质上此时中国政府尚未正式承认外蒙古为独立国家,所以也就不存在什么所谓边界线划定问题。

1939年5月11日,外蒙古军由河西岸涉水到哈拉哈河以东地区放牧,伪满洲国军队巡逻时发现,立即开枪阻截并追赶,将外蒙古军赶回哈拉哈河西岸。外蒙古军为此报复攻占伪满国军哨所。5月13日,日本关东军借机调兵遣将做大规模战争准备。5月14—15日,日军在5架军机的配合下,向哈拉哈河以东的外蒙古军高地发起攻击,外蒙古军撤向哈拉哈河以西地区。5月17日,苏联军队依据《苏蒙互助议定书》加入作战,苏军向哈拉哈河流域大规模集结。1939年5月28日,日军分三个方向围攻外蒙古军,结果在苏蒙联军合击下惨败。

6月18日,苏军统帅部任命朱可夫为第57特别军军长,负责指挥苏军诺门坎战役。苏军开始集结兵力,储运军需,开辟野战军用机场,苏军战斗机开始在空中与日机周旋。双方从22日至24日,在诺门坎地区上空大战3天,近60架日军飞机被击落。苏军战机不断增多,而且出现新型战斗机,日军则逐渐丧失主动权,处于被动挨打的地位。7月1日,日军6000人的部队向哈拉哈河西岸发起攻击,苏军组织150辆坦克、154辆装甲车、90门大炮和全部飞机及其他部队,分三路反攻,日军全部裸露在苏军坦克和装甲车炮的面前。7月13日,日军731部队在哈拉哈河顺水将细菌撒入河水中,对苏蒙军进行细菌战。结果却有千余名日军染上伤寒病、赤痢病和霍乱病,几十人死亡。

7月23日,日军在诺门坎部队经过半个月的补充和休整后,集中25000名兵员发动总攻击,结果24日苏军发动反攻,日军被击溃回原地。为早日解决诺门坎地区战事,苏军统帅部决定临时组织多兵种合成的集团军,朱可夫被任命为集团军司令员。8月20日,苏蒙联军发起总攻战役。8月26日,日军已经被完全合围了。在苏军重炮群、坦克群、航空炸弹的猛烈轰击下,日军损失惨重。9月3日,日军大本营决定停止作战。9月9日,东乡驻苏大使向苏联提出诺门坎停战要求。9月15日,日本驻苏大使东乡与苏联外交部长莫洛托夫签订停战协定。9月16日,双方停止一切军事行动。

二、缔结《日苏中立条约》

1939年8月23日,即诺门坎事件中苏军向日军发动大规模反攻的第三天,日本最可信赖的盟国德国竟与苏联签订了《苏德互不侵犯条约》。该条约的签订,标志着日本妄图利用德国在西线牵制苏联,减少苏联在东线对自己压力,便于推行扩大侵华战争的阴谋破产。1939年8月31日,诺门坎事件以日本军队惨败停止,标志着日本对苏联武装挑衅策略的失败,实际上对苏联强硬政策已经无法坚持下去了。

1939年9月1日,第二次世界大战爆发,为日本实施"南进"政策提供了有利的条件。1939年9月,德国武装占领波兰后,经过一段时间的窥视,遂于1940年4月以"闪电战"迅速占领北欧,5月上旬直入西欧,5月14日荷兰投降,6月22日法国投降。5月27日至6月4日的"敦克尔刻大撤退",英国撤回了溃不成军的欧洲远征军,凭借海峡天险在作最后的抵抗。在这种条件下,英法荷等国已无暇东顾,其所属的东南亚殖民地,一时成了"无主"的"政治真空"地带。另外,日本在这时实施"南进"计划,目的还在于要尽快结束侵华战争,这也可以说是急于"南进"计划的主要原因。1940年7月2日,在日本御前会议上,参谋总长杉山元讲:"在目前形势下,帝国除直接对重庆政府施加压力外,还要向南方扩展,切断从背后支援重庆政府的美英势力与重庆政府的联系,这是促进解决事变的极为必要的措施。"①日本方面一直认为中国人民之所以能够坚持长期抗战,主要是外来援助的结果。当时外来援华路线主要有三条,其中两条在中国南方,即通过缅甸和法属印度支那的美英援华路线,另一条在中国西北,即从苏联境内直接进入中国新疆的苏联援华路线。日本要想尽快切断西方国家的援华运输线,而要达到这一目的,就要"南进"控制或占领缅甸和法属印度支那。

1940年7月22日,第二届近卫文麿内阁成立。7月27日,新内阁制定《适应世界形势演变的时局处理纲要》,指出:"在中国事变处理完毕前,应在不至于同第三国开战的限度内采取对策,但是内外各方面形势的发展一旦对我特别有利时,为了解决南方问题,可以行使武力。"②9月23日,日本迈出了武力"南进"的第一步,悍然出兵侵入法属印度支那北部。

日本咄咄逼人的"南进"行径,引起美国的极力反抗。对美国来说,东南亚地区是其全球战略的重要一环,如果日本的"南进"阴谋得逞,美国的东方霸权计划势必落空。美国针对日本的"南进"行径,采取了针锋相对的政策。

这样,日本在对外扩张道路上,同时出现了三大对手——中国、苏联和美国。就当时日本国力来讲,除中国战场之外,它根本没有能力同时与苏美两个大国抗衡。但是,为了解决侵华战争问题,为了寻求侵华战争所需战略物资的充分和稳定的供应,它必须在苏美之间权衡利弊,选择对抗目标,决定是"南进",还是"北进"。日本最后选择了美国这个对手,决定实施"南进"计划。这样日本就需要考虑,一方面以和平的方式解决与苏联的纠纷,阻止苏联援华,另一方面要尽力减少,或完全防止与苏联发生正面冲突,以确保日本顺利推行"南进"行径。与此同时,苏联

---

① [日]服部卓四郎著、张玉祥等译:《大东亚战争全史》第1卷,商务印书馆,1984年版,第156页。
② [日]服部卓四郎著、张玉祥等译:《大东亚战争全史》第1卷,第31、38页。

方面也在考虑,应极力避免与德国发生战争时,日本在另外一侧配合发动进攻,使自己处于两面夹击之中,日苏双方抱着同样的目的走到了一起。

如何调整日苏关系问题,在日本政界明显地形成两大派,即主张同苏联缔结条约派与反对同苏联缔结条约派(以下简称缔约派与反对派)。缔约派主要代表人物是第二近卫内阁首相近卫文麿、外相松冈洋右、驻意大利大使白鸟敏夫、驻德国大使大岛浩、驻苏联大使东乡茂德。反对派主要代表人物是阿部内阁首相阿部信行、外相野村吉三郎、米内内阁首相米内光政、外相有田八郎。

缔约派主张缔结"日苏互不侵犯条约",但对于如何缔结条约,他们内部又出现分歧,以近卫、松冈、白鸟及大岛等人为代表主张以日德意三国同盟为基础,利用三国同盟的威力来迫使苏联屈从与日本缔结条约。以东乡等人为代表则反对利用三国同盟来调整日苏关系,主张直接与苏联调整关系,缔结条约。

我们知道近卫、松冈、白鸟及大岛等人的主张是受到德国关于"四国联盟"宣传的影响。1939年9月1日,德国挑起了第二次世界大战。战争前夕8月30日上台的阿部内阁,遂于当天宣布"帝国不介入欧洲战争,专心致力于解决对华问题"的声明。① 日本这种外交态度,对于德国是极大打击。此时德国急需日本在远东牵制英国、苏联的力量,防止美国参战。于是德国外长里宾特洛甫便提出如能缔结一个同《苏德互不侵犯条约》一样的"日苏互不侵犯条约"的话,既可解决日苏矛盾,又可解决因《苏德互不侵犯条约》而引起的日德矛盾,进而协调形成日德意苏联合抗击英国的"四国联盟"的主张。② 对于德国来讲,战前它利用日本除了想牵制美英外,更重要的是牵制苏联,保持东线的暂时平静,因此1938年后,德国一直要求日本再签订一个军事同盟条约。但是日本迟迟不做

---

① 西春彦监修:《日本外交史》15卷,第208页。
② 日本国际政治会、太平洋战争原因研究部编:《太平洋战争への道》5,第235页。

最后决定,导致德国同苏联签订了互不侵犯条约。日本既想利用德国牵制苏联,便于日本侵华,但是又惧怕与德国签订军事同盟将进一步加剧与美英的矛盾,不利于日本侵华,因此对德保持一定距离。然而《苏德互不侵犯条约》使日本大失所望。这时候,在德国柏林,里宾特洛甫多次会见日本驻德大使大岛浩,宣称"如果德国在这次战争中失败,西方的民主国家将会结成同盟,阻止日本的一切扩张,特别是将取缔日本在中国的殖民统治地位。如果进一步加强和巩固日德友好关系,日本的地位将会巩固。"接着又说:"在反英问题上,德意日三国利益与苏联利益是一致的,如果结成德意日苏四国联盟共同反英,这将会在未来的国际政局中起决定作用。"里宾特洛甫又表示德国愿为调节日苏关系发挥中介作用。① 在东京,德国驻日大使鄂图更是积极地向日本上层人物宣传里宾特洛甫的主张。德国的"四国同盟"主张,不仅促进了日本对苏政策的转变,而且对日本的对苏联政策如何调整也产生了极大的影响。

德国的"四国同盟"宣传,迎合了此时近卫、松冈、大岛及白鸟等人的主张。因为此时日本不仅需要摆脱因侵华战争而造成的国际孤立地位,而且更需要外来力量支持它与美英等国力量抗衡,使它确保实施南进政策,解决侵华战争问题。他们在里宾特洛甫主张基础上又提出:"当今世界的国际斗争,实际上是要求改变世界现状和要求维护世界现状的国家间的斗争。美英法是要求维护现状的势力,而日德意苏四国是要求改变现状的势力,因此四国联盟就是极为必要的。"就双方实力而言,"日德意苏四国的联合力量,在外交上、军事上、经济上,决不次于美英法的力量"。就侵华战争而言,"目前重庆政权有两个支柱或两只脚,即美英和苏联"。如果南进切断美英这只脚,剩下就是苏联,如果日苏关系得到改善,苏联就会放弃援华,那么不过半年,既可解决中国战争,又可确保实施"北守南进"计划。② 对于调整日苏关系,他们认为应首先缔结三国同

---

① 崛内谦介监修:《日本外交史》21卷,鹿岛和平研究所,1971年版,第226页。
② 日本国际政治会、太平洋战争原因研究部编:《太平洋戦争への道》5,第238页。

盟,再利用三国同盟的威力来迫使苏联签订互不侵犯条约和"四国同盟"条约。同时他们也感到接受德国积极主张的三国同盟,意味着可以换取德国在日苏关系调整中的积极作用。因为在大战爆发前不久,从德国传来1939年8月30日里宾特洛甫与斯大林会谈上,斯大林明确表示希望与日本友好并且希望德国从中帮助的消息,①这就更增加了他们信心,与此相反,东乡等人则认为:"调整日苏关系与所谓三国同盟没关系。如果缔结日苏互不侵犯条约,第一可以削减重庆政权的抗日意志,第二可以使美国反省一下对日的强硬态度,有利于开展日美协调外交。"②

反对派的主张同缔约派的主张相比较,在对苏态度上,表现出了极为消极的倾向。他们认为"如果全面调整日苏两国边境争端问题,实际上就可实现与互不侵犯条约相同的结果"。而且"互不侵犯条约是很远的事,有没有多大作用不可知"。反对派对"四国联盟"的主张更是极力反对,他们认为"借用苏联力量来抗衡美英力量的主张是非常幼稚的。不仅在物资上,而且在精神上也是不会起到与美英抗衡的作用,特别是在国际关系方面,日本还没有这样的先例。因此也是极其危险的"。③ 反对派认为,日本应与美国调整关系,化解日美两国间因日本侵华所造成的矛盾,以摆脱国际孤立的地位。

诺门坎事件中日军惨败,标志日本对苏强硬政策严重受挫,为日本主张与美国调整关系的反对派上台创造了条件。二战初反对派控制政权。阿部信行内阁一方面就所谓"满蒙"边境问题与苏联进行谈判,9月16日,双方正式签订《诺门坎停战协定》;另一方面派野村吉三郎外相与美国就日本侵华问题进行谈判,因美国坚持要求日本从中国撤出全部侵略军,而日本则坚持它的侵华政策,遂使谈判很快陷入僵局。1940年1月16日,阿部信行内阁被迫辞职,继任的米内光政内阁仍坚持前内阁的对外政策。然而,米内光政内阁正处于希特勒德国在欧洲战场取得初期

---

① 日本国際政治会、太平洋戰争原因研究部編:《太平洋戰争への道》5,第234頁。
② 日本国際政治会、太平洋戰争原因研究部編:《太平洋戰争への道》5,第240頁。
③ 工藤美知尋:《日ソ中立条約の研究》,第66頁。

巨大胜利的时期,日本朝野将这种形势称为"南进"的"千载难逢"的良机,因而"不能误了这班车"的叫嚣,在日本社会盛极一时。日本陆军公开支持缔约派的主张,鉴于反对派内阁反对缔结"日苏互不侵犯条约",为了求得问题的解决,便提出缔结"日苏中立条约"的对策。1940年5月,日本陆军起草了《日苏中立条约》草案,归纳主要条款:(一)日本国政府及苏维埃社会主义共和国联盟政府以1925年1月20日双方签订的两国关系基本法则为其关系的基础;(二)缔约国的一方,在受到破坏和平的一个或几个第三国攻击时,另一方在此期间应保持中立;(三)缔约国的一方应尊重另一方有特殊密切关系的地区的和平与安全;(四)本协定从签字之日起生效,有效期为五年。① 日本陆军的草案得到日本海军的支持,迫于压力,走投无路的米内光政内阁不得不接受此草案。

1940年7月2日,日本驻苏大使东乡茂德代表政府,向苏联外长莫洛托夫递交了日方草案,然而在东乡茂德递交的草案中,加入了"双方应维护和平友好关系,相互尊重领土完整"的字样,反映出东乡茂德等人坚持"日苏互不侵犯条约"的思想。莫洛托夫接到草案后,马上表示,缔结中立条约"是符合日苏两国利益的"。同时指出:"鉴于英法荷的近况,在南洋方面日本面临着军事上、经济上的问题,对于在国际上起着举足轻重作用的日苏两国,从相互利益和权益考虑,加强相互间稳定关系,是符合这种现实变化的。"② 这说明,苏联不仅同意缔结《日苏中立条约》,而且对日本的"北守南进"政策也表示赞成。苏联就是要利用日本南进、日美英矛盾的加剧来减少日本对苏的压力。在这次会见中,当东乡大使询问苏联是否放弃援华这个日本人最关心的问题时,莫洛托夫爽快地回答:"这个问题对于苏联来说并不重要,因为苏联现在正忙于自己国家的国防。"③ 苏联政府无疑是给日本人一个默许,苏联的明朗态度更加促进了日本军界和缔约派的热情。7月6日,日本陆军以陆相畑俊六辞职,拒绝

---

① 日本国际政治会、太平洋战争原因研究部编:《太平洋战争への道》5,第252—253页。
② 日本国际政治会、太平洋战争原因研究部编:《太平洋战争への道》5,第257页。
③ 工藤美知寻:《日ソ中立条约の研究》,第111页。

推举继任人选的办法,迫使米内光政内阁于 7 月 22 日辞职。

1940 年 7 月 22 日,第二届近卫文麿内阁成立,新内阁推进对苏关系立即遇到阻力。苏联想利用日本急于"北守南进"的愿望,收回 1925 年《日苏基本条约》附属议定书(乙)中日本在苏联领土库页岛北部开采石油、煤炭的权利。① 对于苏联的要求,日本驻苏大使东乡认为,与缔结《日苏中立条约》相比,是"失小利大",主张接受。② 但是,海军表示反对,海军认为库页岛的石油,对于缺少石油供应的海军是不可缺少的。③ 外相松冈洋右也表示:"放弃利权来换取日苏缔约是不可能的"。④ 于是,调整日苏关系的谈判陷于搁浅状态。这样外相松冈便提出了首先缔结日德意三国同盟,然后利用三国同盟的威力、利用德国对苏的影响,迫使苏联接受日苏缔约和"四国联盟"的主张。

1940 年 9 月,松冈会见了德国特使斯塔玛,斯塔玛表示德国愿意为调整日苏关系而努力,⑤这就更增加了松冈的信心。可是,日本海军表示反对缔结三国同盟,海军担心日本如果和德意缔结同盟会引起美英等国的强烈反对,把日本卷入更大的战争。日本海军认为日本还不具备同美英开战的条件,但是海军又因石油问题而积极主张南进,在这种矛盾心理下,迫于当时日本国内力主缔约的压力,海军只能像丰田贞次郎次官那样表示"不得不赞成"。⑥ 这样松冈把反对三国同盟与调整日苏关系相联系的东乡茂德大使撤回,任命陆军中将建川美次为新的驻苏大使,以推动他的对苏外交政策。

松冈洋右外相在完成了外交准备工作后,1941 年 3 月 12 日,离开东京赴欧洲处理对苏问题。3 月 26 日,松冈途径莫斯科来到德国首都柏林。此时欧洲战场,德国法西斯势力已经侵入巴尔干地区,并准备将侵

---

① 西春彦监修:《日本外交史》15 卷,第 109 页。
② 西春彦监修:《日本外交史》15 卷,第 217 页。
③ 日本国際政治会、太平洋戦争原因研究部編:《太平洋戦争への道》5,第 278 页。
④ 日本国際政治会、太平洋戦争原因研究部編:《太平洋戦争への道》5,第 279 页。
⑤ 日本国際政治会、太平洋戦争原因研究部編:《太平洋戦争への道》5,第 280 页。
⑥ 日本国際政治会、太平洋戦争原因研究部編:《太平洋戦争への道》5,第 205 页。

略矛头指向苏联。希特勒不仅放弃了四国同盟政策,而且下令积极备战对苏开战。柏林会谈使松冈大失所望,德国毫无关心调整日苏关系之意,却暗示近期会爆发苏德战争。这样松冈的利用三国同盟威力,借助德国调整日苏关系的方案遂告破产。4月11日,松冈走访意大利后,再返回了莫斯科。此时德国已经开始大举进攻东南欧地区,苏德战争迫在眉睫。于是松冈外相认为,此时苏联会更急于调整日苏关系,以避免东西两线作战。

1941年4月7日,松冈洋右外相率领日本代表团返回莫斯科,与苏联外交人民委员莫洛托夫举行谈判。双方谈判会上,松冈外相首先考虑对策是,希望利用苏德战争爆发迫在眉睫之际,压迫苏方在"北库页岛利权"问题上让步。松冈外相对此解释说,为了两国友好关系,更主要不伤害日本国民的感情,有必要采取合适方法解决北库页岛问题。北库页岛对于拥有广阔领土的苏联而言仅是大海中一滴水。莫洛托夫反驳说,出卖北库页岛纯属玩笑,当初不得不将南库页岛引渡给日本是因1905年俄国战败,但是现在无人能理解为什么要出卖北库页岛。鉴于苏方对"北库页岛利权"问题毫无相让,在4月11日谈判会上,松冈向莫洛托夫提交了"书简",表示该问题可以在将来解决。对此莫洛托夫表示,书简可以进行研究,但是中立条约与解除利权协议书必须同时签订。

可以说,松冈洋右与莫洛托夫谈判会破裂是日苏两国都不希望的。为推动会谈进展,4月12日,松冈洋右陷入绝望而准备离开莫斯科前,苏联最高领导人斯大林接见松冈洋右,并且举行两人会谈。在这次会谈上,松冈洋右再次提出日本收买北库页岛问题。对此斯大林一边指地图一边严肃地说:这样日本不是把苏联沿海地区通往海洋的出口完全封锁了吗?堪察加半岛南端的库利鲁海峡、库页岛南的宗谷海峡、朝鲜半岛旁的对马海峡,这次再把北库页岛作为自己的,日本想要把苏联完全封锁。这是什么?想绞杀我们吧?这是什么友情?[1] 斯大林的坚决态度迫

---

[1] ボリス・スラヴィソスキー著,高橋実、江沢和弘訳:《考証日ソ中立条約——公開されたロシア外務省機密文書》,東京:岩波書店,1996年,第120頁。

使松冈放弃了收买北库页岛的信念,与此同时,苏方也相应做出一定让步,同意以松冈书简临时代替解除利权协议书,但是提出书简要写明中立条约缔结后的"2—3个月内"解决利权问题。松冈外相向斯大林许诺:"关于库页岛利权问题,几个月后再努力解决。"[1]对此斯大林表示同意。这样消除了日苏缔约中的障碍,双方终于在1941年4月13日晚,正式签订了《日苏中立条约》,该条约主要内容为:

第一条 缔约双方保证维持他们之间和平与友好关系,并相互尊重缔约另一方的领土完整和不可侵犯。

第二条 如果缔约一方成为第三国一个或两个以上国家战争对象时,另一方在整个冲突过程中保持中立。

第三条 本条约自缔约双方批准之日起生效,有效期五年。如缔约任何一方在期满前一年未通知废弃本条约,则本条约应该视为自动延长五年。[2]

从《日苏中立条约》的内容来看,它实际上是中立条约与互不侵犯条约的混合体,条约适应了日苏双方的要求。对于日本来说,关于"遵守中立"的条款,可以阻止苏联援助中国抗战,而关于"尊重对方领土完整"的条款,则有利于维持伪满洲国同苏蒙边界地区的平静与安宁,便于它推行"北守南进"的计划,这也是日本在同苏联缔结条约时所追求的主要目的。然而《日苏中立条约》的缔结并不能给日苏两国关系带来可靠的保证,随着第二次世界大战战场形势的变化,日苏两国关系不断经历了严峻的考验。

《日苏中立条约》的签订,是在中日、日美、苏德、中苏的多角关系相互作用下,日苏两国相互妥协的结果,因此也必然要受到上述各种关系的不断变化的影响。随着第二次世界大战战场规模的不断扩大,苏德战

---

[1] 西春彦監修:《日本外交史》15卷,第226页。
[2] 鹿岛和平研究所編:《日本外交主要文書・年表》第1卷(1941—1960年),東京:原書房,1983年2月発行,第52页。

争、太平洋战争相继爆发,苏联的敌人德国是日本的同盟国,日本的敌人中美两国又是苏联的同盟国,而且日苏两国又分别是两大对立集团的主要成员。面对这种错综复杂、相互交织的局面,伴随着形势的变化,日苏两国之间的中立关系几次濒临破裂。

1941年6月22日,德军以突然袭击方式,发动了大规模入侵苏联的战争。面对新的形势,日本统治集团内出现了有关"南进""北进"的激烈争论,最后7月2日御前会议决定,"帝国无论世界形势如何变化,坚持建设大东亚共荣圈,……仍然推动处理中国事变,进一步推动南进"。关于南进,"为了达到目的不惜对英美开战"。关于北进,"对苏德战争,以三国枢轴精神为基础,不马上介入,但是着手准备对苏武力,自主处理"。"如果苏德战争进程对帝国有利,就行使武力解决北方问题以确保北边安定。"①所谓"着手准备对苏武力",即"关东军特别大演习"(简称"关特演")计划。所谓"苏德战争进程对帝国有利",既为苏联远东军西移一半时开始进攻苏联的条件。

1941年7月7日,日本陆相东条英机正式下令实施"关特演"计划。日军一方面在极力备战,另一方面等待苏联远东军往西部调转达到过半数时,再以优势兵力发动进攻。北方的形势发展未能按日军所预料的那样变化,而在南方日军却遇到了美国方面极大的阻碍。随着日军逐步推行南进政策,日美两国之间的矛盾越来越尖锐,迫使日本统治集团不得不考虑新的对策。8月9日,参谋本部做出决定:"无论苏德战场如何变化,取消在1941年内解决北方问题的计划,专心致力于解决南方的方针。"②以此决定为标志,日军遂放弃执行"关特演"计划。

日本放弃"关特演"计划后,决心实施"南进"与美英等国争夺东南亚地区。1941年10月18日,东条英机内阁成立,东条英机在积极准备对美国开战的同时,最关心的就是苏联是否能够遵守《日苏中立条约》。只

---

① [日]服部卓四郎著、张玉祥等译:《大东亚战争全史》第1卷,第156页。
② [日]服部卓四郎著、张玉祥等译:《大东亚战争全史》第1卷,第162页。

有苏联遵守中立条约，日本才能避免两线作战，才能保证对美国开战的顺利进行。为了确保苏联遵守中立条约，东条英机内阁提出以日苏中立关系的特殊地位，为苏德两国媾和进行调节，消除日苏两国间接敌对状态的方案。11月15日，日本大本营会议上通过"据苏德两国的意向，促使两国媾和"①的方案。然而苏德战场愈演愈烈，日本所谓媾和方案，只能像1942年4月8日大岛浩大使来电所说那样，"苏德两国无实现单独媾和的可能性"②而夭折。

1941年12月7日，日本发动了偷袭珍珠港事件，同时还向东南亚和西南太平洋各岛屿发动进攻，1942年1—5月间，日本侵略势力初步实现了"大东亚共荣圈"的野心。日本在太平洋战场初期取得暂时的军事优势，但是随着战线的延长、兵力的分散，日益感到兵力不足，暴露出脆弱性。1942年6月4日，日本军队调集全部主力，发动了对美国太平洋中部另一个海空基地中途岛的进攻。美国军队在事先探知日本军队意图而进行精心准备，使日本军队到6月7日以惨败退出战斗。中途岛战役的失败，标志日本军队在太平洋战场上由战略进攻转变为战略防御，而美国军队开始由战略防御转变为战略进攻。同样，在苏德战场上，1941年9月至1942年1月，德国军队发动莫斯科战役遭到失败后，不仅标志希特勒"闪电战"战术的破产，而且也打乱了希特勒的军事部署。1942年8月至1943年2月，德国军队调集主力部队发动了斯大林格勒战役，结果同样遭到了惨败。以斯大林格勒战役为契机，在苏德战场上，德国军队由战略进攻转为战略防御，而苏联军队由战略防御转为占领进攻。这种战场地位的转化，也直接影响日苏两国关系变化。

三、日本在苏有关利权终结

日本人在苏获得利权是因两国综合实力出现偏差。1939年9月1

---

① ［日］服部卓四郎著、张玉祥等译：《大东亚战争全史》第2卷，第176页。
② ［日］服部卓四郎著、张玉祥等译：《大东亚战争全史》第2卷，第699—700页。

日第二次世界大战爆发后,日苏两国综合实力从"日强苏弱"逐渐转变为双方均等,再转变为"苏强日弱"。伴随两国综合实力转变,日本人在苏利权也出现转变,甚至发展至日本人主动提出解除利权求中立关系。

有关日本人在库页岛北部利权。1941年6月22日苏德战争爆发后,由于初期苏军在战场上处于不利局面,所以8月5日日本新任外相丰田贞次郎会见苏联驻日大使斯麦塔宁(Сметанин),提出苏联放弃对北库页岛利权所有者施加压力的作法。8月13日,斯麦塔宁转交苏联政府声明,提出希望能够按1941年4月13日松冈书简所讲利权问题"数月之内"解决。然而,丰田却提出松冈书简因世界形势发生巨大变化,需要改变有关问题的本质,日本要求苏联做出不妨碍利权实施的保证是当然的。当斯麦塔宁询问日本是否取消对松冈书简的约束时,丰田表示关于北库页岛利权问题有必要今后讨论。可以看出,日本想利用苏联的被动局面,取消两国已经达成的关于解决北库页岛利权问题的约束。

1941年12月12日,斯麦塔宁会见西春彦,再次询问松冈书简的约束是否有效。西春彦解释说:当时我在莫斯科工作,对于松冈书简的情况是了解的,松冈提出应该尽快缔结通商协定和渔业协定,作为解除利权问题的前提条件,这样才能造成日本国内同意解除利权问题的气氛。但是苏德战争爆发后,这两个协定都没有缔结,所以现在关于解除利权问题在日本国内无法达成一致。斯麦塔宁接着追问:那么日本政府以苏德战争为由,认为两国已达成的解除利权问题协议书失去效力了吗?对此西春彦解释说:"不是说协议失去效力,而是说协议不能实施。"[①]

然而战场上形势决非日本所想象的那样发展。1942年6月中途岛战役后,日军在太平洋战场开始走下坡路,而在苏德战场1943年2月斯大林格勒战役后,苏军展开全面大反攻。为了维持日苏两国中立关系,特别防止苏联参加对日作战,1943年6月19日,日本大本营政府联席会

[①] ボリス・スラヴィソスキ―著,高橋実、江沢和弘訳:《考証日ソ中立条約——公開されたロシア外務省機密文書》,第221頁。

议决定,北库页岛利权问题沿着松冈书简精神有偿转让给苏联。7月3日日本驻苏大使佐藤尚武通告莫洛托夫,建议两国就此问题开始交涉。

7月8日,佐藤大使提出日方解除利权问题的条件:(1)石油、煤炭会社现地设施及会社解散所需各项经费补偿。(2)经营权转让之日到利权合同期满(1970年)内的损失补偿。(3)前两项补偿希望以物资偿还。(4)苏联政府在利权解除后,一定年限内把北库页岛石油、煤炭以一定数量和公正价格卖给日本。①此后两国之间围绕上述内容展开争论,但是战场形势越来越不利,已经没有时间讨价还价了。日本外相重光葵指示,不必对日本有利才缔结协议书,解除日本人在北库页岛利权是符合"大方针"的。

日本政府很快接受苏联政府建议,即:(1)苏联政府向日本政府提供500万卢布。(2)苏联政府在战后5年内,每年提供5万吨石油。1944年3月30日,日苏两国在莫斯科签订了解除日本人在北库页岛利权协议书。日苏两国长期争议的"北库页岛利权"问题,在日本发动侵略失败已成定局形势下很快解决了。

有关日本人在苏渔业利权。1939年11月15日,日本外相野村吉三郎会见苏联驻日大使斯麦塔宁,提议有关渔业问题在以往协商基础上进行适当修改,现行的渔业协定延长为8年期;有关中东铁路购买资金支付问题,日本准备在苏"满"之间积极斡旋推动解决。12月15日,苏联外交人民委员莫洛特夫会见东乡茂德大使,指出支付购买中东铁路资金问题为先决条件,然后再就有关缔结长期渔业协定问题进行商议。

由于伪满州国方面停止支付购买中东铁路资金,影响到日苏之间渔业问题,所以日本方面对此表示重视。日本驻苏大使东乡茂德向苏联方面提出,应在中东铁路购买资金余下的600万日元中,扣除苏联所欠的伪满州国债务110万日元及其他17.6万日元,余下的资金由伪满州国支付。然后,两国应立即进行有关缔结长期渔业协定及签署1年期的临

---

① 工藤美知寻:《日ソ中立条約の研究》,第170页。

时渔业协定的交涉。苏联对此表示不同意,拒绝进行有关缔结长期渔业协定问题交涉,同意就有关签署临时渔业协定问题进行交涉。1939年12月27日,苏联提出在签署临时渔业协定前,必须解决支付中东铁路购买资金问题。日本方面因急切希望能在当年底前签署两国临时渔业协定,所以只好按照苏联要求,让伪满州国方面支付581万日元后,1939年12月31日,签署了第五份临时渔业协定。

1940年2月29日,东乡茂德大使提出解决两国渔业纠纷新建议,其主要内容为:(1)现行渔业协定不经过修改延长10年期。(2)现租借的渔区,在协定有效期间内,双方按以往条件各自保持。(3)渔业经营及协定解释上的问题交由设置的两国专门委员会协议决定。

6月20日,对此苏联方面也提出方案,其主要内容为:[1]

(一)渔业条约有效期为5年,并做出如下修改:

(1)租借渔区只能通过竞买方式,不承认渔区稳定制度。(2)不承认罐头工厂附属渔区长期经营的特别合同,该渔区也经过竞买方式获取经营权,并且罐头工厂的特别报酬要进行调整。(3)增加若干条约规定外的海湾及入江口。(4)废除渔业条约中有关对苏联国营企业、集体企业及个体渔民的限制规定。(5)渔区租借期改为新渔区为1年,以后为4年。(6)重新审议条约有关税金规定。(7)1937年以来未连续经营两年的渔区将被封闭,此后经营未满1年的渔区被视为破坏合同。(8)新设或扩建罐头工厂冷冻库等实行许可制。(9)捕捞定额不采用加工品重量为依据,采用未加工品重量为依据。(10)苏联渔区河口前3海里水域渔业作业实行特别许可制。(11)废除渔业条约中各种待遇规定,有关条约及租借区的合同规定外的事项适用于苏联法律。

(二)不接受日本方面提议设置两国专门委员会。

(三)卢布兑换率按国际市价规定。

---

[1] 外務省欧亜局東欧課編:《戦時日ソ交渉史》下册,東京:ゆまに書房,2006年,第698—699頁。

(四)提议就公海捕鱼限制问题进行交涉。

苏联上述提案,第一,否定了日本提出的关键性问题即渔区稳定问题。第二,使日本渔业企业核心问题即建设罐头工厂成为困难。第三,废除了有关租借区费用及其他支付金的特权。第四,解除对苏联渔业生产的一切限制。第五,废除苏联法律不适用日本人的特权。苏联新提案,是希望利用二战爆发后新国际形势,特别是日本急于推行"北守南进"政策,改变苏联领海内日本人与苏联人享有同等权益的不合理局面。

对于苏联方面上述提案,1940年9月5日,东乡茂德大使表示拒绝接受,并要求以日本方面提案为基础进行交涉。对此莫洛特夫表示,日本已经多次违反1905年9月《朴次茅斯条约》,苏联仅是维护国家主权,并非要取缔日本方面的渔业权益,日本要对苏联提案进行逐条审议。东乡茂德大使仍坚持拒绝态度,希望苏联方面能够提出新的提案。

1940年12月13日,日本新任驻苏大使建川美次向苏联方面提出:(1)现行渔业协定不用修改直接延长3年期。(2)有关罐头工厂附属渔区的特别合同也延长3年期。(3)承认苏联国营企业按以往经营渔区3年期。

12月23日,苏联方面不仅拒绝建川大使提案,而且还表示1928年《日苏渔业协定》已经失效,临时协定仅限于1年期,仍希望日本方面对苏联提案进行逐条审议。

鉴于在1940年内两国很难就长期渔业协定问题达成一致,1940年12月26日,日本方面提出在1940年内按以往惯例签署双方临时渔业协定,苏联方面表示同意。这样在1941年1月20日,两国签署了第六份临时渔业协定。此后日本提出设置专门委员会就有关缔结长期渔业条约问题进行交涉,苏联方面表示同意。

在两国进行长期渔业协定交涉中,1941年2月19日,日本方面提出:(1)新渔业协定期限应从1942年起,为期5年。(2)在协定期限内日本现有渔区按租借合同延长方法签署协定。(3)租借区资费及其他支付金,按过去三年实际平均额一次性支付。(4)承认苏联国营企业按以往捕捞标准额,合计500万普特获得渔区。① 对此苏联方面提出:(1)同意协定有效期为5年。(2)不同意签署日本现有渔区延长协定,这样将使渔区竞买方法丧失作用。另外,有些租借渔区因国家、军事及其他方面需要,有必要实行封闭。(3)租借区资费及其他支付金,不同意按过去三年实际平均额一次性支付方法。(4)有关苏联国营企业渔区属国家主权问题,不能作为两国协定的内容。②

1941年4月5日,苏联进一步提出:(1)渔业协定有效期为5年。(2)渔区租借按现行竞买方式,但是因国家需要而封闭的5个渔区除外,日本其他特别合同渔区5年有效。(3)封闭日本租借者近2年间未经营的38个渔区。(4)废除国营企业债券支付方法,所有支付金额按1940年1月2日国际市价执行。(5)苏联渔业作业不受该协定限制。(6)因国家及保护渔业需要,8处入江口及海湾禁止包括日本人在内的外国人进行渔业作业。

针对苏联上述提案,1941年5月14日,日本提出方案:(1)日本现有租借渔区,包括特别合同租借渔区都应在协定期限内采取延长方法。(2)承认苏联提出有关入河口及海湾区域禁止渔业主张,但是不能涉及公海。(3)同意解除2年间未连续经营的渔区租借合同。(4)如苏联能接受日本提案,日本愿做如下让步:撤回所提一次性支付金提案,所有支付金额按国际市价决定;承认苏联企业不受条约限制。(5)渔业协定有效期为5年。③

对于日本提案,5月31日,苏联做出答复,其主要内容为:(1)不能更改竞买制度,但可以考虑日本租借渔区问题。(2)有关入江口及海湾区域禁止包括日本人在内的外国人进行渔业作业,同意不涉及公海,但具有战略地位区域应除外。(3)有关支付金问题,接受日本5月14日提

---

① 外務省欧亜局東欧課编:《戦時日ソ交渉史》下册,第698—699頁。
② 西春彦監修:《日本外交史》第15卷,第319頁。
③ 外務省欧亜局東欧課编:《戦時日ソ交渉史》下册,第706—707頁。

案。苏联提案可以说大部分接近日本提案,但是最重要部分与日本提案是完全相反的,即不承认确保日本现有渔区数额,有关被禁止渔业区域包括战略地位公海区域。6月10日,建川大使向苏联提出:(1)不同意竞买制度。(2)不同意禁止包括日本人在内外国人渔业区域涉及公海。①

1941年6月22日苏德战争爆发后,日苏两国有关渔业问题交涉被迫停止。1941年12月8日太平洋战争爆发后,日本乘着战争初期胜利之势,12月17日,向苏联方面提出继续就新的渔业协定交涉的同时,提出就签署1年期临时渔业协定举行交涉,并为此提出:(1)特别合同按以往条件延长1年期。(2)承认按以往苏联国营企业保留捕捞定额500万普特的渔区。(3)因太平洋战争爆发,日本兑换外汇困难,请求采用日元支付租借区费,其中1/2以日本国内物资代替,其余1/2以外汇或黄金支付。(4)本年度日本19个渔业租借区期满,希望双方约定竞买中全部由日本中标。②

对于日本上述提案,苏联方面提出:(1)不同意采用物资代替支付租借区费,必须采用外汇或黄金支付,因为此时苏联正处于对德作战,急需外汇购买武器装备。(2)对于合同期满的日本渔区,苏联同意可以大部分由日本方面中标,但不能完全由日本方面中标。经过3个月交涉,1942年3月20日,两国签署了第七份临时渔业协定。

在苏德战场上,1942年7月7日德军发动大规模斯大林格勒战役后,8月25日完成对斯大林格勒城市战略包围。苏联战场遭受巨大压力,使日本方面感到形势有利,于是新任驻苏大使佐藤尚武到任后,9月25日会见苏联副外交人民委员维辛斯基,提出继续就有关缔结渔业协定问题交涉。苏联拖延到10月25日才表示同意进行交涉。

1942年12月7日,佐藤尚武大使提出日方提案:(1)现有两国租借

---

① 外務省欧亜局東欧課編:《戦時日ソ交渉史》下册,第724—726頁。
② 西村彦监修:《日本外交史》第15卷,第320頁。

渔区依据合同延长方法,不经过竞买方式直接租借8年。(2)将来新开设的渔区以两国均分原则进行抽取选择。(3)渔区因自然因素封闭后,要提供不低于该渔区经济价值的替代渔区。(4)苏联的渔业许可权及经营状况要通报日本方面。(5)现行日本渔区租借费支付金额,应根据经营实际状况进行下调。(6)渔业协定及租借渔区合同解释上发生纠纷时,应设置专门委员会进行协商解决。(7)不应以企业合理化为名义变更租借区资费及捕捞定额,渔区定额要根据各渔区实际状况进行调整。(8)有关鱼类及其他水产品保护繁殖政策,应由两国共同研究决定。①

日本新提案内容明显比苏德战争爆发前强硬,对此苏联表示出强烈不满,要求以苏德战争爆发前两国交涉基础上继续交涉。在这种形势下,双方经过协商,第七份临时渔业协定进行必要的文字修改后,1943年3月25日,佐藤大使与苏联副外交人民委员洛佐夫斯基(Соломон Абрамович Лозовский,1878—1952)签署了第八份临时渔业协定。

在双方签署新渔业协定交涉中,争论的焦点为:第一,日本租借渔区是否不经过竞买方式而直接租借问题。第二,苏联渔业团体及个人是否适用于该渔业协定问题。第三,是否禁止日本人在入江口及海湾捕鱼问题。对上述问题,日本在承认竞买制度的前提下,要求苏联应考虑到日本租借渔区利益。有关禁止日本人渔业区域问题,实际上1942年6月中途岛战役后,随着美国军舰在太平洋北部活动范围扩大,日本人真正能够经营的渔区已经很少了,所以也不如以往那样强烈坚持了。

1943年3月30日,日苏两国最终签署了新的渔业协定及4份附属文件。该渔业协定最主要内容为:(1)日苏渔业协定及附属文件,从1944年1月1日起,有效期为5年。(2)苏联渔业团体及个人的渔业作业,不受该渔业协定及文件规定的限制。②

日本经过长期努力终于实现签署新的渔业协定,但是1943年《日苏

---

① 外務省欧亜局東欧課編:《戦時日ソ交渉史》下册,第733页。
② 外務省欧亜局東欧課編:《戦時日ソ交渉史》下册,第742—746页。

渔业协定》与1928年《日苏渔业协定》已经完全不同,日本所谓拥有的渔业权益仅剩下形式而已,而且伴随1943年渔业协定的签署,日本为了维护与苏联中立关系被迫签署有关解除日本人北库页岛利权的协定。进入1944年后,随着美军在太平洋北部作战范围扩大,日本渔业作业受到严重威胁。进入1945年后,随着美军对日本本土的攻击,日本渔业作业完全停止。1945年8月9日,苏联对日本宣战,1943年《日苏渔业协定》也就同时失效了。

四、《雅尔塔协定》与苏联出兵占据领土

1941年12月8日,太平洋战争爆发后,美国对苏政策的核心就是希望苏联成为共同打击日本法西斯势力的有力参战者。太平洋战争爆发的当天,美国国务卿赫尔就在华盛顿会见苏联驻美国大使李维诺夫,请求在苏联太平洋沿岸领土上为美方提供军事基地。12月11日,李维诺夫就此问题答复赫尔国务卿说:"苏联现在与希特勒德国进行着艰苦的战争,采取这种措施是危险的,也许会招致日本进攻苏联。所以苏联现在不能协助盟国开展对日作战。"[1]1942年8月,英国首相丘吉尔访问苏联,在丘吉尔与斯大林举行会谈时,出席会谈的美国驻苏联大使哈里曼再次向斯大林提出这个问题。据哈里曼大使在回忆录中叙述说:"我问在太平洋还可以帮点什么忙。他答道,增加飞机。我问哪里。他说在日本海。我解释说除非他开放西伯利亚(作为美国轰炸机基地),否则那是不可能的。他断然说:'哎,不行,还是从阿拉斯加起飞吧。'我解释说那太远,他又说要用B—24轰炸日本,阿拉斯加是够近的。"[2]显然此时斯大林不考虑向美国方面提供远东地区军事基地,担心过早卷入对日战争中

---

[1] Борис Николаевич Славинский.《Советская оккупация Курильских островов（август — сентябрь 1945 года）.》.Москва,Документальное исследование, 1993. Стр. 34.
[2] [美]W. 艾夫里尔·哈里曼、伊利·艾贝尔著,吴世民等译:《哈里曼回忆录——与丘吉尔、斯大林周璇记》,北京、东方出版社,2007年1月版,第192页。

将对苏联方面不利。

苏联最早答应参加对日作战是1943年11月28日至12月1日在美英苏三国首脑举行的德黑兰会议上。斯大林表示,一旦打败德国后,苏联军队准备把西伯利亚兵力增加两倍,并在最后打败日本方面发挥自己的作用。① 在德黑兰会议上,美国方面又提出苏联提供远东地区军事基地,便于美国飞机轰炸日本本土,同时提出制定美军与苏军共同作战的准备计划。这些要求在德黑兰会议上没有获得苏联方面的答应。

1944年6月末,美英联军在成功实施诺曼底登陆后,哈里曼大使向斯大林提出请求,希望利用苏联远东地区军事基地发动向日本最后的空中打击。斯大林对哈里曼表示:"苏联政府不再害怕日本的挑衅,甚至可以主动向日本人挑衅。然而,现在力量薄弱,不能这样做,因为这样行动有可能导致丧失沿海阵地。"②

1944年9月,罗斯福与丘吉尔在加拿大魁北克举行会谈,两人一致认为打败德国法西斯后,再战胜日本,必须花费一年半的时间,为此制定了在太平洋战场调整计划。英美领导人魁北克会议后,美国驻苏联大使哈里曼向斯大林通告魁北克会议情况时,斯大林注意到魁北克会议中没有涉及苏联参加对日作战问题,于是他质问哈里曼大使:美国总统是否认识到苏联参加对日作战的重要性?为什么盟军在制定军事计划时不考虑苏联参加对日作战问题?他表示苏联在这个问题上立场没有改变,如果美国、英国认为没有苏联参加也可以打败日本的话,苏联准备接受。可以看出,苏联领导人斯大林对于美英两国没有邀请他参加会议而表示极大不满,同时也对英美两国没有重视苏联参加对日作战问题表示极大不满。

1944年9月,根据斯大林的指示,苏军总参谋部开始就苏军在远东

---

① [美]W.艾夫里尔·哈里曼、伊利·艾贝尔著,吴世民等译:《哈里曼回忆录——与丘吉尔、斯大林周旋记》,第318页。
② [美]W.艾夫里尔·哈里曼、伊利·艾贝尔著,吴世民等译:《哈里曼回忆录——与丘吉尔、斯大林周旋记》,第356页。

地区集结及物资补给问题进行测算。据苏军总参谋部测算,把苏军从欧洲领土转移到远东领土大约需要3个月时间,将来战场上所需要3个月的燃料、粮食、运输工具等,准备工作也大体需要3个月时间。如果美国方面能够提供援助,把供应物资直接运输到苏联远东领土港口,要比通过西伯利亚铁路运输节省大量时间和运输力量。

1944年10月,美国驻苏联军事代表团团长J·迪松向罗斯福总统报告:"目前斯大林愿意考虑全面介入对日作战计划。"①在莫斯科,斯大林与哈里曼、迪松举行会谈。斯大林确认苏联方面承担对日作战的义务,表示德国投降后3个月参加对日作战。斯大林拒绝把这些协议内容采用书面形式记录,其理由解释为有可能造成苏联准备参加作战阶段,日本方面发动军事进攻。斯大林向他们详细介绍了远东领土苏联军队制定包围、歼灭日本军队的计划,并预计远东领土苏军从30个师团增加到40个师团。② 美国方面对于苏联领导人阐述的计划表示同意并且愿意负担一部分物资补给。10月10日,美国驻苏大使哈里曼向罗斯福总统报告:"对我们提出苏联方面不仅要参加对日作战,而且还要全力打击,斯大林表示完全接受。"③

1944年12月15日,美国驻苏联大使哈里曼会见苏联斯大林,转达了美国总统希望知道苏联参加对日作战要求的政治条件? 据哈里曼报告:"斯大林提出必须完全恢复1905年日俄战争以前俄国在远东地区的地位,并提出库页岛南部和千岛群岛返还苏联。④ 苏联提出再次租借中国大连港、旅顺港;苏联与中国签订合同,修建'满洲'铁路,特别是租用

---

① Waller Millers, *The Diary of Forrestal : Cold War Insider*, Gasser Limited Company, 1952, p. 31.
② [美]W.艾夫里尔·哈里曼、伊利·艾贝尔著,吴世民等译:《哈里曼回忆录——与丘吉尔、斯大林周旋记》,第436页。
③ 油橋重遠:《戰時日ソ交渉小史——1941—1945》,東京:霞ケ関出版,1974年5月20日發行,第182頁。
④ [美] W.艾夫里尔·哈里曼、伊利·艾贝尔著,吴世民等译:《哈里曼回忆录——与丘吉尔、斯大林周旋记》,第444页。

从西伯利亚铁路到海参崴的直通线东支铁路,以及与大连相连的'南满'铁路。斯大林对此条件解释说,苏联方面并不想侵害中国对'满洲'的主权,但是他进一步提出要维持外蒙古的现状。"①据哈里曼在回忆录中讲:"我直接把斯大林的提议要求报告给罗斯福总统,这些提议要求也是雅尔塔会议的基础。"②据美国历史学者 L·罗斯(L. Ross)讲,罗斯福获知斯大林对亚洲的要求时,感到惊讶!因为这个要求仅仅是恢复 1904—1905 年日俄战争时日本夺取俄国的领土权。③

关于美国提供物资补给问题,美国驻苏联军事代表团团长 J·迪松将军讲,在会谈中斯大林让哈里曼大使看了用打字机书写的 7 页文件,要求美国向远东地区苏军提供 2 个月补给所需要的物质及器材清单。要求美国方面提供 150 万军队所需要粮食、燃料、运输工具及其他资材,其中战车 3000 辆、汽车 78000 辆、飞机 5000 架、干燥货物 6 万 400 吨、燃料 20 万 6000 吨。苏联方面要求这些物资必须在 1945 年 6 月 30 日前运送到。④

1945 年 2 月 4—11 日,苏、美、英三大国领导人举行了雅尔塔会议,最后决定了苏军参加对日作战时间及条件。雅尔塔会议期间,2 月 8 日,斯大林与罗斯福举行会谈,罗斯福讲:"哈里曼已经向我汇报了你提出的条件。""战后把库页岛南部和千岛群岛归还苏联毫无困难而言。"⑤但是,有关满洲不冻港使用问题,美国不能代表中国政府表态,苏联可以向中国方面直接租借,或者设立国际委员会,考虑把大连港作为自由港口。⑥

---

① [美]W. 艾夫里尔·哈里曼、伊利·艾贝尔著,吴世民等译:《哈里曼回忆录——与丘吉尔、斯大林周旋记》,第 454 页。
② [美]W. 艾夫里尔·哈里曼、伊利·艾贝尔著,吴世民等译:《哈里曼回忆录——与丘吉尔、斯大林周旋记》,第 455 页。
③ Борис Николаевич Славинский.《Советская оккупация Курильских островов (август — сентябрь 1945 года).》, Москва, Документальное исследование. 1993. Стр. 37.
④ [美]W. 艾夫里尔·哈里曼、伊利·艾贝尔著,吴世民等译:《哈里曼回忆录——与丘吉尔、斯大林周旋记》,第 444—445 页。
⑤ George T. McGee Mississauga, *Franklin D. President Roosevelt Files*:Vol.14 *Yalta Conference*, Congress Information Services Company, 2003, Doc. 58, p. 280.
⑥ [美]W. 艾夫里尔·哈里曼、伊利·艾贝尔著,吴世民等译:《哈里曼回忆录——与丘吉尔、斯大林周旋记》,第 476 页。

对此,斯大林说明"满洲"铁路使用问题后讲:"如果这些条件不能够得到满足的话,无法理解苏联为什么对日作战,对苏联人民很难说明。另外,苏联与日本没有出现纠纷,无法理解为什么作战。如果满足了上述政治条件,人民就会知道对日作战是为国家利益,也会使最高苏维埃很容易通过决定。"①据葛罗米柯回忆,在雅尔塔会议期间,"斯大林递给我一张纸,说道:'这是罗斯福的信,我刚收到的。'然后,稍为迟疑了一下,补充说:'我想让你把此信给我口译出来。我想开会之前先简要地听听,知道它的内容。'我开始边看边译。斯大林在我翻译过程中,还要我重复一些句子的内容。信里谈的是关于千岛群岛和库页岛问题。罗斯福通知说,美国政府承认苏联对日本侵占的库页岛的一半及千岛群岛所拥有的权利。斯大林对这封信甚为满意。他在屋里踱来踱去,并重复说:'好,很好!'我说:'美国目前的立场似乎是为改变我们的看法,替自己恢复名誉,因为他们在 1905 年是同情日本的,当年俄日战争之后,在朴次茅斯,日本代表团同维特伯爵(С. Ю. Витте)率领的代表团进行了和平谈判。那时,美国实际上是帮助日本从俄国手里夺去了它的领土。'看得出来,斯大林完全同意美国想'恢复自己名誉'的意见。"②

另外,据哈里曼大使在回忆录叙述:"他(斯大林)所要求的报答,只不过是恢复 1904 年日本从帝俄夺去的领土和权利。严格地说,这对于千岛群岛并不适用。事实上,千岛群岛是根据日俄通商和航海条约,于 1875 年和平转让给日本的。但罗斯福签字前驳回自己对这个问题的保留意见。在他(罗斯福)看来,俄国能相助一臂之力出兵对日作战,由此获得的巨大利益同千岛群岛相比,后者不过是一桩小事。"③

为了实现苏联参加对日作战,罗斯福、丘吉尔、斯大林签署了秘密文

---

① George T. McGee Mississauga, *Franklin D. President Roosevelt Files*:*Vol.14 Yalta Conference*, Congress Information Services Company, 2003, Doc. 58, p. 281.
② [苏]安·安·葛罗米柯著、伊吾译:《永志不忘——葛罗米柯回忆录》上卷,北京:世界知识出版社,1989 年 3 月版,第 239—240 页。
③ [美]W. 艾夫里尔·哈里曼、伊利·艾贝尔著、吴世民等译:《哈里曼回忆录——与丘吉尔、斯大林周旋记》,第 479 页。

件。即1945年2月11日,苏、美、英三国领导人签署的《雅尔塔协定》。

《雅尔塔协定》主要内容为:

> 苏、美、英三大国领袖同意,在德国投降及欧洲战争结束后两个月或者三个月内苏联将参加对日作战,其条件为:
>
> 一、外蒙古(蒙古人民共和国)的现状须予维持。
>
> 二、由日本于1904年背信弃义进攻所破坏的俄国以前权益须予恢复,即:
>
> (1)库页岛南部及邻近一切岛屿须交还苏联;
>
> (2)大连商港须国际化,苏联在该港的优先权益须予保证,苏联之租用旅顺港为海军基地须予恢复;
>
> (3)对担当通往大连之出路的中东铁路和南满铁路应设立——苏中合办的公司以共同经营之;经谅解,苏联的优越权益须予保证而中国须保持满州的全部主权。
>
> 三、千岛群岛须交予苏联。
>
> 经谅解,有关外蒙古及上述港口铁路的协定尚须征得蒋介石委员长的同意。根据斯大林元帅的提议,美总统将采取步骤以取得该项目同意。
>
> 三强领袖同意,苏联之此要求须在击败日本后毫无问题地予以实现。苏联本身表示准备和中国国民党政府签订一项苏中友好同盟协定,俾以其武力协助中国达成自日本枷锁下解放中国之目的。①

《雅尔塔协定》是苏联获得千岛群岛及库页岛南部的主要法律依据,但是,1945年4月12日,美国总统罗斯福去世,继任者哈里·杜鲁门总统上台后,对苏联参加对日作战问题的态度就出现变化。这时美国陆军领导人史迪威在麦克阿瑟等人的支持下,劝说杜鲁门总统不要让苏联参加对日作战,指出所谓百万关东军为日本陆军的精华,实际上已经没有

---

① 鹿岛和平研究所编:《日本外交主要文书·年表》第1卷(1941—1960年),第56页。

明显抵抗能力。但是,此刻美国总统杜鲁门还不想立刻放弃与苏联的同盟关系,还希望能够利用苏联势力彻底打败日本法西斯势力,于是1945年5月,杜鲁门总统派遣特别助理霍普金斯(H. L. Hopkins)到莫斯科,催促"苏联尽快确定参加对日作战"。

1945年7月17日至8月2日,波茨坦会议举行期间,有关苏联参加对日作战问题并没有被列为会议正式日程,而是由三国首脑或外长进行非正式的双边会谈决定的。在波茨坦会议召开的前一天,斯大林与杜鲁门举行会谈,杜鲁门提出美国"期待苏联的帮助力量"。① 对此斯大林答复说:"苏联准备在8月中旬采取军事行动,苏联将严格遵守协定。"② 这时期美国方面考虑的是尽量限制苏联参加对日作战,因为原子弹研制工作已经到了最后关键时刻,7月21日,杜鲁门总统收到原子弹实验成功的报告。美国多年来以各种方式要求苏联参加对日作战,所以杜鲁门总统也感到在波茨坦会议公然反对苏联参加对日作战是失策。杜鲁门总统只好考虑到讨论日本投降条件、缔结与日本和平条约时排除苏联。美国独自起草了《波茨坦公报》草案,在7月24日,即美国决定对日本投放原子弹的日期后,第一次把草案交给英国领导人丘吉尔和中国领导人蒋介石阅读。7月26日晚,广播发表了美、英、中三国领导人签署的《波茨坦公报》。当天,美国国务卿詹姆斯·贝尔纳斯与苏联外交人民委员莫洛托夫举行会谈,贝尔纳斯讲:事先没有把公报草案让苏联方面阅读,原因为苏联方面与日本不是处于战争状态,美国认为苏联不会考虑这种问题的。实际上据哈里曼大使在回忆录讲,"贝尔纳斯所希望的是,尽量在没有苏联参加的情况下结束战争"。③ 为此在7月28日的会议上,斯大林一方面报告了日本政府向苏联政府提出的请求,求苏联为中介调解结束战争,另一方面强调"在制定有关日本的任何文件、新的提议时应该相

---

① 油橋重遠:《戰時日ソ交涉小史——1941—1945》,第212页。
② 油橋重遠:《戰時日ソ交涉小史——1941—1945》,第212页。
③ 油橋重遠:《戰時日ソ交涉小史——1941—1945》,第213页。

互通报"。①

1944年11月6日,斯大林在苏联十月社会主义革命胜利纪念大会上,首次在发表演说中谴责日本是法西斯侵略国家,破坏世界和平。1945年8月8日,苏联政府宣布参加《波茨坦公报》。8月9日,苏联政府正式宣布对日本开战。

在库页岛方面,日本占领下北纬50度的库页岛南部,1940年统计总人口为41.5万人,其中日本人占99.4%,为当时日本本土人口的不足1%,但是库页岛南部的面积为14000平方英里,相当于日本本土面积的9%。1942年11月1日,日本拓务省与其他省厅合并成为大东亚省,桦太厅改为隶属内务省。日本统治下的库页岛南部,在经济贸易方面与日本合为一体,1937年其煤炭、纸浆的生产量分别达到日本总生产量的7%和14%。

1945年8月8日,苏联发动进攻库页岛的所谓"八月风暴"军事行动。苏联第二远东方面军所属第16军负责对日作战,第16军司令部设于黑龙江河口的庙街(尼古拉耶夫斯克),该军拥有1个步兵师、2个步兵旅、1个坦克旅、1个炮兵旅等。第16军的任务是,配合太平洋舰队阻止日军在苏联沿海登陆。8月11日早晨,苏联第16军所属的第79步兵师、1个步兵旅、1个坦克旅、1个炮兵旅越过日苏两国在库页岛的分界线,进入北纬50度的库页岛南部。步兵第79师原驻防在库页岛北部,司令部设在西海岸的亚历山大罗夫斯克,由于作战准备不足,所以未能按照规定,对日开战时随即进入库页岛南部。日本军队在库页岛南部驻防为第88师团(师团长为峰木十一郎中将,司令部设在丰原)。该师团的任务是以其主力确保丰原以南的重要地区,以步兵1个连队为骨干配置在日苏两国边界线(北纬50度线)附近的野战阵地。8月13日,苏联第79步兵师等向日军阵地发动攻击,由于日本军队的顽强防守,直到日本政府决定投降之时,这块阵地仍然固守在日军手中。另一方面,在库

---

① 油橋重遠:《戰時日ソ交涉小史——1941—1945》,第213页。

页岛的西海岸,在日本政府宣布投降的第二天(8月16日),苏军海军陆战队和步兵各1个营,乘坐北太平洋小舰队的舰艇,由对岸苏维埃港在塔路(惠须取以北约5公里)登陆。

8月16日,日本大本营向全体陆海军部队下达停战命令。关东军司令部也接到了大本营陆军部关于立即停止战斗的命令和关于同苏军进行局部停战交涉的指示。关东军司令官山田乙三立即通过中国长春(伪满州国首都新京)的广播,向苏联远东军总司令华西列夫斯基(А. М. Василевский)请求停止战斗,并且于8月17日派遣关东军总参谋长秦彦三郎去哈尔滨,通过当地的苏联总领事馆,向苏联远东军总司令正式提出停战交涉。8月17日,苏联远东军总司令华西列夫斯基通过无线广播,回答了8月16日日本关东军司令官山田乙三关于停止战斗行动的请求,并且命令日本关东军于8月20日12时以后停止战斗行为。8月19日上午,日本关东军总参谋长秦彦三郎从哈尔滨乘苏联军用飞机,抵达苏联远东第一方面军总部所在地伏罗希洛夫(现在的乌苏里斯克),就有关投降事宜接受指令,苏联远东军总司令华西列夫斯基指令:日本军队在8月20日12时以前必须投降并解除武装。

在千岛群岛方面,在8月14日凌晨,苏联远东军总司令华西列夫斯基下达命令,第二远东方面军和太平洋舰队,为实施千岛群岛登陆战役作好开战准备。① 8月18日拂晓,在靠近堪察加半岛的占守岛开始了一场恶战。在太平洋战争末期,日军在千岛群岛地区驻有2个师团,北千岛地区归属第五方面军第91师团负责防务,南千岛地区归属第89师团负责防务。随着太平洋战争的不断失利,千岛群岛成了北方的第一道防线。为了防备美军攻击,他们日夜训练,特别是北千岛地区的91师团,拥有占守、幌筵两岛坚固要塞和充足的武器。在遭到苏军突然进攻后,第91师团得到上级"不阻拦自卫行动"后,开始迎击苏军,而苏军则在飞机掩护下攻击,到23日双方签订了停战协议。苏联方面损失3000人,

---

① 和田春樹:《北方領土問題——歴史と未来》,第173頁。

日本方面战死与下落不明者约750人。①

8月21日,华西列夫斯基下达命令:"苏军在北海道和千岛群岛南部登陆作战的时间,将由最高统帅部另行通知。"②得知最高统帅部撤销在北海道登陆行动后,远东军指挥部集中力量实现占领千岛群岛南部岛屿的计划。当时在库页岛南部和千岛群岛北部的日军已经缴械投降。8月25日,苏军占领大伯海军基地,库页岛南部获得完全占领。8月26日,北太平洋舰队司令电令负责占领千岛群岛南部的登陆部队,开始执行该部队的使命。为此要每个岛配备一艘扫雷艇,在浓雾中成功登上择捉岛,岛上1.35万日本守军不战而降。但是,择捉岛上苏军仅有2个连队的兵力,要应付如此众多日军,所以受降时间拖长。9月1日,苏军增援部队从库页岛赶来后,展开对国后岛登陆作战并且占领该岛屿。当天,苏军也在色丹岛实施登陆,日本守军4800人不战而降。

苏军在完成了对择捉岛、国后岛和色丹岛的占领后,最高统帅部决定占领齿舞岛。9月2日上午,北太平洋舰队司令电令准备占领齿舞群岛。9月3日凌晨开始行动,次日拂晓登上该岛,岛上守军没有抵抗就投降,到9月5日完成对该岛占领。至此,从8月28日到9月5日,所谓苏军占领千岛群岛南部岛屿作战,因日本守军没有进行抵抗,在双方均无伤亡的情况下,顺利完成。

苏联为了报复日本当年发动日俄战争,特别是迫使俄国签署不平等的《朴次茅斯条约》,利用第二次世界大战末期对日作战之机,出兵占领日本称之为"固有领土"的北方四岛。无可否认,苏联出兵占领北方四岛,是第二次世界大战所带来的结果,如果没有第二次世界大战,苏联也不可能出兵占领北方四岛。俄国现在主张不能更改反法西斯战争所获得的胜利成果,日本对此难于辩解。日本法西斯军国主义发动对外侵略战争,造成国家战败而丧失领土结果,这是日本无法狡辩的事实。

---

① 坂本德松、甲斐静馬:《返せ北方領土》,東京:青年出版社,1977年5月31日第1刷発行,第59頁。
② 坂本德松、甲斐静馬:《返せ北方領土》,第60頁。

第八章 美国主导对日媾和与日苏领土问题

一、战后美国否认对苏联领土要求的承诺

我们上述七章论述了日俄之间有关领土纠纷问题,本章则论述的是美国插手日俄之间领土纠纷问题。太平洋战争爆发后,美国为争取苏联参加对日作战,许诺将千岛群岛及南库页岛归还苏联,并且缔结《雅尔塔协定》。虽然《雅尔塔协定》是美英苏三国首脑签署的秘密协定,但是其具有的法律地位是毋庸置疑。苏联依据《雅尔塔协定》出兵参加对日作战,并为打败日本军队做出很大贡献。第二次世界大战结束后,美国否认先前承诺,拒不承认《雅尔塔协定》的法律性质。《雅尔塔协定》是苏联获得"南千岛"最直接、有效的法律依据,也是日本"北方领土"问题形成的直接原因之一。

如前文记载,1945年2月11日,美英苏三国首脑举行的雅尔塔会议上所签署的《雅尔塔协定》,规定德国投降后6个月内苏联参加对日作战,作为回报,苏联应获得千岛群岛及库页岛南部的主权。库页岛南部作为日本发动日俄战争而占领的领土"须交还苏联",而千岛群岛则记载为"须交予苏联"。

《雅尔塔协定》签订两个月后，4月12日美国总统罗斯福去世，继任者杜鲁门上台，在《雅尔塔协定》具体落实上开始出现不协调的音符。1945年8月9日苏联对日宣战后，随着苏联军队不断逼近日本本土，美苏之间开始出现利益争夺。8月20日，美国方面以盟军司令部名义发布《联合国最高司令官总司令部指令第1号·日本帝国大本营（陆、海军）的一般命令第1号》（简称盟军总命令第1号），规定各同盟国分别接受日本投降区域。规定苏联接受日本投降区域为：中国东北、朝鲜半岛38度线以北，以及千岛群岛及库页岛南部。实际上，美国方面不仅拒绝了苏联要求占领整个千岛群岛和北海道北部的要求，而且还提出要把千岛群岛中部的一个岛，作为美国军事、商业基地使用。美国方面这一要求，实际上已经超越了《雅尔塔协定》的规定范围，目的是要抵制苏联势力向日本本土的扩展。8月22日，苏联方面表示完全拒绝美国上述要求，此时苏联已将千岛群岛视为本国的领土范围。8月25日，美国国务卿詹姆斯·贝尔纳斯给苏联领导人斯大林发电报，说明美国政府撤回当初关于千岛群岛的要求，为了实现顺利占领千岛群岛，希望苏联方面承认美国飞机以商业目的在千岛群岛有着陆权。此举反映出当时美国政府不承认千岛群岛为苏联领土，仍然希望最后抵制苏联向日本本土扩展势力。苏联领导人斯大林对此选择避免与美国激化矛盾，采取协调对策，承认美国飞机有着陆权，使双方关系大体缓和。美苏之间的摩擦，在基本尊重《雅尔塔协定》框架下获得解决，最终结果为美国成功阻止了苏联向千岛群岛以南地区扩展，苏联确保了占领千岛群岛的权限。

　　第二次世界大战结束后，伴随着国际冷战局面的出现，美苏两国围绕千岛群岛归属问题的矛盾，首先表现在关于《雅尔塔协定》的不同解释上。1945年12月24日，美国国务卿詹姆斯·贝尔纳斯、英国外长欧内斯特·贝文、苏联外交人民委员莫洛托夫，在莫斯科举行三国外长会议。在外长会议上，莫洛托夫提出讨论确认千岛群岛与库页岛南部的归属问题，美国国务卿贝尔纳斯却指出："关于这个问题没有必要达成什么一致,在考虑对日媾和条约阶段之前,不应该讨论这个问题。"[①]对此莫洛托夫反问说:"《雅尔塔协定》不是已经决定了千岛群岛和库页岛南部的命运吗?"[②]他强调这些地区已经是苏联领土。苏联政府认为,《雅尔塔协定》最终决定了千岛群岛与库页岛南部的归属问题,而美国政府则认为,《雅尔塔协定》不是最终决定,如果没有被对日媾和条约确认就不具有法律效力。参加会议的英国外长贝文则采取支持苏联外长莫洛托夫的态度,他认为既然当初丘吉尔政府已经承认《雅尔塔协定》,那么现在的英国政府也只好接受并履行协议。

在国际"冷战"初期,美国为了"遏制"苏联势力发展,单方面公布了二战期间三大国首脑所签署的秘密协议——《雅尔塔协定》。1946年1月29日,美国副国务卿迪安·艾奇逊发表声明,正式公开承认《雅尔塔协定》的存在。与此同时,他也公开阐述了美国政府对《雅尔塔协定》性质问题的见解。艾奇逊指出,《雅尔塔协定》不过是承认苏联对千岛群岛与库页岛南部的战时占领权限,这些领土的最终归属问题现在还没有决定。[③] 对此苏联方面立即做出反应,苏联塔斯社发表社论指出:"艾奇逊关于千岛群岛的讲话完全是错误的","对日战争胜利后,千岛群岛须交予苏联,库页岛南部及周边诸岛须交还苏联,已经是明文规定的"。[④] 美国政府不断出现对《雅尔塔协定》的不同解释,使苏联政府认识到,美国政府企图把《雅尔塔协定》有关内容空洞化。对此苏联采取针锋相对措施。1946年2月2日,苏联政府发表声明,宣布拥有库页岛全岛及千岛群岛主权,并宣布在库页岛南部和千岛群岛建立南库页岛州。1947年1月2日,苏联将南库页岛州与北库页岛合并为库页岛州(俄称萨哈林州),并由联邦政府直接管辖。苏联方面进一步修改宪法,在国内完成了

---

① 田中孝彦:《日ソ国交回復の史的研究——戦後日ソ関係の起点:1945—1956》,東京、有斐閣,1993年9月発行,第8頁。
② 田中孝彦:《日ソ国交回復の史的研究——戦後日ソ関係の起点:1945—1956》,第9頁。
③ 田中孝彦:《日ソ国交回復の史的研究——戦後日ソ関係の起点:1945—1956》,第9頁。
④ アジア調査会編:《北方領土を読む》,東京:プラネット出版,1992年4月15日発行,第76頁。

千岛群岛与库页岛南部成为本国领土的法律手续,目的是使这些领土归属成为既成事实。

1947年后,美国远东地区战略重点由扶植中国国民党政权转变到扶植日本后,开始抓紧推动对日媾和工作。美国在起草对日媾和条约草案过程中,针对日苏之间所谓领土问题,除了坚持否认《雅尔塔协定》为最终决定权的法律地位外,主要就是针对《雅尔塔协定》中规定向苏联让渡的"千岛群岛"范围,是包括"四岛(齿舞、色丹、国后、择捉)",还是"三岛(色丹、国后、择捉)"或"两岛(国后、择捉)"出现争论。此时期,美国政府内出现了争论,总体上看,第一种主张日本应该保留"四岛"所有权,认为在美苏国际冷战局势下,应该尽量让苏联势力远离日本本土。第二种主张日本应该保留"三岛"或者"两岛"所有权,一定程度上考虑历史、地理方面让苏联能够接受的因素。实质上,美国政府此时出现对有关日苏领土问题政策的争论,并非要真正解决日苏之间领土纠纷问题,而是考虑如何利用该问题服务于美国远东地区战略问题,如何成为美国远东战略上可利用的棋子。

1947年3月17日,驻日同盟国军总司令麦克阿瑟在记者招待会上公开说:"军事方面及政治方面占领事实上结束了……。从目前形势看,应该是讨论与日本媾和的时期了。"①这是美方最早向外界透露出要准备讨论对日媾和问题的信息。

从美国方面策划、起草有关对日媾和条约草案的过程看,大体可以将之划分为两个阶段,即以1950年5月美国政府决定由国务院顾问杜勒斯负责处理对日媾和问题为前后两个阶段划分标志。可以说,在前阶段里,美国对日媾和问题还比较盲目,不断出现争论,或可称为制定"严格对日媾和"阶段;在后阶段里,美国对日媾和问题就比较统一,出现争论比较少了,或可称为制定"宽松对日媾和"阶段。但是,无论前阶段还

---

① 村川一郎編著:《ダレスと吉田茂——フリソストソ大学所藏ダレス文書を中心として》,東京:国書刊行会,1991年3月18日發行,第62頁。

是后阶段,美国都是坚持否认二战期间签署的《雅尔塔协定》有关割让千岛群岛给苏联的内容。

1946年10月,美国国务院内部设置起草对日媾和条约草案班子,主要起草人为国务院远东司东北亚局局长乔治·博顿。1947年3月初,乔治·博顿完成起草美国方面最初的和平条约草案,史称"博顿草案"①。

1947年3月"博顿草案",主要根据是1946年6月21日美国国务卿詹姆斯·贝尔纳斯提议的"四国条约"构想,目标为解除日本军事力量和实现非军事化的基本路线。该草案最主要特点为防止恢复日本军国主义,在经济及其他方面采取"预防措施",并且实施监督,设置由远东委员会成员国组成的"监督委员会",实施媾和后监督25年期限。

1947年3月"博顿草案"在日苏领土问题上规定:"日本向苏联割让北纬50度以南库页岛部分领土主权","日本向苏联割让堪察加半岛与北海道之间的千岛群岛完全主权"。②

乔治·博顿完成上述起草工作后,3月8日,携带刚刚完成的草案亲自赴日本进行实地咨询调查,回来后又对这一部分内容进行修改,1947年8月5日完成新草案。

1947年8月5日"博顿草案"仍然沿袭3月"博顿草案",设置"监督委员会",监视日本非军事化与民主化进程。有关日苏领土问题,将齿舞群岛、色丹岛、国后岛、择捉岛划在日本领土范围内。该草案记载"日本向苏联割让择捉海峡东北、从得抚岛到占守岛的各岛屿,即1875年条约中俄国向日本割让的各岛屿完全主权"。③

美国国务院内部认为,8月5日"博顿草案"有关日苏领土问题的处理太牵强了,因此并没有认可。实质上,此时美国国务院起草"博顿草

---

① 博顿草案是美国国务院远东司东北亚局局长乔治·博顿主持起草的三份对日媾和条约草案,即1947年3月草案、8月草案和1948年1月草案的总称。
② 原貴美惠:《サンフランシスコ平和条約の盲点——アジア太平洋地域の冷戦と「戰後未解決の諸問題」》,広島:溪水社,2005年6月10日第1印發行,第128頁。
③ 和田春樹:《北方領土問題——歷史と未來》,第195頁。

案"的出发点仍然是防止日本军国主义恢复,消除日本对亚洲及美国的威胁,显然已经不适合当时国际冷战形势的发展。1948年1月30日,乔治·博顿等人起草了第三份条约草案。他就第三份草案解释说:"如果说《雅尔塔协定》并未给'千岛群岛'确定范围。美国可以提议,采用'千岛群岛'狭义解释,最南端的择捉、国后、色丹、齿舞,将由日本保有。"①乔治·博顿的草案,遭到美国国务院内部否认,最终被废弃。

1947年5月8日,美国国务院任命乔治·凯南为国务院政策规划室主任,他对于推动美国政府对日媾和问题政策的转变起到非常重大作用。乔治·凯南因1946年2月22日以驻苏使馆代办身份向国务院发出长达八千字电报,全面分析战后苏联意图、政策和做法,提出了一套遏制苏联对策,从而获得美国政府重视并调回国内负责制定对苏遏制政策。

1947年10月14日,乔治·凯南就有关对日媾和问题提出建议书,即政策规划室PPS/10号文件,他主张对日本实施"宽大媾和",有必要转变过去媾和路线,应该改造日本为"友好的、信赖的同盟国"。② 文件中有关日苏领土问题处理,提出"千岛群岛最南部岛屿应由日本保有"。③

1948年3月23日,国务院情报局地理特别顾问鲍古斯提出:"国后岛、择捉岛是千岛群岛一部分。"④1949年6月27日,美国驻日本公使休斯敦向美国国务卿递交建议书,他认为,齿舞群岛、色丹岛"与传统千岛群岛存在区别,日本统治时期不属于千岛群岛地方当局管辖,而属于北海道下属机构的地方当局管辖",但是择捉岛、国后岛为千岛群岛的一部分。⑤

1949年9月,英国外长欧内斯特·贝文访问美国,双方就有关起草对日媾和条约问题举行会谈。贝文外长提议由美国方面负责起草对日

---

① 和田春樹:《北方領土問題——歷史と未来》,第196頁。
② 細谷千博:《サソフラソシスコ媾和への道》,東京:中央公論社,1984年8月10日発行,第40頁。
③ 于群:《美国对日政策研究(1945—1972)》,东北师范大学出版社,1996年8月版,第97页。
④ 田中孝彥:《日ソ国交回復の史的研究——戰後日ソ関係の起点:1945—1956》,第17頁。
⑤ 和田春樹:《北方領土問題——歷史と未来》,第197頁。

媾和条约草案,美国国务卿迪安·艾奇逊马上表示接受该建议。如果说过去美国政府起草的对日媾和条约草案都属于内部草案,那么此后美国方面起草对日媾和条约草案,就要考虑如何能够获得英国方面认可。

根据美国国务卿迪安·艾奇逊的指示,1949年10月13日,美国国务院远东司负责完成起草新的对日媾和条约草案。该条约草案有关日苏领土问题记载为,日本应该放弃冲绳群岛,接受美国作为施政者而进行托管统治,库页岛南部、千岛群岛北部割让给苏联,日本保留对齿舞群岛、色丹岛、国后岛、择捉岛的所有权。但是,该草案注释上特意就此说明,有必要举行讨论会,讨论有关齿舞群岛、色丹岛、国后岛、择捉岛"是否为《雅尔塔协定》与苏联约束的千岛群岛一部分"。① 该条约草案在美国国务院上层人士中进行讨论后,被认为无法与英国方面进行协商。国务院上层人士认为,千岛群岛不包括国后岛、择捉岛,这样解释在国务院、驻日大使馆明显是不能被正式认可的。

为此美国方面决定再次由国务院远东司及经济、法律及相关部门官员重新起草条约草案。1949年11月2日,美国国务院远东司完成第二份媾和条约草案。该条约草案经过国务卿迪安·艾奇逊批准后,送给美国政府各相关部门及盟军最高司令部征求意见。该草案在日苏领土问题上提出,齿舞群岛、色丹岛、国后岛、择捉岛为日本领土,但在"注释"上写着:美国"是否决定提议日本保留择捉岛、国后岛,以及小千岛群岛(齿舞群岛与色丹岛),还没有最终表态。现在认为,美国不应该提出这样的问题,如果日本提出,我们也许给予同情态度"。② 美国认为:第一,如果美国方面提出这些岛屿不属于千岛群岛的一部分,这与美国参与并签署的《雅尔塔协定》相违背,必然会遭到苏联攻击,对此美国方面反驳存在困难。第二,为了冲绳问题,美国仍然占领冲绳群岛,而向苏联提议放弃

---

① 原貴美惠:《サンフランシスコ平和条約の盲点——アジア太平洋地域の冷戦と「戰後未解決の諸問題」》,第130頁。
② 原貴美惠:《サンフランシスコ平和条約の盲点——アジア太平洋地域の冷戦と「戰後未解決の諸問題」》,第131頁。

南千岛,显然非常无力。

促使美国政府对日媾和条约草案主导方向出现明显转变的,是美国驻日本盟军最高司令部政治顾问希博尔特。1948年11月14日,美国驻日盟军司令部政治顾问希博尔特与盟军驻日总司令官麦克阿瑟,就国务院方面传来的11月2日第二份媾和条约草案进行认真讨论,11月19日送交了他们共同提出的修改意见书,这就是有名的《希博尔特意见书》。该意见书提出"择捉岛和得抚岛之间海峡线的东部和东北部岛屿为割让给苏联的千岛群岛",并附加注释说:"苏联不要求合并择捉岛、国后岛、色丹岛,或者齿舞群岛,是美国所希望的。这些岛屿是千岛群岛一部分的主张,历史上看是脆弱的,但这些岛屿与其他所有者相比,对于日本更拥有航海、渔业上意义。"[1]《希博尔特意见书》最终改变了美国对日政策方向,由对日媾和"严格"处理政策,转变为对日媾和"宽大"处理政策。

为了搞清楚"千岛群岛"地理范围,美国国务院远东司内部就有关南千岛群岛法律问题举行讨论会。11月25日,美国国务院负责政治问题的法律顾问助理斯诺威提交了调查报告书。他指出,基于地理的、历史的、政治的理由,"从法律上有充分证据说明,齿舞群岛和色丹岛原本不属于千岛群岛一部分",但是没有明确法律依据说明,"国后岛和择捉岛不属于千岛群岛一部分。虽然两岛自1855年条约以来未处于俄罗斯主权下,但是1855年条约也好,1875年条约也好,都表示承认两岛是千岛群岛一部分"。[2] 斯诺威调查报告书上述有关千岛群岛的分析,成为修改11月2日第二份媾和条约草案的基础,最终也成为以后美国国务院对千岛群岛问题的基本观点。

1949年12月29日,美国国务院远东司完成第三份媾和条约草案。草案继续采用向苏联割让千岛群岛的规定,但是明确记载"齿舞群岛和色丹岛"包括在日本领土内。该草案"注释"上记载:"如美国主张择捉岛

---

[1] 和田春樹:《北方領土問題——歷史と未来》,第201頁。
[2] 和田春樹:《北方領土問題——歷史と未来》,第201頁。

与国后岛不属于千岛群岛范围,肯定会在信誉方面遭到苏联攻击,对此进行反驳存在困难。""日本即使没有南千岛群岛,保有齿舞群岛、色丹岛,也获得相当利益。美国对于日本主张拥有齿舞群岛、色丹岛给予援助,对于日本人在该地区的要求,我们表示最大限度、最大可能程度上的支持。"①

此时美国国务院远东司采纳这种观点,主要是美国政府内部,有关苏联不参加对日媾和时,是否继续推动该问题尚未得出结论。1949年12月,美军联合参谋总部(JCS)提出,对日媾和问题的重要条件是苏联参加,为此美国方面基本停滞了准备对日媾和条约起草工作。

1949年12月29日,在美国国家安全保障会议上,杜鲁门总统决定:"无论苏联是否参加,美国与英国都必须进一步推动有关对日缔结媾和条约问题。"②杜鲁门此举的目的,就是要打破了国内有关对日媾和工作停滞局面,但是因美国国务院与国防部之间矛盾仍然未能解决,实际上对日媾和条约起草工作仍然毫无进展。另外一方面,针对日本国内各阶层人士就"媾和问题"纷纷表示不同观点,1950年1月1日,驻日盟军总司令麦克阿瑟发表"新年声明",他指出:"关于举行媾和会议,各国在手续上存在不同主张而被推迟了。""日本国内各种势力,不允许在这些问题解决上插手,因而不应成为日本内政上相互争斗的内容。"③

杜鲁门总统为了扭转这种被动局面,1950年4月19日,任命约翰·福斯特·杜勒斯为国务院顾问,5月18日,正式任命他负责处理缔结对日媾和条约工作,主要协调国内外各种关系并推动早日实现缔结对日媾和条约。如果说,乔治·凯南担任国务院政策规划室主任促使美国对日媾和工作开始出现转变,《希博尔特意见书》改变了美国对日政策方向,由对日媾和"严格"处理政策转变为对日媾和"宽大"处理政策,

---

① 和田春樹:《北方領土問題——歷史と未来》,第202頁。
② 細谷千博:《サンフランシスコ媾和への道》,第62頁。
③ 村川一郎編著:《ダレスと吉田茂——フリソストソ大学所藏ダレス文書を中心として》,第66頁。

那么任命杜勒斯具体负责国务院缔结对日媾和条约工作,就使美国最终形成在本国远东战略格局大框架内处理对日媾和问题。

杜勒斯就任后极力推动对日媾和工作,针对日苏之间有关领土问题,不再纠缠于千岛群岛范围内应该包括四岛,或者两岛,或者一岛问题,而是要协调国内外各方面利益,实现推动早日缔结对日媾和条约的大目标。杜勒斯不仅在国内外调整各方面利益关系,而且在对日媾和问题上积极发挥主导作用。

1950年8月7日,杜勒斯制定完成对日媾和条约草案,其中有关日苏领土问题部分为:"第五条 日本国接受有关台湾、澎湖列岛、北纬50度以南库页岛、千岛群岛的未来地位,今后由美国、英国、苏联、中国取得一致的决定。如果一年内未能获得一致决定时,该条约参加国将接受联合国大会的决定。"[①]

8月18日,杜勒斯完成了对日媾和条约草案,其有关日苏领土问题部分没有变化。他考虑将有关千岛群岛与库页岛南部的归属问题,交由美、英、中、苏四国未来一致的决定,如果四大国不能取得一致决定时,交由联合国大会最终决定。在此基础上,11月24日,杜勒斯正式发表著名的《对日媾和七原则》文件,其主要内容为:

> 美国提议,为了结束战争状态,恢复日本国主权,恢复日本国以平等成员身份进入人民自由社会,与日本缔结条约。有关特定事项、条约,如下原则反映。
>
> (1)当事国:同日本进行战争的所有国家,提出议案并达成一致基础上实现媾和。
>
> (2)联合国:应该考虑日本国加入。
>
> (3)领土。日本国:
>
> A. 承认朝鲜独立;

[①] 落合忠士:《北方領土問題——その歷史的事实・法理・政治的背景》,東京:文化書房博文社,1992年発行,第79—80頁。

B. 同意琉球群岛及小笠原群岛按照联合国委托统治方式置于美国统治权限之下；

C. 台湾、澎湖群岛、库页岛南部及千岛群岛的地位，交由四大国将来决定。条约生效后一年内不能决定时，交由联合国大会决定；

D. 放弃在中国的特殊权。

（4）安全保障：条约应该保障联合国担负的责任，在该安全保障决议确立前，为维护日本领土内国际和平及安全，规定由美国及其他国家军队担负责任，并且继续使用日本国的设施。

（5）政治上及通商上决定：同意日本国加入有关麻药及捕鱼的多边条约。战前的双边条约，在相互一致同意基础上恢复。缔结新的通商条约前，日本国保留通常例外，给予最惠国待遇。

（6）请求赔偿权：所有当事国放弃1945年9月2日前发生战争行为所带来的请求赔偿权。但是，A. 同盟国规定的一般其他地区保有日本财产时，B. 日本国返还同盟国的财产，或者不能够原样返还时，协定补偿丧失价值提供日元除外。

（7）纠纷：有关请求赔偿权纠纷，由国际法院院长设立的特别法庭解决。其他纠纷委托外交解决或者国际法庭裁决。①

从上述内容可以看出，有关日苏领土问题的规定，杜勒斯基本采用了8月媾和条约草案的内容。《对日媾和七原则》在日苏领土问题上，仍然不承认《雅尔塔协定》作为千岛群岛与库页岛南部的最终归属的依据，主张在对日媾和会议上追认苏联对其拥有主权，明显是把《雅尔塔协定》有关内容空洞化。

美国政府由对日媾和"严格"处理政策，转变为对日媾和"宽大"处理政策，是国内外各种因素综合作用的结果。1949年10月1日中华人民

---

① 外務省編：《日本外交文書》（平和条約の締結に関する調書）第一册，東京：外務省，2003年發行，第612—613頁。

共和国成立,1950年6月22日朝鲜战争爆发,国际形势剧烈变化导致美国政府感到,远东地区社会主义阵营对资本主义阵营的威胁在不断加大。远东地区国际形势的巨大变化,使美国国内政治势力主张出现转化。美国军方过去一直主张把苏联与中国参加对日媾和问题作为重要条件,但是现在他们认识到这种条件缺少现实性,转而支持实现早期对日媾和主张。1950年9月初,美国国务院与国防部之间矛盾基本消失,两者制定了共同备忘录。9月8日,国务院与国防部制定的共同备忘录获得美国总统杜鲁门的批准,作为NSC60/1正式政策文件被采用。NSC60/1文件是美国政府对日媾和政策基本要点与实施步骤的纲领性文件,其后的实质性谈判与媾和条约草案都是遵循该文件的基本精神与要求进行的。

杜勒斯的《对日媾和七原则》反映出美国政府对日媾和政策的变化。NSC60/1文件规定,在对日媾和预备交涉时,作为重要"安全保障上的要求",不承认苏联对日本本土的接近作为方针。也就是说,在"安全保障上的要求"名义下,杜勒斯的《对日媾和七原则》在领土问题上,力图使《雅尔塔协定》有关内容实质上空洞化。杜勒斯认为,《雅尔塔协定》是苏联获得千岛群岛与库页岛南部的唯一法律依据,如果承认这些地区为苏联拥有,就等于给予苏联过度的战略利益。所以他主张尽量不承认这种事情,以反驳苏联拥有千岛群岛与库页岛南部的合理性。

二、《旧金山对日媾和条约》与日苏领土问题

美国完全占领日本,造成美国在对日媾和问题上处于主动地位。1950年9月14日,美国总统杜鲁门在记者招待会上宣布已经授权国务院与远东委员会各成员国,开始就对日媾和问题继续进行预备性磋商,美国主动担负起领导对日媾和的工作。9月下旬以后,美国政府代表、国务卿顾问杜勒斯开始分别与远东委员会各成员国协商对日媾和问题,协商的基础就是《对日媾和七原则》。

9月22日,杜勒斯与英国副外交大臣邓宁在美国纽约举行会谈。邓宁针对《对日媾和七原则》中有关日苏领土问题提出异议,他指出对日媾和条约草案应只规定日本主权下拥有的领土,没有必要规定其他领土。他指出,有关千岛群岛与库页岛南部的归属问题,联合国大会无权决定,既然已经在苏联占领下,要想改变本身就是不现实的。① 对此杜勒斯反驳说,这种领土问题规定在与苏联交涉中是有益的②。杜勒斯当时没有详细说明这种"有益"指什么,但是从后来的发展看,实际成了美苏之间讨价还价的交易筹码。

10月26日,杜勒斯与苏联常驻联合国代表马立克(Я. А. Малик)就《对日媾和七原则》进行会谈。杜勒斯代表美国政府向马立克递交了《对日媾和七原则》备忘录,其涉及"领土"问题的主要内容为:

> 日本国:(1)承认朝鲜独立。(2)同意琉球群岛及小笠原群岛按照联合国委托统治方式置于美国统治权限之下。(3)台湾、澎湖群岛、库页岛南部及千岛群岛的地位,交由四大国将来一致决定。条约生效后一年内不能取得一致决定时,交由联合国大会决定。③

两人会谈中,杜勒斯就《对日媾和七原则》进行说明后,又发表口头声明,表示如果苏联在对日媾和条约上签字,就将千岛群岛与库页岛南部让渡给苏联。④ 杜勒斯发表这一口头声明的原因是担心苏联反对《对日媾和七原则》而不参加对日媾和会议,最后将责任推给美国方面。实际上,这是杜勒斯采取的在苏联面前放置"诱饵"的交涉战术。马立克对杜勒斯的《对日媾和七原则》及口头声明提出强烈抗议,指责此举将会使二战期间三大国首脑签署的《雅尔塔协定》有关内容空洞化。

10月26日,马立克与杜勒斯在纽约举行会谈后,苏联政府为进一步

---

① 田中孝彦:《日ソ国交回復の史的研究——戦後日ソ関係の起点:1945—1956》,第90页。
② 田中孝彦:《日ソ国交回復の史的研究——戦後日ソ関係の起点:1945—1956》,第90页。
③ 鹿岛和平研究所编:《日本外交主要文书·年表》第1卷(1941—1960年),第121页。
④ 田中孝彦:《日ソ国交回復の史的研究——戦後日ソ関係の起点:1945—1956》,第91页。

阐述本国立场,11月20日,向美国政府递交了备忘录。12月27日,美国政府就苏联政府备忘录给予回答,其主要内容为:

> 美国政府对11月20日苏联政府的备忘录进行了认真探讨,实际上苏联政府提出的问题大部分在10月26日给马立克的原则中已经得到很好的解答。但是为了消除误解,美国政府就提出的问题,做如下阐述:美国政府希望所有对日战争的国家都参加缔结媾和条约,但是美国绝不容忍任何一国否定其他国家缔结对日媾和条约所拥有的永恒权利。苏联所言1942年1月1日的战争中宣言,是与日本及其他轴心国家进行战斗的所有国家在获得胜利前以确保继续战斗为目的的。这个任务已经完成了,美国决不接受苏联基于一国强制条款不能另外媾和的各种主张。日本战败后,至今已经忠实执行投降条款5年时间,已具备了媾和资格。在对日媾和问题上,美国决不能满足1942年1月1日宣言签字的48个国家所提出各种要求,但是想知道苏联的要求。①

尽管苏联反对美国主导有关处理日苏领土问题的政策,但是杜勒斯在完成与有关国家协商工作后,1951年3月初起草制定了"暂时备忘录"。其对千岛群岛及库页岛南部问题的处理,我们归纳如下:

第一,苏联没有最终决定不参加媾和条约之前,按苏联参加为前提,进行起草媾和条约工作。

第二,库页岛南部及周边岛屿让渡给苏联,应该在媾和条约上明文规定。关于千岛群岛,其地理范围由日苏两国之间决定,或者规定就媾和条约解释出现法律纠纷时,如何解决手续的条款,基于这一规定应该把上述领土让渡给苏联。

第三,规定苏联在媾和条约上签字时,上述两项内容才能

---

① 外务省编:《日本外交文书》(平和条约の缔结に关する调书)第一册,第803—804页。

履行。①

这份 3 月"暂时备忘录"内容,与《对日媾和七原则》内容存在很大不同。《对日媾和七原则》没有规定把千岛群岛及库页岛南部让渡给苏联,仅提出这些领土归属问题由四大国一致决定,无法取得一致决定时,交由联合国大会最后决定。但是,3 月"暂时备忘录"明确写入,如果苏联参加对日媾和会议并在对日媾和条约上签字时,就应该把千岛群岛及库页岛南部让渡给苏联。

美国政府发生这种变化的原因是什么?

第一,杜勒斯为了应付苏联方面的宣传战,必须避免出现美国政府要阻止苏联政府参加对日媾和会议及在对日媾和条约上签字的疑惑。另外,当时日本国内就媾和条约问题,出现了主张苏联参加为前提的"全面媾和"势力,与不坚持苏联参加的"单独媾和"或"多数媾和"势力之间的尖锐斗争。前者的势力在日本国内也有相当影响力,所以美国政府为了将来美日两国关系的顺利发展,要考虑避免受到日本国内"全面媾和"势力的猛烈批评。美国国务院做出这样的选择,一方面要避免苏联宣传战的攻击,另一方面又要平息日本国内社会舆论。

第二,杜勒斯提出《对日媾和七原则》后,受到来自各方面的尖锐批评。不仅同盟国英国方面提出异议,就连美国国务院内部也有反对者,如国务院有官员提出,由联合国来处理千岛群岛及库页岛南部的归属问题,联合国将成为东西方对立的焦点。② 另外,在冷战激烈的形势下,联合国不适合作为改变国家之间力量关系的机关。

除此之外,美国政府也存在调整国务院与国防部之间矛盾的因素。在对日媾和问题上,美国国内存在国务院主张早期单独对日媾和,而国防部主张全面对日媾和的分歧。1951 年 1 月,国务院顾问杜勒斯与国防部官员举行会谈,美国军方人士仍然认为早期单独对日媾和是对苏联的

---

① 和田春樹:《北方領土問題——歴史と未来》,207 页。
② 田中孝彦:《日ソ国交回復の史的研究——戦後日ソ関係の起点:1945—1956》,第 87 页。

挑战,担心"会引起苏联发动对日本全面行动"。为了调整两个部门之间的政策,杜勒斯不得不决定把千岛群岛及库页岛南部有条件地让渡给苏联方面。换句话说,千岛群岛及库页岛南部归属问题,被杜勒斯作为调整美国政府内部政治对立的工具。

实际上,1951年3月,杜勒斯认为苏联参加对日媾和会议的可能性极低,因此即使在苏联面前放置"诱饵",苏联也不会吃掉。苏联已经占领了千岛群岛及库页岛南部,会感到这种"诱饵"没有太大诱惑力。杜勒斯这种政策变化并不是对苏联态度的缓和,而是预计苏联不会参加媾和会议。让渡千岛群岛及库页岛南部,设置附加条件,目的就是避免苏联一方面不参加对日媾和会议,另一方面却将责任推向美国政府。

1951年3月11日,杜勒斯通过广播电台公开发布,美国政府对日媾和准备工作已经从一般原则性讨论阶段进入具体条约起草阶段。美国政府已经与主要同盟国就对日媾和准备工作进行最少一次协商,一般进行多次协商,在尽可能范围内尽快协商,而且就媾和条约具体内容,同盟国之间主张明显趋同。①

1951年3月21日,杜勒斯在国内一所大学发表演讲,谈到有关对日媾和条约问题时,他指出:"一般说,日本主权已经根据签署的投降书有规定了,日本的主权为四大岛及周边诸小岛。另外,规定日本放弃有关朝鲜、台湾、澎湖列岛及南极地区一切权利、权利依据及请求权。进一步,根据条约规定,琉球群岛及小笠原群岛交由联合国信托统治,美国依据此担负起施政责任。根据《雅尔塔协定》,库页岛南部及千岛群岛让渡给苏联,现在苏联实际占领。但是,苏联有关主权必须采用对日媾和条约的形式获得国际确认。"②"……以上我所说的是,我们争取对日和平解决,确认把日本领土削减为那四个岛。……我们仍然希望苏联领

---

① 村川一郎编著:《ダレスと吉田茂——フリソストソ大学所藏ダレス文書を中心として》,第37—38頁。
② 外務省編:《日本外交文書》(平和条約の締結に関する調書)第二冊,東京、外務省、2003年3月26日發行,第395頁。

292

导者能签署对日媾和条约,该媾和条约,苏联并没有什么负担。……我们虽然打算继续坚持催促苏联参加对日媾和,但是缔结对日媾和条约,并非缺少苏联就不无法进行。有关对日媾和问题,苏联没有法律依据上的否决权。苏联仅仅参战6天就有了满州、旅顺、大连、库页岛南部、千岛群岛等巨大收获,已经超过了千倍的实惠……"。①

1951年3月23日,美国国务院完成了新的对日媾和条约草案,被称为"3月条约草案",共计8章22条。这份条约草案,是美国政府第一次向包括苏联在内的远东委员会各成员国发送并征求意见。其第3章"领域"做出如下规定:

第3条规定,日本国放弃对朝鲜、台湾及澎湖列岛的一切权利、权利根据及请求权,放弃委任统治制度,或者南极地区日本国民活动的一切权利、权利根据及请求权。

日本国承认,曾经在日本国委任统治下的太平洋诸岛,根据1947年4月2日联合国安理会决议,采用信任委托统治制度。

第4条规定,美国向联合国提议,将北纬29度以南的琉球群岛、包括西之岛的小笠原群岛、火山群岛、冲之鸟岛及南鸟岛,置于美国信任委托统治下。日本国同意该提议,在该提议制定及行动确定前,美国拥有对上述岛屿,包括领海权在内,土地与居民的行政、立法及司法的一切权利及行使权利。

第5条规定,日本国向苏维埃社会主义共和国联盟返还库页岛南部及周边一切岛屿,向苏维埃社会主义共和国联盟让渡千岛群岛。②

另外,条约草案第19条规定:任何国家如对本条约不批准,就不能从本条约中获得以往及以后的任何利益。③ 这样条款,实际上意味着苏

---

① 外务省编:《日本外交文書》(平和条约の缔结に関する調書)第二册,第402页。
② 外务省编:《日本外交文書》(平和条约の缔结に関する調書)第二册,第388—389页。
③ 外务省编:《日本外交文書》(平和条约の缔结に関する調書)第二册,第392页。

联如果不在对日媾和条约上签字,第5条就没有效力。

对于美国政府送交的"3月条约草案",苏联、中国、印度表示强烈反对,并且纷纷提出不同修改意见。但是,美国政府最关注的是英国政府的态度。英国不仅在欧洲国家中具有重要影响,而且在远东委员会中英联邦成员国多达6个,因此如果英国表示支持美国立场将会极为有力。战后英国虽为美国最重要的同盟国,但在初期对日媾和问题上仍坚持自己的主张。早在美国第一次提出对日媾和时,英国就坚持认为在亚太地区潜在的主要敌人是日本而不是苏联,主张彻底铲除日本战争能力,防止日本再次对亚太地区构成威胁。1950年6月,朝鲜战争爆发后,英国认为北朝鲜之所以敢于发动军事进攻,完全是苏联方面支持的结果,所以亚太地区最主要的威胁是苏联,日本处于次要地位。英国政府接到美国"3月条约草案"后,并没有发表任何评论,而是独自起草本国对日媾和条约草案。

1951年4月7日,英国政府完成对日媾和条约草案,即"4月条约草案",4月9日,递交给美国驻英大使馆。英国"4月条约草案"中,有关日苏领土问题处理,如"第1条规定:色丹岛为日本领土。第3条规定:千岛群岛及库页岛南部让渡给苏联"①。这表明英国让渡给苏联的"千岛群岛"范围缩小了。英国政府这种政策变化,第一,反映出与美国政府方案距离在缩小,表明英国政府重视英美关系。第二,英国政府虽然主张严格对日媾和处理,但是也考虑到未来发展英日关系的重要性,所以有关日苏领土问题上转向宽大处理方针。

美英两国政府在分别制定对日媾和条约草案基础上,1951年4月25日至5月4日,为起草"共同条约草案"在华盛顿举行协商会议。英国代表指责美国"3月条约草案",认为即使苏联不参加对日媾和会议,也应该把千岛群岛及库页岛南部让渡给苏联,这样可以避免留下将来日苏两国之间纠纷的种子。英国代表提出,删除美国"3月条约草案"的第19

---

① 外务省编:《日本外交文书》(平和条约の缔结に关する调书)第二册,第617页。

条。但是，美国代表提出，如果删除该条款，美国国会参议院将不会通过，所以表示拒绝接受。经过双方共同协商后，5月3日，英美两国政府代表完成了共同草案，即5月"美英共同条约草案"。

5月"美英共同条约草案"第四条，有关千岛群岛及库页岛南部归属问题规定：日本向苏维埃社会主义共和国联盟让渡以往日本行使主权的千岛群岛与库页岛南部及周边诸岛。① 这一条款基本完全采用了英国"4月条约草案"的主张，但是仍然采用了美国"3月条约草案"的主张，即苏联不在媾和条约上签字就不能适用该条款。② 这样美英两国共同草案，采用了美国政府"3月条约草案"的实质性内容。

美英两国政府虽然在对日媾和条约草案主要问题上达成基本共同认识，但是在所谓"中国问题"上仍然存在矛盾，即在对日媾和条约草案上，把中国台湾归属给中国共产党领导的中华人民共和国政府，还是中国国民党领导的"中华民国"政府。1951年3月30日，英国政府向美国政府递交备忘录，明确提出"中国问题"，并且主张"缔结对日媾和条约，任何谈判都应该邀请中华人民共和国参加"。③ 关于中国台湾问题，"日本放弃对台湾的主权，应该要求日本将台湾归还中国"。④ 英国政府在1950年1月承认了中华人民共和国，然而此时美国政府还不承认中华人民共和国，所以为了避免出现尴尬局面，双方采用妥协方案，采取在对日媾和条约中回避写入"中国"的对策。

这时期中国国民党的"中华民国"政府，对于美国主导对日媾和条约中有关台湾归属问题的处理表示强烈不满。1951年5月29日，"中华民国驻美大使"顾维钧与美国国务院顾问杜勒斯就中国台湾归属问题举行协商会谈，顾维钧明确指出在对日媾和草案中明确规定把千岛群岛及库页岛南部让渡给苏联，但是没有明确规定中国台湾归属"中华民国"，这

---

① 細谷千博：《サンフランシスコ媾和への道》，第239頁。
② 細谷千博：《サンフランシスコ媾和への道》，第239頁。
③ 細谷千博：《サンフランシスコ媾和への道》，第214頁。
④ 細谷千博：《サンフランシスコ媾和への道》，第214頁。

显然是不公正的。顾维钧强烈要求，在对日媾和条约中把中国台湾归属问题与千岛群岛及库页岛南部归属问题同等相待，即明确表示台湾归属"中华民国"。

杜勒斯一方面要处理"中华民国政府"的抗议，另一方面又必须解决与英国政府主张的分歧，为此考虑修改5月"美英共同条约草案"部分内容，将有关千岛群岛及库页岛南部归属问题，与有关台湾归属问题作相同处理，即要求日本宣布放弃上述领土一切主权，但是又不规定上述领土归属任何国家。①

1951年6月2日，杜勒斯在得到杜鲁门总统明确态度后飞往伦敦，准备劝说英国政府接受修改条约草案部分内容。6月4日，杜勒斯在伦敦与英国外交大臣赫伯特·莫里森、外交部国务大臣杨格举行协商会议。6月7日，英国政府表示接受杜勒斯修正案，英国政府也是担心将来发生日苏之间领土纠纷，将会导致美苏之间爆发战争，美苏之间的战争对于英国来说也肯定是一场噩梦。6月14日，基于杜勒斯修正案，双方制定了"美英共同草案"修订版。杜勒斯访问英国期间，还对法国进行短暂访问，就美英两国磋商内容征求法国方面意见，法国方面对此表示支持。

杜勒斯提出，对日媾和条约中，将有关千岛群岛及库页岛南部归属问题，与有关台湾归属问题相同处理，即要求日本宣布放弃上述领土一切主权，但是又不规定上述领土归属任何国家。杜勒斯对此解释说，5月"美英共同条约草案"，"一是过去的方法缺少实际性，从外观上看明显给苏联提供了'直接利益'，很难获得美国国会批准。二是现在的草案，苏联不承认媾和条约时，在法律上主权还保留在日本。这样苏联有能力继续保持这些领土，对于美国准备与日本缔结防御协定，很容易被卷入不喜欢的纠纷"。② 杜勒斯希望保持日苏两国之间政治上的对立状况，但又要控制其不扩大到美苏两国之间发生武力冲突。在5月"美英共同草

---

① 細谷千博：《サソフラソシスコ媾和への道》，第239页。
② 細谷千博：《サソフラソシスコ媾和への道》，第240页。

案"中写入,如果苏联不参加对日媾和会议,就无法从法律上确认获得千岛群岛及库页岛南部的主权,这样就保留了将来日本向苏联要求归还领土的法律依据,提高日苏两国之间引起领土纠纷的可能性。美国正准备与日本缔结安全保障条约,必须要考虑避免日苏两国之间领土纠纷引发美苏之间武力冲突,为此和约中要让日本明确宣布放弃对这些领土的主权。此外,杜勒斯也担心正在进行的朝鲜战争,如果再增添日苏两国之间的领土纠纷就可能导致美苏之间爆发全面战争①。杜勒斯并不是考虑对将来日苏两国关系好转有利问题,而是考虑千岛群岛及库页岛南部的最终归属不明确,既保留日本方面收回有关领土的一丝希望,又必须回避为其提供明确的法律依据,以此控制日苏两国之间领土纠纷的激化。

杜勒斯修正案,除考虑上述因素外,还考虑到:

第一,此时杜勒斯确信苏联政府不会出席对日媾和会议。美国政府从当年5月7日苏联政府发表备忘录内容看,确信苏联几乎不可能参加媾和会议。这样围绕苏联是否参加对日媾和问题的交涉,杜勒斯在苏联面前"设置"让渡千岛群岛及库页岛南部的法律依据为"诱饵"的设想,这时几乎消失了。

第二,此时杜勒斯调节美国国防部与国务院之间矛盾的压力减轻了。草案写入把千岛群岛及库页岛南部让渡给苏联,一方面是为促使苏联参加对日媾和会议并签署媾和条约,另一方面更重要的因素,是为调节美国国防部与国务院之间的矛盾。自1950年9月21日乔治·马歇尔担任美国国防部部长后,国防部方面也放弃主张苏联参加媾和会议为前提条件,转变为接受美国国务院主张实现早期单独对日媾和。伴随两者之间矛盾削减,这种设置的必要性,也被大大降低了。

1951年7月3日,"美英共同草案修订版"获得美国总统杜鲁门的批准。7月13日,美英双方在华盛顿与伦敦同时发表"美英共同草案"。

"美英共同草案"有关领土问题,在第二章"领域"中规定:

---

① 和田春樹:《北方領土問題——歷史と未来》,第213—214页。

第二条 (1)日本国承认朝鲜独立,放弃对朝鲜包括济州岛、巨文岛及郁陵岛在内的一切权利、权利根据和请求权。(2)日本放弃对台湾及澎湖列岛的一切权利、权利根据和请求权。(3)日本国放弃对千岛群岛及由于1905年《朴次茅斯条约》所获得主权的库页岛一部分及其附属岛屿的一切权利、权利根据和请求权。(4)日本国放弃与国际联盟委任统治制度有关的一切权利、权利根据和请求权,并且接受1947年4月2日联合国安理会将信托统治制度推行到原日本委托统治的太平洋各个岛屿的措施。(5)日本国放弃对南极地区任何部分的任何权利、权利根据和请求权,不论其是由于日本国民的活动,或者由于其他方式所获得的。(6)日本国放弃对南威岛及西沙群岛的一切权利、权利根据和请求权。

第三条 日本国对美国向联合国提出将北纬29度以南的西南诸岛(包括琉球群岛与大东群岛)、孀妇岩岛以南之南方诸岛(包括小笠原群岛、西之岛与硫磺群岛)及冲之鸟岛与南鸟岛置于联合国信托统治管理下,美国为唯一管理当局的任何提议将予同意。在提出该提议前,并且对该提议采取任何措施前,美国将有权对上述岛屿的领土及居民,包括其领海、行使一切及任何行政、立法与司法权利。①

从6月"美英共同条约草案"可以看出,有关台湾及澎湖列岛归属问题,基本是按照"3月条约草案",但是对于朝鲜问题,日本承认朝鲜独立,日本不仅放弃对朝鲜领土主权要求,而且明确规定其归属朝鲜。朝鲜归属问题、台湾及澎湖列岛归属问题,都存在着两个政府问题。中国方面存在中华人民共和国与"中华民国",朝鲜方面存在朝鲜民主主义人民共和国与大韩民国,而"美英共同条约草案"明确将朝鲜归属问题确定,却把台湾及澎湖列岛归属问题与库页岛南部及千岛群岛归属问题放在一

---

① 外務省編:《日本外交文書》(平和条约の締結に関する調書)第三册,東京:外務省,2003年3月26日發行,第619頁。

起。如果说朝鲜归属问题、台湾及澎湖列岛归属问题,都存在着两个政府问题,难于确定局面,可是库页岛南部及千岛群岛归属问题,苏联方面不存在两个政府问题。这种毫无道理的规定,最简单的理解就是美英两国要将问题拖延,使得问题等待未来处理而出现复杂化。

另外,有关日苏领土问题,在美国"3月条约草案"中,仅规定日本放弃"库页岛南部及其附近一切岛屿",但是在6月"美英共同条约草案"中规定日本放弃"1905年9月5日《朴次茅斯条约》所获得主权的库页岛一部分及其附属岛屿的一切权利、权利根据和请求权"。这种变化使得库页岛南部归属范围更加明晰,同时也指出这是1905年日俄战争所带来的结果。然而对千岛群岛并没有明确规定,可以说美国政府从开始就没有规定出千岛群岛的明确范围,使得问题复杂化。同时,在6月"美英共同条约草案"中没有确定"千岛群岛"的地理范围定义,但是规定如日苏两国之间围绕有关"千岛群岛"地理范围定义发生纠纷,可以根据该条约草案第22条,由国际法院进行裁决①。美英两国在确定这一条款问题上很容易达成一致,原因为两国都不希望直接卷入未来日苏两国之间的领土纠纷。

1951年9月4日,旧金山对日媾和会议召开,参加媾和会议的国家名单,完全由美国单方面决定的。身受日本侵略并且坚持对日抗战时间最长的中国(包括台湾"国民党政权")没有邀请,被日本吞并36年的朝鲜半岛南北双方政权也没有邀请,外蒙古政权、越南民主共和国这些当年遭受日本侵略的国家没有邀请,相反却邀请了大量与日本利益不大,甚至既没有遭受日本侵略也没有参加对日作战的许多拉丁美洲国家出席会议。对于美国政府这种倒行逆施的行为,当年遭受日本侵略的印度政府、缅甸政府虽被邀请但拒绝出席媾和会议。

6月"美英共同条约草案"虽然又经过修改后提交本次会议,但是有关千岛群岛及库页岛南部归属问题条款没有做出任何修改,最终被大会

---

① 外务省编:《日本外交文書》(平和条約の締結に関する調書)第三册,第629页。

通过了。在旧金山对日媾和会议上,就有关对日媾和条约中没有规定"千岛群岛"地理范围的问题,美日两国代表讲话都涉及了,并且分别代表本国政府发表了见解。

9月5日,在旧金山对日媾和会议第二次全体会议上,美国代表杜勒斯在关于对日媾和条约起草过程的演讲报告中,涉及"千岛群岛"的地理范围,他表示:"包含第二章第2条的放弃,是严格并慎重地确认投降书的条款。关于第2条(c)记载的千岛群岛的地理名称是否包括齿舞群岛和若干疑问,美国政府观点是不包括齿舞群岛。如果该问题发生争论时,可以根据第22条委托国际法院裁决。"①杜勒斯在报告中没有涉及色丹岛及国后岛、择捉岛问题。如前所述,美国政府仍然坚持1949年11月的主张,即没有合适的理由把"南千岛"从"千岛群岛"范围中排除。

杜勒斯这次报告中,对规定日本放弃领土但未规定其归属国家问题做了说明。他指出:这些领土为"无论给予谁都会产生问题"的地区,这一问题在同盟国内部争论无法达成一致时,就不给予日本和平是不合适的,应该给予日本和平,尚未解决的问题,将来"采取该条约以外国际解决方式解决"是明智的方法。②

在媾和会议上,英国代表、外交大臣莫里森发言,采取完全回避谈论日苏领土问题的做法,保持一种静观态度。③

9月7日,日本代表、首相吉田茂发表演说,首先表示日本接受对日媾和条约。但是,他在讲演中提出了日本政府对日苏领土问题的主张,他提出国后岛、择捉岛是日本领土,即便"北千岛"(千岛群岛北部)也是根据1875年《库页岛千岛群岛交换条约》利用和平手段获得的。吉田茂还提出齿舞群岛、色丹岛属于北海道一部分,而不是属于"千岛群岛"范

---

① 外務省編:《日本外交文書》(サンフランシスコ平和条約調印、發効),東京:外務省,2010年1月30日發行,第68—69頁。
② 外務省編:《日本外交文書》(サンフランシスコ平和条約調印、發効),第69頁。
③ 外務省編:《日本外交文書》(サンフランシスコ平和条約調印、發効),第142—146頁。

围①。吉田茂的演讲仅仅是表明日本政府的见解,在对日媾和条约中不具备任何法律意义,他讲话的意图是希望让所有参加对日媾和会议的各国代表事先产生将来发生日苏两国之间领土纠纷时,千岛群岛南部及齿舞群岛、色丹岛是日本领土的印象。

苏联政府出乎美英等国家的意外,派出代表出席旧金山媾和会议。在9月5日的对日媾和会议上,苏联代表葛罗米柯对"美英共同条约草案"进行了强烈批判,强烈要求进行修改。葛罗米柯特别就有关领土问题提出:"对有关条约第二条(C)项作如下修改:日本国承认苏维埃社会主义共和国联盟对库页岛南部及其周边一切岛屿及千岛群岛的完全主权,放弃对上述地区一切权利、权利根据及请求权。"②实质上苏联方面认为日苏之间有关领土问题已经"解决完毕",要求在旧金山对日媾和条约中仅追认"解决完毕"的结果而已。但是,苏联代表提出的一切修改提议都被美国所控制的对日媾和大会拒绝,所以最后苏联为此而拒绝在《旧金山对日媾和条约》上签字。

1951年9月8日,包括日本在内,参加媾和会议的52个国家中,有49个国家代表在《旧金山对日媾和条约》上正式签字。媾和条约中有关千岛群岛及库页岛南部的归属条款,完全采用6月14日美英共同草案修改版的内容。该条约第二章"领土"第2条(C)规定,"日本放弃对千岛群岛及由于1905年《朴次茅斯条约》所获得主权之库页岛一部分及其附近岛屿之一切权利、权利根据与要求",③但是这些放弃领土最终归属哪个国家没有规定,也没有规定"千岛群岛"的地理范围,这些都意味着在将来日苏两国关系发展中留下祸根。

---

① 外務省编:《日本外交文書》(サンフランシスコ平和条約調印、發効),第137頁。
② 外務省编:《日本外交文書》(サンフランシスコ平和条約調印、發効),第101頁。
③ 外務省编:《日本外交文書》(サンフランシスコ平和条約調印、發効),第147頁。

三、日本政府对应政策

1945年8月15日,日本战败投降后,昭和天皇所信任的铃木贯太郎内阁总辞,天皇授意皇族东久迩宫稔彦王组阁,东久迩宫是皇后久迩宫良子的叔父。东久迩宫内阁,是日本历史上唯一的皇族内阁,战败后为了抑制一部分军队对投降的不满,避免混乱,选择依靠皇室的权威。10月4日,驻日盟军总司令部指令,日本内阁取消对国内政治、宗教自由的限制,罢免以山崎内务大臣为首的内务省首要人物,及与特高警察有关的全体人员,导致仅组阁54天的东久迩宫内阁被迫总辞。

1945年10月9日,昭和天皇任命亲美英派的币原喜重郎组阁。战后美军占领下,日本政党空前繁荣,日本自由党、日本社会党、日本进步党、日本协同党、日本共产党也恢复活动。1946年1月,盟军总部公布"公职追放令",禁止战犯出任公职。1946年4月,举行战后第一次大选,自由党得到141席,进步党得到94席,社会党得到93席,协同党得到14席,共产党得5席,其余诸派38席,无党籍81席。自由党成为第一党,总裁鸠山一郎正准备组阁之际,因"公职追放令"导致他丧失组阁权,他被迫将到手的自由党以及内阁总理职位,暂交给币原内阁外务大臣吉田茂。吉田茂立即邀请前首相币原喜重郎加入新内阁,与日本进步党组成联合内阁。

在美国军事占领时期,日本政府虽然被剥夺了外交权,但是对将来缔结媾和条约的内容非常关心,可以说日本方面从战败投降后就开始着手研究并制定对策。1945年11月21日,吉田茂还在币原内阁担任外相时,便在外务省内部设置了以条约局局长杉原荒太为核心专门研究媾和问题的组织机构,即"和平条约问题研究干事会"(简称条约问题干事会),成员为外务省的课长,共计12人,并且把领土问题作为最重要课题之一,不断深入研究。1946年1月26日,条约问题干事会制定完成了以《预计联合国方面提出和平条约内容与我方希望和平条约内容的比较探讨》（研究试案）为题目的报告书。该报告书第一次提出以《开罗宣言》所谓"不扩大领土原则"作为对日媾和条约的一个主要基础，目的是使日本领土损失尽量减少。该报告书没有涉及千岛群岛归属问题，说明当时日本政府还不知道《雅尔塔协定》的存在。但是，有关库页岛南部因当地居民需要变更国籍资料等因素，日本已经感到该部分领土很难保留了。该报告书已经预料到库页岛南部属于日本在日俄战争后获得，按《开罗宣言》规定属于被剥夺的对象。

我们这里有必要解释有关日方提出的《开罗宣言》所谓"不扩大领土原则"。1942年12月1日，中、美、英三国首脑签署《开罗宣言》，其中规定："我三大盟国此次进行战争的目的，在于制止及惩罚日本的侵略。三国决不为自身图利，也无扩展领土的意图。"① 日方根据此内容，解释为"不扩大领土原则"。日本方面解释为，既然《开罗宣言》已经宣布战争的目的是"不扩大领土"，所以就不应该剥夺日本固有的领土——北方四岛。日本方面主张解决日苏领土问题，应该依据《开罗宣言》所谓"不扩大领土原则"主旨，自1946年1月吉田茂担任币原喜重郎内阁外相时提出，日本方面至今仍然坚持这样的主张。可是，日本方面这种主张，并没有获得国际社会反应，不仅苏联及现在的俄罗斯不理睬，甚至连美国方面也从来没有就该问题给予日本方面任何支持。日本法西斯在侵华战争期间，依靠武力侵占了大量中国领土，但是战败投降后，却在谴责苏联依靠武力占领他国领土，日本人主张太缺少说服力，无法获得国际社会的同情心。

1946年5月22日，第一届吉田茂内阁正式成立。当天，日本外务省下属的条约问题干事会制定完成《和平条约问题研究干事会第一份研究报告书》。这份研究报告书由5个文件组成，这份报告书设定于1947年夏天左右缔结和平条约，并且为此确定了四个媾和目标：

（1）恢复主权，尊重独立。

---

① 鹿岛和平研究所编：《日本外交主要文書·年表》第1卷（1941—1960年），第55页。

(2) 确保生存权和安全。

(3) 重返国际社会。

(4) 确立国际正义。①

报告书中第3个文件《联合国的和平条约方案（预计）与我方希望方案的比较探讨》涉及有关领土问题。该文件提出：第一，千岛群岛不是日本以侵略手段获得的。第二，至少要求千岛群岛南部②、齿舞群岛及色丹岛，应该保留为日本领土。第三，千岛群岛北部应交由联合国委托统治。③ 这时期日本外务省把千岛群岛分为南北两部分，强烈要求拥有千岛群岛南部的主权，并要求千岛群岛北部交由联合国委托统治，以阻止苏联拥有千岛群岛北部，希望这样可以根据以后形势变化有可能再次收回该群岛。

日本外务省下属的条约问题干事会的另外一项重要工作，就是负责起草一系列英文的所谓调查报告书，利用各种机会向美国等西方国家传递，目的就是借此传递出日本政府就对日媾和问题的主张，希望对有关国家在决策上施加一定诱导。

这一系列英文的所谓调查报告书，有关领土问题就有7卷本，即：(1) 1946年11月完成的《千岛群岛、齿舞、色丹》；(2) 1947年3月完成的《琉球及西南群岛》；(3) 1947年3月完成的《小笠原及火山群岛》；(4)1947年6月完成的《太平洋及日本海诸小岛》；(5) 1949年1月完成的《库页岛》；(6) 1949年4月完成的《千岛群岛南部、齿舞、色丹》；(7) 1949年7月完成的《对马》。④

这7卷本有关日本领土问题的英文调查报告书中，涉及日苏领土问

---

① 西村熊雄监修：《日本外交史》第27卷，鹿岛和平研究所出版会，1971年6月25日发行，第22—23页。
② 按日本主张，所谓千岛群岛南部指国后岛、择捉岛，而齿舞群岛、色丹岛为北海道的一部分。
③ 田中孝彦：《日ソ国交回復の史的研究——戦後日ソ関係の起点：1945—1956》，第14页。
④ 原貴美惠：《サンフランシスコ平和条約の盲点——アジア太平洋地域の冷戦と「戦後未解決の諸問題」》，第123页、第153页。

题的就有3卷,可以看出日本政府对该问题的重视程度,特别有关"千岛群岛、齿舞、色丹"问题,前后出现两个版本。有关这7卷涉及日本曾经占领或统治过的领土的报告书,按照日本"海外"学者原贵美惠解释说,其中《琉球及西南群岛》和《对马》两卷后来公开发表了,其余5卷至今日本政府尚未公开发表,其是在澳大利亚国家档案馆里发现的。原贵美惠指出,根据这些资料显示,日本政府当时认为齿舞群岛、色丹岛不属于千岛群岛范围,应该属于北海道一部分,但是国后岛、择捉岛,日本政府当时已经承认为千岛群岛的一部分。① 这可能就是日本政府至今不敢公开这些调查报告的真正原因吧!

依据上述英文的所谓调查报告书,原贵美惠认为,当时日本政府实际上将"千岛群岛"领土问题划分为三个返还主张依据:

(1)"两岛返还论":齿舞群岛、色丹岛并非"千岛群岛"一部分,所以日本应该予以保留。这实际上主张完全遵守《雅尔塔协定》。

(2)"四岛返还论":国后岛、择捉岛为千岛群岛一部分,但是"四岛"从来没有成为外国领土。《雅尔塔协定》规定"千岛群岛"割让给苏联,但是"四岛"与其他千岛群岛背景不同,应该给予个别处理。这实际上主张部分遵守《雅尔塔协定》。

(3)"全部千岛群岛返还论":日本于1945年8月15日宣布接受《波茨坦公报》,9月2日签署投降书,但《雅尔塔协定》当时尚未公开发表,日本不接受该协定。因此,日本应该仅遵守《开罗宣言》,千岛群岛并非日本采用战争手段获得的,所以也没有必要放弃千岛群岛。这实际上主张《雅尔塔协定》完全无效。②

日本政府上述研究成果完成后,首先考虑设法向占领时期盟国驻日各国代表们透露。1947年1月20日、3月12日,停战联络中央事务局总

---

① 原贵美惠:《サンフランシスコ平和条約の盲点——アジア太平洋地域の冷戦と「戦後未解決の諸問題」》,第124頁。
② 原贵美惠:《サンフランシスコ平和条約の盲点——アジア太平洋地域の冷戦と「戦後未解決の諸問題」》,第125—126頁。

务部部长朝海浩一郎,先后向英联邦驻日理事会代表澳大利亚人麦克马洪·鲍尔、美国国务院驻盟军总司令部(GHG)政治顾问乔治·艾奇逊秘密递交日本政府关于对日媾和问题观点的说明资料,企图将媾和条约起草向有利于日本的方向诱导。

1947年7月11日,美国政府提出召开对日媾和问题预备会议后,片山哲内阁认为有必要向有关国家陈述日本关于媾和问题的主张。7月26日,外相芦田均向美国盟军总司令部(GHG)政治顾问乔治·艾奇逊提交所谓"芦田备忘录",转达日本方面对媾和条约内容的要求。这是日本政府第一次正式向美国盟军总司令部提出主张,试图在美国主导对日媾和条约制定过程中施加一定影响。该备忘录共计9条请求,其中第7条有关领土问题请求提出:

> 在决定《波茨坦公告》所提日本本土周边之其他诸小岛范围时,要认真考虑这些岛屿与日本本土的关系,所具有的历史、人种、经济、文化及其他方面的背景。①

7月28日上午,外相芦田均又访问美国盟军总司令部民政局局长考特尼·惠特尼,递交了同样内容的备忘录。但是,7月28日下午,乔治·艾奇逊和惠特尼共同约见日本外相芦田均,正式退回了"芦田备忘录"。这时期美国方面的态度是,有关对日媾和条约问题,不接受日本方面的希望与见解,所以日本外相芦田均的努力并未产生影响。

1948年10月15日,第二届吉田茂内阁成立后,日本外务省继续就领土问题进行研究。1949年11月8日,吉田茂首相在第六次临时国会上阐述施政方针时,涉及"媾和问题",他表示:"最近外电传说,美英两国准备媾和条约草案。(日本)恢复独立回归国际社会,感到越快越好。"②

1949年12月,日本政府有关领土问题见解出现变化,原因就是针对

---

① 細谷千博:《サソフラソシスコ媾和への道》,第32頁。
② 村川一郎編著:《ダレスと吉田茂——フリソストソ大学所蔵ダレス文書を中心として》,第66頁。

战争期间美英苏三大国首脑签署的秘密协议——《雅尔塔协定》。日本方面认为：一是本国未参加《雅尔塔协定》，不应该接受该协议；二是日本不知道《雅尔塔协定》的存在，日本在接受《波茨坦公报》中也没有提《雅尔塔协定》，结论为千岛群岛及库页岛南部仍然视为日本领土。

日本政府有关领土问题见解发生变化原因，来自于当时日益激化的国际冷战形势。当时日本领导人已经认识到，必须投向美国，利用东西方国际冷战局面，获得西方资本主义阵营各国，特别是美国的支持，日本才可从中获得利益。也就是说，日本领导人已经认识到，如果日本追随美国等西方资本主义阵营，在日苏两国之间有关领土问题的争论中，美国等西方资本主义阵营国家会站在日本一边，给予日本支持。

1950年8月7日，杜勒斯完成了对日媾和条约草案。他决定把有关千岛群岛及库页岛南部的归属问题，交由美、英、中、苏四大国将来决定，四大国不能决定时，交由联合国大会最终决定。9月11日，杜勒斯完成了有名的《对日媾和七原则》文件，有关日苏领土问题规定基本采用了他的媾和条约草案内容。

从1950年9月26日到1951年1月26日，日本政府研究媾和对策工作进入4个月高潮期，共计完成四份文件，分别采用英文字母代号，如代号A和D两份文件为媾和条约草案，B为日美安全条约草案，C为地区性集体安全设想。这次媾和对策研究准备工作完全由首相吉田茂亲自指挥，重大问题均由他定夺，具体起草工作由外务省有关人员及少数顾问负责。这是美国总统杜鲁门提出召开对日媾和问题预备会议以来，日本外务省就有关媾和问题进行的最后阶段研究。

1950年10月4日，以日本外务省条约局局长西村熊雄为核心起草小组完成对日媾和准备工作的称谓"A作业"，10月5日，递交给首相兼外相吉田茂审查。当天，吉田茂秘密召集有田八郎、小泉信三、马场恒吾、坂仓卓造、古岛一雄、津岛寿一、佐藤喜一郎、横田喜三郎等所谓"有识之士俱乐部"成员，就有关媾和问题举行研究讨论会议。

"A作业"具体内容为：A—1作业为"有关对日媾和形势判断"；A—2

作业为"预计美国对日媾和条约草案";A—3 作业为"我方希望美国对日和平条约方案构想的方针";A—4 作业为"对美陈述书"。

"A—3 作业"起草文件名称为《我方希望美国对日和平条约方案构想的方针》,该文件主张以全面媾和为基础,提出依靠国际安全保障机构确立日本的安全,以联合国大会通过决议的方式,决定美军驻日问题。该文件有关"方针"内容提出:

我方希望根本基调,为以下五项原则:

（1）完全恢复主权并作为独立国家,在平等基础上与各民主主义国家协作。

（2）日本经济自立,是维护民主主义制度不可缺少的前提。

（3）处理领土问题及驻军问题,要尊重国民感情。

（4）日本安全应由国际安全保障机构来确保。

（5）积极促进增强世界和平与繁荣。①

该文件有关日苏领土问题提出:"千岛群岛不应让渡给苏联。千岛群岛属于《波茨坦公告》委托'我们决定'的地区。美英苏之间已经在《雅尔塔协定》做出这一决定。这是违背《大西洋宪章》不追求领土扩张条款及精神的。另外,不仅日本,甚至其他同盟国也不知道其存在。因此,应该采用2/3多数票否决,使《雅尔塔协定》规定无法实现,从技术上讲并非不可能。有关千岛群岛,日本拥有深远历史因缘。考虑以上理由,日本希望拥有千岛群岛。齿舞群岛及色丹岛属于北海道,不属于千岛群岛,不应该成为被处理领土的对象。"②该文件也表示:"对于朝鲜独立,对于台湾、澎湖群岛、关东州③租借地、南洋委任统治地及南库页岛,要求日本放弃所有权利没有异议。"④日本已经考虑到要放弃库页岛南部地区,

---

① 外务省编:《日本外交文书》(平和条约の缔结に関する调书)第一册,第564页。
② 外务省编:《日本外交文书》(平和条约の缔结に関する调书)第一册,第565页。
③ 指中国东北的大连、旅顺等地区。
④ 外务省编:《日本外交文书》(平和条约の缔结に関する调书)第一册,第565页。

说明已承认库页岛南部属于采用武力获得而可被剥夺的部分。

"A—4作业"起草文件名称为《对美陈述书》,该文件有关日苏领土问题,十分详细地向美国方面陈述日本方面的理由。主要如下:

1. 领土问题

我们赞成《大西洋宪章》各项原则,不承认违反居民意识而获取的领土。我们有充分考虑放弃对台湾及澎湖群岛的权利根据,承认朝鲜独立,放弃对南洋群岛的委托统治。

为此,我们也希望允许保留原本属于日本的,即历史上、人种上属于日本的所有岛屿。这些岛屿,日本不是通过战争手段获得的,而是长久以来的领土。无论如何考虑,其不属于《开罗宣言》所说日本'通过暴力或贪欲获得'的领土。日本对于这些岛屿的拥有具备充分根据,期待联合国重视这样充分的根据。

我们不理解为什么放弃除南库页岛之后,还必须要放弃千岛群岛。我们当然期待现在苏联非法占领的齿舞群岛及色丹岛恢复原状。……

(1) 千岛群岛

有关千岛群岛,得抚岛以北的北千岛,是根据1875年《库页岛千岛群岛交换条约》和平获得的,另外南千岛长期是日本领土,根据1855年《日俄友好条约》正式确认为日本领土,并且与任何国家都不存在问题。

《雅尔塔协定》规定,南库页岛'须交还苏联',千岛群岛'须交予苏联'。如果目的为恢复日俄战争前状态的话,那么返还南库页岛就应该满足了。为什么还要将千岛群岛,甚至包括南千岛在内的整个千岛群岛让渡?这是违背《大西洋宪章》所谓不扩张领土原则及精神的。

千岛群岛因纬度高,居住居民比较少,仅为包含阿伊努人在内的日本人居住。千岛群岛附近是丰富渔场,战前渔业捕捞量,按照战前价格年均为6000万日元,2万渔民及家属从事渔业及生活。丧失如此重要的渔业中心水域,无疑给日本经济及粮食供应带来打击。

(2)齿舞群岛及色丹岛

北海道根室半岛纳布岬的近海上散落着齿舞群岛及色丹岛,现在与千岛群岛同样,被苏军占领下。但是,这些岛屿不属于千岛群岛。这一事实,在战前出版的英国及美国航行杂志上也被承认,联合国军总司令部的指令也是将两者区分的。这些岛屿在地质构造上与千岛群岛有区别,是北海道根室半岛的延长部分。在行政上,这些岛屿在德川将军时期就是根室国的一部分,仅有日本人居住。这些岛屿无论是《日俄友好条约》(1855年),还是《库页岛千岛群岛交换条约》(1875年),都没有成为双方交涉的对象。

根据1945年9月2日联合国军总司令部发布的《联合国最高司令官司令部指令第一号、日本帝国大本营(陆、海军)一般命令第一号》(简称总命令第一号),在中国东北、朝鲜半岛北纬38度以北地区,库页岛及千岛群岛的日军,向苏军远东地区指挥官投降。苏军进入千岛群岛后,占领了包括齿舞群岛及色丹岛在内的整个群岛,并要求日本人离开该群岛。苏联政府应该清楚日俄有关千岛群岛交涉的所有记录,关于齿舞群岛及色丹岛所有事实也是清楚的。我们当然希望,不允许苏联'事实上'非法占领这些岛屿,不承认'法律上'的吞并。齿舞群岛及色丹岛属于日本本土北海道。不仅如此,这些岛屿长期以来就是日本重要的渔业水域,盛产螃蟹、鳕鱼、海扇,产量占日本全部渔业产量的45%。丧失这些,将极大打击日本粮食产量和出口贸易。①

日本政府《对美陈述书》的内容,可以概括为"大之以理、小之以情"。大道理方面,大谈苏军占领违反《开罗宣言》领土不扩大原则,从感情方

---

① 外务省编:《日本外交文书》(平和条约の缔结に関する調書)第一册,第651—653页。

面谈,如果日本丧失这些岛屿将影响日本渔业产生及生活,甚至对日本人食品供应产生影响,这些内容对美国长期占领方面也必须要认真考虑。但是,"A作业"最后审查中,遭到首相兼外相吉田茂的坚决反对,被指责:"如在野党口吻,毫无价值议论。"①1950年10月11日,被退回成为废案。

"A作业"停止后,11月24日美国国务院发表杜勒斯《对日媾和七原则》。依据该原则内容,同时吸收了10月5日吉田茂首相召集所谓"有识之士俱乐部"成员座谈会建议,以西村熊雄为首的起草小组转而起草以片面媾和为基础的媾和条约草案,1950年12月27日,完成所谓"D作业第一版"。"D作业第一版"中有关领土问题仅涉及冲绳、小笠原群岛归属问题,有关千岛群岛及库页岛南部问题一点都没有提到。② 此后又经过1951年1月5日、1月19日两次修改后,最终完成的"D作业第二版",于1月20日被递交给首相兼外相吉田茂审查。

"D作业第二版"就提出千岛群岛及库页岛南部问题,提出对"千岛群岛最终归属决定,提议最后由联合国大会决定感到欣慰。日本国民对千岛群岛的感情,要胜过对冲绳、小笠原的感情。美国应该考虑日本国民对千岛群岛这一感情,恳求最终能够实现日本人的热切希望"。③ 日本接受千岛群岛及库页岛南部的最终归属交由联合国大会决定,表明日本外务省完全支持杜勒斯的《对日媾和七原则》,日本方面认为四大国不可能对日苏领土问题做出最后决定,这样只能由联合国大会决定,从当时美国方面在联合国的影响作用看,千岛群岛及库页岛南部问题有可能会朝着对日本有利的方向解决。

1951年1月25日,杜勒斯访问东京,目的是协调与日本政府有关对日媾和问题的态度。1月29日,日本首相吉田茂与杜勒斯举行第一次会谈。吉田茂表示:"希望起草条约不要伤及日本自尊心。根据和平条约

---

① 細谷千博:《サンフランシスコ媾和への道》,第163頁。
② 外務省編:《日本外交文書》(平和条約の締結に関する調書)第一册,第852頁。
③ 外務省編:《日本外交文書》(平和条約の締結に関する調書)第一册,第866頁。

恢复独立,确立日本的民主化,成为独立自主国家。根据此,日本将协助加强自由世界,日本的最主要事业是确立日美之间牢固的友谊关系。总之,日本将成为加强自由世界力量的国家,通过缔结和平条约,加强日美之间牢固的友好关系。"①吉田茂意图非常明显,极力表白日本将站在自由世界一边,加强日美关系,核心目的就是劝告美国起草媾和条约时,应该考虑到如何维护日本准同盟国的利益。

1951年1月30日,日本外务省条约问题干事会"D作业第二版"经进一步简捷化后,被制定为《我方见解》文件,交给来访的杜勒斯。该文件也是日本政府第一次向美国政府传递有关媾和条约方面的"正式主张"。

《我方见解》文件共计13条,主要陈述日本对(1)领土、(2)安全保障、(3)重新武装、(4)人权、(5)文化关系、(6)国际待遇、(7)经济、(8)通商、(9)渔业、(10)赔偿及围绕战争请求权、(11)战后债务、(12)战争犯罪者、(13)手续等方面的观点,②但是,有关领土问题并不包括日苏领土问题。据说要求消除这部分内容的就是首相吉田茂本人,他认为日美会谈仅能讨论日美领土问题,即冲绳、小笠原问题。据当时担任日本外务省条约局局长的西村熊雄讲,吉田茂提出尽快签署媾和条约,千岛群岛及库页岛南部归属问题会造成推迟签署条约,所以日美两国之间最好不讨论此问题。③

杜勒斯在完成与有关国家的协商后,1951年3月初起草制定了"暂时备忘录"。日本政府接到这份"暂时备忘录"后,感到美国政府可能对将来日苏两国之间领土问题采取不介入方针,所以他们极力试图劝说美国政府继续关注日苏领土问题。3月16日,日本政府以外务省次官井口贞夫名义,将日本方面对"暂时备忘录"的答复递交给美国政府,该文件主要提出:

---

① 鹿岛和平研究所编:《日本外交主要文书·年表》第1卷(1941—1960年),第382页。
② 鹿岛和平研究所编:《日本外交主要文书·年表》第1卷(1941—1960年),第385—387页。
③ 西村熊雄监修:《日本外交史》第27卷,第97页。

（1）假如苏联参加媾和条约时，南库页岛返还给苏联，千岛群岛让渡给苏联，日本国民感情（特别对千岛群岛）无论如何也无法接受。

（2）千岛群岛范围，采取根据日苏两国之间协定来确定的方案，日本单独无法实现公正的结果，所以日本认为美国有必要给予全力支持。希望采取"应由包括日本在内的有关国家之间协定做出规定"。

（3）确认苏联不参加媾和条约时，希望取消有关南库页岛和千岛群岛的规定。①

日本方面给美国上述答复书中提出，千岛群岛的最终归属"应由包括日本在内的有关国家对千岛群岛的定义做出规定"。实际上，日本方面认为仅靠自己一个国家力量与苏联之间解决领土问题是不现实的，强烈希望美国政府能够继续直接参加日苏两国之间有关领土问题的解决。另外，日本方面还提出，如果苏联不在对日媾和条约上签字，希望对日媾和条约不对千岛群岛及库页岛南部的归属问题做出任何规定。日本政府目的是，试图利用美苏国际冷战形势，促成继续拥有对日苏领土问题的法律主权。

对于日本政府的这些提议，3月23日美国方面以国务卿艾奇逊名义给予答复如下：

（1）有关千岛群岛范围，条约中不记载。因此就日苏之间纠纷，依据条约规定自动委托国际法院裁决。

（2）如果苏联不参加对日媾和会议明确时，规定如苏联不接受条约就不能够获得任何利益。如果苏联确定不参加媾和问题事先明确的话，规定千岛群岛及库页岛南部归属问题是否从媾和条约中消除还要再进行研究。②

---

① 外务省编：《日本外交文书》（平和条约の缔结に関する调书）第二册，第375页。
② 外务省编：《日本外交文书》（平和条约の缔结に関する调书）第二册，第385页。

从上述答复内容可以看出,第一,如苏联不参加对日媾和会议,美国方面仍然想要回避直接参与日苏两国之间有关领土问题的解决。第二,美国方面已向日本方面做出让步,即美国3月"暂时备忘录"中提出的有关千岛群岛地理定义问题必须由日苏两国之间解决的方针被取消。第三,从艾奇逊答复的第二点看,如果苏联不参加对日媾和会议,日本方面则保留对千岛群岛及库页岛南部的法律主权地位。

1951年3月底,日本政府大体上制定了两套有关要求返还日苏领土问题的政策;第一套对策是,如果苏联不参加对日媾和会议,虽然千岛群岛及库页岛南部仍然在苏联占领状况下,但是日本保有对上述领土的法律主权;第二套对策是,如果苏联参加对日媾和会议,有关"千岛群岛"地理定义,选择对日本有利的狭义定义,争取得到参加对日媾和会议的有关国家支持。这就是指日本方面极力主张,把"南千岛"从"千岛群岛"的地理范围中删除。这也意味着当时日本政府明显承认把千岛群岛北部与库页岛南部让渡给苏联。

1950年4月18日,杜勒斯访问日本并与日本首相吉田茂举行会谈。据吉田茂回忆,在这次会谈中,他向杜勒斯提出在对日媾和条约中明确规定"南千岛"不包括在"千岛群岛"范围内。但是杜勒斯表示,如果把"千岛群岛"定义在对日媾和条约中规定,就必须要与有关国家进行协商,这样对日媾和条约在签字时间上就会往后推迟,所以拒绝了吉田茂的要求。同时,杜勒斯也提出,日本政府代表可以在对日媾和会议上就这一问题表明本国政府的观点。日本首相吉田茂也极力主张实现早期媾和,为了避免对日媾和条约在签字时间上推迟,他不得不接受杜勒斯的主张。

1951年9月,在旧金山对日媾和会议上,日本代表、首相吉田茂在媾和会议上抓住机会极力表明日本方面就媾和条约的主张。吉田茂首先表示,对日媾和条约"不包含惩罚性条款和报复性条款,没有规定对我国人民永恒的限制",并且欢迎日本回到国际社会。对日媾和条约"不是报复性条约,是和解与信赖的条约"。日本方面"欣然地接受这样公正、宽大的和平条约"。① 但是,吉田茂首相对媾和条约"领土处理问题"指出:"不能接受苏联代表提出千岛群岛及库页岛南部是日本通过侵略夺取的主张。千岛群岛南部的择捉岛、国后岛是日本领土,即使在沙俄政府时期也没有异议。得抚岛以北的诸岛和库页岛南部,当时是日俄两国居民混居地区。1875 年 5 月 7 日,日俄两国政府通过和平外交交涉,决定将库页岛南部划为俄国领土,北部千岛群岛划为日本领土。此后,库页岛南部于 1905 年 9 月 5 日,经美国总统调解双方缔结《朴次茅斯条约》而成了日本领土。千岛群岛及库页岛南部,是日本投降后的 9 月 20 日,才被苏联单方面占领的。另外,日本本土北海道一部分的色丹岛、齿舞群岛,停战时还驻守着日本军队,是在这种情况下被苏联占领的。"②

吉田茂首相上述讲演的意图是,让参加媾和会议的各国代表事先产生将来发生日苏两国之间有关领土的纠纷时,千岛群岛南部属于日本领土的印象。但是,吉田茂首相的演讲仅仅是表明日本政府的见解,在对日媾和条约中,作为战败国的日本的主张不具备任何法律意义。

实际上,吉田茂内阁在制定有关日苏领土问题的对策时,在国外要不断调整对美政策,在国内还要不断接受来自北海道地区议员们的指责。我们前面曾经简单地提到美国政府内部在前期讨论日本应该放弃"千岛群岛"范围时,出现过有关日本放弃领土范围是应包括"四岛(齿舞、色丹、国后、择捉)"、"三岛(色丹、国后、择捉)"还是"两岛(国后、择捉)"的争论。同样,在日本国内也出现过这样的争论。对日本政府提出反对意见,或者说指责吉田茂内阁在领土问题上对策的,主要是来自北海道地区的代表,因为北海道地区与日苏领土问题存在直接联系,或者说直接利益,他们自然成为日本国内关注日苏领土问题如何解决的主要代表势力。1950 年 3 月 8 日,在日本众议院外务委员会上,来自北海道地区的议员、日本立宪养正会成员浦口铁男,在介绍 1855 年《日俄友好

---

① 外務省编:《日本外交文書》(サンフランシスコ平和条約調印、発効),第 136 頁。
② 外務省编:《日本外交文書》(サンフランシスコ平和条約調印、発効),第 136—137 頁。

条约》第2条、1875年《库页岛千岛群岛交换条约》第2条基础上提出："从这两个条约对照看,明显我们称呼的千岛群岛名称部分,应该至少为择捉岛和得抚岛之间千岛水道以北。"①这是笔者所看到的日本方面最早提出所谓千岛群岛应以择捉岛和得抚岛之间为分界线,得抚岛及其以北18个岛屿为千岛群岛范围的主张。明显这种主张认为得抚岛以南,即我们熟知的所谓"北方四岛"不包括在千岛群岛范围内。日本方面还存在进一步解释:齿舞群岛和色丹岛为日本本土北海道延伸部分,应该属于北海道范围内,而择捉岛和国后岛则根据上面主张,千岛群岛应以得抚岛和择捉岛之间划分界限,两岛也不属于千岛群岛范围内。但是,"南千岛"称呼在日本方面确实长期存在,正是为了回避这样主张上的尴尬局面,日本于1955—1956年日苏交涉过程中,内部修改称呼,不再称呼"南千岛",而是改称呼为"北方四岛",并且将对苏领土问题,统一称呼为所谓"北方领土"。

日本方面有关"千岛群岛"不包括"南千岛"的主张,至今在国际社会没有获得响应。过去的苏联以及现在的俄罗斯,对所谓"北方四岛"问题,仍然称呼为"南千岛"问题。苏联及俄罗斯指责这种主张,认为"南千岛"不包括在"千岛群岛"范围内的主张简直是荒谬的,从地理概念上完全解释不清楚。美国方面也认为这种主张缺少说服力,所以在对日媾和准备阶段、在《旧金山对日媾和条约》上,以及此后都没有公开接受日本方面这种主张。

1951年9月《旧金山对日媾和条约》签订后,日美之间又缔结了《日美安全保障条约》、《日美行政协定》以及《日美共同防御援助协定》,构成了所谓日美"旧金山体制"。该体制的基本结构是日美两国之间国际地位和国家实力的悬殊差距,决定了日本在该体制中的从属地位,决定了日本的外交是从属于美国远东战略的组成部分。

吉田茂内阁签署《旧金山对日媾和条约》后,在日本国会批准期间,

---

① 和田春樹:《北方領土問題——歴史と未来》,第203頁。

遭到日本国内北海道地区议员们的激烈反对，主要矛头就是指向日本放弃的"千岛群岛"范围不应该包括"北方四岛"。1951年10月19日，日本众议院审查《旧金山对日媾和条约》和《日美安全保障条约》特别委员会上，来自北海道的议员、农民协同党成员高仓定助质问：和平条约规定"千岛界限，所谓千岛群岛"是指哪些部分岛屿？吉田茂首相答复说："大概美国政府接受了日本政府主张的所谓千岛群岛的范围吧！"外务省条约局长西村熊雄进一步解释说："就条约中千岛群岛的范围，考虑包括北千岛和南千岛两者，可是南千岛和北千岛如从历史上看是完全不同的，全权代表已经在旧金山会议上明确表述了，齿舞群岛和色丹岛不包括在千岛群岛，美国外交部当局是清楚的。"①高仓定助议员继续追问，千岛群岛根据《库页岛千岛群岛交换条约》，应该为得抚岛及其以北18个岛屿吧？西村熊雄局长接着答复说："和平条约是1951年9月签署的，因此以前的条约所谓千岛群岛判断为如何地区，应该站在现在立场上判断。如你所提出那样，该条约所谓千岛群岛，解释为包括北千岛和南千岛。可是这两个地区历史上处于完全不同的事态，这是政府考虑的，等待将来处理吧！"②从西村熊雄局长答复可以明显看出，日本在《旧金山对日媾和条约》放弃的千岛群岛包括南千岛（择捉、国后）。对于《旧金山对日媾和条约》的结果，总体上看日本方面是能够接受的，或者说是比较满意的，但是唯一不能接受的就对苏领土问题，也就是后来日本长期为此努力的所谓日苏领土问题。日本方面认为在当时条件下，这样的领土问题条款是日本作为战败国不得不接受的现实。1951年10月24日，也就是日本国会审查《旧金山对日媾和条约》期间，外务省条约局局长西村熊雄就曾经表示："日本政府是辛苦的，最终决定也是含着眼泪不得不接受的。"③可以说，西村熊雄局长所言确实反映出当时日本政府及国民对待日苏领土问题的无奈态度。

---

① 和田春樹：《北方領土問題——歷史と未来》，第225頁。
② 和田春樹：《北方領土問題——歷史と未来》，第226頁。
③ 和田春樹：《北方領土問題——歷史と未来》，第227頁。

第九章　日苏复交谈判与两国领土问题

1951年9月8日签署的《旧金山对日媾和条约》，实际上从日苏领土问题形成上看，已经给日苏领土问题形成确定了基调。日苏两国恢复邦交谈判"易两地、升三级"，从1955年6月持续至1956年10月，最终决定"搁置领土问题"而缔约复交。

一、伦敦大使级谈判

1955年6月1日，日苏两国在英国首都伦敦举行恢复邦交谈判，日本代表为国会众议员松本俊一，苏联代表为苏联驻英国大使马立克。

1955年6月1日，在苏联驻英国大使馆，双方举行第一轮大使级正式谈判。6月7日，举行第二轮大使级正式谈判，松本俊一代表把日本方面准备的"基本要求备忘录"递交给苏联方面讨论。其主要内容为：

（一）两国谈判开始的同时，应该迅速、无条件地遣返被俘人员。

（二）日苏之间应该尊重日本根据《旧金山对日媾和条约》与《日美安全保障条约》规定的权利及义务。

（三）齿舞、色丹，千岛群岛及库页岛南部，从历史上看是日本领土，应该就领土问题交换意见。

（四）交涉有关北太平洋渔业问题。

（五）交涉有关促进经济交流问题。

（六）相互尊重联合国原则，特别是尊重领土权、和平解决纠纷及不干涉内政原则。

（七）苏联应无条件同意日本申请加入联合国。①

据松本俊一回忆："有关第三款领土问题，日本方面主张齿舞、色丹、千岛群岛及库页岛南部，从历史上看是日本领土，但是并不意味着谈判的结局是把这些领土都返还，是表示弹性交涉。"②也就是说，这份备忘录虽然表现出最大的要求，但并不意味是日本方面的最终态度，日本方面在谈判中是保留余地的。

在东京，日本外相重光葵获知松本俊一在第二轮大使级正式谈判上就向苏联方面递交"基本要求备忘录"后，表示非常不满。重光葵外相告诫，必须防止美国政府及日本国内反民主党势力产生日本政府在谈判中就有关日苏领土问题对苏联方面很轻易地做出让步的印象。

6月14日，第三轮大使级正式谈判中，苏联代表马立克向松本俊一代表递交了苏联方面起草的"苏日和平条约"草案。其主要内容为：

（一）相互尊重领土完整与主权，基于互不侵犯原则不干涉内政。

（二）遵守联合国宪章和平解决纠纷。日本国不得参加战争及与他国联合或者参加军事同盟。

（三）苏联放弃对日本赔偿请求权。

（四）日本放弃对苏联赔偿请求权。

（五）日本国承认苏维埃社会主义共和国联盟对千岛群岛及库页岛南部及周边一切附属岛屿拥有完全主权，放弃对上述地域一切权利、权源及请求权。苏联与日本之间国境，见附属地图，为根室海

---

① 松本俊一：《モスクワにかける虹——日ソ国交回復秘録》，第29—30页。
② 松本俊一：《モスクワにかける虹——日ソ国交回復秘録》，第31页。

峡、野付海峡及琋瑶珺海峡的中央线。

（六）（1）宗谷、根室、野付、琋瑶珺海峡自由航行，津轻、对马海峡自由航行。（2）上述海峡的军舰航行权仅限于日本海沿岸国家军舰。

（七）支持日本加入联合国。

（八）同意开始为缔结日苏通商航海条约而进行交涉。在上述条约缔结前，和平条约生效后 18 个月内，两国相互给予最惠国待遇。

（九）同意开始为缔结渔业协定而进行交涉。

（十）同意开始为缔结有关邮政、电信等协定而进行交涉。

（十一）同意开始为缔结文化协作协定而进行交涉。

（十二）必须要批准。①

从上述苏联方面提交的"苏日和平条约"草案看，其中有三项内容与日本方面提出的"基本要求备忘录"内容是明显不同的。

第一，苏联方面起草的"苏日和平条约"草案第二条后半部分提出，"日本国不得参加战争及与他国联合或者参加军事同盟"。这项内容明显指向 1951 年 9 月签订的《日美安全保障条约》。可以说该条约构筑了战后日美军事同盟关系及政治同盟关系的基础，此次谈判中，苏联方面提出要求废除《日美安全保障条约》，表明对此问题的重视程度。因为苏联方面要改善与日本关系，首要目的就是要打破美国方面独占日本的局面。

第二，苏联方面起草的"苏日和平条约"草案第五条提出，"日本国承认苏维埃社会主义共和国联盟对千岛群岛及库页岛南部及周边一切附属岛屿拥有完全主权，放弃对上述地域一切权利、权源及请求权"。这样不仅完全拒绝了日本方面提出就上述领土问题进行交涉的请求，而且还要求日本方面完全承认上述领土为苏联所拥有。更重要的是承认苏联

---

① 鹿岛和平研究所编：《日本外交主要文書・年表》第 1 卷(1941—1960 年)，第 718—719 页。

对上述领土"事实"上的所有权,并且要承认苏联对上述领土"法律"上的所有权。苏联提出该项内容的目的是,要通过缔结两国和平条约的形式,从法律上确认这些领土归属苏联。另外,苏联方面也首次提出日苏两国在该地区的边界线划分标准,说明对该问题已有十分充分的准备。

第三,苏联方面起草的"苏日和平条约"草案第六条提出,宗谷海峡、根室海峡、野付海峡、珸瑶瑁海峡、津轻海峡、对马海峡,"上述海峡的军舰航行权仅限于日本海沿岸国家军舰"。苏联方面上述所提到的海峡皆为日本海海峡,提出该项内容实质上是要从日本海排除美国海军势力。

根据日本政府指示,具体讨论两国之间和平条约起草工作的前提条件为遣返被俘人员,如果不满足这一条件就不进行逐条讨论。鉴于苏联方面已提出"苏日和平条约"草案,因此,松本俊一代表决定,一方面把苏联方面起草的和平条约草案转送国内,另一方面加大向苏联方面提出首先应该遣返被俘人员。对此苏联代表马立克答复说,如果缔结两国和平条约,就马上遣返这些被俘人员。

1955年6月21日,第四轮大使级正式谈判中,日本方面反复要求即时遣返被俘人员,但是苏联方面态度不变,答复为只要恢复邦交就遣返被俘人员。松本俊一代表提出希望苏联方面能够提供被俘人员的名单,马立克代表则答复说这些被俘人员分散在苏联境内各地区,统计名单非常困难。与此同时,马立克代表警告,如果日本方面仅停留在被俘人员问题上,只会使两国谈判拖延,表现出不肯让步的姿态。

6月24日,第五轮大使级正式谈判中,双方代表首次讨论有关日苏领土问题。松本俊一代表首先提出,齿舞群岛、色丹岛从历史、地理上看是日本固有领土,并且把日本方面准备的有关两岛的历史、法律观点的文件递交给马立克代表。对此马立克代表指出,两国应该首先集中讨论相同点,双方都希望恢复邦交问题是事实,搁置各种不同点,才有可能在恢复邦交问题上达成一致。对于日苏领土问题,马立克代表明确指出:

已经由《雅尔塔协定》、《波茨坦公告》第 8 条、"盟军总命令第 1 号"及"SCAPIN677 号"等解决完毕。① 所谓"SCAPIN677 号",即 1946 年 1 月 29 日,盟军最高司令官麦克阿瑟发表的《关于将若干外围地区政治上、行政上从日本分离的备忘录》,命令日本政府将千岛群岛、齿舞群岛(包括水晶、勇留、秋勇留、志发、多乐等岛屿)、色丹岛从行政管理范围分离出来。对此松本俊一代表立即反驳说,这些协定及文件都没有决定领土的最终归属问题,也没有最终领土归属的定义。

在第五轮大使级正式谈判中,苏联代表提出,根据《雅尔塔协定》规定,苏联已经获得有关领土的主权。可以说,《雅尔塔协定》是战后苏联方面获取有关领土的最主要法律依据,所以《雅尔塔协定》性质及作用问题,也是日本方面主要攻击的目标。

日本方面认为:(1)《雅尔塔协定》为秘密协议,尽管当时千岛群岛与库页岛南部还是日本领土,但是日本政府不知道该协议的存在。日本接受《波茨坦公报》,其第 8 条规定:日本国主权局限在本州、北海道、九州、四国吾人所决定的诸小岛。这表明日本基本接受美、英、中、苏四大国决定的日本领土范围。因为《雅尔塔协定》是在日本政府没有参加并不知情的情况下签署的,所以日本政府不应受《雅尔塔协定》的限制,不承认、不接受《雅尔塔协定》有关日苏领土问题的规定。(2)《雅尔塔协定》没有规定"千岛群岛"的地理范围。日本方面提出,当时美、英、苏三国领导人没有讨论有关"千岛群岛"的地理定义问题,所以日本方面认为齿舞群岛、色丹岛、国后岛、择捉岛不属于"千岛群岛"范围。(3)《雅尔塔协定》违背了《开罗宣言》原则,两者之间存在着矛盾。1943 年 11 月 27 日,中、美、英三国首脑签署《开罗宣言》,日本方面指出,《开罗宣言》所有签订国均表示无意识谋求其他国家领土,其原则体现对日作战的结果不谋求扩大本国领土,即"不扩大领土原则"。《雅尔塔协定》规定"库页岛南部返还苏联",作为日俄战争结果日本获得库页岛南部这一历史事实,与《开

---

① 松本俊一:《モスクワにかける虹——日ソ国交回復秘録》,第 34 页。

罗宣言》原则并不抵触。但是有关千岛群岛，日本是根据1875年《库页岛千岛群岛交换条约》，以和平手段获得的，而苏联方面依据《雅尔塔协定》获得这些领土，就应该解释为与《开罗宣言》所提倡的"不扩大领土原则"相抵触。

针对日本方面上述三点主张，苏联方面提出针锋相对的反驳：(1)日本战败结果是接受无条件投降的，所以就应该接受同盟国所有规定，当然也应该接受《雅尔塔协定》所做出的规定内容，不应该再提出任何条件。日本不接受《雅尔塔协定》规定的限制，就是对战败结果提出了条件，就是否认日本战败无条件投降的历史事实。(2)日本主张《雅尔塔协定》没有规定"千岛群岛"地理范围，所以"南千岛"不属于"千岛群岛"地理范围内。从"千岛群岛"地理范围概念上讲，"千岛群岛"就应该包括"南千岛"和"北千岛"，根本不存在所谓"南千岛"不属于"千岛群岛"的任何根据。(3)日本方面主张《雅尔塔协定》违背了《开罗宣言》原则，两者之间存在着矛盾。这是不符合历史事实的，《雅尔塔协定》与《开罗宣言》是一致的，都是二战期间有关国家首脑共同签署的协议，根本不存在所谓矛盾问题。苏联战后拥有上述领土是完全有依据的，是三国首脑共同决定的，日本作为战败国没有权力否认这一决议。

6月28日，第六轮大使级正式谈判中，松本俊一代表辩解说，关于齿舞群岛、色丹岛，不论是从其历史统治沿革和地理名称的定义范围，还是从国际条约的处理来说，都是日本的领土，是"日本本土北海道的一部分"。关于千岛群岛，从它的沿革看，其为日本领土也毫无疑问。库页岛南部也不是日本出于贪婪而采用暴力夺得的领土。无论是《波茨坦公告》，还是投降书，都未规定要将日本的部分领土归属于对日本作战的某一个国家。关于"盟军总命令第1号"及"SCAPIN677号"，不过是规定日本军队投降的技术措施，完全与领土归属问题无关。① 战后领土主权的变动要在媾和条约中加以规定，这是国际惯例。虽然《雅尔塔协定》规

---

① 松本俊一：《モスクワにかける虹——日ソ国交回复秘録》，第34—35页。

定有争议的领土归属苏联,但是日本并非《雅尔塔协定》的当事国,所以不能接受这一规定。在战后涉及日本领土问题的唯一国际条约是《旧金山对日媾和条约》,其第二条C项规定:"日本放弃对千岛群岛及由1905年9月《朴次茅斯条约》所获得主权之库页岛一部分及其附近岛屿之一切权利、权利根据与要求。"但是,其对上述区域究竟属于何国并没有作出最后的决定。另外,日本虽然曾放弃千岛群岛及库页岛南部,但是苏联并非《旧金山对日媾和条约》的签字国,所以是否对苏联放弃,以及放弃的领土归属于谁,日本尚有充分的发言权。《旧金山对日媾和约》不能作为苏联主张有关领土问题的重要文件。①

1955年7月2日,苏联代表马立克提出,自己要返回莫斯科准备参加在日内瓦举行的美英苏法四国首脑会议,所以提议伦敦谈判暂时休会。1955年7月14日,苏联代表马立克返回伦敦。

7月15日,第七轮大使级正式谈判开始,主要议题仍然为日苏领土问题与被俘人员问题,双方仍然坚持各自立场。但是,在这次会谈中苏联方面态度发生微妙变化,如在和平条约草案中第二条禁止日本参加军事同盟问题上,出现态度转变。马立克代表询问松本俊一代表:日本备忘录里记载,"日本和美国之间有条约上义务",是否包含对条约以外所有国家都有义务?另外,关于《日美安全保障条约》上的义务,日本备忘录里记载太简单,无法理解。②

7月26日,第八轮大使级正式谈判中,松本俊一代表首先就上轮谈判中苏联代表马立克代表提出的询问作出答复。松本俊一代表指出:《日美安全保障条约》是依据《联合国宪章》中各国拥有单独或集体自卫权利而采取的具体措施,是自卫性条约,并不针对任何第三国③。对此马立克代表随即表示,苏联政府无意破坏日本与其他国家缔结的条约④。

---

① 松本俊一:《モスクワにかける虹——日ソ国交回復秘録》,第35頁。
② 松本俊一:《モスクワにかける虹——日ソ国交回復秘録》,第37頁。
③ 松本俊一:《モスクワにかける虹——日ソ国交回復秘録》,第38頁。
④ 松本俊一:《モスクワにかける虹——日ソ国交回復秘録》,第38頁。

关于被俘人员问题,苏联方面也表示一定的缓和态度,把刑期已满的16名日本人即时遣返。与此同时,苏联方面还表示将尽快整理日本被俘人员名单并递交给日本方面。但是,在其余日本被俘人员处理上,苏联方面仍然坚持在恢复两国邦交后立即遣放。

8月2日,第九轮大使级正式谈判中,松本俊一代表就苏联方面递交的和平条约草案,阐述日本方面的观点。松本俊一代表此举实际上将谈判方针从重视被俘人员问题上脱离,开始逐条逐句地讨论苏联方面起草的"苏日和平条约"草案。归纳双方谈判争论内容,集中在苏联方面提交的和平条约草案中的第二条(禁止日本参加军事同盟问题)、第五条(领土问题)、第六条(海峡航行权问题)。松本俊一代表为了解决上述三个条款内容,提议双方代表举行非正式会谈,力图在比较轻松的气氛下,共同寻找打开僵局的途径。

8月4日,双方代表举行了第一轮大使级非正式谈判。在非正式谈判上,苏联代表马立克询问日本代表松本俊一:"有关领土问题,日本的最终要求是什么?"松本俊一代表对此回答比较含糊,他说:"齿舞群岛、色丹岛,日本国民认为是北海道的一部分,千岛群岛、库页岛,从历史背景考虑,不能放弃这一要求。"①可以看出,松本俊一代表在提及千岛群岛及库页岛南部的返还理由时,使用历史背景为返还根据,比较暧昧。与要求返还齿舞群岛、色丹岛相比较,理由方面明显软弱。这里完全可以理解为,实际上松本俊一向苏联方面暗示,日本政府在这次谈判中,有关日苏领土问题上的最底线为返还齿舞群岛、色丹岛。

日本方面明显暗示两国领土问题的解决以返还齿舞群岛、色丹岛为最低条件,恢复两国关系正常化,其原因为:

第一,日本方面希望能够尽快实现两国关系正常化。众所周知,实现与苏联关系正常化问题,此时是日本对外关系的重要内容,这也是鸠山一郎内阁之所以能够上台的基础。鸠山一郎等人就打着"恢复日苏关

---

① 松本俊一:《モスクワにかける虹——日ソ国交回復秘録》,第42页。

系正常化"旗号,赢得日本广大国民的支持。此时日本方面在结束两国战争状态、立即释放被俘人员、日本加入联合国和渔业等问题上都急需与苏联方面交涉,所以尽快实现两国关系正常化,不仅是苏联方面需要的,也是日本方面需要的。

第二,日本方面不了解苏联方面对领土问题的实际对策。日本方面认为,本国在《旧金山对日媾和条约》中已经宣布放弃了千岛群岛和库页岛南部,如再提出有关领土要求,必然将遭到苏联方面拒绝。可以说,苏联方面是否能够在领土问题上做出让步,此时日本方面心里完全没有底气!日本方面尽最大努力,希望苏联方面应该做出一定让步,采取最大领土要求主张,也许能够换来一定的让步。

8月5日,双方代表举行第二轮大使级非正式谈判,苏联代表马立克表示,苏联政府准备在领土问题与禁止日本参加军事同盟问题上让步。据松本俊一回忆:"8月5日,在日本驻英国大使馆草坪上品茶时,苏联代表马立克突然说,如果其他问题都解决,苏联方面可以按日本方面要求,把齿舞群岛、色丹岛让渡给日本方面,另外有关禁止日本参加军事同盟条款,如果《日美安全保障条约》如你所说纯属防御性条约,那么其他问题解决后,该要求也撤回。我最初怀疑自己听错了,但是这恐怕是马立克代表出席日内瓦四国首脑会议时,得到赫鲁晓夫等苏联领导人的新指示吧!我内心非常高兴!"①

果然,8月9日第十轮大使级正式谈判中,苏联代表马立克正式发表如下声明:

> 有关和平条约,综合过去日苏双方分别阐述的意见看,结果意见不一致的仅为苏联草案第二条、第五条及第六条的三点,其他问题,除了言语表述外,双方态度是接近的。有关苏联草案第二条第三项(禁止军事同盟条款),松本代表答复说,日本与其他国家缔结的条约,包括《日美安全保障条约》,完全不是针对特定的第三国。

---

① 松本俊一:《モスクワにかける虹——日ソ国交回復秘録》,第42—43頁。

苏联考虑到日本政府这一声明，归纳条约其他条款时，认为该问题能达成一致。有关小千岛群岛，即齿舞群岛、色丹岛，声明如下。即苏联方面认为，领土问题中，小千岛群岛问题并非与其他各种问题割裂，而是存在关联，应在上述问题解决基础上进行对话。①

从苏联代表马立克声明看，苏联方面让渡齿舞群岛、色丹岛附加了条件，一是在双方缔结和平条约时，齿舞群岛、色丹岛才真正让渡给日本方面。二是除齿舞群岛、色丹岛之外，其他领土问题如何解决，按苏联方面起草的"苏日和平条约"草案规定处理，要求日本政府承认苏联对千岛群岛及库页岛南部拥有主权。另外，苏联代表马立克声明也把海峡航行权问题与让渡齿舞群岛、色丹岛联系一起，并没有向日本方面让步的意思。

苏联方面为什么在此时答应日本方面要求，返还齿舞群岛、色丹岛呢？

第一，苏联方面已经认识到，日本方面恢复邦交的条件，是要从苏联获得一定的领土让步，而苏联在交涉中的重要目的，不是解决两国之间的各种纠纷问题，而是恢复两国邦交本身。为此，做出若干让步换取实现目标，对苏联来说可以接受。据赫鲁晓夫晚年回忆："为什么我们当年向日本让步，确切地说，是向那位访问我国并且奉行同苏联亲近和友好政策的首相让步。我们认为，这样的让步对苏联而言并没有特别的意义。那是两个荒无人烟的岛屿，只是渔民与军人才有用场。在现代军事技术条件下，这些海岛同样没有国防意义。当我们已造出了足以击中数千公里以外之敌的导弹的时候，这些岛屿便丧失了它们从前对海岸炮兵所具有的意义。它们也毫无经济意义而言。据我所知，那里未曾发现什么矿藏。可是我们希望赢得日本人民的友谊，我们相互之间的友好却具有巨大的意义。因此，领土方面的让步可以通过苏日两国人民之间建立

---

① 松本俊一：《モスクワにかける虹——日ソ国交回復秘録》，第43頁。

起来的新的关系得到补偿,而且绰绰有余。"①

第二,苏联方面认识到,日本政府强硬要求返还有关领土问题得到西方主要国家的支持。当然,这时期苏联还不可能知道日本政府询问美英法三国政府的答复内容,但是知道西方主要国家支持日本有关要求返还齿舞群岛、色丹岛的主张。例如1954年9月25日,美国驻苏联大使查尔斯·波伦就1952年10月7日苏联飞机在齿舞群岛中勇留岛上空击落美国B—29轰炸机事件,向苏联政府递交抗议书。抗议书中,美国政府明确指出齿舞群岛为日本领土,认为齿舞群岛不属于《旧金山对日媾和条约》规定的"千岛群岛"范围。这件事使苏联方面认识到,美国政府是支持日本领土要求的。如果苏联方面能够返还齿舞群岛、色丹岛,美国方面就无法继续挑唆日苏之间领土纠纷问题。

1955年8月9日,松本俊一代表将苏联代表马立克提议内容采用密电发回国内,同时自己也认真考虑要采取的下一步对策。松本俊一代表认为:(1)根据苏联让步方案实现返还齿舞群岛、色丹岛。(2)有关千岛群岛及库页岛南部归属问题,在"日苏和平条约"中应该采取回避对策。苏联方面注意到日本方面在《旧金山对日媾和条约》中已经宣布放弃千岛群岛及库页岛南部这样事实,会要求写入"日苏和平条约"中。如8月9日苏联方面提出作为返还齿舞群岛、色丹岛的前提条件,日本必须承认苏联对千岛群岛及库页岛南部的主权。松本俊一代表认为不能这样接受苏联方面的主张,应该在"日苏和平条约"中回避齿舞群岛、色丹岛以外的领土归属问题。

1955年8月10日,松本俊一密电传回后,被日本外相重光葵扣在手中,未交给鸠山一郎首相。8月12日,重光葵按照自己的计划返回故乡进行扫墓活动。8月13日,重光葵接受故乡记者采访时还表示:"有关齿舞群岛、色丹岛等领土问题,苏联方面还是采取继续占领态度并没有任

---

① [苏联]尼基塔·谢·赫鲁晓夫著,述弢等译:《赫鲁晓夫回忆录》第一卷,社会科学文献出版社,2006年12月,第780页。

何改变。"①这反映出重光葵外相完全控制该电报内容,不想让任何外界人士知道有关内容。重光葵认为,有关日苏两国恢复邦交谈判情报应该自己控制,防止鸠山一郎首相插手干涉。

8月18日,日本外务省举行会议,讨论苏联让步方案与日本的对策,会议完全采纳了重光葵外相的意见。8月27日日方将该会议决定以"追加训令"方式发给松本俊一代表,其主要内容为:

(一)有关让渡问题,条约签字前要取得确实让渡的具体保证。
(二)领土问题:(1)尽力返还国后岛、择捉岛,无条件返还齿舞群岛、色丹岛。(2)告知苏方,千岛群岛北部、库页岛南部归属由国际会议决定。②

这份"追加训令"最重要的内容是,在领土问题上增加了国后、择捉两岛返还的新条件,这就说明日本方面对苏联方面的让步并没有表示接受的意思。日本方面过去提出返还齿舞群岛、色丹岛,也提出过返还千岛群岛及库页岛南部。这份"追加训令"是把国后岛、择捉岛从千岛群岛及库页岛南部中分离出来要求返还,把剩下的千岛群岛北部及库页岛南部的归属改为由国际会议决定。从字面上看,消除了过去日本一直主张返还千岛群岛北部及库页岛南部的要求,实际上提议由国际会议决定,是希望得到美国等西方国家对日本主张的支持。

此时,重光葵外相及日本外务省制定这份"追加训令"的原因为:

第一,与日本方面交涉战术因素有关。日本方面认为,返还齿舞群岛、色丹岛,要以承认苏联对其他领土主权为前提条件,这样付出的代价太大,故不能接受。

第二,顾及日美两国同盟关系因素,不敢轻易接受苏联让步方案。实际上,日本在与苏联举行恢复邦交正常化谈判中,始终顾及如何在让美国方面能够接受的条件下实现妥协问题。也就是说,日本是在前台表

---

① 和田春樹:《北方領土問題——歴史と未来》,第243頁。
② 田中孝彦:《日ソ国交回復の史的研究——戦後日ソ関係の起点:1945—1956》,第159頁。

329

演的,美国是后台老板,日本如何表演取决于后台美国方面的表态。如果日本方面承认千岛群岛及库页岛南部为苏联方面所有,肯定会遭到美国方面反对,因为美国国会在批准《旧金山对日媾和条约》时曾通过决议,不承认千岛群岛及库页岛南部为苏联所有。如前所述,美国政府不断发出警告,反对日本向苏联方面做出让步,所以日本在日苏两国恢复邦交谈判中实际上选择余地很小。在这种背景下,重光葵外相对日美关系极为敏感,不可能接受苏联方面的让步方案。重光葵外相预定8月29日访问美国,此时接受苏联方面让步方案,会妨碍调整日美关系。

第三,日本国内政治因素,导致不敢接受苏联方面让步方案。从1955年6月开始,日本国内不断加紧推行所谓的"保守合同",即自由党与民主党合并运动。在野党自由党反对尽快恢复日苏邦交,在日苏领土问题上主张要求同时返还国后、择捉两岛,所以执政党民主党内阁如果接受苏联方面让步方案,会影响国内"保守合同"运动进行。

8月16日,第十一轮大使级正式谈判中,松本俊一代表把日本方面起草的"日苏和平条约"草案递交给苏联方面,其主要内容为:

(一)结束战争状态。

(二)苏联无条件支持日本加入联合国。

(三)尊重《联合国宪章》。(1)依据《联合国宪章》第二条和平解决纠纷。(2)依据《联合国宪章》第五十一条相互承认单独或者集体的自卫权。

(四)相互尊重不干涉内政原则。

(五)领土。(1)苏联返还作为战争结果占领的日本领土。(2)苏联驻军在条约缔结后90天内撤出上述领土。

(六)苏联放弃赔偿请求。

(七)日本放弃赔偿请求。

(八)处理战前日苏之间的条约。

(九)开始交涉通商协定。

（十）开始交涉渔业协定。

（十一）条约解释出现纠纷时委托国际法院。

（十二）必须批准。①

从日本方面起草的"日苏和平条约"草案看，第三条（2）是针对苏联草案中关于禁止日本加入军事同盟条款的。第五条有关领土问题，表述极为暧昧，没有明确提出要求返还哪些领土。松本俊一代表就日本方面起草的"日苏和平条约"草案向苏联代表马立克解释说，苏联方面起草的"苏日和平条约"草案中有关海峡航行权条款，日本方面肯定不能接受，但是日本方面起草的"日苏和平条约"草案中并没有提出反对有关海峡航行权问题。

8月23日，第十二轮大使级正式谈判中，苏联代表马立克就日本方面起草的"日苏和平条约"草案第五条有关领土问题进行反驳。马立克代表指出，领土问题条款没有理由加入两国缔结的和平条约里，因为这些领土归属问题已经在《波茨坦公告》及《旧金山对日媾和条约》中解决完毕，没有讨论的余地。

8月27日，日本代表松本俊一收到国内政府发来的有关日苏领土问题新的"追加训令"。新"追加训令"内容如下：

（一）有关让渡问题，条约签字前确保让渡并且获得具体落实。

（二）领土问题：（1）尽量返还国后岛、择捉岛，并且无条件返还齿舞群岛、色丹岛。（2）告知对方，千岛群岛北部、库页岛南部归属问题，举行有关国家参加的国际会议讨论决定。②

8月30日，第十三轮大使级正式谈判中，松本俊一代表依据新的"追加训令"，提出日本方面有关日苏领土问题的修正方案。其主要内容为：

（一）苏联利用武力占领的日本领土：（1）国后岛、择捉岛、色丹

---

① 鹿岛和平研究所编：《日本外交主要文书・年表》第1卷（1941—1960年），719—721页。
② 松本俊一：《モスクワにかける虹——日ソ国交回復秘録》，第49页。

岛及齿舞群岛，在条约生效时完全恢复日本的主权。(2) 北纬50度以南的库页岛及千岛群岛，尽快举行包括苏联在内的联合国家与日本交涉，讨论决定归属。

（二）上述领土内苏联驻军在条约生效后90天内，必须无条件撤出。①

日本代表松本俊一提出有关日苏领土问题的修正方案后，立刻遭到苏联代表马立克强烈指责，谴责日本方面对两国交涉缺少诚意。日本代表松本俊一则采取回避态度，仍然主张希望双方能够继续就有关日苏领土问题举行讨论，并争取尽快达成妥协。

针对日本代表提出的新提议，马立克代表阐明了苏联方面有关领土问题的立场：

（一）对齿舞群岛、色丹岛无条件返还及撤军没有异议。

（二）日本方面修正方案第一条(2)要求召开国际会议，苏联是绝对不容忍的。

（三）有关国后岛、择捉岛为千岛群岛的一部分是毫无疑问的，苏联拥有这两岛主权是明确的，是不允许否定的。②

可以说，苏联方面本以为让渡齿舞群岛、色丹岛，就可以满足日本方面的领土要求，可以很快缔结两国和平条约了。但是，完全没有考虑到日本方面不仅不领情，反而变本加厉，进一步提出增加返还择捉岛、国后岛要求。日本要求四岛返还，不仅出乎苏联意料，而且直接打击了苏联的大国主义自尊心！我们从伦敦谈判开始至此阶段看，苏联方面毫无掩饰其战胜国姿态，这也确实反映出当时日苏两国综合实力的客观现实。苏联方面本以为主动做出一定让步，满足日本方面在日苏领土问题上讨价还价的心理状态，就可以实现恢复两国关系正常化目标。但是，日本

---

① 松本俊一：《モスクワにかける虹——日ソ国交回復秘録》，第50頁。
② 久保田正明：《クレムリンの使節——北方領土交涉1955—1983》，第86頁。

作为小国、战败国得寸进尺,完全不领苏联这样超级大国的情意。苏联大国主义自尊心受到极大刺激,是此后苏联方面不肯在领土问题上对日本做任何让步的报复心态的根源。

另外,国后岛、择捉岛与齿舞群岛、色丹岛相比,两者所具备的价值是完全不相等的。如前所述,按照日本国土地理院2005年4月1日最新勘定,"北方四岛"总面积为5036.14平方公里,而齿舞群岛与色丹岛的面积相加仅为353.27平方公里,仅占"北方四岛"总面积的约7%。如就当时国际"冷战"紧张时期因素看,如果苏联方面将国后岛、择捉岛返还日本方面,那里有可能马上就变成美国军事基地,对苏联构成更大的军事威胁。如果苏联方面同时将四岛屿返还日本方面,如日本封锁对马海峡、宗谷海峡、津轻海峡,苏联海军就丧失了自由通往太平洋的出口。在国际"冷战"紧张时期,加上《日美安全保障条约》存在,以及美军驻扎在日本冲绳岛、国后岛、择捉岛这样的军事战略要地,苏联海军就完全被困于日本海内,而无法自由通往太平洋。这样不仅苏联更进一步地面临美国军事威胁,丧失了外层海上防卫体系陆地基础,而且苏联太平洋地区军事战略也将完全丧失功能。

9月6日,第十四轮大使级正式谈判中,马立克代表进一步阐述了苏联方面的强硬立场。他提出:

(1)苏联完全不能接受日本方面有关领土问题的修正方案,日本提出的所谓固有领土为苏联领土,没有讨论余地。

(2)有关返还齿舞群岛、色丹岛的附加条件,即返还后不能作为军事基地。同时表示,这是苏联方面在两国恢复邦交谈判中能够做出的最大让步。①

苏联方面进一步对日本实施强硬反击政策的原因为:

第一,赫鲁晓夫时期苏联对外战略主要是谋求改善与西方国家关

---

① 久保田正明:《クレムリンの使節——北方領土交渉1955—1983》,第73页。

系,尽量减少本国周边环境存在的国际"冷战"纠纷因素,缓和紧张局势。日苏两国恢复关系正常化就是这一大战略中的重要一环,所以苏联做出让步,主动提出愿意返还齿舞群岛、色丹岛,然而日本方面却对此采取对抗政策,使苏联方面感到十分失望,故加以强烈谴责。

第二,苏联方面进一步采取强硬态度与伦敦大使级谈判进展有关。日本代表松本俊一是主张尽快达成妥协的。有关领土问题交涉初期,松本俊一代表给马立克代表的表现为,虽然要求返还齿舞群岛、色丹岛,千岛群岛及库页岛南部,但决非这些领土不返还,就不恢复关系正常化的态度。特别是8月4日马立克代表向松本俊一代表询问日本方面要求领土问题的底线时,松本俊一代表巧妙地暗示返还齿舞群岛、色丹岛为最底线。这样马立克代表才提出返还齿舞群岛、色丹岛的让步方案。但是,日本方面提出的"日苏和平条约"草案是苏联方面没有预料的,这完全是对抗性草案。对于苏联方面来说,这不仅是两国谈判上的重大失败,而且也确信日本方面所作所为完全是出尔反尔及不讲信誉的。

9月13日,第十五轮大使级正式谈判中,苏联方面再次拒绝日本方面提出的恢复邦交之前遣返被俘人员问题,在日苏领土问题上也不肯做出任何让步,伦敦谈判实质上已经陷入了僵局。这次会谈后,马立克代表告诉松本俊一代表,他要离开伦敦出席在纽约举行的联合国裁军大会,另外预计10月还要出席在日内瓦举行的美、英、法、苏四国外长会议。这样伦敦恢复邦交谈判实际上进入休会。9月15日,日本政府发出训令给松本俊一代表,转告苏联方面准备再进行谈判,然后返回日本。

第一次伦敦复交谈判休会后,苏联政府与日本政府都为进一步进行谈判而积极活动。9月21日,苏联领导人赫鲁晓夫在接见来访的以日本自民党议员、原大藏相北村德太郎为团长的日本国会代表团时讲:"被扣留在苏联的日本人的命运,在某种程度上,取决于日苏伦敦谈判。我是得到布尔加宁主席的完全同意而讲话的,我想在这里举出德国俘虏问题作为例证,上一次苏联政府和西德总理阿登纳做过非常困难的谈判。可是仅仅5天就解决了苏德两国重新建立外交关系的问题。然而伦敦谈判,日本方面却与此相反,已经白白浪费了4个月的时间。我的印象是日本政府故意在拖延谈判。伦敦的松本代表和马立克代表只是一味喝茶,几乎没有谈及两国友好关系的问题。我想只要苏日两国一旦恢复正常的外交关系,日本战犯的问题就能解决。"①针对齿舞群岛、色丹岛问题,赫鲁晓夫说,"我认为齿舞群岛、色丹岛属于苏联领土,但是从希望与日本采取睦邻政策的愿望出发,在一定的条件下,这些岛屿也许可以还给日本。"②赫鲁晓夫进一步指出:"苏日两国的通商问题和渔业问题,只要缔结苏日和平条约就能解决,同苏联缔结有关通商和渔业条约,对日本特别有利吧!苏联等待两国缔结和平条约,准备解决各种问题。"③赫鲁晓夫上述谈话,实际上在转告日本方面,第一,作为苏联方面最高领导人,明确向日本方面传达出苏联政府不会改变现行的领土问题政策,等待日本方面让步。第二,就是明确告诉日本方面,缔结两国和平条约对于日本方面将带来各种巨大利益。

苏联方面采取的强硬反击政策,使鸠山一郎内阁面临国内巨大社会压力。鸠山一郎首相曾再三向国内人民表示,被俘人员不会在苏联渡过1955年的严酷冬天,所以被俘人员亲属不断利用国内社会舆论对鸠山一郎内阁施加压力。同样,1955年苏联与西德政府就有关恢复关系正常化谈判时,就是利用德国被俘人员为"人质",使西德国内社会舆论倾向尽快恢复邦交而获得成功的,显然这时赫鲁晓夫也希望利用此办法来对待日苏两国关系调整问题。

1955年10—11月,日本国内"保守合同"活动进入最后阶段,自由党与民主党为制定新的党内政策纲领进行协调。10月22日,自由党外交问题调查会发表声明,要求返还的领土不仅是齿舞群岛、色丹岛,而且还包括国后岛、择捉岛,剩下其他领土问题由国际会议决定,被俘人员要在

---

① [日]吉泽清次郎主编、叶冰译:《战后日苏关系》,上海:上海人民出版社,1977年6月版,第39—40页。
② [日]吉泽清次郎主编、叶冰译:《战后日苏关系》,第40页。
③ [日]吉泽清次郎主编、叶冰译:《战后日苏关系》,第40页。

恢复邦交之前遣返。这份声明是针对民主党鸠山一郎"尽快达成妥协"的主张的。10月25日,自由党总裁绪方竹虎提出,要把自由党政策引入鸠山一郎内阁对苏联恢复邦交政策中。鸠山一郎对此发表个人见解,认为返还国后岛、择捉岛存在困难。另外,从伦敦返回的松本俊一代表也拜访自由党总裁绪方竹虎,向他说明伦敦谈判的情况,表示要求返还国后岛、择捉岛是不现实的。

11月8日,自由党与民主党为调整两党间外交政策,以两党外交问题调查会为中心,制定统一政策方案。

11月12日,两党共同发表"日苏交涉合理调整",其内容如下:

> 有关现行的日苏交涉,在以缔结和平条约为目的基础上坚持以下主张。
>
> (一)立即遣返全部被俘人员。
>
> (二)领土问题,齿舞群岛、色丹岛、千岛群岛南部(指择捉岛与国后岛)无条件返还,其他领土与有关国家进行交涉,获取国际决定。
>
> (三)排除限制我国主权,或者控制将来政策的要求。
>
> (四)互不干涉内政。
>
> (五)支持日本加入联合国之外,伴随恢复两国邦交解决各种悬案。①

苏联代表马立克参加日内瓦四国外长会议后返回伦敦,1955年12月24日,日本政府向苏联政府提议继续举行日苏两国大使级谈判,苏联政府表示同意。

1955年11月15日,自由党和民主党最终合并为自由民主党(简称自民党)后,两党共同制定的"日苏交涉合理调整"就作为今后政府对苏交涉方针,但是鸠山一郎内阁中仍然存在对苏交涉方针的对立。自民党

---

① アジア調査会編:《北方領土を読む》,東京:プラネット出版,1992年4月15日発行,第125頁。

外交调查会会长芦田均提出,鸠山政府应该按"日苏交涉合理调整"方针推动对苏关系交涉工作,以牵制首相鸠山一郎等人主张尽快达成妥协。重光葵外相也提出,鸠山内阁应该按既定方针继续进行对苏交涉。这时期鸠山一郎首相等人,针对苏联方面在领土问题上不肯再做出任何妥协的态度,开始考虑把日苏领土问题搁置,实现尽快恢复邦交。

1956年1月17日,日苏两国间伦敦大使级会谈再次举行。可以说,总结前期双方谈判结果,双方基本达成一致的有:结束两国战争状况、遵守《联合国宪章》、放弃赔偿请求权、条约解释出现纠纷时解决方法、处理战前两国间条约、渔业问题等。另外有关禁止日本加入军事同盟的条款,苏联已经在1955年8月9日提议从"苏日和平条约"草案中消除,1956年1月24日苏联方面承认日本有权根据《联合国宪章》第五十一条参加集体防御体系。苏联方面不肯让步的有领土问题、被俘人员问题、海峡航行权问题,日本方面提出苏联应无条件支持参加联合国,没有得到苏联方面明确答复。两国伦敦大使级谈判争论的最大焦点仍然为日苏领土问题。

2月7日,第十九轮大使级正式会谈中,苏联代表马立克仍然坚持齿舞群岛、色丹岛,千岛群岛及库页岛南部的归属问题已经解决完毕的态度。日本代表松本俊一则以仍坚持去年8月30日提出的有关领土问题的立场。

2月10日,第二十轮大使级正式会谈中,马立克代表提出苏联方面准备对"苏日和平条约"草案做若干修改,即把返还齿舞群岛、色丹岛条款明文化。另外,取消返还齿舞群岛、色丹岛附加新条件"外国军队从日本撤出"。可以说,苏联方面明确提出,把返还齿舞群岛、色丹岛写入两国和平条约,对日本方面来说具有重大意义,因为日本方面始终担心苏联方面是否能够最终返还齿舞群岛、色丹岛。这表明苏联方面希望缓和对日本交涉的强硬姿态,此时松本俊一代表要考虑的难题是,按自民党"日苏交涉合理调整"方针规定,采取什么方法让苏联能接受返还国后岛、择捉岛的要求。

当天松本俊一与马立克举行非正式会谈，松本俊一代表就有关日苏领土问题提出新方案，即所谓"松本俊一试案"。松本俊一代表提出："国后岛、择捉岛交原居民和平经营，苏联军舰与商船可以自由通行其附近海峡，在此条件下归属日本。"[①]并且进一步表示："归还国后岛、择捉岛是全体日本国民的夙愿，国民从感情上认为其是日本固有领土，如无视这点就难以取得两国会谈的进展。"[②]松本俊一代表采取略有妥协的方式，马立克代表虽然表示反对，但又表示其本人要暂时回国参加苏联共产党第二十次代表大会，所以先拿回国内研究该提案后予以答复。3月5日，苏联代表马立克返回伦敦。3月6日，在双方非正式会谈上，马立克代表告知苏联领导人拒绝"松本俊一试案"。3月20日，第二十三轮正式会谈后，伦敦会议再度中断。

纵观日苏两国伦敦大使级会谈，可以说两国关于领土问题的各自立场表明得十分充分。日本所持的立场为，苏方应立即归还包括齿舞群岛、色丹岛、国后岛、择捉岛的日本固有领土。获知苏联准备返还齿舞群岛、色丹岛后，日本以国后岛、择捉岛不属于《旧金山对日媾和条约》中放弃的千岛群岛范围为由，要求苏联方面同时归还。另外，对于在《旧金山对日媾和条约》中已经明确表示放弃的库页岛南部与千岛群岛，日本要求召开有关国家参加的国际会议来决定其最终归属权问题。苏联所持的立场为，包括齿舞群岛、色丹岛、国后岛、择捉岛在内的千岛群岛与库页岛南部，按国际协定已经合理、合法地归属于苏联方面。苏联方面本着"从希望同日本采取睦邻政策的愿望出发"，决定把齿舞群岛、色丹岛归还给日本，但是坚决反对召开国际会议来决定库页岛南部与千岛群岛的归属权问题。

---

① 石丸和人、松本博一、山本剛士：《動き出した日本外交》戦後日本外交史(2)，東京、三省堂、1983年11月30日発行，第84頁。
② 石丸和人、松本博一、山本剛士：《動き出した日本外交》戦後日本外交史(2)，第84—85頁。

二、莫斯科部长级谈判

为了迫使日本方面尽快回到谈判桌前,在伦敦会谈中断后的第二天,1956年3月21日,苏联政府公布了《苏联部长会议有关保护与苏联远东临近的公海水域渔业资源和控制捕捞鲑鱼的决定》,其有关内容为:

(1)规定水域为,鄂霍次克海全部及白令海的奥柳托尔角向南,北纬48度线与东经170度25分的交会点,从该点向西南阿奴齐那岛(日本称秋勇留岛)附近的苏联领海线以北的水域。(2)苏联及外国渔民必须获得苏联渔业部颁发的特别许可证后,才可在上述水域从事捕捞鲑鱼作业。①

日苏渔业关系在双方关系中占有重要地位,北太平洋渔场曾经是日本根据《朴次茅斯条约》获得渔业利权的区域,二战结束前夕苏联废止日本人的渔业利权,日本渔业在该海域作业受到苏联方面控制。此举给进入鱼汛前夕繁忙准备期的日本水产界以巨大冲击,水产界纷纷要求政府尽快与苏联交涉。鸠山一郎内阁与日本水产界有极强关系,水产界是鸠山一郎派系竞选活动主要支持势力。与此同时,日本被俘人员亲属也希望借此机会能恢复两国之间的谈判,支持日本政府与苏联政府举行渔业交涉,希望借此与苏联政府交涉遣返被俘人员。

苏联方面以被俘人员为"人质",利用渔业作业限制措施,成功地使日本方面又回到两国谈判桌前。4月11日,鸠山内阁正式任命农林相河野一郎为日本政府谈判全权代表。为限制河野一郎农林相赴苏的谈判内容,4月12日,自民党干部会做出决定,河野一郎农林相交涉范围只能涉及渔业问题,其他问题不允许涉及。②

---

① 末澤畅二、茂田宏、川端一郎编集:《日露(ソ連)基本文書·資料集》(改訂版),第337页。
② 田中孝彦:《日ソ国交回復の史的研究——戦後日ソ関係の起点:1945—1956》,東京,有斐閣,1993年9月30日発行,第209页。

经过日苏双方协商,4月29日,在莫斯科,日本农林相河野一郎与苏联渔业部长亚历山大·伊什科夫开始举行会谈。此番会谈,一方面级别提高到部长级,另一方面会谈地点选择在当事国首都,表明日苏两国交涉进入更高阶段。日苏双方在渔业问题会谈上进展顺利,5月14日,双方正式签署《日苏渔业条约》《海上遇险营救协定》,但是其前提条件为需要在恢复两国邦交,或缔结两国和约时才能生效。这表明苏联方面仍然在以渔业问题来压迫日本方面做出让步。

河野一郎作为鸠山派主要成员,在如何解决日苏之间有关领土问题上与首相鸠山一郎、松本俊一等人持同样主张。他赴莫斯科进行两国渔业问题谈判后,并没有局限于离开东京前自民党干部会对他的限制要求,而是与苏联领导人直接就两国之间领土问题举行对话。这也是日本鸠山内阁成员与苏联高层领导人之间首次就有关日苏领土问题举行直接对话。

5月9日,河野一郎农林相与苏联部长会议主席布尔加宁(Н. А. Булганин)就日苏领土问题单独举行了3个小时的会谈。布尔加宁十分坦率地讲:"日俄战争贵国获胜,不仅从我国夺取库页岛,而且夺取渔业权益。但是这次贵国失败了,所以听从我国的不是理所当然的吗?! ……如果苏联在国后、择捉两岛也作出让步,那么就成了我国即使获胜,也如同失败一样了! 这种愚蠢的事,苏联人民是不会答应的!"① 布尔加宁之言,反映出苏联不可能在领土问题再做出让步。另外,会谈中布尔加宁还说:"西德的阿登纳总理在莫斯科逗留几天,就同苏联恢复了邦交。如果照这样进行的话,被俘人员问题和渔业问题不就都解决了吗?"② 布尔加宁此言,明显暗示恢复日苏邦交正常化问题,应该采取"阿登纳方式"解决。河野一郎农林相在会谈中提出,日本国内存在反对与苏联恢复邦交的势力,所以苏联方面在渔业问题上应该做出一定让步,这样有利于日本国内主

---

① [日]吉泽清次郎主编、叶冰译:《战后日苏关系史》,第78页。
② [日]吉泽清次郎主编、叶冰译:《战后日苏关系史》,第78页。

张尽快与苏联恢复邦交的势力发展。对此提议,布尔加宁主席表示理解,两人决定在7月末前再度举行两国恢复邦交谈判。

有关河野一郎农林相与布尔加宁主席如何讨论有关日苏领土问题,因为日本方面既没有随员、翻译等人员参加,又没有会谈记录,所以此后成为日本政坛的一大疑惑。日本国内反对派一直谴责说,河野一郎农林相在单独会谈上,就有关国后、择捉两岛问题向苏联方面做出让步或者有所表示。河野一郎本人对此指责表示坚决反对。松本俊一在回忆录中记述,他本人后来曾经询问过参加本次会谈的苏联翻译人员,其明确证实,河野一郎与布尔加宁的会谈中,根本不存在日本方面所传言的秘密约定问题。① 但是,这也是苏联方面一面之词。我们不可否认,河野一郎本人是支持采用"阿登纳方式"恢复两国邦交正常化,与苏联方面所持主张基本相同。

莫斯科渔业谈判结束后,日本政府开始讨论修改有关日苏领土谈判方针问题。苏联方面意图已经十分清楚,拒绝返还择捉岛、国后岛,苏联部长会议主席布尔加宁已经提出采用"阿登纳方式"恢复两国邦交正常化。在这种背景下,鸠山一郎等人支持采用"阿登纳方式"恢复两国邦交正常化,但在内阁中还处于少数派地位。5月31日,鸠山一郎首相发表讲话表示,采用"阿登纳方式"存在困难,因为返还齿舞群岛、色丹岛,与搁置领土问题是相互矛盾的。这说明,此时鸠山一郎首相有意回避主张采用"阿登纳方式"恢复两国邦交问题。重光葵外相也发表讲话,指出采用"阿登纳方式"就无法要求返还齿舞群岛、色丹岛,强烈主张在解决日苏领土问题前提下,采用缔结日苏和平条约的方式,实现两国关系正常化。这样鸠山一郎内阁虽然在整体上仍然继续维持既定的方针,但是6月5日内阁会议后对苏谈判方针已经开始得到修正。

6月5日内阁会议采取修正对策具有以下因素:

第一,日本政府尽管在恢复两国邦交谈判上表示依然按既定方针,

---

① 松本俊一:《モスクワにかける虹——日ソ国交回復秘録》,第99页。

另一方面却开始认识客观现实,不得不放弃同时要求返还择捉岛、国后岛,将来是否返还只能靠国际会议决定,也许存在返还的可能性。

第二,此刻日本政府与自民党内部占主导的观点,非常近似1955年2月外务省制定的领土问题谈判方针,即返还齿舞群岛、色丹岛为恢复日苏邦交的最低条件,其他领土问题保留与苏联继续讨论的可能性。

在日本政府与自民党对日苏领土问题政策发生转变后,重光葵外相及外务省在认识上也发生变化。经过伦敦大使级谈判后,重光葵外相及外务省也认识到,在今后有关日苏领土问题谈判上,苏联方面很难在返还择捉岛、国后岛问题上做出让步。重光葵外相必须考虑对策,应对日本国内呼吁尽快实现日苏邦交正常化的社会舆论浪潮。他主张采用缔结两国和平条约的方式来实现日苏邦交正常化,与主张采用"阿登纳方式"实现日苏邦交正常化,形成鲜明对抗。莫斯科渔业谈判中,双方签订的渔业协定需以日苏两国恢复邦交,或者缔结和平条约为前提条件才能生效,促使重光葵等人感到,必须尽快缔结和平条约来实现日苏邦交正常化。

6月6日,鸠山一郎首相在会见记者时表示,将搁置领土问题,尽快实现日苏邦交正常化。他表示,苏联方面不接受同时返还有关领土,日本政府只好把困难的返还国后、择捉两岛问题搁置,缔结和平条约。① 这表明,此时鸠山一郎首相已经明确表明搁置日苏领土问题,采用"阿登纳方式"实现日苏邦交正常化的决心。

重光葵外相对鸠山一郎首相的上述讲话表示非常不满。6月12日,他在会见记者时表示,日本政府确保返还齿舞群岛、色丹岛的方针并未改变。如果按鸠山一郎首相所言,无法实现苏联方面在返还齿舞群岛、色丹岛问题上做出让步。② 这时期重光葵外相及外务省认为,应接受苏联方面在有关领土问题已经做出的让步,尽快缔结两国和平条约。他们

---

① 田中孝彦:《日ソ国交回復の史的研究——戦後日ソ関係の起点:1945—1956》,第224页。
② 田中孝彦:《日ソ国交回復の史的研究——戦後日ソ関係の起点:1945—1956》,第224页。

担心如果采用"阿登纳方式"恢复两国邦交,会使日本方面损失太多。重光葵外相及外务省主张,应该采用缔结和平条约的方式,实现日苏两国邦交正常化,谈判妥协条件应是返还齿舞群岛、色丹岛,有关返还择捉岛、国后岛问题,保证将来继续交涉。

此时日本外务省对日苏领土问题方针转换,主要原因是日本国内政治形势的影响。鸠山一郎内阁中,以河野一郎为核心的势力提出要求改造内阁,目的就是更换外相重光葵。为此外相重光葵不得不转换对苏交涉方针,决定走缓和化道路。鸠山内阁决定对苏交涉方针后,下一步就是选择两国谈判代表的问题。因为在莫斯科渔业谈判中,河野一郎已经与苏联首脑举行会谈,所以有必要提高两国谈判级别,最终决定外相重光葵为谈判全权代表。

1956年7月18—21日,日苏两国经过协商,决定在莫斯科举行两国外长谈判,时间为7月31日开始。

1956年7月31日,日苏双方举行第一轮部长级正式谈判。谢皮洛夫外长表示,苏联过去向日本方面表示做出的让步,包括返还齿舞群岛、色丹岛仍然有效。他表示,这次莫斯科谈判,主要解决有关领土问题与海峡航行权问题,并强调返还齿舞群岛、色丹岛是苏联方面能做出的最大让步。谢皮洛夫上述讲话,反映出苏联方面在有关领土问题上的立场并未改变。

8月3日,第二轮部长级正式会谈上,重光葵外相表示:"日本方面提案,是以实现邦交正常化为目的,具有协商意义,而苏联方面不顾及日本方面做出的努力,我们深感遗憾。(苏方)认为日俄战争起于日本发动侵略,这是战胜国单方面的论断,此论断既无视19世纪80年代签署的条约,又不符合国际法观点。《库页岛千岛群岛交换条约》在历史上是有效的。当时国后岛、择捉岛是日本固有领土,不是交换对象。战胜国单方面解释历史事实,没有说服力。日本决不能放弃固有领土给任何国家。"①对此,苏联外长谢皮洛夫给予反驳,指出日本1904年发动对俄战

---

① 鹿岛和平研究所编:《日本外交主要文书·年表》第1卷(1941—1960年),第773—774页。

争,已经改变了该条约内容,所以日本方面在此前获得的权利已经失效。苏联方面为了日苏两国友好才提出返还齿舞群岛、色丹岛。

8月6日,第三轮部长级正式会谈上,日本外相重光葵发表了长篇声明,详细阐述了日本方面有关日苏领土问题的法律依据。他强烈指出,苏联方面未在《旧金山对日媾和条约》上签字,所以在日苏两国关系中,日本不放弃对千岛群岛及库页岛南部的主权。如果苏联方面把国后岛、择捉岛返还给日本,日本则承认苏联对千岛群岛北部及库页岛南部的主权。① 重光葵采用以千岛群岛北部及库页岛南部换取千岛群岛南部,即返还择捉岛、国后岛的战术。这样在莫斯科谈判开始,重光葵外相就已放弃了这些岛屿归属由国际会议决定的主张。但是对于苏联方面来说,日本方面做出这种让步,毫无实际意义。因为无论是日本坚持要求返还齿舞群岛、色丹岛、国后岛、择捉岛,还是表示准备放弃的千岛群岛北部及库页岛南部,实际上都在苏联的占领下,苏联方面并没有获得任何新的利益。

8月8日,第四轮部长级正式会谈上,日本外相重光葵再次就《雅尔塔协定》陈述日本政府观点。他指出:"苏联方面主张的最大根据是《雅尔塔协定》,日本接受的《波茨坦公报》正是根据此而制定的。《雅尔塔协定》明确规定,库页岛南部及包括国后岛、择捉岛的千岛群岛为苏联领土。但是,现在日苏两国恢复邦交时刻,利用与日本没有任何关系的《雅尔塔协定》来压制日本是不合适的。日本接受《波茨坦公报》时,并不知道《雅尔塔协定》的存在。另外,我国已经确认,《雅尔塔协定》不是《波茨坦公报》的基础,当事国美英已经发来照会。"② 对于日本方面仍然纠缠毫无新意的老调,苏联外长谢皮洛夫表示,如果日本方面仍然坚持返还"四岛"的立场,苏联方面只能撤回有关返还齿舞群岛、色丹岛的建议,假如双方谈判破裂的话,对苏联方面并没有任何损失。

对于重光葵外相来说,莫斯科谈判是否获得成功至关重要,所以极

---

① 鹿岛和平研究所编:《日本外交主要文書·年表》第1卷(1941—1960年),第774頁。
② 鹿岛和平研究所编:《日本外交主要文書·年表》第1卷(1941—1960年),第777頁。

力避免两国谈判的破裂。另外,根据6月5日日本内阁会议决定,如果能够保留将来要求返还择捉岛、国后岛的可能性,可以取消立即返还的要求。于是重光葵外相又提出,与赫鲁晓夫及布尔加宁等苏联最高层领导人举行非正式会谈。苏联方面表示同意,双方决定在8月10日举行。

8月9日,重光葵外相向随代表团来的日本记者们表示,为了贯彻日本政府的主张进行了艰苦的努力,但是苏联方面的态度仍然未改变,现在可以说是"刀也折、箭也放"。在这种情况下,他决心不请示东京方面,自己做出最终决断。他认为在停战时自己代表日本政府在投降书上签字,从那时起日本再次恢复民族精神,这次自己决定在日苏领土问题上也做出让步,肯定会产生同样的结果。

8月10日,重光葵外相与苏联领导人赫鲁晓夫、布尔加宁举行非正式会谈。会谈中,赫鲁晓夫、布尔加宁十分明确地告诫,谢皮洛夫外长所言代表苏联政府的最终立场,返还齿舞群岛、色丹岛要以承认苏联对其他领土拥有主权为前提条件,苏联政府不会再次做出任何让步。这样重光葵决定,以苏联方面提出的条件为基础,在领土问题条款上保留将来要求返还择捉岛、国后岛的可能性后,缔结两国和平条约。于是他提议,承认苏联方面条件为谈判的基础,希望与谢皮洛夫外长再就领土条款进行调整,使日本方面能够接受条款。对此提议,赫鲁晓夫、布尔加宁表示同意。

此时,重光葵外相认为,除了齿舞群岛、色丹岛外,如果日本方面承认千岛群岛及库页岛南部维持现状,苏联方面就会满意。重光葵外相的真实目的为,日本方面表面上默认维持现状,实质上回避明确承认择捉岛、国后岛为苏联领土。在两国签署的条约中,明确表示返还齿舞群岛、色丹岛给日本方面,但是其他领土归属问题则采取不表明承认苏联所有的方式,这样日本国内社会舆论解释也可以通过。

8月11日,第五轮部长级正式会谈中,以8月3日谢皮洛夫外长提出的苏联方面起草的"苏日和平条约"草案为基础,重光葵外相提出修正方案。

苏联方面起草"苏日和平条约"草案第4条有关日苏领土问题内容为：

（一）苏维埃社会主义共和国联盟，考虑到日本国的请求及日本国的利益，把齿舞群岛及色丹岛让渡给日本国。本条约提出诸岛屿的让渡方法，由本条约附属议定书决定。

（二）苏维埃社会主义共和国联盟与日本国的国境线，如附属地图，为根室海峡与野付海峡的中央线。①

针对苏联起草的"苏日和平条约"草案，重光葵外相等人提出修改主要为两部分。第一部分，要求必须删除"考虑到日本国的请求及日本国的利益"这段文字。② 从日本政府立场看，齿舞群岛、色丹岛为日本领土，苏联是必须返还的。如果为"考虑到日本国的请求及日本国的利益"，则是视为苏联领土，所以不能接受这种表述。根据日本方面法律的解释，齿舞群岛、色丹岛不应是千岛群岛一部分，当然苏联方面占领也是没有根据的。第二部分，要求把苏联草案中第二项内容全部消除。③ 重光葵等人认为，包括千岛群岛南部在内的千岛群岛及库页岛南部的归属国，在《旧金山对日媾和条约》中没有涉及。如果消除第二项，那么这些领土归属问题还是没有解决，就有可能获得日本朝野的理解及肯定。实质上日本采取默认维持现状态度。

针对苏联起草的"苏日和平条约"草案第4条内容，重光葵提出的修改方案为：

苏维埃社会主义共和国联盟，把齿舞群岛及色丹岛让渡给日本国。④

对于重光葵外相提出的上述修正方案，谢皮洛夫外长表示不能接

---

① 鹿島和平研究所編：《日本外交主要文書・年表》第1卷（1941—1960年），第778頁。
② 松本俊一：《モスクワにかける虹——日ソ国交回復秘録》，第109頁。
③ 松本俊一：《モスクワにかける虹——日ソ国交回復秘録》，第109頁。
④ 鹿島和平研究所編：《日本外交主要文書・年表》第1卷（1941—1960年），第778頁。

受。谢皮洛夫外长指出,苏联政府返还齿舞群岛、色丹岛就解决了领土问题,不能留下两国之间将来发生争端的任何种子。

对于苏联方面的这种反应,重光葵外相似乎早已有预料,所以他马上又提出第二套修正方案,即消除苏联方面起草的"苏日和平条约"草案第二项,转换为加入《旧金山对日媾和条约》第二条(3)①,即"(3)日本国放弃对千岛群岛及由于1905年《朴次茅斯条约》所获得主权的库页岛一部分及其附属岛屿的一切权利、权利根据和请求权"。日本方面承认放弃包括千岛群岛南部在内的千岛群岛及库页岛南部的岛屿,但是不规定这些岛屿的最终归属。

对于重光葵外相的再次修改方案,谢皮洛夫外长仍然表示拒绝接受。他指出,日本方面实质上没有让步,要求日本方面明确承认千岛群岛及库页岛南部为苏联领土,完全接受苏联方面起草的"苏日和平条约"草案内容。

8月11日举行两国外长谈判的结果,完全打破了重光葵外相的所有预想。6月5日日本内阁决议,在确保返还齿舞群岛、色丹岛,同时保留继续交涉返还择捉岛、国后岛的可能性下,可以缔结日苏和平条约,重光葵外相感到目前完全行不通。重光葵外相在接受恢复两国邦交谈判代表任命时,就在国内政治斗争中处于非常困难地位。接受苏联方面条件就能恢复两国邦交,拒绝苏联方面条件就意味着两国谈判破裂,同时自己在国内政治斗争中也将陷入更危险地位。于是他最终决定,选择接受苏联方面的条件,尽快缔结两国和平条约。

8月12日,重光葵外相向日本代表团成员们表示,迄今已做了最后努力,现在除了不折不扣地接受苏联方案外,已经别无他路了。②

我们综合日本国内外各种因素分析看,重光葵外相做出全面接受苏联方面方案的决定原因为:

---

① 松本俊一:《モスクワにかける虹——日ソ国交回復秘録》,第109页。
② [日]吉泽清次郎主编、叶冰译:《战后日苏关系》,第76页。

第一,他认为在过去两国谈判中,苏联方面已经承认返还齿舞群岛、色丹岛,日本方面一定要确保两岛的如实返还。如果采用"阿登纳方式"恢复两国邦交,那么就得搁置齿舞群岛、色丹岛等领土问题,实质上就等于日本放弃了返还两岛。另外,8月8日谈判中,谢皮洛夫外长已经表示,如果日本方面仍然坚持要求返还国后岛、择捉岛的话,苏联方面就取消返还齿舞群岛、色丹岛的让步。为了确保日苏两国谈判已经取得的成果,日本方面只得接受苏联方面提出的条件。

第二,重光葵外相仍然坚持实现日苏邦交正常化一定要采取缔结两国和平条约的方式。他认为缔结两国和平条约,可以解决两国之间各种纠纷问题,使两国关系正常化后没有遗留问题,或者使遗留问题最小化。重光葵外相认为,采取"阿登纳方式"将造成领土问题成为重大遗留问题,对将来两国关系发展影响极大。他认为,如果这次两国谈判破裂,日本国内主张采用"阿登纳方式"恢复邦交的势力就必然会上升,所以他决定要采取措施,防止这样的势力得逞。

第三,考虑到日美两国关系问题。在赴莫斯科进行谈判前,重光葵外相会见了美国驻日本大使艾利逊。他询问如果日苏两国之间在领土问题上达成妥协,美国政府是否会反对。艾利逊大使讲,他本人认为美国政府不会阻止这种妥协。① 重光葵外相自信,这时自己决定对苏联在领土问题上让步,美国政府方面不会阻止。因为如前所述,美国政府主要态度为:一是支持日本政府要求返还齿舞群岛、色丹岛,二是要求日本方面不能对其他领土问题简单作出让步。但是,在日苏两国谈判过程中,日本方面已经得到苏联方面在齿舞群岛、色丹岛问题上做出的让步。有关其他领土问题,日苏两国经过一年多交涉,日本方面实质上也并非完全做出让步。这样在接受苏联方面条件的情况下恢复日苏两国邦交,美国政府不会反对。

第四,他认为此时接受苏联方面草案与他过去对苏交涉方针并不

---

① 田中孝彦:《日ソ国交回復の史的研究——戦後日ソ関係の起点:1945—1956》,第245頁。

矛盾。日本政府有关领土问题交涉方针大体在1955年5月的"三阶段交涉战术"框架中进行。第三阶段交涉目标就是返还齿舞群岛、色丹岛。接受苏联方面提出的草案，就意味着两国谈判进入最后阶段，在第二阶段没有得到苏联方面让步，只能在返还齿舞群岛、色丹岛后达成妥协。

重光葵外相在日本代表团中提出此决定后，立即遭到代表团内部分成员坚决反对。表示坚决反对者是国会议员松本俊一。松本俊一认为，日本国内社会舆论围绕对苏领土问题态度是强硬的，在这种背景下全面接受苏联方面条件是不现实的。另外，我们从松本俊一所著回忆录里可以看出，松本俊一本人也有报私仇情绪因素。松本俊一作为大使级全权代表参与伦敦谈判，苏联方面已经正式提出返还齿舞群岛、色丹岛，他认为可以达成妥协，当然他也不想完全接受苏联方面方案，但是重光葵外相发来两份训令及修改方案，意图明显是阻止两国伦敦谈判达成妥协。从松本俊一角度看，莫斯科谈判是自己在伦敦谈判中应该做的事，现在提出妥协则让人感到重光葵外相有抢夺功劳之意图。早在1955年9月，松本俊一就提出，在包括择捉岛、国后岛在内的千岛群岛及库页岛南部保留将来返还可能性的条件下，可以实现返还齿舞群岛、色丹岛而达成妥协。换句话说，松本俊一认为，苏联应该返还齿舞群岛、色丹岛，但不能换取日本承认苏联对其他领土的主权，而重光葵主张完全接受苏联方面条件，比自己构想的还要激进，所以不能同意。① 还有，松本俊一作为鸠山一郎派人物，支持采用"阿登纳方式"恢复两国邦交正常化。

在松本俊一的强烈要求下，重光葵外相被迫向东京方面报告这一决定。8月12日，他在给代理外相高碕达之助的电报中称："谈判经过，正如所知，言辞已尽，各种谈判手段亦已告绝，迫临决策阶段，刻不容缓，应决定我方态度。继续拖延，徒伤体面，于我方立场不利，齿舞群岛、色丹

---

① 松本俊一：《モスクワにかける虹——日ソ国交回復秘録》，第111頁。

岛恐亦危险。为此考虑妥协是安全的,本大臣的最终意见还没有决定,但是从整体总结的道路上愿意推进。为了获取更多时间思考,希望应该采取出席伦敦苏伊士运河会议。"①当天,他再次给代理外相高碕达之助发电报称:"有关领土问题,苏联方面态度没有改变,让其改变是不可能的,以上交涉没有余地,现在面临的现实是,为了防止谈判破裂,除了接受苏方主张外没有其他方法。"②8月13日,他给鸠山一郎首相的电报进一步称:"以迄今为止之条件谋求邦交正常化,对我政府及我全体国民实属不堪容忍,但冷静观察局势,当前问题无非是处理日苏间遗留之投降后的未尽事宜。目前已临忍辱负重坚决裁断之日矣。"③重光葵提出的主张为,一是苏联方面不可能再做出让步,二是日本方面如果坚持原来立场,就有可能危及返还齿舞群岛、色丹岛问题。

日本政府方面接到重光葵电报后,8月13日召开临时内阁会议,结果与会人员一致表示不接受重光葵主张,会议决定两国莫斯科外长级谈判应该进入冷却期。当天,鸠山一郎首相发给重光葵外相的电报称:"目前内阁一致强烈反对接受苏联方案,并可断言国内舆论亦十分强硬,因此应慎重行事,暂不接受苏联方案,望贵全权代表立即启程前往伦敦。"④于是,当天重光葵拜访苏联外长谢皮洛夫,转告日本方面需要认真考虑苏联方面草案,暂停一定时间再继续谈判。8月15日,重光葵外相离开莫斯科,前赴伦敦出席苏伊士运河国际会议。

鸠山一郎首相等人反对重光葵接受苏联方案的主张,主要考虑到日本国内各种政治因素。鸠山一郎等人认为,重光葵主张脱离了6月5日内阁会议决定,该决定要求满足日本有再次提出返还千岛群岛及库页岛南部的可能性,在返还千岛群岛南部问题上双方无法一致时,才执行返还齿舞群岛、色丹岛最低条件。重光葵的主张取消了日本方面再次要求

---

① 松本俊一:《モスクワにかける虹——日ソ国交回復秘録》,第111页。
② 松本俊一:《モスクワにかける虹——日ソ国交回復秘録》,第112页。
③ 松本俊一:《モスクワにかける虹——日ソ国交回復秘録》,第112页。
④ 松本俊一:《モスクワにかける虹——日ソ国交回復秘録》,第114页。

返还千岛群岛及库页岛南部的可能性,必然造成日本自民党内反对派与赞成派之间尖锐对立,出现党内分裂状况。

鸠山一郎首相等人提出采用"阿登纳方式"恢复邦交,同样也是日本国内政治因素使然。因为苏联方面满足日本方面领土要求的可能性极小,如在日苏两国交涉中解决有关领土问题,只能是日本方面做出让步,结果会造成日本国内分裂,出现无法实现两国邦交正常化,或者至少推迟恢复两国邦交的状况。如果采用"阿登纳方式"恢复两国邦交,日本将从日苏领土问题中解放出来,无法获得苏联方面明确的领土问题让步,日本方面也没有必要明确承认苏联的领土要求。换句话说,鸠山一郎等人考虑为,在不承认千岛群岛及库页岛南部为苏联领土的前提下,与苏联方面实现邦交正常化。

从上述莫斯科外长会谈内容看,日本方面采取的策略是高报价,然后经过讨价还价达到自己的目的,以放弃千岛群岛北部及库页岛南部来换取千岛群岛南部,最终目的为返还"北方四岛"。苏联方面采取的策略是,一方面做出有限的让步,一方面不断地施加压力。然而从国际关系常识看,两国谈判,一国要想让另一国做出一定的让步,必须要具有相当的制约力。也就是说,两国谈判的实质是实力的对话。在当时,日苏两国的实力是不相等的。在政治、经济、军事上,日本都不是苏联的对手。日本在与苏联的对抗中,唯一具有的实力是有后台老板美国撑腰。但是,当时美国对于苏联的制约力,也仅是以"冷战"对抗而已,并没有能力发动"热战"制服苏联。日本一方面没有制约力使苏联在有关领土问题上让步,另一方面又需要调整日苏关系,这就是鸠山内阁所面临的现实。

三、莫斯科首脑谈判及《日苏联合宣言》

1956年8月莫斯科外长级谈判失败后,鸠山一郎内阁面临着巨大压力。鸠山一郎等人开始考虑首相亲自访问苏联来解决日苏领土问题,实现邦交正常化。8月19日,鸠山一郎首相发表谈话,表示自己准备访问苏联实现恢复邦交正常化,①结果遭到日本国内的一片反对声浪。日本国内即便是支持鸠山首相调整对苏关系的阵营中也有人表示反对,如通产相石桥湛山认为,日苏两国谈判没有希望达成妥协,因此鸠山首相亲自访问苏联没有意义。② 在自民党内,多数人也认为首相亲自访苏不会有成果,少数人则要求"首相应该立即下台"。日本财界也呼吁"为收拾政局尽快确定后继首相人选"。日本的下层国民除了被俘人员家属、与渔业有关人员外,并没有出现像旧金山对日媾和会议时期那种社会舆论高度关注的气氛。在这种不利的环境下,最后鸠山首相决定以退出政界为交换条件,力求国内各种反对势力能够持中立或谅解的态度,在自己任期内实现日苏复交。鸠山一郎首相这样决定,实际上把日本国内各种势力的注意力由外交问题转向内政问题,围绕着后继的首相人选,自民党内各派系立即展开了争斗,客观上减少了鸠山首相访苏的一定阻力。

鸠山内阁自推行对苏联调整政策后,遇到了国内各方面的压力。

在国内遇到的最大压力是来自执政党——自民党内。是否对苏联调整关系问题,是原自由党内的吉田派与鸠山派争论的重点。为推翻吉田茂内阁,鸠山派从自由党内分离出来,召集国内反吉田茂势力并组成了民主党,并最终组成民主党的第一届鸠山一郎内阁。这样是否对苏联调整关系问题,就从自由党的内部之争,转变成了自由党与民主党之间争论的问题。面对1955年10月日本社会党左右两派的合并,保守势力感到政权有旁落到左派社会党的危险,于是1955年11月自由党与民主党合并为自由民主党(简称自民党)。这样是否对苏联调整关系问题,又回归为自民党的内部之争,原自由党派就成了调整对苏联关系的反对派。

1956年9月11日,吉田茂在日本《产经新闻》上公开发表了致鸠山一郎首相的信,对其访苏严厉指责。内容如下:

---

① [日]鸠山一郎著、复旦大学历史系日本史组译:《鸠山一郎回忆录》,上海:上海译文出版社,1978年,第218页。
② 田中孝彦:《日ソ国交回復の史的研究——戦後日ソ関係の起点:1945—1956》,第271页。

首相阁下

您抱病担负国家大政重担辛苦了！但是现在国内外政治形势变化，迫使我不得不担心，所以在此上书一信。……

我们认为，应该负责的不负责，应该要求的不要求，极力推行尽快妥协，所谓的五项条件，抛弃了我们的要求而仅满足他们的欲望。满足苏联方面提出恢复邦交、交换大使等主张，等于无条件地把国家及国民向共产主义势力开放，不进行平等互让的交涉，不外乎是无条件投降。追求亲苏友好外交，将使原有亲善关系的自由国家感到失望痛恨，在冷战环境下，会处于孤立无援的危险地位。现在我国政局混乱，政府政令是朝令暮改，国民无从施事，结局将会招致苏联庞大的使馆在国内开动宣传机器。

重光外相赴苏回来，尽快达成妥协已经没有余地，应该慎重处理，万万不能急于求成而达成妥协。外相是有驻苏联经验的人。没有经验并且病弱的首相自己访苏能够有几层胜算呢？只能招致重大的共产主义灾祸。为了国家及国民，请你放弃访苏吧！①

吉田茂等人认为，"现在急于求和平的是苏联，从这个形势上看，苏联方面应该提出有利于日本方面的条件来求得邦交。当今的重点应该为对美国、对东南亚地区的关系，如果与苏联基本问题不全部解决，就不应该恢复两国邦交"。② 他们在日苏领土问题上主张以坚持全面解决为条件。

日本最大的在野党社会党，支持鸠山一郎内阁的对苏联调整政策。社会党认为，这"是日本获得真正独立、中立的第一步"。③ 但是，在日苏领土问题上，社会党要求苏联归还有关领土要与美国归还小笠原、冲绳

---

① 久保田正明：《クレムリンの使節——北方領土交涉 1955—1983》，東京：文藝春秋，1983 年 2 月 5 日発行，第 181 頁。
② 石丸和人、松本博一、山本剛士：《動き出した日本外交》戦後日本外交史(2)，東京：三省堂，1983 年 11 月 30 日発行，第 43 頁。
③ 久保田正明：《クレムリンの使節——北方領土交涉 1955—1983》，第 184 頁。

相联系起来。这又使鸠山一郎内阁为难。

日本的财界对于鸠山一郎内阁调整对苏联政策是持否定态度,并且要求尽快更换首相。作为财界代表,经济团体联合会会长石坂、日本商会会长藤山会见自民党领导人,他们提出"现在国内外时局重大,有关国内政治现状使国民担忧。担负国民经济重要部分的财界有识之士不能坐视不管。这时为了实现庶政一新,希望决定后继首相以代替患病的首相,一刻也不能停止以国民认可的公正方式收拾政局"。① 财界认为与苏联恢复邦交,实质上是向共产主义"门户开放",是民族意识的薄弱,对日本现状是极其危险的。②

在鸠山一郎内阁中,也有持不同观点的,其代表人物为外相重光葵。在调整日苏两国关系问题上,重光葵被称作"慎重派",他主张慎重处理与苏联进行交涉。在日苏领土问题上,他先期主张"同时解决领土问题和北太平洋渔业安全保障等具体问题后,再与苏联恢复邦交正常化"。他在亲自赴莫斯科会谈受挫后,又提出"迄今已做了最后的努力,现在除了不折不扣地接受苏联方案外,已经别无他路了"。重光葵外相先后持两个极端的态度,无疑给鸠山一郎内阁推行调整对苏联政策增加了难度。

此时摆在鸠山一郎首相面前的有三种选择:一为灵活地处理领土问题,先解决两国结束战争状态、恢复邦交、全部遣返被俘人员、新的渔业条约生效及加入联合国等问题;二为顽固地坚持领土问题的立场,使日苏两国交涉停滞不前;三为不折不扣地接受苏联方案。

鸠山一郎首相根据日本当时国家实力与国际地位,在顾全大局的前提下,明智地选择了第一种主张。鸠山一郎在回忆录里阐述说:"要去的话,我认为只有采取缓谈领土问题的方针来进行解决,最为上策。这个'缓谈领土问题'的想法,决不是灵机一动在一两天内编造出来的方案,在

---

① 久保田正明:《クレムリンの使節——北方領土交渉 1955—1983》,第 186 頁。
② 石丸和人、松本博一、山本剛士:《動き出した日本外交》戦後日本外交史(2),第 43 頁。

此前,我曾经同杉原荒太、谷正之、松本俊一等外交专家分别举行几次会谈,从两国的立场和现状等所有方面进行反复研究,才产生这个结论。"①

鸠山一郎首相坚持达成妥协态度,为此不惜辞去首相职务来换取谈判达成妥协。鸠山一郎此举的目的,一是以辞去首相职务为代价,换取恢复日苏邦交正常化,以削弱国内及内阁中的反对派矛头,二是他辞职后,继任者无论是谁都会受到影响。

在这种形势下,9月3日重光葵外相从伦敦返回,在内阁举行的会议上,他仍然坚持接受苏联方面起草的"苏日和平条约"草案的论调。但是莫斯科外长级谈判失败后,他在内阁外交决策过程中的影响力急剧下降,已经无力阻止鸠山一郎首相访问苏联。

为推动鸠山一郎首相访问苏联事宜,9月3—5日,河野一郎农林相、高碕达之助经济企划厅长官,与原苏联代表部首席代表切夫比斯基举行会谈,协商再次举行日苏两国谈判的条件。在双方举行的一系列秘密会谈中,日本方面把自己要求的条件制成提案交给苏联方面。该提案由松本俊一起草,9月3日他从莫斯科回国后,就把自己的基本构想向鸠山一郎首相与河野一郎农林相谈过,采用"阿登纳方式"恢复两国邦交。松本俊一在回国前,已经与苏联方面代表马立克协商过这一提案,基于这个协商结果而制定提案。

9月5日,鸠山一郎首相向自民党领导人讲述自己访问苏联的意图,并且解释在日苏两国谈判中,日本方面准备提出的五个条件,就是河野一郎农林相和高碕达之助经济企划厅长官与切夫比斯基会谈的结果。五个条件为:

(1) 苏联同意结束两国战争状态。

(2) 日苏两国之间交换大使。

(3) 苏联立即遣返被俘人员。

(4) 日苏渔业条约生效。

---

① [日]鸠山一郎著、复旦大学历史系日本史组译:《鸠山一郎回忆录》,第230页。

(5) 苏联支持日本加入联合国。①

从以上内容看,这些不过是日本方面向苏联方面提出的最低要求,没有涉及有关日苏领土问题,反映出日本方面决意要采用"阿登纳方式"恢复两国邦交。但是,鸠山一郎首相提出五个条件的重要前提为,保证在恢复邦交正常化后继续交涉日苏领土问题。

为了确证苏联方面能够接受这些条件,1956年9月11日,鸠山一郎首相致信苏联部长会议主席布尔加宁,其主要内容为:

> 为了树立日苏两国之间永久友谊关系,尽快实现两国关系正常化,本大臣怀着希望征求阁下意见。
>
> 本人基于过去两国谈判过程考虑,此时有关领土问题谈判为日后继续进行条件下,首先(1)两国宣布结束战争状态,(2)互相设立大使馆,(3)立即遣返被俘人员,(4)渔业条约生效,(5)苏联支持日本加入联合国。苏联方面如果表示同意,两国之间为实现恢复邦交正常化继续进行谈判,请通知。
>
> 有关上述五条,在东京贵国代表部首席代表切夫比斯基与河野农林相及高碕经济企划厅长官进行多次非正式会谈,苏联政府同意之意。
>
> 本大臣了解到上述会谈中切夫比斯基的表示,希望用信件确认转告苏联政府准备接受上述五条内容。②

9月13日,布尔加宁主席对鸠山首相信件给予复信,表示同意就上述五项内容举行会谈,但对有关领土问题的处理未作明确表示。③

在日本国内,主张对苏联恢复邦交慎重态度的势力提出,必须确认苏联方面的态度。当天,日本政府公开发表了美国政府有关支持日本主张国后岛、择捉岛为本国领土的备忘录,这使持慎重态度的势力态度

---

① 松本俊一著:《モスクワにかける虹——日ソ国交回復秘録》,第218—219页。
② 鹿岛和平研究所编:《日本外交主要文書・年表》第1卷(1941—1960年),第781—782页。
③ 田中孝彦:《日ソ国交回復の史的研究——戦後日ソ関係の起点:1945—1956》,第275页。

356

更加强烈。为了确证此事，日本方面决定派国会议员松本俊一赴莫斯科探询，并决定采用交换信件方式，以便于日后有据可证。

9月20日，自民党召开紧急会议，决定有关日苏两国谈判新的方针。其主要内容为：

(1) 要求无条件立即遣返被俘人员。

(2) 要求立即返还齿舞群岛、色丹岛。

(3) 有关返还国后岛、择捉岛，在缔结和平条约后继续进行交涉。

(4) 其他领土根据《旧金山对日媾和条约》处理。

(5) 缔结日苏两国和平条约，要写入伦敦谈判及莫斯科谈判所获得结果。①

自民党上述对苏交涉方针，第一，暗示日苏两国恢复邦交以缔结两国和平条约为前提条件，其中(3)(5)表明缔结和平条约后两国继续就日苏领土问题进行交涉。第二，要求立即返还齿舞群岛、色丹岛，这与鸠山一郎首相提出采用"阿登纳方式"，搁置日苏领土问题恢复邦交的构想是对立的。第三，如果苏联同意恢复两国邦交后继续就有关返还国后岛、择捉岛问题进行交涉，可以缔结两国和平条约。

自民党上述对苏交涉方针，与1955年11月12日两党（自由党、民主党）共同发表"日苏交涉合理调整"的强硬立场相比较，已经出现若干倒退，从以往返还国后岛、择捉岛为前提条件下恢复两国邦交，改变为同意恢复两国邦交后继续就有关返还国后岛、择捉岛问题进行交涉。

9月24日，松本俊一到达莫斯科。当天他拜访苏联外交部，把事先准备的备忘录交给苏联外交部负责远东事务的费德林(Н. Т. Федоренко)副外长。费德林副外长接到这份备忘录后表示，此时苏联领导人都在黑海沿岸避暑地休养，这份备忘录交由第一副外长葛罗米柯处理。

9月28日，费德林副外长转告松本俊一，苏联政府对日本政府提出

---

① アジア調査会編：《北方領土を読む》，第90页。

的备忘录内容没有异议。此后松本俊一与费德林举行协商会谈，确认鸠山一郎首相访问苏联的时间为 10 月 10 日，有关日苏领土问题继续进行交涉，双方同意以松本俊一与葛罗米柯之间交换信件形式确认。

9 月 29 日，两人进行了交换信件。松本俊一的信件主要内容为：

> 我荣幸地就 1956 年 9 月 11 日鸠山一郎首相的信件和当年 9 月 13 日布尔加宁主席对此信的复信，申述如下：
>
> 正如鸠山一郎首相在信中所申述的那样，日本国政府目前不打算缔结和平友好条约，愿就日苏关系正常化问题在莫斯科进行谈判。但即使通过谈判恢复外交关系后，日本政府仍认为日苏两国关系，在包括领土问题在内的正式和平条约之基础上，更加巩固地发展，是我们所盼望的。
>
> 与此相关联，日本国政府认为，两国正常外交关系恢复后，应继续举行关于包括领土问题在内的和平条约的谈判。
>
> 按照鸠山首相的信件进入谈判之际，关于这一点，倘苏维埃社会主义共和国联盟政府方面亦能预先确认有同样之意图，实为幸甚。我谨借此机会，向阁下致意。①

苏联方面以葛罗米柯第一副外长名义复信，其主要内容如下：

> 我荣幸地告知，已收到阁下 1956 年 9 月 29 日如下内容的信件：
>
> 我荣幸地就 1956 年 9 月 11 日鸠山一郎首相的信件和当年 9 月 13 日布尔加宁主席对此的复信，申述如下：
>
> 正如鸠山一郎首相在信中所申述的那样，日本国政府目前不打算缔结和平友好条约，愿就日苏关系正常化问题在莫斯科进行谈判。但即使通过谈判恢复外交关系后，日本政府仍认为日苏两国关系，在包括领土问题在内的正式和平条约之基础上，更加巩固地发展，是我们所盼望的。

---

① 鹿岛和平研究所编：《日本外交主要文書·年表》第 1 卷（1941—1960 年），第 783 页。

> 与此相关联,日本国政府认为,两国正常外交关系恢复后,应继续举行关于包括领土问题在内的和平条约的谈判。
>
> 按照鸠山首相的信件进入谈判之际,关于这一点,倘苏维埃社会主义共和国联盟政府方面亦能预先确认有同样之意图,实为幸甚。
>
> 对贵函所及,我荣幸地受苏维埃社会主义共和国联盟政府的委托,表述如下之意念,即苏联政府了解到日本政府信中所述之见解,同意在恢复两国正常外交关系后,继续举行关于包括领土问题在内的和平条约的谈判。①

葛罗米柯的复信,表明苏联在领土问题上的妥协,即由原来拒绝再就日苏领土问题举行两国谈判,转变为同意继续就其举行会谈。这就是此后成为日苏两国关系史上重要文件的"松本—葛罗米柯信件"。

松本俊一与葛罗米柯之间信件交换,削弱了日本国内有关日苏领土问题强硬派的矛头。然而自民党的新方针规定,日苏两国实现邦交正常化,要采用缔结和平条约的方式,要确认继续交涉领土问题,即确认继续交涉返还国后岛、择捉岛问题后,双方才能缔结和平条约。因此,松本俊一与葛罗米柯之间交换信件内容,严格地讲与自民党新方针是不一致的。9月29日上午,自民党领导人召开会议,决定鸠山一郎首相访问苏联。

1956年10月,鸠山一郎首相为实现访问苏联恢复邦交,面对国内外各种压力,不得不考虑制定比较全面的交涉方针。对于鸠山一郎来讲,最主要是返还齿舞群岛、色丹岛问题,日本国内对苏强硬派指责,鸠山一郎主张搁置领土问题而无法实现返还两岛。还有,国内社会舆论也强烈呼吁将来返还国后岛、择捉岛问题。同时,鸠山内阁也要考虑到来自美国方面的压力。

---

① 鹿岛和平研究所編:《日本外交主要文書・年表》第1卷(1941—1960年),第783页。

1956年10月12日,鸠山一郎首相在河野一郎、松本俊一等陪同下到达莫斯科,受到苏联方面热烈欢迎。鸠山一郎首相访问苏联,标志日苏两国恢复邦交谈判进入最高阶段即首脑会谈。

鸠山一郎首相率领的日本政府代表团,此次对苏谈判的具体分工为,事务性谈判工作由松本俊一与苏联外交部具体负责人对话,政治性谈判工作由河野一郎与赫鲁晓夫对话,最终归纳性工作由鸠山一郎与布尔加宁对话。① 日本方面谈判中最主要课题为:返还齿舞群岛、色丹岛,确保继续交涉国后岛、择捉岛问题。

10月15日上午,双方举行第一次全体会议,首先由苏联部长会议主席布尔加宁发表讲话,他强调日苏两国关系正常化重要性后,表示:"苏联在过去缔结和平条约交涉中,向日本方面做出包括领土问题的让步了。可是日本方面却坚持不解决领土问题,就不准备签署和平条约。现在提议,即使不缔结和平条约,也要实现日苏关系正常化。我们对此表示同意。期待这次谈判能达成妥协。"②接着,日本首相鸠山一郎发表讲话,他提出:"伦敦、莫斯科举行谈判,因为领土问题没有达成一致,所以至今仍然没有恢复邦交。为了改变这种状况,我写信给布尔加宁主席,领土问题日后继续交涉,就有关结束战争状态等五个方面求得苏联方面同意,提出举行日苏之间邦交正常化交涉。另外,松本代表与葛罗米柯副外长之间交换了就有关领土继续交涉的信件。在相互了解下,交换不同意见,使日苏之间能恢复邦交。"③

两国首脑发表讲话后,苏联方面向日本方面递交已起草的"联合宣言"草案、"通商协定"草案。苏联方面递交的"联合宣言"草案主要内容为:

(一)结束战争状态。

---

① [日]鸠山一郎著、复旦大学历史系日本史组译:《鸠山一郎回忆录》,第230页。
② NHK日ソプロジェクト編:《こわがソ連の対日外交だ——秘録・北方領土交渉》,日本放送出版協会,1991年7月20日発行,第154頁。
③ NHK日ソプロジェクト編:《こわがソ連の対日外交だ——秘録・北方領土交渉》,第155頁。

(二)恢复外交关系、领事关系及交换大使。

(三)遵守《联合国宪章》。

(1)和平解决国际纠纷。

(2)尊重领土完整与国家主权。日苏两国相互尊重《联合国宪章》第51条款规定,承认单独或集体自卫权。

(四)支持日本加入联合国。

(五)联合宣言生效时立即遣返被俘人员。

(六)放弃对日本赔偿请求权。

(七)开始交涉缔结通商条约。

(八)渔业条约生效与保存发展渔业资源协作。

(九)禁止制造、实验及使用核武器、热核武器。

(十)恢复邦交后,继续就包括领土问题在内的缔结和平条约问题进行交涉。①

上述苏联方面起草的"联合宣言"草案,没有写入日本方面关心的立即返还齿舞群岛、色丹岛问题。除第九条外,基本写入了鸠山一郎向布尔加宁提议的五个条件内容。另外,第十条明显是苏联方面向日本方面做出的让步。

经过双方协商并获得一致认识,在苏方起草"联合宣言"草案基础上,松本俊一与葛罗米柯代表各自国家组成工作小组,负责起草共同"联合宣言"草案工作。

10月15日下午,在日本方面提议下,日本农林相河野一郎与苏联渔业部长伊什科夫举行会谈。两国渔业协定已经签署完成,双方本次交涉主要为恢复邦交正常化问题。日本方面为什么提议要先举行双方渔业部长会谈?其原因为:日本鸠山首相在访问前,已经向苏联方面提出搁置日苏领土问题,仅就恢复两国邦交正常化问题谈判,但是实际上日本方面暗藏玄机,不仅要求立即返还齿舞群岛、色丹岛,而且要保证继续就

---

① 田中孝彦:《日ソ国交回復の史的研究——戦後日ソ関係の起点:1945—1956》,第291页。

国后岛、择捉岛进行交涉。这些完全违背了鸠山首相事先主动提议内容,所以要找比较容易提出的对象人选,避免出现尴尬的局面。因为河野和伊什科夫两人已经有了交涉经历,相对便于沟通。日本方面希望利用两人在渔业谈判中建立的良好关系,便于提出新的日苏领土问题要求。

日本方面在两国恢复邦交正常化过程中,再次出尔反尔,必然引起苏联方面极大反感,这也是双方在有关谈判中无法相互信任的根源之一。但是,日本学界完全没有人对此给予关注,反而一再指责对方如何如何。双方会谈连相互信任的底线都荡然无存,如何能够获得双方满意的结果?这种出尔反尔,无疑造成对方更大反弹,值得日本有关方面深思。

在河野一郎与伊什科夫举行的会谈中,河野一郎首先针对苏联递交的"联合宣言"草案提出建议:"苏联草案上没有涉及返还齿舞群岛、色丹岛,所以无法签署。日本自民党做出新决议,'要求立即返还齿舞群岛、色丹岛,继续就其他领土问题举行交涉'。为此,提议该协定有关领土问题应记载,立即返还齿舞群岛、色丹岛,并继续就有关返还国后岛、择捉岛举行谈判。"①与此同时,河野一郎提议,希望伊什科夫将这些修改建议转告给苏联领导人赫鲁晓夫与布尔加宁等人。

10月16日,河野一郎与赫鲁晓夫举行第一次会谈。河野一郎提出:"此前日本提出搁置领土问题进行交涉并且达成协议,但是受到党内一部分人反对而事情发生了变化,希望能在共同宣言里明确记载返还齿舞群岛、色丹岛,并继续审议其他领土问题。"②对此赫鲁晓夫表现出非常气愤的姿态,他严厉地指责说:"这是违反事先协议的!日本方面已经明确提议会谈中不涉及领土问题。现在这样的做法不能说是搁置领土问题吧?日本方面提出搁置所有领土问题,我们对此表示同意,葛罗米柯发出了书信。""如果希望让渡齿舞群岛、色丹岛的话,那么现在就缔结和平

---

① NHK日ソプロジェクト編:《こわがソ連の対日外交だ——秘録・北方領土交渉》,第155頁。
② NHK日ソプロジェクト編:《こわがソ連の対日外交だ——秘録・北方領土交渉》,第155頁。

条约并且划定国界线吧。缔结和平条约,立即让渡!""你们日本要求返还四岛,美国不是也没有返还冲绳吗?齿舞群岛、色丹岛在缔结和平条约时返还,并且等待美国返还冲绳后返还。"①

日本方面的做法确实明显矛盾,一方面主动提出会谈中不涉及领土问题及搁置领土问题;另一方面又提出"返还齿舞群岛、色丹岛,并继续审议其他领土问题"。这种前后矛盾的主张,实际上就是重光葵外相所担心的问题。重光葵外相认为,鸠山一郎等人如果采用"阿登纳方式",实际上就是放弃返还这些领土。另外,有关继续交涉领土问题,双方理解及解释相差甚大。苏联方面认为"继续交涉领土问题",就是指交涉如何返还齿舞群岛、色丹岛问题;日本方面则认为,"继续交涉领土问题",是指交涉返还国后岛、择捉岛问题。赫鲁晓夫拒绝立即返还齿舞群岛、色丹岛,意味着将来继续交涉领土问题是返还齿舞群岛、色丹岛问题,并且对河野一郎提出要求返还国后岛、择捉岛问题,指责说美国还占领冲绳,为什么非要求苏联返还这些岛屿呢。他进一步指出,苏联方面返还齿舞群岛、色丹岛,要等到美国返还冲绳后实施,这无疑使日本方面要求返还的难度再次增加。

赫鲁晓夫在日苏领土问题的谈判战术上,采取速战速决态度。苏联方面首先提出最低条件,如果日本方面不接受,再在最低条件上增加新的条件,坚持最低条件上不肯让步态度。

10月17日,河野一郎与赫鲁晓夫举行第二次会谈。河野一郎递交日本方面起草的"联合宣言"草案,其中有关第九条领土问题规定为:

(九)苏联考虑到日本国的要求及国家利益,决定把齿舞群岛及色丹岛让渡给日本国。日本与苏联恢复邦交正常化后,两国同意继续就包括领土问题在内的缔结和平条约进行交涉。②

日本草案是针对苏联起草的"联合宣言"草案有关领土条款修改的,

---

① NHK日ソプロジェクト编:《こわがソ連の対日外交だ——秘録・北方領土交渉》,第156页。
② 鹿岛和平研究所编:《日本外交主要文书·年表》第1卷(1941—1960年),第785页。

要求将立即返还齿舞群岛、色丹岛,继续就国后岛、择捉岛进行交涉。对于日本方面提出的草案,赫鲁晓夫表示坚决反对。他表示:"日本草案,要求立即让渡齿舞群岛、色丹岛。苏联同意让渡这两个岛屿,但是时间为缔结和平条约后,并且返还冲绳岛的时候。"①

赫鲁晓夫无法接受日本方面起草的"联合宣言"草案第九条有关立即返还齿舞群岛、色丹岛问题。一是日本修改提议,完全违反事先约定内容,出尔反尔。二是如果接受日本方面这项修改要求,将来继续就缔结和平条约进行交涉时,日本肯定要提出返还国后岛、择捉岛问题,所以要极力回避。对此赫鲁晓夫反复强调只有缔结两国和平条约时,苏联方面才能返还齿舞群岛、色丹岛。为了缓和双方交涉气氛,赫鲁晓夫提出返还齿舞群岛、色丹岛附加新条件,即美国方面返还冲绳岛后实施,可以取消并且愿意缔结"君子协议"。这反映出,苏联方面希望做有限让步,换取尽快实现两国邦交正常化。

对于赫鲁晓夫提出的上述让步方案,日本方面当然从内心里表示欢迎。鸠山一郎在回忆录里曾经对此时的心情描绘说:"返还齿舞群岛、色丹岛的时间,即使在和平条约生效时,剩下美国还有返还冲绳群岛、小笠原群岛问题。如果能够消除的话就好了,而且抱有一定把握,所以一时欢呼起来。"②

17日下午,苏联副外长费德林把根据赫鲁晓夫提议而制成的文件交给河野一郎,其主要内容为:

> 日本国与苏维埃社会主义共和国联盟,两国恢复正常外交关系后,同意继续就包括领土问题在内的缔结和平条约问题进行交涉。
>
> 苏维埃社会主义共和国联盟,根据日本国的请求并考虑到日本国的利益,同意把齿舞群岛及色丹岛让渡给日本,但是这些岛要在日本国与苏维埃社会主义共和国联盟缔结和平条约(并且美利坚合

---

① NHK日ソプロジエクト編:《こわがソ連の対日外交だ——秘録・北方領土交渉》,第156頁。
② [日]鸠山一郎著、复旦大学历史系日本史组译:《鸠山一郎回忆录》,第231页。

众国管理下的冲绳及其他日本所属岛屿返还日本)后,实现返还。①

与此同时,费德林副外长把赫鲁晓夫提议的"君子协定"制成文件也交给日本方面。其内容为:

> 苏维埃社会主义共和国联盟同意,不等美利坚合众国管理下的冲绳及其他日本所属岛屿解放,在苏维埃社会主义共和国联盟与日本国缔结和平条约后,把齿舞群岛及色丹岛让渡给日本。②

赫鲁晓夫提出将日苏领土问题与日美领土问题挂钩,又主动提出取消并最终递交"君子协议",其背后原因为:

第一,国际冷战大背景下,争夺对日本的控制权,需要把日本稳住在谈判桌前,实行两国邦交正常化。虽然《日苏联合宣言》实现恢复两国邦交正常化,但是两国并没有缔结和平条约,这样与日美两国关系相比较,苏联方面仍然处于不利地位。另外,日美军事同盟威胁仍在,苏联仍然要以齿舞群岛、色丹岛为诱饵,形成牵制日美关系的有效手段。

第二,他认为即使两国恢复邦交后,在两国关系中,齿舞群岛、色丹岛是可以用来对日本施加影响的道具。另外,苏联与日本恢复邦交正常化,同时又实际上完全控制有关领土,至于有关领土到底如何返还问题,最终结果如何,都是未知数。现在看这样的结果,也是苏联方面最希望出现的结果,而日本只能等待出现奇迹才能改变结果。

10月18日,在河野一郎与赫鲁晓夫第三次会谈中,河野一郎就赫鲁晓夫上述提案,提出日本方面答复提案。其主要内容为:

> 同意日本国与苏维埃社会主义共和国联盟恢复外交关系后,继续就包括领土问题在内的缔结和平条约问题进行交涉。
>
> 但是,苏维埃社会主义共和国联盟同意根据日本国请求并考虑到日本国利益,决定把齿舞群岛及色丹岛让渡给日本国。上述岛屿

---

① 田中孝彦:《日ソ国交回復の史的研究——戦後日ソ関係の起点:1945—1956》,第288頁。
② 田中孝彦:《日ソ国交回復の史的研究——戦後日ソ関係の起点:1945—1956》,第289頁。

事实上对日本国让渡,在日本国与苏维埃社会主义共和国联盟缔结和平条约后执行。①

这时,日本方面放弃了立即返还齿舞群岛、色丹岛的要求。另外,赫鲁晓夫的"君子协定"直接反映在联合宣言中,并且取消涉及美国返还冲绳的条件。日本方面从苏联方面获知缔结和平条约时返还齿舞群岛、色丹岛,这意味着可避免出现苏联不让步的最坏局面,特别是如把美国返还冲绳与返还齿舞群岛、色丹岛相联系,两岛返还可能很难实现。

赫鲁晓夫的"君子协定"是日本方面所希望的,河野一郎要求把"君子协定"内容反映在联合宣言中。这样为控制日本国内的反对派,日本代表团从苏联方面获得了必须条件,仅剩下第二、三套交涉方针中所提出的"预约继续就包括领土问题在内的缔结和平条约问题进行交涉"的问题。这一条款,在河野一郎提交的方案中被明确提出。另外,在莫斯科首脑会谈开始时,布尔加宁主席在全体会议上已经明确表示同意,再加上谈判前,松本俊一与葛罗米柯的交换信件中,日苏两国已经在此问题上达成一致,这一点日本代表团是确信的。

日本方面认为双方确认"预约继续就包括领土问题在内的缔结和平条约问题进行交涉"问题不存在困难的时候,赫鲁晓夫却突然提出了修改意见。赫鲁晓夫提出,在"继续就包括领土问题在内的缔结和平条约问题进行交涉"段落中,取消"包括领土问题在内"部分词句。② 赫鲁晓夫突然提出修改意见,不仅使日本深感意外,而且这一点对两国今后继续有关领土问题进行交涉具有重要意义。

对此修改提议,河野一郎质问苏联方面,10月17日费德林副外长递交给日本方面的文件中已经明确写入这一点。关于此问题,鸠山一郎在回忆录中讲,苏联外交部官员汇报时,赫鲁晓夫见到文件上这部分后很

---

① 田中孝彦:《日ソ国交回復の史的研究——戦後日ソ関係の起点:1945—1956》,第291页。
② [日]鸠山一郎著、复旦大学历史系日本史组译:《鸠山一郎回忆录》,第231页。

吃惊,马上叫来副外长严厉批评。① 赫鲁晓夫提议修改,实际上也是苏联方面在谈判时做出了出尔反尔举动,同样必然引起日本方面极大反感! 当然这也促使日本方面更加谨慎地处理问题。

对日本方面来说,确保恢复日本邦交后"继续交涉领土问题",是获得国内支持的非常重要条件。鸠山一郎等人在过去一年多的与苏联方面交涉过程中,确认苏联不可能返还国后岛、择捉岛,但是以吉田茂派为首的国内反对派,强烈要求返还国后岛、择捉岛。另外,在自民党去年9月20日有关日苏交涉的新决议中,要求在缔结和平条约中继续交涉有关千岛群岛南部问题,"联合宣言"也只有国会批准才能生效,为避免国内反对势力强烈反对,"包括领土问题在内"的部分是不能缺少的。当然赫鲁晓夫也知道,日本方面提出继续交涉领土问题就是指国后岛、择捉岛问题,所以他不能对此问题给予承诺,并且坚决要求取消这部分内容。

面对赫鲁晓夫的强硬态度,河野一郎担心如果日本方面不接受的话,赫鲁晓夫是否会再次提出美国返还冲绳问题。经过再三思虑后,日本代表团决定接受苏联方面的修正方案,但是提出前提条件,要求苏联方面同意公开发表松本俊一与葛罗米柯交换信件内容,因为这些信件中明确记录了在将来缔结和平条约后交涉包括领土问题在内的诸问题。据鸠山一郎回忆,即使取消"包括领土问题在内"部分内容,如果"继续就缔结和平条约进行交涉",剩下问题事实上就是国后岛、择捉岛问题,当然包括领土问题。② 公开发表松本俊一与葛罗米柯交换的信件内容,是最好的补充方法③。于是日本代表团把此决定用电报告诉东京方面,东京方面对此决定表示同意。

在莫斯科首脑会谈中还有一个重要问题,就是日本加入联合国问题。日本代表团提出苏联方面无条件支持,苏联方面表示同意。但是日本方面还是抱有怀疑,因为美国方面多次警告,苏联方面有不履行协定

---

① [日]鸠山一郎著、复旦大学历史系日本史组译:《鸠山一郎回忆录》,第231页。
② [日]鸠山一郎著、复旦大学历史系日本史组译:《鸠山一郎回忆录》,第232页。
③ 田中孝彦:《日ソ国交回复の史的研究——戦後日ソ関係の起点:1945—1956》,第300—301頁。

的历史记录。于是鸠山一郎等人为确证此事,要求与布尔加宁交换信件,10月18—19日两国就此事交换信件。另外,苏联方面提出在"联合宣言"中写入日苏两国努力实现禁止生产、实验、使用核武器条款,日本方面考虑到日美关系而表示拒绝,苏联方面表示接受。

10月19日,在克里姆林宫,日本首相鸠山一郎、苏联部长会议主席布尔加宁分别代表两国政府,正式签署了《日苏联合宣言》。其主要内容如下:

第一条 自本宣言生效之日起,日本国和苏维埃社会主义共和国联盟之间的战争状态宣告结束,两国之间的和平和睦邻关系宣告重新建立。

第二条 重新建立日本国和苏维埃社会主义共和国联盟之间的外交和领事关系。现规定,两国将立即交换大使级外交代表,而在日本和苏联的领土上分别设立领事馆的问题将通过外交手续加以解决。

第三条 日本国和苏维埃社会主义共和国联盟确认,在它们两国的关系中,应该以《联合国宪章》的原则作为准则,尤其是在宪章第二条中所阐明的如下原则:

(甲)应以和平方法解决国际争端,避免危及国际和平、安全及正义。

(乙)在其国际关系上不得使用威胁或武力,或以与联合国宗旨不符之任何其他方法,侵害任何国家之领土完整或政治独立。

日本国和苏维埃社会主义共和国联盟重申,根据《联合国宪章》第五十一条,两国中的每一个国家都有固有的单独的和集体的自卫权。

日本国和苏维埃社会主义共和国联盟保证不为任何经济、政治或者思想性质的理由,直接地或者间接地干涉对方的内政。

第四条 苏维埃社会主义共和国联盟将支持日本加入联合国。

第五条 一旦目前的联合宣言生效,将立即释放和遣返所有在苏维埃社会主义共和国联盟判罪的日本公民。

关于那些情况不明的日本人,苏维埃社会主义共和国联盟应日本国的要求将继续努力来查明他们的情况。

第六条　苏维埃社会主义共和国联盟将放弃向日本国提出任何赔偿要求。

日本国和苏维埃社会主义共和国联盟将相互放弃他们自1945年8月9日以来由于战争的结果而提出的所有要求,即一国、它的团体和国民向另一国、它的团体和国民提出的要求。

第七条　日本国和苏维埃社会主义共和国联盟同意在尽可能早的时间内举行谈判来签订条约或者协议,以便使它们在贸易和商业航行方面的关系以及商业关系建立在一个可靠而友好的基础上。

第八条　1956年5月14日在莫斯科签订的日本国和苏维埃社会主义共和国联盟间关于在西北太平洋公海上捕鱼的条约以及日本国和苏维埃社会主义共和国联盟间关于海上援救合作协定将在本联合宣言生效后立即生效。

日本国和苏维埃社会主义共和国联盟考虑到保持和合理利用天然渔业以及其他海上生物资源的共同利益,将在采取保持和发展渔业资源和节制公海上捕鱼的步骤方面进行合作。

第九条　日本国和苏维埃社会主义共和国联盟已经同意,在重新建立了日本国和苏维埃社会主义共和国联盟之间的正常外交关系以后恢复缔结和约的谈判。

苏维埃社会主义共和国联盟为了满足日本国的愿望和考虑到日本国的国家利益,同意把齿舞群岛、色丹岛移交给日本国,但是经谅解,即这些岛屿将在日本国和苏维埃社会主义共和国联盟之间的和约缔结后才能实际移交给日本国。

第十条　本联合宣言须经批准。本宣言应于互换批准书之日起生效。批准书将尽快在东京互换。①

---

① 鹿岛和平研究所编:《日本外交主要文书·年表》第1卷(1941—1960年),第784—786页。

可以看出,《日苏联合宣言》主要内容为:宣布日苏两国结束战争状态,恢复邦交正常化。关于日苏领土问题协定,两国同意在建立"正常外交关系后恢复缔结和约的谈判"。苏联"为了满足日本国的愿望和考虑到日本国的国家利益,同意把齿舞群岛、色丹岛移交给日本,但经谅解,即这些岛屿将在日本国与苏维埃社会主义共和国联盟之间的和约缔结后才实际移交给日本"。这样日苏领土问题就成了日苏两国恢复邦交后的遗留问题。

当天,日苏两国签字仪式上缺少了苏联领导人赫鲁晓夫的身影,他9月18日飞赴华沙,急于处理波兰国内出现的动乱事件。日本方面坚决要求按原计划举行签字仪式,使得他缺席。事实上日本代表团不希望赫鲁晓夫出席,担心他对公开发表松本俊一与葛罗米柯交换信件内容表示反对。松本俊一是在签字仪式举行后,才告诉苏联方面准备公开发表松本俊一与葛罗米柯交换信件内容的。葛罗米柯与布尔加宁简单协商后表示同意,这样日本方面获得成功。据鸠山一郎回忆:"最后,和布尔加宁交换了写明这方面问题的私人信件,我想这一下可好了。"①

11月27日,日本国会众议院在反对派缺席的情况下,正式通过《日苏联合宣言》等有关协定。12月5日,参议院在附加"继续审议领土问题"的"谅解"下,通过《日苏联合宣言》等有关协定。12月7日,鸠山首相正式宣布辞去首相职务。12月12日,日苏两国代表——苏联副外长费德林、日本外相重光葵,正式交换两国国会批准书,《日苏联合宣言》正式生效。当天,最后一批100名在苏联服刑的日本战俘人员,乘"兴安丸"船离开苏联回国,日本要求遣返战俘人员问题获得圆满解决。同一天,联合国安理会也通过决议,一致同意日本加入联合国的申请,日本愿望最终实现了。在日苏复交会谈中,日苏领土问题是双方交涉的焦点,最终成为遗留问题也是双方相互妥协的结果。

---

① [日]鸠山一郎著、复旦大学历史系日本史组译:《鸠山一郎回忆录》,第232页。

结　语

我们研究日俄领土问题历史渊源，就是要全面梳理日俄之间有关领土问题的历史脉络，从历史发展角度观察日俄领土问题形成及发展。综合全书分析看，日俄领土问题历史渊源问题具有如下特征。

一、日俄关系始终缠绕领土纠纷

历史上日俄两国本不为邻，16世纪中叶俄罗斯向东方扩张，日本获知后加速向北扩张而相互触及，两国在千岛群岛及库页岛土地上形成争夺态势。可以说，日俄两国从认识时起，就开始相互争夺领土，日俄关系至今伴随领土纠纷问题。

日俄两国签署的第一个条约，即1855年《日俄友好条约》，第二条规定："日本国与俄罗斯国国境确定在择捉岛与得抚岛之间。择捉岛全岛属于日本，得抚岛全岛及其以北之千岛群岛属于俄罗斯。至于库页岛，日本国与俄罗斯国之间不划分国界，维持以往之惯例。"[1]根据条约，在千岛群岛，以择捉岛与得抚岛之间为界划分国境线，而库页岛没有划分国

---

[1] 末澤暢二、茂田宏、川端一郎编集：《日露（ソ連）基本文書・資料集》（改訂版），第21頁。

境线。

日俄两国签署的第二个条约,即1875年《库页岛千岛群岛交换条约》,第一条规定"大日本国天皇陛下,至其后嗣,将现今所领库页岛一部分之权利及属于君主之一切权利让与全俄罗斯国皇帝陛下。自今而后,全库页岛悉属俄罗斯帝国,以拉彼鲁兹海峡为两国境界。"第二条规定"全俄罗斯国皇帝陛下,至其后嗣,作为取得第一款所载库页岛权利之补偿,将现今所领有之千岛群岛,即第一占守岛……,共计十八岛之权利及属于君主之一切权利,让与日本国天皇陛下。自今而后,千岛群岛全岛属于日本帝国。以堪察加地方之洛帕特卡角与占守岛之间的海峡为两国之国界。"①根据条约,两国确定了库页岛领土,从而划分两国全部国境线。

但是,日本并不满足于上述国境线划分结果,处心积虑挑起了1904年对俄战争并获得胜利,迫使俄国签署不平等条约。1905年《朴次茅斯条约》,第九条规定:"俄国政府,将库页岛南部及其附近一切岛屿,以及在该地方一切公共营造物及财产,与完全之主权一并让与日本国政府。其让与地区之北方边界,定为北纬五十度。"②根据条约,战败的俄国被迫将库页岛南部,即北纬50度以南地区割让给日本,两国国境线被日本方面重新改写了。

1917年俄国爆发十月社会主义革命后,1918年初,日本与其他列强出兵干涉。1920年1月20日《凡尔赛和约》正式生效后,列强各自撤军离开俄国,唯独日本赖着不走。1920年3—5月,在俄国领土庙街(尼古拉耶夫斯克),日本驻屯军与俄国当地游击队发生军事冲突,结果日军失败。日军并不因此善罢甘休,暗地里增调兵力救援。5月27日,日本援军到达前,俄方当地游击队,将日军战俘、侨民、领事人员及家属共384人在大火中烧死。③ 7月3日,日本政府宣布作为报复手段,出兵占领了

---

① 末澤畅二、茂田宏、川端一郎编集:《日露(ソ連)基本文書·資料集》(改訂版),第24頁。
② 茂田宏、末澤昌二编:《日ソ基本文書·資料集》,第31頁。
③ 外務省编:《日本外交文書》大正十二年第一冊,第401頁。

库页岛北部,即北纬50度以北地区,日本又一次改写两国国境线。为了恢复日苏邦交正常化,更重要的是换取日本从苏联领土撤军,两国经过长期谈判,最终签署1925年《日苏基本条约》。其第二条规定:"苏维埃社会主义共和国联邦承认1905年9月5日的《朴次茅斯条约》完全继续有效。"[1]苏联承认1905年《朴次茅斯条约》继续有效,即再次确认日本占领库页岛南部(或称南库页岛)的合法性,换取日军从苏联领土库页岛北部(或称北库页岛)撤军。

1939年9月第二次世界大战爆发后,1941年4月13日,两国签署《日苏中立条约》。战争期间,日苏两国属不同阵营中主要成员,却基本维持中立状态。日苏中立状态说明双方实力均等,这样均等态势遭到破坏,就意味中立关系被打破。日本法西斯军队在太平洋战场上,自1942年5月中途岛战役后,逐渐走下坡路。1945年8月9日,苏联对日宣战,出兵占领包括齿舞、色丹、国后、择捉在内的千岛群岛及库页岛南部,这标志着苏联方面重新改写国境线。

二、双方领土问题是相互争夺的结果

日俄两国围绕领土划分,签署了多个条约。1855年《日俄友好条约》、1875年《库页岛千岛群岛交换条约》,确定最初的两国国境线,即使今天,日本也常提及这两个条约告诫俄方应该遵守,说明日本承认其合法性、公平性。但是,日本朝野不要忘记,首先是日本破坏了上述两个条约的合法性、合理性。1904年5月,日本挑起日俄战争,利用战争手段迫使俄国接受不平等的1905年《朴次茅斯条约》。根据该条约,日本获得库页岛南部地区,这就废弃了1875年《库页岛千岛群岛交换条约》主要规定内容。俄国指责日本没有资格提及上述两个条约,理由为1905年《朴次茅斯条约》已经将上述两个条约的合法性完全破坏了。

---

[1] 外務省編:《日本外交文書》大正十二年第一册,第489頁。

如何看待1855年《日俄友好条约》、1875年《库页岛千岛群岛交换条约》的合法性问题？值得探讨。我们应该先回忆上文所论述日俄两国签署条约的过程。俄国人东扩脚步声惊动日本人，"赤虾夷"从千岛群岛南下了，日本人开始关注北方地区安全问题。此时，在虾夷地（北海道），虽然大和人已经登陆了，但是不可否认，大和人也仅存在于距离本州岛最近地方虾夷地渡岛半岛南部地区。① 日本幕府名义上委任松前藩统治虾夷地，实际上松前藩府也只能控制虾夷地渡岛半岛南部地区，虾夷地其余绝大部分地区是无法控制的，是土著虾夷人的"自由乐园"。换句话说，日本人实际上对虾夷地的控制是非常有限的，更是松散的。如何看待虾夷人？日本学者说，虾夷人（阿伊努人）是日本人，所以虾夷地就是日本领土。按照日本学者研究成果，虾夷人（阿伊努人）主要集聚于虾夷地，由于受到渡岛来的大和人挤压以及追求食物等，扩散至千岛群岛与库页岛南部地区。但是有关虾夷人（阿伊努人）来历之谜，至今仍然没有解开，他们是土著人，还是外来移民，缺少说服性证据。

日本方面为了证明1855年《日俄友好条约》、1875年《库页岛千岛群岛交换条约》的合法性问题，将日俄签署《日俄友好条约》的日期2月7日，确定为日本国家"北方领土日"，每年都要举办各个级别的纪念性活动。日本政府设置每年2月7日为日本国家"北方领土日"，目的就是让人们不要忘记上述两个条约，与此同时，也是提醒俄国遵守上述两个条约规定。如今日本尽其所能宣传俄国方面如何不遵守上述两个条约，将上述两个条约规定的属于日本的领土占领了。在全世界人民面前，日本总是装扮成受大国欺负的小国，可是日本从来不提及自身破坏上述两个条约，废弃其规定内容的历史。这让世人认识到日本人的所作所为——对日本人有利的国际条约就拿出来佐证，对日本人不利的国际条约就装不知道了。

实际上在日俄关系史上，影响最大的是1905年的《朴次茅斯条约》，

---

① 日本地图上，北海道最靠近本州岛的半岛区域。

现在日本朝野极少提及该条约。1905年《朴次茅斯条约》不仅否认以前的两个条约,即1855年《日俄友好条约》、1875年《库页岛千岛群岛交换条约》的合法性问题,而且对以后两国签署条约产生巨大影响,即1925年《日苏基本条约》。苏联方面就是打着报1904年日俄战争之仇,出兵占领包括齿舞、色丹、国后、择捉在内的千岛群岛及库页岛南部。

日本人在国际社会呼吁俄国"归还领土",犹如日本每年8月举办纪念广岛、长崎遭受核武器伤害事件。日本人在世界人民面前宣称自己是第一个遭受核武器伤害的国家,但是从来不解释为什么日本遭遇这样的伤害。如果不是当年日本法西斯政府明知败局已经无法扭转,仍然进行所谓"本土决战",拿日本人民的生命为法西斯政府苟延残喘做牺牲,何来美军投下原子弹?美军原子弹导致日本法西斯政府最终投降是众人皆知的常识。

如今,日本在国际社会上呼吁废弃核武器,主动担负起国际社会呼吁废弃核武器的领军者角色,装扮成国家社会主张和平势力的代表者姿态,但是日本至今拒绝签署《禁止核武器条约》。日本拥有巨额核武器级"铀浓缩材料"是世人皆知的常识。如出一辙,日本人在国际社会呼吁俄国"归还领土",从不正面解释为什么当年苏联出兵占领有关领土,如果日本不发动对外侵略战争,如何能够出现苏联出兵占领有关领土的问题。日本发动对外侵略战争,是日苏领土问题出现的根本原因。

关于苏联出兵占领有关领土问题,应进一步查看当时历史事实。1945年5月德国法西斯政府宣布投降后,最后仅剩下日本法西斯政府负隅顽抗。日本法西斯势力最后时刻考虑如何本土决战,与此同时,反法西斯联盟国家考虑的核心就是如何使日本法西斯政府尽快投降?这也是苏联出兵参加对日作战的大背景。如果没有日本法西斯政府最后负隅顽抗进行所谓本土决战,首先不会留给美军投放原子弹的机会,其次也不能留给苏联出兵参加对日作战的机会,当然也不存在苏联出兵占领有关领土的结局了。

三、双方领土问题导致民族相互仇视

如前文所言,日俄两国从认识时起,就开始相互争夺领土,日俄关系至今伴随领土纠纷问题。双方民族仇视心理形成的重要因素,一是历史上长期相互争夺带来相互伤害,其中很重要的因素之一是受到领土纠纷问题影响,二是战后国际冷战期间相互对峙及相互敌意宣传。

在世界近代资本主义发展过程中,日俄两国属于后起资本主义国家。但是就日俄两国资本主义发展而言,俄国还是先于日本发展资本主义的,俄国的资本主义扩张势力触及东北亚地区后,惊醒闭关锁国、封建幕府统治下的日本。就当时日俄两国综合实力看,显然俄国属于大国、强国,日本属于小国、弱国。但是,俄国在接触日本过程中,始终采取和平、友好姿态。如俄国除了个别事件外,对日本采取和平交涉手段,与美国、英国等西方列强对日态度明显不同。此时俄国对日政策核心是希望与日本建立通商关系,成为俄国远东及西伯利亚地区以及进一步东扩的后勤供应基地,减少或替代俄国从欧洲领土向远东及西伯利亚地区供应物资的任务。

在早期俄国与日本交涉中,明显日本处于弱势地位,最明显的是日本对外部世界情况不了解。如在1854年1月20日日俄两国会谈中,由于在通商贸易问题上双方谈判毫无进展,俄方代表普提雅廷直接向日方代表筒井政宪提出,如果日本将通商权及其他特权赋予其他列强,就应授予俄国同样权利,要求日方签署协定确认。日本代表很轻易接受了俄方上述要求,并且表示:"能够给其他国提供的内容,我方当然也提供给你方。"[1]根据此协议,在美国、英国迫使日本缔结不平等条约后,俄方很顺利地与日本缔结1855年2月7日《日俄友好条约》。1855年2月7日《日俄友好条约》的内容,根据的是1854年3月31日日美缔结《日美和平友好条约》的内容,日本给予美国、英国的权利,同样给予了俄国。美国

---

[1] Э. Я. Файнберг:《РусскИ-японские отношения в 1697—1875 гг.》, Москва, "Издательство Восточной Литературы"1960 г. , стр. 158

动用武力迫使日本缔结不平等条约,俄国借此获得同样的不平等条约。不平等条约是日本人仇恨俄国人的原因之一。

同样,日本对于1875年《库页岛千岛群岛交换条约》也不满意。此时明治政府已经成立,日本希望控制库页岛,但是日本国内出现所谓"征韩论",削弱了政府内凝集力。更重要的是日本背后支持者美国、英国、法国等,从全局出发,客观、理性分析日俄两国实力,建议日本首先要保住对北海道的控制权,防止俄国人伸手到北海道地区,北海道与库页岛,不可兼得,日本没有实力与俄国争夺。小国、弱国日本,与大国、强国俄国敢于争夺领土,此时完全是背后西方列强支持的结果,当然俄国也心知肚明。日本只好接受西方列强建议,签署了1875年《库页岛千岛群岛交换条约》。日本人认为,库页岛应该是日本领土,日本国与库页岛相邻,至少库页岛南部日本人已经形成渔民居住村落了。日本人称库页岛为"固有领土",但是就是日本文献记载的所谓发现库页岛者,也在当时拜访了控制或管理库页岛的中国清朝政府官员了,俄国发现者同样也拜访了中国清朝地方官员。无可争辩的事实告诉世人,库页岛当时是中国领土。日本虽然获得整个千岛群岛,但是对于丧失库页岛心理怀恨,最终发动1904—1905年日俄战争,重新拥有库页岛南部主权。在1920年5月"庙街事件"后,日本借机报复俄国出兵占领库页岛北部地区,实现了占领整个库页岛的夙愿。

早期俄国与日本交涉中,明显日本处于弱势地位,是小国、弱国,俄国处于强势地位,是大国、强国,所以日本在与俄国争夺领土时明显处于弱势地位。近代世界史,对于国际关系史学界来说,也是西方列强以武力为后盾,推行"威斯特伐利亚体系",强行构建新的国际关系体系的时代。对于威斯特伐利亚体系,俄国肯定熟悉,而日本则处于"闭关锁国",或刚从"闭关锁国"走出时期。日本自古属于东亚朝贡体系成员之一,日本是在西方列强武力压迫下,逐渐认识威斯特伐利亚体系的。俄国娴熟地运用威斯特伐利亚体系,诱使日本随意签署许诺协议,犹如大人欺负小孩般,日本被迫与美国、英国缔结不平等条约后,俄国轻易签署了同样的不平等条约。俄国人实现了目的而心理获得满足,却造成日本人对俄国人仇视。1868 年日本明治维新后,伴随日本实力增强,日本人在不断报复俄国人而获得心理满足时,也恰恰伤害了俄国人的民族心理,相互仇视的民族心理形成了。1945 年 8 月,俄国最终出兵占领包括齿舞、色丹、国后、择捉在内的千岛群岛及库页岛南部,就是报复日本发动日俄战争以来的侵略行径。

我们知道日苏领土问题长期得不到解决,最主要因素是双方民族仇视心理的作用,是互不信任、相互仇视。日本方面指责苏联斯大林时期的错误做法,实质上日本方面也同样存在这种敌意宣传活动,误导日本国民对苏联及俄罗斯情况的真实认识。冷战时期日本是美国主要帮凶,日本与苏联实际上处于冷战状态。日俄双方应该认识,这种敌意宣传是相互行为,不是单方面行为,加速或推进了相互仇视的民族心理。

四、历史因素是两国领土问题形成要因

日俄双方在有关领土问题争论上,还常常引用有关历史事实证据,寻找有利于自己的历史证据说服对方让步,结果展现给人们是领土纠纷问题解决被拖延再拖延。日苏领土问题是历史上两国长期相互争夺带来的后果,这是不可回避的客观事实。关键是如何看待这些历史问题,是否还要纠缠于历史旧账。这种纠缠何日才能了结,无人能够给出信服的答案来!现在仍然纠缠往日历史旧账,结果只能是使人们陷入昔日痛苦回忆而无法自拔,仇恨感身不由己增添。如何促使人们下决心抛弃往日历史旧账,向前看,不要向后看,看未来发展,这是双方当权者应该思考的现实问题!

第二次世界大战后的所谓日苏领土问题,形成于 1955—1956 年日苏两国恢复邦交正常化谈判,双方争论的焦点就是有关历史问题。在双方相互争论历史问题,互不相让局势下,20 世纪 90 年代初为准备苏联领导人戈尔巴乔夫访问日本事宜,日苏两国就有关领土问题进行协商,探

寻解决途径。1992年9月29日,俄罗斯外交部、日本外务省共同出版《日俄间领土问题历史资料联合汇编集》,该资料集是在双方协商一致基础上,确定所编入的文件、文献内容,目的为最大限度地、客观地反映出日苏领土问题的本质。该资料集解释说,在双方深入讨论基础上,最后归纳出各自主张、观点,使对方明确,便于寻找解决的方法。

日本方面的立场与主张。齿舞群岛、色丹岛、国后岛、择捉岛,根据1855年《日俄友好条约》规定为日本领土,不属于日本以外任何国家,是1945年被苏联"非法占领"的。1941年8月14日美英签订《大西洋宪章》,后来苏联也加入,但是苏联违反其"领土不扩大原则",同样也违反了1943年《开罗宣言》。

1945年2月11日,美苏英三国签订的《雅尔塔协定》中有关远东问题条款,规定向苏联让渡千岛群岛,日本方面认为自己没有参加这份秘密协定,1945年9月2日签订投降书时也不知道该协定,所以该协定对自己没有效力。苏联违反1941年4月13日的《日苏中立条约》,苏联1945年4月5日通告废除该中立条约,1945年8月9日对日宣战,这期间该条约是有效的。日本方面认为,1951年9月8日《旧金山对日媾和条约》中,日本放弃对千岛群岛的权利、权利根据、请求权,但是苏联没有在该条约上签字,所以苏联没有权利引用该条约。最后从19世纪划定边境的日俄条约分析看,齿舞群岛、色丹岛、国后岛、择捉岛不属于《旧金山对日媾和条约》中日本放弃的"千岛群岛"地理范围之内,其应该从得抚岛到堪察加半岛。

苏联方面的立场与主张。1904年日本背信弃义进攻俄国,1905年通过《朴次茅斯条约》夺取了库页岛南部,日本失去了引用包括1855年条约在内的以前条约的权利。1945年《雅尔塔协定》是符合国际法原则的,日本应该无条件接受。日本在1945年9月2日签订无条件投降书,这点存在就证明日本接受了包括《雅尔塔协定》在内的联合国间达成的所有条约。联合国根据《雅尔塔协定》把千岛群岛让渡给苏联,与1941年的《大西洋宪章》、1943年的《开罗宣言》并不矛盾。在这些宪章、宣言中规定"联合国家不谋求获得领土及其他方面"或"不支持任何扩大领土的观点",联合国家向苏联让渡千岛群岛被认为是历史的正当行为,《雅尔塔协定》对此给予法律上的承认。

许多例子说明,日本有组织、有目标地破坏1941年《日苏中立条约》。如在中国东北地区准备对苏联发动战争;援助德国与苏联战争;向德国提供有关苏联政治、经济、军事情报;日本军舰袭击苏联商船;对通过日本附近海峡的苏联船只,开枪、开炮、逮捕、破坏、封锁。这些行动都说明日方违反了《日苏中立条约》,所以苏联不遵守《日苏中立条约》义务是有根据的。1948年远东国际军事法庭判决:"日本不诚实履行(与苏联)缔结的中立条约,日本认为与德国关系更密切,便于实行对苏联进攻计划,才签订中立条约。"

有关《旧金山对日媾和条约》,苏联虽然没有在条约上签字,但是并不能改变日本按照条约规定放弃对千岛群岛的权利、权利根据、请求权的事实。这个事实符合国际法,具有绝对性,涉及《旧金山对日媾和条约》以外的国家。日方主张"四岛"不属于千岛群岛范围之内,苏方认为有关决定千岛群岛归属的诸文件(《雅尔塔协定》《旧金山对日媾和条约》等),没有这种划分的根据,所以不能接受。①

上文是引用的由俄罗斯外交部、日本外务省共同编辑的《日俄间领土问题历史资料联合汇编集》的部分内容,至少说明双方十分了解彼此在历史问题上的主张。

---

① 日本国外務省ロシア連邦外務省:《日露領土問題の歴史に関する共同作成資料集》,第54頁。

参考书目

1. 日文参考书目

（1）平岡雅英著、高野明解說：《日露交涉史話——維新前後の日本とロシア》，原書房，昭和 57 年 9 月 30 日發行。

（2）平岡雅英：《日露交涉史話》，筑摩原書房，昭和 19 年 1 月 20 日發行。

（3）丸山國雄：《日本北方発展史》，水產社版，昭和 17 年 6 月 30 日發行。

（4）ファインベルク著、小川政邦訳：《ロツアと日本——その交流の歴史》，東京：新時代社，1981 年 2 月 10 日 2 版発行。

（5）榎本守惠、君尹彦：《北海道の歴史》，山川出版社，昭和 44 年 12 月 1 日第 1 次発行。

（6）榎本守惠：《北海道の歴史》（ジュニア版），北海道新聞社，昭和 56 年 6 月 24 日発行。

（7）榎本守惠著：《北海道精神風土記》，みやま書房，昭和 42 年 6 月 25 日発行。

（8）大塚初重、岡田茂弘、工藤雅樹、佐原眞、豊田有恒、新野直吉：《みちのく古代蝦夷の世界》，山川出版社，1991 年 4 月 30 日発行

（9）木村汎：《北方領土——軌跡と返還への助走》，時事通信社，1989 年 9 月 10 日発行。

（10）木村汎：《日露国境交涉史——領土問題にいかに取り組むか》，東京：中央公論社，1993 年 9 月 25 日発行。

（11）和田春樹：《北方領土問題を考える》，東京：岩波書店，1990 年 3 月 2 日発行。

(12) 中村新太郎:《日本人とロシア人——物語 日露人物往来史》,東京:大月書店,1978 年 5 月 29 日発行。

(13) 藤野順:《日ソ外交事始》,東京:山手書房新社,1990 年 8 月 2 日発行。

(14) 六角弘編:《北方領土》,東京:びいぶる社,1991 年 11 月 25 日発行。

(15) 外務省欧亜局東欧課編:《戦時日ソ交渉史》上下冊,東京:ゆまに書房,2006 年 5 月 25 日発行。

(16) 志水速雄:《日本人はなぜソ連が嫌いか》,東京:山手書房,昭和 54 年 3 月 10 日発行。

(17) 太田三郎:《日露樺太外交戦》,東京:興文社,昭和 16 年 8 月 15 日発行。

(18) ドミトリー・B・トロフ著、滝沢一郎訳:《ソ連から見た日本》,東京:サイマル出版会,1975 年発行。

(19) 本田良一:《密漁の海で——正史に残らない北方領土》(新訂増補版),東京:凱風社,2011 年 3 月 20 日発行。

(20) 中村善太郎:《千島樺太侵略史——日本文化名著選》,大阪:創元社,昭和 18 年 2 月 20 日発行。

(21) 清水威久:《ソ連の対日戦争とヤルタ協定》,東京:霞ケ関出版株式会社,昭和 51 年 7 月 1 日発行。

(22) 斎藤勉:《日露外交》,東京:角川書店,平成 14 年 9 月 20 日発行。

(23) 渡瀬修吉:《北辺国境交渉史》,和歌山:回天発行所,昭和 51 年 10 月 1 日発行。

(24) 大友喜作:《赤蝦夷風説考、蝦夷拾遺、蝦夷草紙》,東京:北光書房,昭和 18 年 9 月 20 日発行。

(25) 日本国外務省、ロシア連邦外務省:《日露間領土問題の歴史に関する共同作成資料集》。

(26) 長頼隆:《日露領土紛争の根源》,東京:株式会社 草思社,2003 年 5 月 26 日発行。

(27) 西口光、早瀬壮一、河邑重光:《日ソ領土問題の眞実》,東京:新日本出版社,1981 年 6 月 30 日発行。

(28) エリ・エヌ・クダコフ著、ソビエト外交研究会訳:《日ソ外交関係史》第 1—3 巻,東京:刀江書院,昭和 40 年、昭和 42 年、昭和 44 年発行。

(29) ピーター A・バートン著、田村幸策訳:《日露領土問題——1850—1875》,東京:鹿島平和研究所出版会,昭和 42 年 6 月 30 日発行。

(30) E・Y・コロストウエッツ著、島野三郎訳:《ポーツマス媾和會議日誌》,東京:石書房刊行,昭和 18 年 4 月 10 日発行。

(31) 沼田市郎:《日露外交史》,東京:大阪屋號書店,昭和 18 年 5 月 20 日発行。

(32) 松本俊一著、佐藤優解說:《日ソ国交回復秘録——北方領土交渉の眞実》,

東京:朝日新聞出版,2012年8月15日発行。

(33) 中山隆志:《ソ軍進攻と日本軍——満洲1945、8、9》,東京:国書刊行会,平成2年8月25日発行。

(34) D・J・ダーリン著、直井武夫訳:《ソ軍と極東》上下卷,東京:法政大學出版局,昭和25年4月、6月発行。

(35) 重光葵:《重光葵外交回想録》,東京:每日新聞社,昭和53年8月25日発行。

(36) 平川新監修,寺山恭輔、藤原潤子、伊賀上菜穂、畠山禎編:《ロシア史料にみる18—19世紀の日露関係》第1集,東北アジア研究センター業書第15号,2004年3月発行。

(37) 平川新監修,寺山恭輔、畠山禎、小野寺歌子、藤原潤子編:《ロシア史料にみる18—19世紀の日露関係》第2集,東北アジア研究センター業書第26号,2007年3月發行。

(38) 平川新監修,寺山恭輔、畠山禎、小野寺歌子編:《ロシア史料にみる18—19世紀の日露関係》第3集,東北アジア研究センター業書第31号,2008年3月発行。

(39) 平川新監修,寺山恭輔、畠山禎、小野寺歌子編:《ロシア史料にみる18—19世紀の日露関係》第4集,東北アジア研究センター業書第36号,2009年3月発行。

(40) 平川新監修,寺山恭輔、畠山禎、小野寺歌子編:《ロシア史料にみる18—19世紀の日露関係》第5集,東北アジア研究センター業書第39号,2010年2月發行。

(41) 五百旗頭真、下斗米伸夫、A・V・トルクノフ、D・V・ストレリツォフ編:《日口関係史——パラレル・ヒストリーの挑戦》,東京大学出版社,2015年12月發行。

(42) 外務省编:《日本外交文書》(平和条約の締結に関する調書)(第一冊至第五冊),東京:外務省,平成14年。

(43) 外務省编:《日本外交文書》(サンフランシスコ平和条約調印、發効),東京:外務省,平成21年。

(44) 鹿島和平研究所编:《日本外交主要文書・年表》(1)(1941—1960年),東京:原書房,1983年。

(45) 鹿島和平研究所编:《日本外交主要文書・年表》(2)(1961—1970年),東京:原書房,1984年。

(46) 鹿島和平研究所编:《日本外交主要文書・年表》(3)(1971—1980年),東京:原書房,1985年。

(47) ボリス・スラヴィソスキー:《考証日ソ中立条約——公開されたロシア外務省機密文書》,高橋実、江沢和弘訳,東京:岩波書店,1996年。

(48) 鹿島守之助:《日本外交史》第3卷,東京:鹿島平和研究所出版会,昭和45年。

（49）西春彦監修:《日本外交史》第15卷,東京:鹿島平和研究所出版会,昭和45年。

（50）堀内謙介監修:《日本外交史》第21卷,東京:鹿島平和研究所出版会,昭和46年。

（51）西村熊雄監修:《日本外交史》第27卷,東京:鹿島和平研究所出版会,昭和46年。

（52）吉澤清次郎監修:《日本外交史》第28卷,東京:鹿島和平研究所出版会,昭和48年。

（53）吉沢清次郎監修:《日本外交史》第29卷,東京:鹿島平和研究所出版会,昭和48年。

（54）工藤美知尋:《日ソ中立条約の研究》,東京:南窓社,1985年。

（55）細谷千博:《サソフラソシスコ媾和への道》,東京:中央公論社,昭和59年。

（56）坂本徳松,甲斐静馬:《返せ北方領土》,東京:青年出版社,1977年。

（57）ボリス・スラビンスキー:《無知の代償——ソ連の対日政策》,菅野敏子訳,東京:人間の科学社,1991年。

（58）田中孝彦:《日ソ国交回復の史的研究——戦後日ソ関係の起点:1945—1956》,東京:有斐閣,1993年。

（59）香島明雄:《中ソ外交史研究——1937—1946年》,京都:世界思想社,1990年。

（60）アジア調査会編:《北方領土を読む》,東京:プラネット出版,平成3年。

（61）ボリス・N・スラヴィンスキ:《千島占領一九四五年夏》,加藤幸廣訳,東京:共同通信社,1993年。

（62）日本外務省編:《日露交渉史》,東京:原書房,昭和44年。

（63）茂田宏,末澤昌二編:《日ソ基本文書・資料集》,東京:世界の動き社,昭和63年。

（64）《日露関係の40年》編輯委員会編:《日露関係の40年——日ソ国交回復から［東京宣言］まで》,東京:日本・ロシァ協会,平成8年。

（65）中山隆志:《ソ連軍進攻と日本軍,満洲1945、8、9》,東京:国書刊行会,平成3年。

（66）富田武:《戦間期の日ソ関係1917—1937》,東京:岩波書店,2010年。

（67）ボリス・スラヴィンスキー:《日ソ戦争への道——ノモンハンから千島占領まで》,加藤幸廣訳,東京:共同通信社,1999年。

（68）石丸和人,松本博一,山本剛士:《動き出した日本外交》戦後日本外交史（2）,東京:三省堂,1983年。

（69）重光晶:《北方領土とソ連外交》,東京:時事通信社,昭和58年。

(70) 吉田嗣廷：《北方領土》改定新版,東京:時事通信社,昭和 48 年。

(71) 落合忠士:《北方領土問題——その歴史的事実・法理・政治的背景》,東京:文化書房博文社,1992 年。

(72) 長谷川毅:《北方領土問題と日露関係》,東京:筑摩書房,2000 年。

(73) 末澤暢二、茂田宏、川端一郎編:《日露（ソ連）基本文書・資料集》(改訂版),川崎,RPプリソティソゲ,平成 15 年。

(74) 和田春樹:《北方領土問題——歴史と未来》,東京:朝日新聞社,1999 年。

(75) 油橋重遠:《戰時日ソ交渉小史(1941—1945)》,東京:霞ケ関出版,昭和 49 年。

(76) 村川一郎編:《ダレスと吉田茂——フリソストソ大学所藏ダレス文書を中心として》,東京:国書刊行会,平成 3 年。

(77) 日本国際政治会、太平洋戰爭原因研究部編:《太平洋戰争への道》5,東京:朝日新聞社,1963 年。

(78) 三浦陽一:《吉田茂とサンフランシスコ講和》上下巻,東京:大月書店,1996 年。

(79) 吉村道男:《増補:日本与ロシア》日本経済評論社 1991 年 7 月 15 日発行。

2. 俄文参考书目

(1) Файнберг Э. Я. *Внутреннее и международное положение Японии в середине XIX века*．，Москва，Издательство Московского института востоковедения，1954г.

(2) Файнберг Э. Я. *РусскИ-японские отношения в 1697—1875 годы*，Москва，Издательство Восточной литературы，1960 г.

(3) Черевко К. Е. *Зарождение русско-японских отношений XVII - XIX века*．，Москва，Издательство "Наука"，1999 г.

(4) Плохих С. В.，Ковалева З. А. *Истории Дальнего Востока России*，Владивосток，Издательство Дальневостчного государственного университета，2002 г.

(5) Кутаков Л. Н. *Россия и Япония*，Москва，Издательство "Наука"，1988 г.

(6) Высоков М. С.，Василевский А. А.，Костанов А. И.，Ищенко М. И. *История Сахалина и Курильских островов с древнейших времён до начала XXI столетия*，Сахалинское книжное издательство，2008 г.

3. 中文参考书目

(1) 白建才:《俄罗斯帝国》,三秦出版社,2000 年版。

(2) 徐景学编著:《俄国征服西伯利亚纪略》,黑龙江人民出版社,1984 年版。

（3）马夫罗金著、余大均译：《俄罗斯统一国家的形成》，商务印书馆，1991年版。

（4）波克罗夫斯基著，贝璋衡、叶林、葆熙译：《俄国历史概要》上下册，商务印书馆，1994年版。

（5）[俄]伊·费·巴布科夫著、王之相译、陈汉章校：《我在西西伯利亚服务的回忆》（1859—1875年）上下册，商务印书馆，1973年版。

（6）黄定天：《东北亚国际关系史》，黑龙江教育出版社，1999年版。

（7）[俄]维特著、[美]亚尔莫林斯基编、傅正译：《维特伯爵回忆录》，商务印书馆，1976年版。

（8）吴廷璆主编：《日本史》，南开大学出版社，1994年版。

（9）冯玮：《日本通史》，上海社会科学院出版社，2008年版。

（10）张建华：《俄国史》，人民出版社，2014年版。

（11）江乐兴编著：《一本让你爱不释手的俄罗斯简史》，北京工业大学出版社，2017年版。

（12）[美]尼古拉·梁赞诺夫斯基、马克·斯坦伯格著，杨烨、卿文辉、王毅主译：《俄罗斯史》（第8版），上海人民出版社，2013年版。

（13）于群：《美国对日政策研究（1945—1972）》，东北师范大学出版社，1996年版。

（14）[美]马士、宓亨利著，姚曾廙等译：《远东国际关系史》（上下册），商务印书馆，1975年版。

后　记

《日俄领土问题历史渊源研究》书稿递交出版社前,内心不由地想起曾经帮助过我的朋友们。本书稿与已出版的《日本"北方领土"问题政策研究》(中央编译出版社2013年)属于上下连接关系,该书主要探讨两国领土问题形成的历史渊源,属于上半部分。

本课题研究获得2014年国家社科一般项目基金支持,课题研究资料主要来源于日本早稻田大学图书馆。我以南开大学与早稻田大学交换研究员身份赴日,早稻田大学政治经济学部部长田中孝彦教授为日方指导教师。田中孝彦教授为日本国内研究日俄关系史的著名专家,他为人热情,特别对我查找资料提供了极大帮助。我向田中孝彦教授表示感谢！在课题进行中,博士研究生程浩同学给予有力支持。程浩现在就职于山西太原师范学院,有很雄厚的俄文基础,帮助我查找、核对俄文资料,使得本课题在外文资料方面具备很高可信度。本课题在递交结项报告书前,博士研究生李天宇同学进行了认真校对。博士研究生是我科研的有力助手,感谢他们！

本书稿能够出版,要感谢江苏人民出版社王保顶老师,没有王老师的信任,本书就不可能出版。谢谢康海源编辑！感谢江苏人民出版社的编辑们。

李　凡

于南开大学龙兴里小区